龚鹏程作品

龚鹏程

江西吉安人，一九五六年生于台北市。

曾任淡江大学文学院院长、南华大学校长、佛光大学校长、中国古典文学研究会会长、世界中国哲学会副会长、中华武侠文学会会长、中华历史文学会会长、联合报主笔、艺术行政学会会长、自然医学学会会长、中华道教学院副院长、国际佛学研究中心主任、少林禅武学会会长、南洋学会会长、龚立述教育基金会董事长、台湾视障学会会长、中华易学研究院院士、东亚孔庙联谊会召集人、美国欧亚大学校长等。亦曾负责台湾两岸文教交流业务。

现任北京大学特聘教授、国务院国学中心顾问，有龚鹏程国学院等学术组织及活动，遍及各地。

有文史哲宗教艺术社会学等著作近百种，精博渊懿，为世所称。曾获中山文艺奖、中兴文艺奖章、教材改进奖、朱自清散文双年奖等。亦常在世界各地举办书法展。

龔鵬程 著

武藝叢談

人民东方出版传媒
東方出版社

图书在版编目（CIP）数据

武艺丛谈 / 龚鹏程 著. —北京：东方出版社，2015.3
ISBN 978-7-5060-8071-2

Ⅰ.①武…　Ⅱ.①龚…　Ⅲ.①武术—文化研究—中国　Ⅳ.①G852

中国版本图书馆 CIP 数据核字（2015）第 052478 号

武艺丛谈
（WUYI CONGTAN）

作　　者：龚鹏程
责任编辑：查长莲
出　　版：东方出版社
发　　行：人民东方出版传媒有限公司
地　　址：北京市东城区朝阳门内大街 166 号
邮政编码：100706
印　　刷：北京市大兴县新魏印刷厂
版　　次：2015 年 4 月第 1 版
印　　次：2015 年 4 月第 1 次印刷
开　　本：660 毫米 ×960 毫米　1/16
印　　张：26.75
字　　数：250 千字
书　　号：ISBN 978-7-5060-8071-2
定　　价：55.00 元
发行电话：（010）64258117　64258115　64258112

总 序

我耽迷于文字，喜欢探索文字中的世界，也乐于以文字记录我对世相的观察、对天道人情的理解。历年涂抹，出版者近百种，主要涵括文、史、哲、宗教、艺术、政治、社会、教育诸领域，未刊稿尚数百万言，佚散难以捡拾，我也不自爱惜。总觉得仍在写作中、仍在努力求学问道中，还不急着作总结报告。

但旧学商量，益加邃密，做过的研究、有过的思虑，统汇起来。便于检核修订，自是进学之良方。对读我书的朋友来说，也未尝无益。因此，劳烦东方出版社帮忙辑成了这套作品集。

说作品，其实甚感歉然。古代以创作为神圣之事，故曰“作者之谓圣，述者之谓明”。高明如孔子，也仅自称述而不作，吾辈小子，何敢妄言作者作品？一时笔谈，多属因机因地之权；偶然墨戏，或邻谤佛谤圣之讥，聊等佯狂，肆此乱世之哀感而已。知者怜其瞀悖，会者通其神韵可也。

甲午秋分写于燕沪旅次

目录
Contents

自　序

周作人《看云集》自序说："书面上一定要有序的么？这似乎可以不必。但又觉得似乎也是要的。假如可以有。虽然不一定是非有不可。"文势扭捏，一句一断，正表明了写书人替自己的书作序时之复杂心情。那用一整本书都讲不清楚的心绪与想头，竟要在这一篇序文里写明白，岂是易事？赌起气来，就索性不想写了。可是真不写嘛，自己心上又过不去，于是终究还是要说一说。虽然说得嗫嚅蹇涩，让人觉得还不如不说的好。

我写此序时，便颇有此种情绪。武术是我少年时最喜欢的活动，如今年岁老大、江湖梦远，徒能于纸上谈侠说剑，不无感慨。而频年混迹上庠，讲论诗书，往来无白丁、谈笑有鸿儒，看来好像也不适合再去聒絮好勇斗狠的武林旧事了。可是少日一段情缘，竟尔割舍不禁，仍要耗费我许多笔墨，想来亦自觉可笑。

旧作《侠的精神文化史论》之自序，曾略述我少年侠行，那实在是荒唐浪荡，不堪回首的。大抵我先是从文字上获知了一些武林掌故、技击逸闻，其后便实际练将起来。以一本李英昂先生所编的《二十四腿击法》入门，故首先接触的就是北派长拳之体系。先学十二路潭腿，继练功力拳、华拳、甘凤池所传少林拳、太极拳、螳螂拳等，渐渐泛滥无归，南拳北腿，什么拳种都要去找书来练一练，四处打听得有什么高手都要去会一会。台湾与香港的武术书，几乎被我搜罗净尽，还要去柔道馆、空手道馆体会体会，能找到的各种译介，也都穷力搜集。六七年间，积书数百种，养成了我后来做学问的一些习惯或方法，并让我大体摸熟了中国武术之来龙去脉及各门各派的功法特点。

我之习武，本不是用来做学问的，主要是技击实战，每天邀人手搏，打得个不亦乐乎。可是由习武而博考文献，考稽参互其异同，竟使我获得不少文献学的知识与方法，对武术史有些了解，实为意外之收获。我后来成为文史工作者、学者教授，契机实肇于此。

学武而有收获者，不只如是。例如我因练拳习武而需略知医药经脉之学；因练功行气，而需略知内养修道之学，也开启了我对医学与道学的认识。后来我能在长庚大学中医研究所讲课、能参与创办中华道教学院，均与此有关。而我因好武论侠，又需上溯中国侠义之传统、讨论武侠文学与实际武术之关联，对于门派帮会在中国社会之发展也需留意，以致后来创立中华武侠文学学会、著作《游的精神文化史论》《侠的精神文化史论》，亦皆得力于这段旧时童子功。可见我后来的许多作为，事实上都可说是练武生涯的延伸。就是拳武本身，好像也一直未曾脱离过，二〇〇三年我还创立中华少林禅武学会，想发扬发扬少林一脉武学呢！目前，嵩山少林寺准备重建少林，我也还担任着北少林功德会的副会长。

可是毕竟我这三十年间主要活动的场域不在江湖、不在武林，而是在所谓的学术界、文化界。在这些地方，武术乃是支流甚或末流，一般人不懂也不关心。文人学者，袖手雅谈而已。对于武术竟能关联于中国文学、医学、药学、儒道佛学、帮会史、社会史等，大抵均无概念，不知此乃欲了解中国社会与文化之秘钥。

相对来说，武术界的朋友，演武论技，固擅胜场，但文史非其所长，又常不晓学术规范，故其讲古论艺，时不免河汉其谈。更常因门派所囿、见闻所限，知识不广。

因此我在学术界与武术界其实两方面都缺乏共鸣者，我只是一直在做着我自以为好玩的一些事而已。偶或稽古考文、说拳论剑，常也不知写成的文章可持与谁看。

山东画报出版社韩猛兄因编辑出版我《书艺丛谈》《侠的精神文化史论》而知我于武术一道嗜痂有癖，乃催促我裒集旧稿，辑成兹编。认为独乐乐不如众乐乐，也许神州之大，仍不乏与我同怀者，我的一些看法或许竟能找着知音，亦未可知。我感其盛意，乃辑此旧作、附益新篇，拉杂谈艺，弄成了现在这样一本书。

此书首论达摩《易筋经》，次论张三丰武学，间接就说明了少林派与武当派的相关问题。接着分论崆峒、昆仑、峨眉、青城各派，及迷踪拳、筋经门。少林、武当、峨眉、崆峒、青城是传统门派，迷踪拳也是传统拳种，但昆仑是新兴门派，筋经门则不见经传，乃所谓“秘传”之学。我承认武学中有此一类，也相信大陆卧虎藏龙，民间应当还有不少此类能人，故择此以示例。武术门类虽杂，大体不外这几种。

大体介绍了大陆武术门派功法与发展状况之后，继之就要讨论台湾。台湾的武术十分复杂，我以宜兰县为例来做说明，并以台湾北部淡水的海盗史来为它之所以武风盛行做个背景的补充，以供想象。

当年做此研究，申请了国科会的研究经费，研究助手为学棣林明昌教授，得他襄助甚多。他精于太极。我办佛光大学时，体育课就是请他来给学生们教拳。后来我在太湖办道学研讨会，他也提交了《郑子太极美人手研究》一文与会。郑子太极，是郑曼青所创，风行于海外，可是大陆并不熟悉，故亦附入本书，以见台湾武艺之一斑。

宜兰县武馆那篇，讲的大致属于台湾传统武术，郑子太极却是一九四九年后由大陆传入的新拳种，两者合观，或许较可一窥全豹。本来我少年所习，以大陆传入之北派拳术为多，对于这些拳术，一直很想好好阐扬一番，可惜因循未就，仅能拉明昌此文来替我补拙，说来也甚惭愧。

台湾的武术，除传统由闽广传入、一九四九年以后从大陆输入者外，引进日本、韩国武术亦较大陆为早，且发展蓬勃。这里我选择“中华合气道”来做介绍，说明此种武术如何传入、如何发展，并探讨它未来与中国武术融合之道。增加这个面向，讨论台湾武术才较完整。

中国武术向海外移民社会的拓展，台湾只是其中之一端，东南亚为另一更大之领域。例如近三十年武术文化复兴，香港武打影片功不可没。此即可见武术在东南亚华人社会中的地位及重要性，尤其是李小龙演出的《精武门》，开创了武术文化的新时代，也令中国功夫成为国际语言及中国文化的重要符号。而在那个时代，大陆的精武会乃至大部分武术团体和门派却都还没什么活动；薪火相传，往往仅能恃诸海外。

《精武门》电影当然是虚构的，没有陈真这个人。但编剧之所以选择以精武会来说事，正显示了精武体育会在海外发展甚为蓬勃、精武之史事易动流俗之观听。可是到底精武会在海外的传播如何，迄今我倒还没见过有什么正式的研究。我此处以马来西亚的精武会为例，说明海外华人武术社团如何经营发展，以见传统武术在海外之概况，或许可供有心人参考。

华人世界讲完，接着就要谈中国武术传播于异邦之问题。琉球本是中国藩属，后来并入了日本。日本原先也是中国藩属，明代以后才独立且与中国抗衡。所谓藩属，即是广义的中国属地，是中国的一部分。后来虽然独立了，渊源关系亦终不能掩去。故论中国武术，自不能不述及这个层面。

在这个部分，《琉球武术小记》介绍琉球本土武术及由中国少林拳传入的“唐手”两系。唐手尔后传入日本本土，衍为空手道，可说是中国武术曲折地传播于日本之一例。日本当然也有直接由中国传入的武术，例如后来发展为柔道的柔术，即由陈元赟所传。但柔术流派很复杂，我在谈合气道时已大体介绍过一些情况，所以就略去了，仅概述其剑术。日本古剑术，与今人习知的现代剑道并不是同一件事，门派众多，技法繁杂，乃专门之学，我之简述，聊备参照而已。这一篇谈的主要是“术”，另一篇《武士禅》则说日本武道之精神内涵，并对此精神内涵略作评议。

最后几篇，谈拳经、剑法、奇门秘技、南拳北腿、武学医学药学等，乃是对以上所述的简略补充。本来这些问题都该深谈，此外也还有许多专题需要进一步申论，但言不尽意，这样简单写写，聊以述情也就可以了。

全书框廓，大抵如此。稍示武学之广涂，偶恣胸臆于谈锋，提要钩玄，愧乎未能，徒存少日之意气，志一时之芳菲而已。知我罪我，何足道哉！

戊子谷雨，谨识于燕京小西天如来藏

达摩《易筋经》论考

天下武学出于少林，少林武术创自达摩，达摩所著《易筋经》为天下武学圣典，是现今中国人共知的常识；也是武术派别、拳种、武侠小说、武侠电影电玩等据以发展的基石之一。

我这篇小文，则要说明此等常识概属虚妄：天下武学固然不源于少林、少林武术也不创于达摩。然后再解说一下《易筋经》究竟是什么东西，其功法之底蕴又为何，说明《易筋经》也不是佛教的功夫。

一、少林武术不出于达摩

少林武术出于达摩这个传说，起源本来就不太早，而且恰好就起于《易筋经》。《易筋经》，从明天启四年（一六二四年）到清道光二年（一八二二年），一直只有传抄本，道光三年起才印抄兼有。此后版本纷纭，繁简不一，内容亦多有不同，但大抵都有唐初名将李靖、宋代名将岳飞的部下牛皋的两篇序文。

据李靖序云：达摩面壁于嵩山少林寺，九年功毕示化，留下一口铁箱，箱中藏经二部，一名《易筋》，一名《洗髓》。后者被慧可取走，前者经寺僧发扬光大。但寺僧“各逞已意，演而习之，竟成旁门，落于技艺，失修真之正旨。至今少林僧家，仅以角技擅名，是得此经之一斑也”。这个说法推少林武术之源于达摩，且谓后世少林武术皆源于《易筋经》。

但李靖这篇序文乃是伪造的。清朝凌廷堪《校礼堂文集》卷二五《与程丽仲书》已考证：唐代除了天宝三年至乾元元年改“年”为“载”以外，无称载者；此序题“唐贞观二载三月”，显属伪造。其次，虬髯客、扶余国事，亦仅为小说语，非史实。民国十七年，徐震《易筋经洗髓经考证》又举了几个理由论证其伪：

一、李靖序文，自署“李靖药师甫序”，据《旧唐书·李靖传》，李靖原名药师，靖字是后来所改，故撰序时不可能自称“李靖药师甫”。

二、序中说该经乃天竺僧人般剌密谛译，“徐鸿客遇之海外，得其秘谛。既授于虬髯客，虬髯客后授于余”。虬髯客的事迹也不是史实，而是唐末道士杜光庭所造的。

三、序文署明写于贞观二载三月，这时李靖正任关内道行军大总管，以备薛延陀。身份与序文中自称功成身退时的口吻不符。

四、序文说般剌密谛译这两部经典，时在隋代。可是这位般剌密谛是确有其人的，他于唐武则天神龙元年曾译《大佛顶首楞严经》。倘若此僧真在隋朝便已来华译《易筋》《洗髓》二经，则译《楞严经》时至少已在一百二十岁以上了。

五、此序之文词非唐人语[①]。

这些证据，都很明晰，足辨其伪。序文既伪，序中云达摩传

① 见徐震《国技论略》上编《辨伪》中《易筋洗髓经不出于达摩》《辨少林拳术秘诀言师授渊源时代之误》二节（一九七五年，华联出版社重印本）。又唐豪《少林武当考》上编第五节《达磨与易筋经》，一九八三年，华联出版社重印。

经云云，当然也就不足信案了。此即所谓："皮之不存，毛将焉附？"

少林寺达摩祖师只履西归像

但事实上，辨伪也不须如此费劲。因为佛典中凡称经者，除少数例外如《维摩诘经》《六祖坛经》之类，概皆为佛说。其经名、经文均有定式。而《易筋》《洗髓》两书却完全不符佛教经典的惯例，故不仅非达摩所传，亦必非般剌密谛所译。般剌密谛所译《楞严经》具在，稍一对勘，便知经文纯属杜撰。所以说，这是经伪、序伪、译伪、所述事迹亦伪之书。

再说，达摩曾在少林寺面壁之事，本身也是附会而成的。早期文献，如《洛阳伽蓝记》《续高僧传》均无达摩长驻少林寺或在少林面壁九年之说。唐玄宗开元十一年裴漼《嵩岳少林寺碑》才曾说达摩与弟子慧可"尝托兹山"。到北宋辑《景德传灯录》，始云达摩于后魏明帝太和十年居洛阳，后入少林寺，"面壁而坐，终日默然"，至太和十九年逝世。这是最早讲达摩在少林寺面壁的资料，也是后人说达摩面壁九年之张本。因为由太和十年至十九年，恰好九年。可是，大家忽略了：

一、太和十年，嵩山根本尚未建少林寺；少林建寺，在太和十九年。

二、太和亦非孝明帝年号，而是孝文帝。

三、所有唐代文献，如武德四年《秦王告少林寺主教》、贞观六年《发还少林寺赐田敕牒》、永淳二年《重修少林寺碑记》、开元十一年《嵩岳少林寺碑》、贞元十四年《少林寺厨库记》等，也都不曾谈及达摩面壁和少林武术与达摩之关系[①]。

由此可见，少林武术出于达摩、达摩在少林寺面壁九年、曾传寺僧武术或留下经典等说法，全部都出自附会依托。达摩既未于少林寺面壁，又何来传经授艺之事？此为本文第一个要辨明的问题。

二、少林武术不本于佛教

第二个问题，是少林武术之内涵到底为何？

少林武技，见于史实，是因寺僧帮助李世民征王世充的缘故。原先，在大业末年，天下纷乱时，“群盗攻剽，此寺为山贼所劫，僧徒拒之”。后来李世民与王世充在洛阳对峙，王世充之侄王仁则据有少林寺附近，李世民致书寺僧，请其“擒破凶孽，廓兹净土”。寺僧响应了，率众与王军作战，而得到唐太宗的旌奖。

这时少林寺僧当然已颇有勇武，而这个光荣的历史当然也可能使少林寺僧以练武为其传统。但值得注意的是：

一、此后的唐宋金元时期，却都没有少林寺僧习武擅名的记载。因此隋唐之际少林寺僧英勇的表现，也可能是鉴于大业末年山贼曾经劫掠该寺，“纵火焚塔院，院中众宇，攸焉同灭”，所以才奋勇起来护卫自保。也就是说，斯乃一时之激发、偶然之特例，唐宋金元之间，则少林寺未必有习武之传统。

二、“十三棍僧救唐王”之类故事，固然由此衍出，但此时少林武技与佛教思想和僧家生活均无直接或间接之关系。

---

① 另参林伯泉《中国武术史》第五章第八节，一九九六年，五洲出版社。

少林武术之盛，明确可稽者，实在于明代。具详林伯泉《中国武术史》第八章第八节，此不赘。仅强调三点：

一、当时少林武术以棍为主，少林拳之威望则不如棍，故程宗猷《少林棍法阐宗·问答篇》说：“少林棍名夜叉，乃紧那罗王之圣传，而今称为无上菩提矣，而拳犹未盛传于海内。”

二、即使是少林棍，也仍在发展中，广泛汲取各界之长处。如嘉靖四十年俞大猷路过少林，观看寺僧练棍，就说其棍法“传久而讹，其诀皆失矣”；所以挑了两位僧人来教诲，要他们“转授寺僧，以永其传”(《正气堂集·新建十方禅院碑》)。足证此时还不是“天下武术出少林”，而是少林寺广泛吸收天下武术之长以丰富其艺。棍法如此，拳法亦然。底下还会谈到这一点。

三、少林武术跟佛教扯上关系，也由此时才开始，如程宗猷所谓少林棍法乃紧那罗王所传云云，即属此类。但此类说法，仅

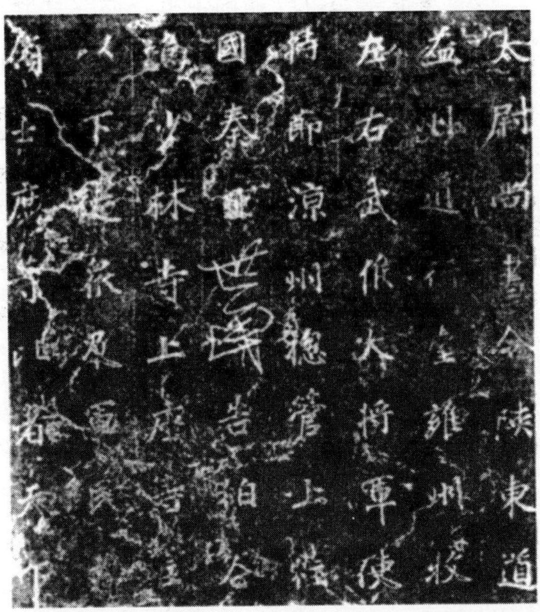

唐武德四年（六二一年）秦王告少林寺主教碑（局部）

推源于佛教传说；少林武术与佛学仍乏具体之内在关联。而且这牵合武术与佛教的工作也仍很罕见。我们只能说这时确实是有不少少林寺僧人在练武罢了。可是他们练的武术与非出家众并无太大不同。

少林非天下武学之源，乃天下武学汇聚之海，其武术本来就是吸收各界武术而成的，其拳棍同于方内之士，殊无足诧。据明末王世性《嵩游记》称他在少林寺曾见“中有为猴击者，盘旋踔跃，宛然一猴也”。这是象形拳，取拟物类，与佛教思想可说毫无关系。明代已然如此，至今当然更为严重①。

以一九九八年出版的《中国武术百科全书》所载少林各种拳法来看，少林八卦拳，“按八卦相生之数，暗藏先天无极之象”；少林十三抓，“由龙行、蛇变、凤展、猴灵、虎坐、豹头、马蹄、鹤嘴、鹰抓、牛抵、兔轻、燕抄、鸡蹬等十三趟仿生动作而成”；少林五行柔术，“模拟蛇、虎、龙、鹤、豹五种动物形象。……演练此拳，以气功为上乘，而气功之说有：日养气、月练气，气养而后气不动，气不动而后神清，神清而后进退得宜”；少林五形八法拳，“包括龙、虎、豹、鹤、蛇五种拳法和内功，主张练功修心”；连拳，据传为岳飞所创，后为少林艺。凡此等等，运用应物象形、五行、八卦、精气神诸观念构思其拳路，明显非佛家之思致，而是吸收了社会上各色拳种才形成

---

① 象形拳，又称仿生拳，意谓模仿生物而成。其中猴拳起源甚早，《纪效新书》已云：“古今拳家，宋太祖有三十二式长拳，又有六步拳、猴拳、囮拳，名式各有所称，而实大同小异。”曹焕斗《拳经拳法备要》也有站步式，注云：“亦名疯魔步，猴拳从此化”；铁拐李颠桩式，注云“醉步此中生出，猴拳亦从此生出”。两者对勘，可知猴拳流传已久，而少林拳法中亦颇重视猴拳，其法则以颠醉佯狂之步法为之。然而，后世所谓少林五拳，却是龙、虎、豹、蛇、鹤，见尊我斋主人编《少林拳术秘诀》，一九八四年，华联出版社重印本。此盖猴拳在少林宗派中渐失其传，而亦可证明少林五拳之说属于后世之附会。

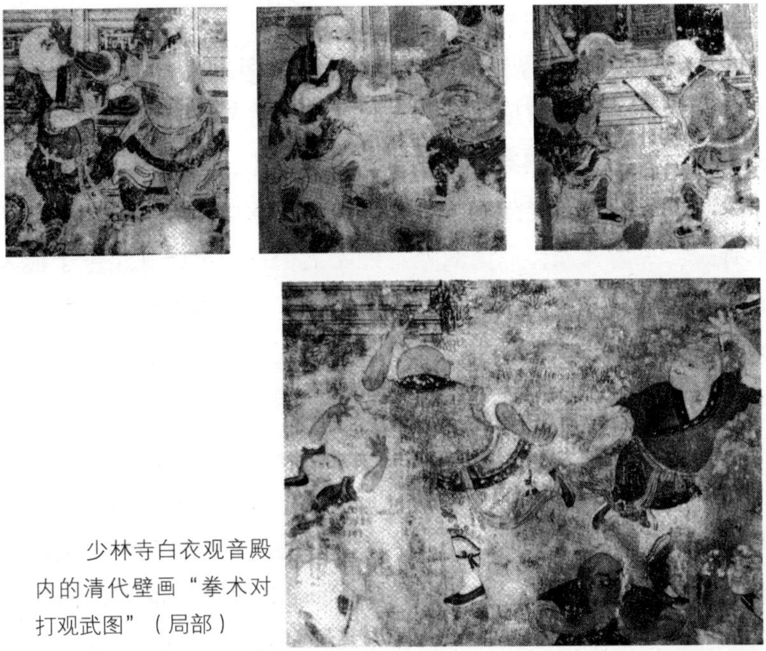

少林寺白衣观音殿内的清代壁画“拳术对打观武图”（局部）

了这样的结果。其中连拳本于岳飞、十三抓源于元代山西太原人白玉峰，更是该书业已声明了的（中国大百科全书出版社，一〇九～一一二页）。

此外，如上海大声图书局纂辑出版的《拳经》，《中国武术百科全书》也说是少林拳术之专集。但该书第二卷论潭腿、太祖长拳三十二图、内家张三丰内家拳、外家少林宗法等。可见“少林拳”也者，有时甚至包括了张三丰内家拳而说。什么拳都可纳入其名下，所以说少林已成天下武学汇聚之海[①]。

不过，把内家拳包括进少林拳中毕竟是较晚期的现象。在明末，少林拳是以刚硬著名的。所以相对于“内家拳”而有“外家拳”之称。

---

① 尊我斋主人所编《少林拳术秘诀》，亦以少林武术为“柔术”“气功”。此即其书晚出之证。

此一称谓，起于康熙八年黄宗羲《王征南墓志铭》。该铭说："少林以拳勇名天下，然主于搏人，人亦得以乘之。有所谓内家者，以静制动，犯者应手即仆，故别少林为外家。"康熙十四年，黄氏子百家复撰《内家拳法说》，昌明其艺。雍正十三年，曹秉仁编《宁波府志》记张松溪与少林僧比武事，也谈到："盖拳勇之术有二：一为外家，一为内家。外家则少林为盛，其法主于搏人而跳踉奋跃，或失之疏，故往往得为人所乘。内家则张松溪之传为正，其法主于御敌，非遇困危则不发，发则所当必靡，无隙可乘。故内家之术为尤善。"这些记载，均将少林拳与内家拳相对来说，而且认为外家不如内家。

少林拳面临这种内家拳崛起的挑战，对应之道，仍跟碰到俞大猷而发现棍法已经不行了一样，其办法就是以敌为师，采撷内家拳之长。所以后来少林拳拳经中才会论叙内家的张三丰拳法。

故总结来说，少林武技首显于唐初，以棍法为主。其拳名不甚彰，至明才渐大盛。不仅传承棍法，而且开始刻意钻研拳法，又广泛吸收社会上各种武技，故越趋成熟，此其发展之大势也。不过，也由于如此，少林拳，只是僧人习武有成而已，殊难谓其艺与佛教有何内在之关联。

三、易筋经乃道教导引内功

跟少林拳比较有关系的，反而是道教思想。这是第三个问题，关于这个问题，我想借用《易筋经》来做些说明。

一九一七年上海大声图书局另出了一种《少林拳术精义》，题达摩大师著、玉峰余问犀缮校。卷首有李靖贞观二年序、牛皋绍兴十二年序二篇。书末有天台紫凝道人宗衡作于明天启四年（一六二四年）的跋文，以及祝文澜嘉庆十年（一八〇五年）的序文。内分上下两册，内容也分为两部分：一是服气、行功、排打练习图式与说明；二是总论、内壮论、膜论、阴阳配合论、静功十段、动功十八式、神勇八段锦、神勇余功等。

这本《少林拳术精义》，其实就是《易筋经》的翻版。改成这个名称，适足以看出《易筋经》在当时人心目中的地位，认为它就代表了少林拳术之精义。

不过，清朝流传之《易筋经》也有许多不同的本子。其一体例如上。另一本载十二图式，一般又称为《易筋经十二式》，凡有韦陀献杵三式、摘星换斗式、倒拽九牛式、出爪亮翅式、九鬼拔马刀式、三盘落地式、青龙探爪式、饿虎扑食式、打躬式、掉尾势式。

这些式，其实均非攻击或御守的架势及招式，而是导引的姿势。正如另一本《易筋经》上记载的静功十段、动功十八式、神勇八段锦也都是导引势那样。

为什么少林寺的拳法秘籍却大谈导引呢？

《易筋经》篇首虽有李靖之序，但前文已说过该序乃后人伪作。牛皋之序同样出于伪造。凌廷堪说：牛序自称“宏毅将军汤阴牛皋鹤九甫序”，但牛皋为汝州鲁山人，非汤阴人，亦不字鹤九。宋代更无宏毅将军、鄂镇大元帅等官号。序中又云“徽钦北狩，泥马渡江”，然而钦宗庙号乃绍兴三十一年乃定者，序既自称作于绍兴十二年，焉能预知钦宗庙号？牛皋卒于绍兴十七年，卒时钦宗尚在。又，序谓牛皋为将，乃应岳飞之募，亦误。皋初隶田师中。序

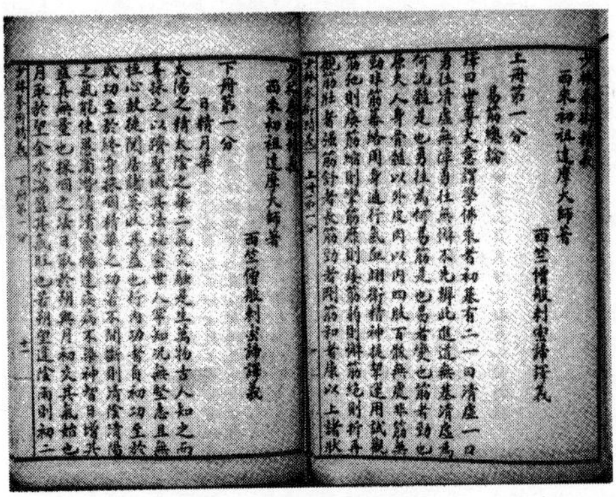

《少林拳术精义》书影

中云云，全与史传不合。徐震则考证道：牛皋序文中谈到宋高宗“泥马渡江”，斯乃小说家言，并非史实。其序自署绍兴十二年作，并藏其书于嵩山石壁中；可是绍兴十一年，宋已将河南割给金国了，牛皋又怎么可能在次年去嵩山藏书呢？类似的考辨，清周中孚《郑堂读书记》亦曾论及，可见清人即已不信其书是唐宋传下来的。现在因该书有天台紫凝道人宗衡序，故《中国武术百科全书》认为其书即宗衡所撰。

按：宗衡序文写于天启四年，然台湾“国家”图书馆（旧名“中央”图书馆）曾藏有述古堂钱遵王抄本《达摩易筋经》，即收有宗衡“后跋”。钱遵王与宗衡年代相仿，又为藏书大家，若该书迟至天启间始出，遵王不应珍重乃尔，亦不应毫无鉴识能力。故由钱遵王之抄本，可以推想题为达摩所传之《易筋经》，出现年代当在此稍前。前曾谈及程宗猷说少林本以棍法闻名，明末才努力钻研拳术。其时代在万历年间。因此，《易筋经》可能就是这个时候被造出来，用以改良少林拳法的。

其书甫出，天启崇祯间犹未大行，钱遵王、宗衡，应该都是热心的推介宣扬者。一九六八年台湾自由出版社所印《真本易筋经、秘本洗髓经合刊》，另有顺治辛丑海岱游人张月峰叙记①。萧天石《重刊易筋洗髓二经例言》复云其所据者，为蒋竹庄家藏明版本刻本。则是明末传抄刊印者已不乏其人。不过，明代已有刻本之说是可疑的，蒋竹庄藏本也不可能是明刻的。且相较于黄宗羲、黄百家对当时少林拳勇的描述，似乎《易筋经》仍在刚推广阶段，对天下传习少林拳者也尚未发生风行草偃、转移风气之作用。少林拳艺，当时仍以刚猛、搏攻、跳踉奋跃见长。

可是这种拳风在当时也正遇到空前的挑战，无论是黄宗羲的《王征南墓志铭》或曹秉仁的《宁波府志》，都提到另一种以静制

---

① 海岱游人叙记，一本题为元中统五年，见前注引唐范生书。

动、内敛的拳术，而且评价在少林拳之上。这种内家拳术的崛起，事实上是一时风气，如太极、形意、八卦这类拳术，其后均由此风气发展而成；同时大儒颜元亦学运气术，往往“夜中坐功”，并习双刀单刀（见《颜习斋先生年谱》）。面对内家拳之崛起，少林拳遂不得不有所更革。或者说，内家拳之崛起，代表着一种时代新思潮，少林拳也在这一思潮中形成了变革。

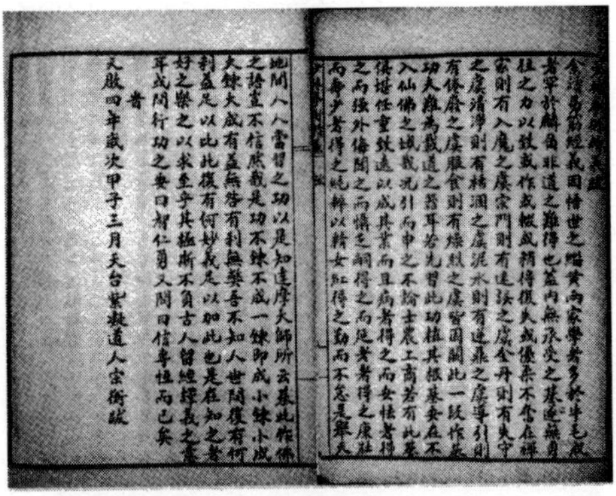

明人宗衡的跋文

内家拳之兴起，乃是导引运气理论与武术的结合。明末清初以前，所有武术著作都没有练气的讲法。即使是戚继光的《纪效新书》也没有这类言论。但明末清初以后，练气，却成了普遍之观点与功法。

乾隆间王宗岳（一七六三～一七九五）《太极拳论》明言使拳应“虚领顶劲，气沉丹田”。同时期苌乃周（一七二四～一七八三）《苌氏武技书》也在论拳法时大谈《中气论》《行气论》《养气论》，谓练拳者必须“练形以合外，练气以实内”“神与气合，气与身合”。一些武术名家，如康熙雍正间的甘凤池，《清史稿·甘凤池传》说甘氏“善导引术”“拳法通内外二家秘奥”；乾隆时的唐际之，《清稗类钞·技勇类》说他“能运气。运气到处，有硬块坟起如核桃，刀石不能伤”。

一些民间宗教教派，如乾隆时八卦教张百禄，据《军机处录副奏折》说其教徒“拜张百禄为师，学拳运气”“学八卦拳，并授运气口诀”；嘉庆初，天理教任四等人“学习义和拳棒”，并“运气念咒”；嘉庆八年，离卦教首领张景文教授徒众，“同教中

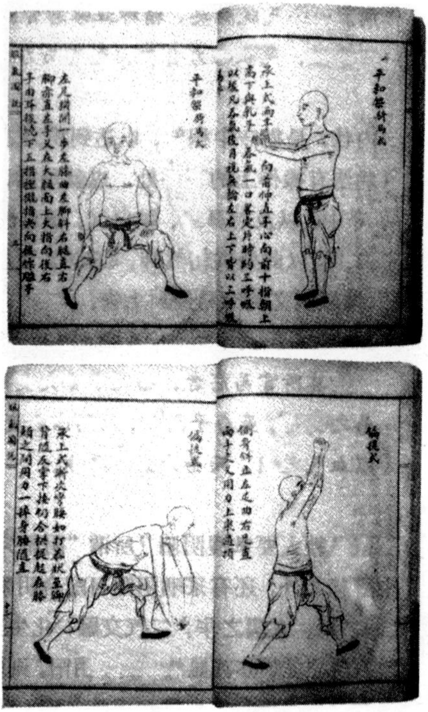

《易筋经》图像

有仅只念咒运气，学习拳棒者”，直到道光间，该教仍教徒众“每日坐功运气”。而这个教即与少林颇有关系。据《那文毅奏议》说，嘉庆间离卦教徒张洛焦，曾习金钟罩，时常来往少林寺。足证运气之说已流衍天下，且往往与宗教结合，少林亦受此风气之笼罩。故《清稗类钞》说：“少林拳法有练功术，运气于筋肉，则脉络突起，筋如坚索、肉如韧革，刀击之不能伤也。”郑板桥也说湖北魏子兆“遇少林寺僧，授以运气传神之诀。魏习之数年，周身坚硬如铁”，运气时，虽刀斧不能伤。其状大类前面所述及的唐际之。

这种重视气的新武术观，必然会将武术由形体动作、趋避腾挪、技巧姿势、力量速度，转向内部之血气运行层面，此所以称为“内家拳”。内向化，成为这个时期一种重要的趋势。

《易筋经》就是这一趋势最好的证例。它说练其功法，可使人“臂腕指掌，迥异寻常。以意努之，硬如铁石。并其指可贯牛腹，侧其掌可断牛项”（《内壮神勇》）。这种效能，非一般之勇力，而是靠气。故非外壮，而是内壮；非一般之勇力，而名为神勇。《内壮篇》说：

内与外对，壮与衰对。壮与衰较，壮可久也。内与外较，外勿略也。内壮言坚，外壮言勇，坚而能勇，是真勇也。……凡练内壮，其则有三：一曰守中道。守中者，专于积气也。……守之之法，在乎含其眼光、凝其耳韵、匀其鼻息、缄其口气、逸其身劳、锁其意驰、四肢不动、一念冥心。……守在于是，则一身之精气与神俱注于是。……二曰勿他驰想。……三曰持其充周。……气既积矣，精神血脉悉皆附之。守之不驰，揉之且久，气唯中蕴而不旁溢，气积而力自积，气充而力自周。

内壮，是靠守中积气，以达到积力之效的。其法则有三，而实仅专意守中一法（此法有操作上的下手处，也就是揉，所谓“其下手之要，妙用于揉”，详下文）。守中，以及匀鼻息、缄口气、镇意驰、一念冥心等，谁都看得出来这乃是道家功夫。所以此处讲精气神，《总论》更申言易道与阴阳二气之运，把“易筋”之“易”推原其义到《易经》上去：

其所言易筋者，易之为言大矣哉！易乃阴阳之道也，易即变化之易也。易之变化，虽存乎阴阳，而阴阳之变化，实有存乎人。……人勿为阴阳所罗，以血气之躯，而易为金石之体。

这是教人要掌握阴阳（所谓“阴阳为人握也”）。掌握之法，除了上文所说的守中积气之外，还有采咽阴阳与配合阴阳之法。采咽阴阳，见《采精华法》，云：“太阳之精、太阴之华，二气交融，化生万物。古人善采咽者，久久皆仙。”这是道教服气之法，亦甚显然。配合阴阳，则见《配合阴阳法》。说人身为小阴阳，“凡人身中其阳衰者，多患痿弱虚惫之疾，宜用童子少妇，依法揉之。盖以女子外阴而内阳，借取其阳，以助我之衰”，反之亦然。此乃阴阳调济之义。

也就是说，《易筋经》主张内壮、追求神勇，提出来的方法则是守中积气、吸日月之气、借别人之气等。整个拳术的理论完全没有谈到搏击的招式技法，而是内向化地教人掌握阴阳气运，涵养精气神，以转弱为强、变靡为壮。这与戚继光《纪效新书》、程宗猷《少林棍法阐宗》、任伯言《白打要谱》等嘉靖万历间武术书实有完全不同的论述取向。

而这种路向跟道家道教的关系，则是相当明显的。除了讲《易经》、讲阴阳气运、讲修炼、讲炼气、讲守中、讲采咽、讲阴阳配补之外，它还有《外壮神功八段锦》，是直接采用道教导引术的。

八段锦之名，始见于南宋洪迈《夷坚乙志》卷九。云政和七年起居郎李似矩“以夜半时起坐，嘘吸按摩，行所谓八段锦”。曾慥《道枢》卷三五“众妙编”更详述其法。《易筋经》所讲的，其实也就是同一套功法[①]。

这样子结合着道教导引运气之法以改良少林拳，而托名于达摩的著作，在天启间面世之后，配合着整个内家拳或拳术内向化的潮流，事实上对少林僧人产生了很大的影响，少林寺逐渐便接受了它。

何以知道呢？据王祖源《内功图说》云，咸丰四年，他随兄长住在陕西时，认识了力士周斌，三人同至少林寺，在寺中住了三个月，得少林《内功图》与《枪棒谱》而归。枪棒谱，其实是少林寺的老东西；内功图，就是新玩意儿了，其内容包含十二段锦总诀及图说，神仙起居法，内功图说与五脏病因，易

① 八段锦，有繁有简、有坐有动，详马济人《道教与气功》，一九九七，文津出版社，第三章十五至十九节。

筋经十二图诀，却病延年法，等等。这是少林寺已吸收了《易筋经》的铁证。

十二段锦与八段锦基本上是同一套东西，乾隆三十六年徐文弼编《寿世传真》八卷，既录了八段杂锦歌，又扩充为十二段锦，同时还有《修养宜行内功》一卷，述调息与小周天功法（含静坐、内视、叩齿、漱津、运气于任督二脉等）。少林内功图的“内功”之说，远昉《易筋经》，近采《寿世传真》，是再清楚不过的。后来，光绪二十一年周述官编《增演易筋洗髓内功图说》，就干脆并用了“易筋”与“内功”两词[1]。

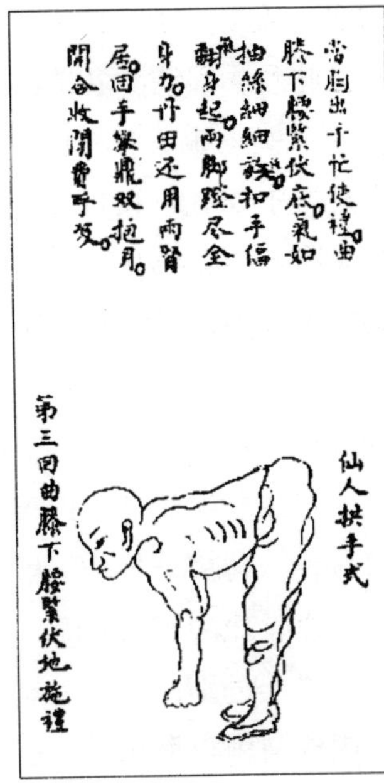

《内功谱》中的罗汉功图谱

四、援道入佛的新典范

采用了《易筋经》，而开始讲究内功的少林拳，正是因为如此，才能把张三丰内家拳也包括进少林拳谱系中来，甚至造出张三丰源出少林的传说。内家拳所创的点穴法（见《王征南墓志铭》），认穴本同于医家之铜人法，结果也竟形成了《少林铜人簿》一类讲法，仿佛其技即源出于少林，实在是历史上极饶兴味

① 《少林拳术秘诀》将此八段锦十二式扩充为十八式，称为“达摩所传十八罗汉手”。该书并未引用《易筋经》，但这显然由《易筋经》来。

的发展[①]。

不过，铜人之说，《易筋经》卷下《玉环穴说》有载："《玉录识余》云：铜人针灸图，载脏腑一身俞穴有玉环，余不知玉环是何物。张紫阳《玉清金华秘文》论神仙结丹处，曰心下肾上、脾左肝右，生门在前，密户居后，其连如环，其白如绵，方圆径寸，密裹一身之精粹，此即玉环。"则是尚不言点穴，亦不采铜人针灸图之说。此即可见《易筋经》虽谈内功，虽用导引法，其说终究与内家拳术不同。此处征引张紫阳丹法，下文又谈呼吸吐纳、存想、咽津等，但事实上道教讲这些，是要人养结内丹、修真登仙。《易筋经》虽用其法，却并不是要让人成仙。所以说它也与道教功法不甚相同。

这个分别，就像《易筋经》讲内功、论内壮、说积气，方向上固然与内家拳相同，都呈现着内向化的性质；但把它拿来跟太极八卦形意之类拳法相较，立刻便会发现它们仍旧不一样。

《易筋经》所要达到的，乃是刚的效果。它所谓的"神勇"，比一般的刚猛勇力更勇，"并指可贯牛腹，侧掌可断牛项，擘拳可擘虎胸"；"吾腹，乃以木石铁椎，令壮汉击之，若罔知焉"（海岱游人《叙记》）；"绵弱之身，可以立成铁石"；"以血肉之躯，而易为金石之体"（《总论》）。内家拳则比较强调柔，因此多说松、虚、静、用意不用力、气沉丹田等。因此，我们可以推测《易筋经》是少林武者依少林拳之基本特性（刚猛），从内向化的思路上去采撷道教功法而成的，所以与内家拳、道教均有所差异。

这是目标、性质方面的不同。在具体功法方面，它也不纯用导引。而是以药洗、服食、揉打来配合意守养气。

---

① 点穴法创自内家拳师，且与道流渊源深厚，后来少林才传习其技，另见前注所引徐震书上编《存疑》。

所谓药洗，是用汤药来洗身体，帮助筋骨坚实。服药与揉打则一内一外，所谓“外资于揉，内资于药”。揉，即按摩之法，以揉按心脐之间为主。心脐间的膜，不容易揉按到，则用杵捣槌打。详见其《膜论》《揉法》诸篇。这种揉法及对筋膜的解说，亦是道教所无的。“般刺密谛”对此亦特加按语解说云：

> 易筋以练膜为先，练膜以炼气为主。然此膜人多不识，不可为脂膜之膜，乃筋膜之膜也。脂膜，腔空中物也。筋膜，骨外物也。筋则联络肢骸，膜则包贴骸骨。筋与膜较，膜软于筋。肉与膜较，膜劲于肉。膜居肉之内、骨之外，包骨衬肉之物也。其状若此。行此功者，必使气串于膜间，护其骨、壮其筋，合为一体，乃曰全功。

这才是《易筋经》独特的功法与见解[①]。在此之前，东晋已传《天竺国按摩法》，见《太清道林摄生论》《正一法文修真要旨》《备急千金要方》《云笈七签》《遵生八笺》等书中，共十八式。又有婆罗门导引法，辑入王仲丘《摄生纂录》中，凡十二节。其中都有捶打的方法，但前者仅谈到“以手反捶背上”，后者只说要“两手交捶膊并连臂，反捶背上连腰脚”，没有像《易筋经》这种按揉捣打之法，更没有筋膜说。不过，我遍考了道教所有导引法门，均无捶打者，故也许可以说打为天竺按摩导引法

---

① 论膜，极为特殊，后世少林拳术亦无承续其说者，仅《杨氏太极拳老谱》附录有《太极膜脉筋六解》一篇。其中说：“膜若节之，血不周流。脉若拿之，气难行走。筋若抓之，身无主地。”“抓膜节之半死，申脉拿之似亡，单筋抓之劲断。”此似即与《易筋经》所言有关。该谱另有《太极力气解》云：“气走于膜、络、筋、脉。力出于血、肉、皮、骨。故有力者皆外壮于皮骨，形也。有气者是内壮于筋脉，象也。”与《易筋经》内壮的讲法也显然是有关系的。

之特色，而《易筋经》就是发展了这个特色[①]。

按摩捶打，是揉按、杵捣、槌打，渐次加重的。木杆木槌之外，尚要辅以石袋石杵、木杵木槌，用于有肉处。骨缝间，则用石袋石杵。它与道教运气法不同之处，在于道教主要靠存想，以意运气，让气流走于任督二脉。它不是如此。而是在揉打时，意注于揉打之处。所以揉打至何处，意与气也就到了那个地方。先揉于前身心下脐上，“功至二百日，前胸气满，任脉充盈；则宜运入脊后，以充督脉”。共行功十二个月。

按月行功，是宋代发展出来的导引法，相传出于陈抟。《四库全书·道家类存目》称此为“按节行功法”，指它依照着气节时令来行功，明朝颇为流行。《遵生八笺》《三才图会》《保生心鉴》均曾载入，罗洪先《万寿仙书》称为《四时坐功却病图诀》。《易筋经》沿用了这种按月行功的观念，所以内中有《初月行功法》《二月行功法》《三月行功法》《四月行功法》《五六七八月行功法》《九十十一十二月行功法》六篇。

经此十二月行功并服药洗药之后，神功已成，气满于内，但还有两事须要补充：

第一件事，揉打积气，只在前胸后臂，故气仅充于身体上，还不能把气运到手上，所以接着要练手。怎么练呢？一是仍用揉

---

① 《杨氏太极拳老谱·太极字字解》将按、揉、摩、捶、打诸法，由练功之法，转为技击之法，云：“挫、揉、捶、打于人于己，按、摩、推、拿于己于人，开、合、升、降于己于人，此十二字皆用手也。”按摩捶打于己，就是练功之法，施之于人则是技击之术。此显然也是由《易筋经》所述按摩捶打之法引申变化而来。同理，《太极空结挫揉论》说“有挫空，挫结；有揉空、揉结之辨。……揉空者，则力分矣。揉结者，则力隅矣。若结揉挫，则气力反，空揉挫则气力败”，等等，也是把揉法之用转为搏击之术。太极拳法本以掤、捋、挤、按、采、挒、肘、靠为之，初无揉法；抓筋膜，闭六脉，亦非拳式中本有之义，故此均应为吸收自《易筋经》之说。世之论太极拳者，惜尚未考焉。

打之法，用石袋从肩头往下打，直至小指尖再用手搓揉；二是也用药洗；三是药洗后加以锻炼。先努气生力，然后用黑豆绿豆拌在斗中，用手去插，以磨砺其筋骨皮肤，类似后世练铁砂掌之法。

第二件事，是要学习贯力运力的姿势和方法。全身积气，殆如水库蓄水，水既蓄满，便须学怎么行水用水，此所以又有《贯力运力势法》篇。

此类势法，其实就是八段锦十二段锦之类导引动功，也有些版本称之为“易筋经十二式”，但它说这是佛家功法：

> 此功昉自禅门，以禅定为主。将欲行持，先须闭目冥心，握固神思，屏去纷扰，澄心调息。至神气凝定，然后依次如式行之。必以神贯意注，毋得徒具其形。若心君妄动、神散意驰，便为徒劳其形而弗获实效。初练动式，必心力兼到。

早先所有动功导引八段锦十二段锦廿四式之类，均只说明动的姿势，很少强调心的修养，这则是一个特例。后来徐文弼《寿世传真》及王祖源传出的《内功图说》皆沿袭之，以十二段锦的第一式为“闭目冥心坐，握固静思神”。

它把澄心解释为禅定功夫，并认为除了在练八段锦时要用此功夫外，一切行功均以此为基本，是它理论上一大特色。故“般剌密谛”在《内壮论》之后又特加识语谓：

> 人之初生，本来原善，若为情欲杂念分去，则本来面目一切抹倒。又为眼耳鼻舌身意分损，灵台蔽其慧性，以致不能悟道。所以达摩大师，面壁少林九载者，是不纵耳目之欲也。耳目不为欲纵，猿马自被锁缚矣。……此篇乃达摩佛祖心印先基，其法在“守中”一句，其用在“含其眼光”七句。

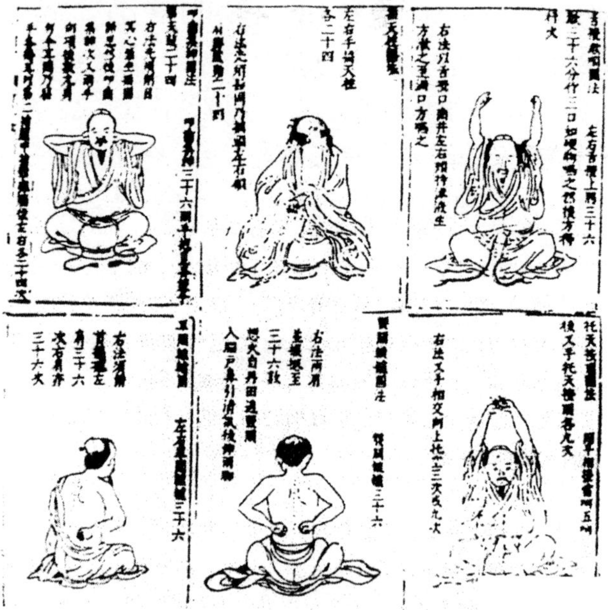

南宋文八段锦（局部）

守中，就是“一念冥心，先存想其中道，后绝诸妄念，渐至如一不动”。含其眼光等七句，指闭眼、凝耳、匀鼻、缄口、逸身、锁意、四肢不动、一念冥心。讲的还是澄心静虑的功夫。它以此为禅定，乃是援道以入佛，希望达成一种综合佛理与道术的新架构。后来佛门接受此经，且将之视为佛门武术宗源，亦因它具有这种援道以入佛的形态。

五、仙佛武学的路向与疑难

《易筋经》在明末少林拳发展的关键时刻，吸收了道教的气运学说，讲呼吸吐纳、守中积气、采咽阴阳、修炼导引，形成了一套配合少林刚猛拳风的内壮理论与内功功法，当然很快就奠定了它的典范地位。

但这种融合事实上是强水火于一冶，非常困难。《易筋经》也未能达致完美融会之境地，其理论与功法均有不少破绽。

先说功法。《易筋经》吸收道教功法时，混采了好几种不同的路数，例如守中积气是一种，服咽日月精华的服气论又是一种，二者并不相同，经文兼取之，何者为正、何者为辅？守中固然可解释为禅定，服食日月精华又与佛教思想何干？此即为其疏漏之处。

《易筋经》各本又多有《内运入火候歌》《行功要诀》。此纯是内丹法，又与服气论、积气论迥异。重点在于“颠倒阴阳，更转互属”，添水返火、运用铅气。且行功只在子午，要以河车逆运坎水上昆仑，共运三十六度，企求五气朝元。若用此法，则大谈服食日月精华、揉打搓洗，便归辞费。抽添水火、气贯泥丸，又与内壮神勇有何关联？《易筋经》兼收并蓄，而不知实自陷于左支右绌也。

又，道教丹法中是有歧途、有旁门的。所以道教炼丹之士称好的炼丹法为金丹大道；不好的丹法，例如借助性交与采阴补阳者，便被称为泥水丹法。《易筋经》援用了道教炼丹术，却对此无力检别，只说功夫若成之后，“修身坚壮，不畏饥寒，房战取胜，泥水采珠，犹小用耳。修仙成佛，要不外是”(《易筋经意篇》)。它认为这只是功夫高下之分，殊不知修仙之法与阴阳采战乃是两条路，功夫并不相同。古修房中术者，固然有以性交为登仙秘径者，但炼内丹之法，大兴于宋元，尤其北派全真教均为出家道士，焉能以阴阳采补或房中征战为说？故内丹家说龙虎交媾、阴阳配合，主要乃是以一身内气而说。即使是东派男女双修，亦与房战采补者不同。《易筋经》不知此中分判，误为一谈，可谓大谬。

不仅如此，《易筋经》因正面肯定房战采珠之功效，竟发展出了锻炼阳具之法。教人攒、挣、搓、拍睾丸；咽、摔、握、洗、束、养阳具。洗，指用药水烫洗。束，指用软帛束之勿屈。练之久久，阳物便刚强了，“虽木石铁锤亦无所惴”（《下部行功法》）。海岱游人说在长白山曾逢一西羌人即曾习此功夫，可以“以长绳系睾丸，缀以牛车之轮，曳轮而走，若驰也”。现今市井间有号称全真气功之“九九神功”，练的就是这类系睾丸、吊阴茎的功夫。这种功夫跟武术有什么关系？无非乞求增强性能力罢了！故《易筋经》以此自诩：“以之鏖战，应无敌手。以之延嗣，必种元胎。吾不知天地间更有何乐大于是法者！”“设欲鏖战，则闭气存神，按队行兵，自能无敌。若于应用之时，加吞吐呼吸之功，更精神百倍，气力不衰，昼夜不寝、数日不食，亦无碍矣。”

它如此沾沾自喜其壮阳神效，是否恰当呢？若真是达摩传经，授予少林寺僧，当然不会谈这一套，也用不着这一套。且这种功法中显示的性态度，是以性为天地间之至乐，以昼夜不寝不食地性交为乐事，更非僧人习武者所宜有。所以像这些地方，明显的是为它所吸收的道教功法所误，不及检别，因而误入歧途[①]。

经中功法其他妄谬之处，颇与此有关，如《无敌神功密法》教人“两脚盘坐身项直，双手捧托肾囊前。……此段为运气到茎卵功夫”。宣统三年梁子瑜刊全图《易筋经》则引高子曰：“握固二字，人多不考，岂特闭目见自己之目、冥心见自己之心哉？趺坐时，当以左脚后跟曲顶肾茎跟下处，不令精窍泄云耳。”此皆妄谈，乃读丘处机《大丹直指》而误者。

形成这类混淆与错误，或许也不能归咎于古人造作经论时思虑欠周，而应考虑其时代风气。宋元以来之道教丹法，本来就有三教糅合的性质；以长生为命功，以释家明心见性为性功，而讲性命双修，更是普遍。故往往仙佛合言，混无生宗旨与长生久视

① 自由出版社所刊萧天石编《真本易筋经秘本洗髓经合刊》即删去有关下部行功法的部分，谓其易流于房中采战，恐系后世重双修法之房中家所羼入。

于一炉。《易筋经》就显示了这种理路。《内运周天火候歌》说：

> 易筋经，炼气诀。……定气凝神锁心猿，两手插抱趺足坐，识得先天太极初，此处辨识生身路。冥目调息万缘定，念念俱无归净土。……此是神仙真口诀，君须牢记易筋经。

既归净土，又成神仙，口气与《易筋经意篇》说“修仙成佛，要不外是”相同，都是仙佛合说。而在实际功法操作中，则是以修仙为成佛的。

此种形态，自宋以来已渐形成，至明末而大盛。如颜元就批评他家乡“万历末年添出个黄天道”“仙佛参杂之教也”“似仙家吐纳采炼之术，却又说受胎为目连僧，口中念佛”（《四存编·存人编》）。黄天道，亦以炼成金刚不坏之体，撞出轮回为说；也每日三次参拜日月；也主张双修法，均与《易筋经》有相同之处。同在天启年间的道教伍柳派伍冲虚所著《内炼金丹心法》，成于一六二二年，增注本刊于崇祯十二年，改名《天仙正理直论增注》，更是说：“天仙，佛之至者也。”其弟子柳华阳《金仙证论·禅机赋第十三》则云：“恐后世学禅者不明佛之正法，反谓吾非禅道，故留此以为凭证耳。”也以仙佛合宗自命。《易筋经》处此时会，援道入佛，欲修命以成佛，也是可以理解的[①]。

此外，我们在前面曾经谈过，明清朝时期一些民间教派常习武练气。这些民间教派，都是混糅三教义理而成的，直至晚清均

---

① 为道家功法者，应推苌乃周《苌氏武技书》，次则为王宗岳《太极拳论》。但王氏之说与道教丹法无关，苌氏《中气说》则明白指出：“中气者即仙经所谓元阳，此气即先天真乙之气。文炼之则内丹，武炼之则为外丹。”

是如此。如道光年间，扬州“周星垣，号太谷，能练气辟谷……遨游士商大夫间，多心乐而口讳之，积中师事久，颇得其术，太谷门徒寖盛”(《山东军兴纪略》卷二十一《黄崖教匪》)。“宿州张义法者，从永城魏中沅学弹花、织布两歌，皆邪教之隐语。又令盘膝静坐，名为‘坐莲花’；两手捧腹，名为‘捧太极’；一日三次，默诵咒语，名为‘三省功夫’”(《金壶七墨》浪墨卷四《教匪遗孽》)。光绪年间，“霸州城西鱼津窝村，有……密密还乡道教门，即白莲教门也。该教宗旨，恭敬孔子、老君、佛，吃长斋。……日日坐功运气，望死后往西方乐土，成仙作祖”(《拳时北京教友致命》卷八，北京救世堂一九二〇年刻本)。又光绪间，有“一炷香”教。该教创于明末，“以敬佛为宗旨，不杀生，不害命，吃长斋，焚香，日日坐功运气，其经向望死后脱下皮囊，往西天成仙作祖，为乐境也”。

这些教门，有两方面与《易筋经》关系密切：一是它们都属于混淆佛道，甚或混糅三教之世俗宗教形态，其教义取便流俗信从，故理论都不严密，也不深刻。错谬之处，往往而有。即使不错，理境也不高。《易筋经》也有这种现象，重在可以实用奉行，而非造论之幽玄精密。

其次，这些教派，常被官方或正统人士定义为“邪教”。除了教义未尽正宗之外，这些教派动辄舞拳弄棍、练气习武也是一个极普遍且重要的因素。因此，它呈现的是一种宗教、炼气、习武混合的状态。而《易筋经》所显示的，也就是这个样子。假若我们记得“火烧少林寺”的传说，则这种类似性就更为有趣了。

少林寺在清朝事实上并未被火烧掉。但那是历史上的事。在武术界，少林涉及天地会反清复明大业、少林寺被烧、少林五祖逃出、分别创立洪拳等等，则是各门派心目中传承已久之另一事实。这些武术派别，奉达摩为祖师，谓其艺皆传自少林，似乎也不能说他们都是神经病，明明没有的事还相信得如此诚笃，明明没有的人物偏要供来做祖宗。假若《易筋经》跟那些民间宗教一样，也有一个教团，用这样的功法来教其教民，将宗教、习武、练气合而为一，以致传其艺者均自称少林门徒，以致朝廷忌惮而剿灭之，不是也很有可能吗？不是比说练武的都是神经病更合理吗？只不过，这个名唤少林的教团，未必即是嵩山那座少林寺。我们看这些故事，均自称为南少林；包括叙述达摩授艺的部分。如尊我斋主人编《少林拳术秘诀》云“少林技击，以五拳为上乘。……五拳之法，传自梁时之达摩禅师。达摩师由北南来”，亦谓达摩是到南方授拳，岂不分明告诉别人：此少林非彼少林，此达摩非彼达摩吗？达摩，释典通作“达磨”，此则皆称“达摩”，也有暗示畛域区隔之意。

这是一种推测。另一种可能性的考虑，则是从明末另一本拳经觅线索。那就是乾隆四十九年（一七八四年）曹焕斗整理出版的《拳经拳法备要》。

此书实为两书。《拳经》为张孔昭撰，《拳法备要》则系曹氏自著[①]。张氏约为康熙时期人，其谱中有“少林寺玄机和尚传授身法图”，似其法本诸少林，后来张鸣鹗、张孔昭等转益多师，又颇有自得之处，固已迥非玄机和尚传授之原貌，但渊源本于少林，应是确实不诬的。据其所述，则明末少林寺拳勇已著盛名，亦有传授，流布四方，所以《拳经》中已出现“拳法之由来本于少林寺”之说。把宋太祖长拳、温家七十二行拳、三十六合锁、二十四弃探马、八闪番、十二短、李半天之腿、鹰爪王之拿、张敬伯之打，统统溯源于少林。这些武术，其实均为《纪效新书》上的记载。可是在戚继光的叙述中，它们是跟少林寺棍法齐名

① 此书作者，各家考证，见解不尽相同。罗振常认为全都是曹焕斗作。唐豪认为一部分为张鸣鹗编，一部分为张孔昭或其门弟子所作。我的看法，则与他们不同。

的，并非源出少林。可见明末清初，少林拳勇声名渐著之后，少林徒众张大其说，高自标置，自居为武术宗祖，把各家武术都讲成出自少林，已成为一种风气。

而事实上，广泛吸收各界长处，才是此刻少林拳发展的真相。例如《拳经拳法备要》中有醉八仙拳，号称“此乃拳家之祖，从此化出”。佛教少林拳法，缘何而取义于醉八仙？僧家戒酒，又不奉八仙，此类拳法，自是汲取自异教而来。拳法中又有“走盘太极八步全图”，又讲阴阳、刚柔、借力、偷力，此均与佛理无涉，而是近于道家的理论，与其拳法有醉八仙相似。

此书亦已提到气的问题，《提劲运用之法》云：“大凡运劲之法在乎气，而气之虚实全凭小腹下运之。盖周身运量，气为之先。若气不在小腹而在上胸，此上实下虚。”把力量归原于气，气力则要由腰转出。另有《气法指要》云：

紧闭牙关口莫开，口开气泄力何来？须知存气常充腹，煞手休将气放怀。回转翻身轻展动，灌通筋骨壮形骸，终朝练习常如是，体质坚牢胜铁胎。

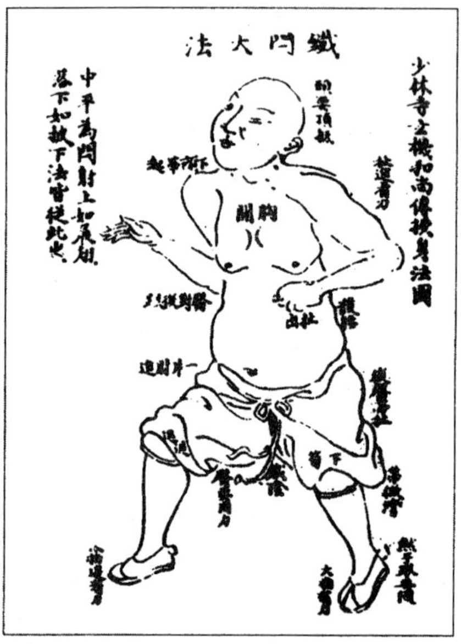

清代《拳经拳法备要》所录的“玄机和尚传授身法图”

这种气法，便很像《易筋经》所述导引法。足证少林拳法在明末清初确是朝结合气论、道教思想、道教导引法之方向发展的。佛、道、武，混而为一。

这也是一种“三教合一”，只不过，含有不少混淆与疑难，不可不辨。

六、易筋经的流传与误解

《易筋》《洗髓》二经，武学界仰若泰山北斗，传习者多，深自秘惜者尤夥，影响至为可观。但传习诵法者，或不知其来历，或不明其功法之底蕴，或不辨其谬，更勿能审其于武术史思想史之意义，矜习遗编，诧为奇术，聊资稗贩而已。

以民国十八年张庆霖所著《练气行功秘诀内外篇》考之。其书金一明序，谓其为少林衣钵，推崇曰：“练易筋者，不能比其神；练洗髓者，不能知其妙。”作者张庆霖本人亦于内篇第十一章《气功歌诀秘抄》，亦即全书结尾处，抄录《内运火候篇》《无始钟气篇》《四大假合篇》《凡圣同归篇》《物我一致篇》《六六还原篇》，然后说：“本歌诀已极气功之能事，酣畅淋漓，毫无所讳。其法与《易筋》《洗髓》两篇大同小异。至其道，则又高出《洗》《易》万万也。是均在有缘学者熟烂于胸中揣摩之矣。”又说：“易筋经《洗髓》诀，蒋竹庄家藏刻本中有，但不及涵芬楼手抄秘籍录中之详而雅。至本诀则为秘抄，从未见刊行过。”

其实这六篇歌诀，第一篇即在《易筋经》中；其余五篇，则为《洗髓经》之文字。张氏谓其“从未刊行过”，又夸称其法高出两经万万，真乃天大之笑话。蒋竹庄家藏本，便录有此数篇歌诀全文，张氏盖根本未曾寓目。涵芬楼秘籍抄本，则确实较蒋藏本篇“详”，但所多出来的，乃是《退火法》及《服药十锦丸》《五生丸法》《五成丸法》《十全丸法》《便方》《平起服法》《平起洗法》等药方，又何尝“详而雅”？此即可见张氏大言欺人，非于《易筋》《洗髓》两书毫无所悉，即是阴窃其说，复张扬谓能胜于二经，以惊俗耳、以骇俗目也。

此书有段祺瑞、金一明序。段氏非此道中人，或不娴仙佛武术之事，金一明则为武术大行家，曾著《中国技击精华》《武当拳术》《武当三十二式长拳》《练功秘诀》等书，乃竟随声附和，不知张氏此书不仅所抄录者即为两经之歌诀，其所述功法亦衍两经之绪，诚可怪叹！

又，宣统三年梁士贤辑刊《全图易筋经》，仅录第一套十二式、第二套五式、第三套五式，共二十二式。附青莱真人八段锦坐功图八式、陈抟功图二式。则是只以八段锦视《易筋经》，可谓管中窥豹，未见全貌。

萧天石《重刊易筋洗髓二经例言》则说二经“为学佛坐禅之基先功夫”“洗髓之于禅定，尤为重要，由此而入，方是坦途”。殊不知依二经之意，易筋洗髓均须运用禅定功夫。故非二者为学佛坐禅之基先功夫，乃禅定为其入门之坦途。萧氏恰好说倒了。

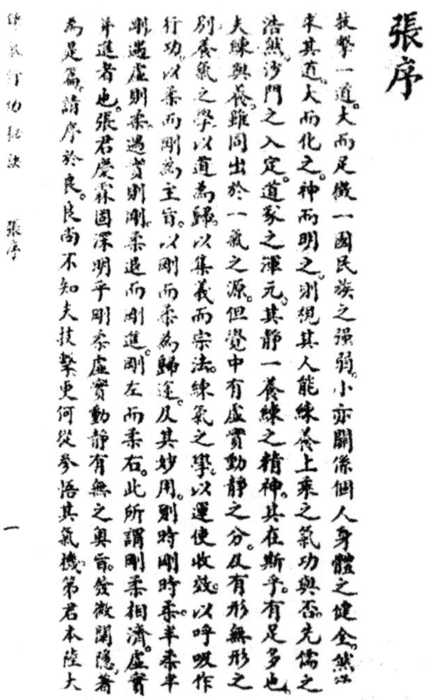
張序

技擊一道。大而足徵一國民族之强弱。小亦關係個人身體之健全。然從來其道。大而化之。神而明之。則視其人能練養上乘之氣功與否。先儒之浩然。沙門之入定。道家之渾元。其靜一養練之精神。其在斯乎。有足多也。夫練與養。雖同出於一氣之源。但覺中有虛實動靜之分。及有形無形之別。養氣之學以道為歸。以集義而宗法。練氣之學。以運使收斂。以呼吸作行功。以柔而剛為主旨。以剛而柔為歸途。及其妙用。則時剛時柔。半柔半剛。遇虛則柔。遇實則剛。柔退而剛進。剛左而柔右。此所謂剛柔相濟。虛實並進者也。張君慶霖固深明乎剛柔虛實動靜有無之奧旨。發微闡隱。著為是篇。請序於良。良尚不知夫技擊更何從參悟其氣機。第君本陸大

練氣行功秘訣　張序　一

民国初年中华图书馆石印本《练气行功秘诀内外篇》卷首张学良序

萧氏此刊，又自认其《洗髓经》系乾隆间排印本，且谓“经前并有慧可序；后有跋，系月庵超昱绪欣据内典翻译。全部《易筋经》亦系据原本天竺文翻译”。凡此，亦均为误说。两经皆无梵文本，亦不在《大藏经》内。慧可序、月庵跋，也均为伪托。凌廷堪考证谓：慧可序云“初至陕西敦煌”，后魏时敦煌焉有陕西

之称(《校礼堂文集》卷廿五)?《易筋经》乾隆间只有抄本,《洗髓经》时代更晚,是依附《易筋经》而造者,幻中出幻,乾隆间岂能遂有刻本?故此亦皆大言欺人而不识刊印之源流者也。书中又附所谓“易筋甩手功真传”,云出道教《青城秘录》等书。

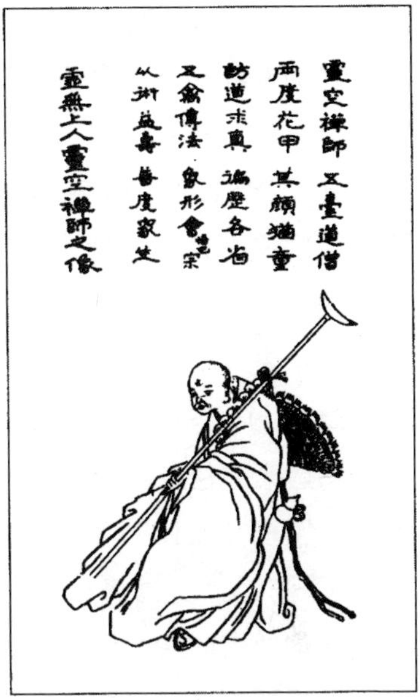

五台山灵空禅师像

按:将此类功法与《易筋经》合刊,固足以供读者参证,使知《易筋经》与道教养生功法之关联;然甩手仅为养生之用,与《易筋经》之为武技内壮者功用殊途,恐不宜牵合。至于练易筋功时,“须绝对断绝房事。……期满后,亦以少亲房帏为上,能行而不漏者亦然”云云,以此悬为厉禁,而实乏根据,经中毫无证案,乃萧氏虚声恫吓以增人信此功法耳。

蔡雨良另由栖霞山老道处得一两经合抄本,一九八一年由台湾真善美出版社印出。较萧刊本多《推演易筋洗髓内功图说》《增广易筋洗髓内功图说》《易筋洗髓支流汇纂》《内外功集成》。易筋之学,流脉颇可考见,可谓洋洋大观,裨益学林,不为无功。但刊印其书,旨在“发扬仙学”,提供给“有志性命双修者”研究,则误矣。《易筋经》本来乃是吸收道教导引运气炼丹之说,以发展武勇搏击之术;此则遽以其言导引运气炼丹,而奉之以为成仙养生秘谱矣,岂不谬哉!

武术界所传,别有五台山灵空禅师《全图练软硬功秘诀大全》一种。凡总论、练软硬功秘诀、练功印证录、练功治伤秘方四章。所指软功,乃朱砂掌一指禅之类;硬功,乃金钟罩铁布衫之类。其法实均由《易筋经》所述搓揉、药洗、努气生力、以手插豆之法发展而来。其用药洗手之药方亦然。第一章第六节并述《涵虚禅师练功学技谈》，可知该书所论功法与少林《易筋经》肸向相通，渊源正不可掩。但区分武功为内外两类，云："内功主练气，趺坐习静，与道家之导引术约略相似。外功主练力。"则是将内外打为两截，非以内功为筋骨力量之助。又述练外功之法，为"先练皮肉，次则练筋骨。皮肉筋骨既坚实，更进而练习个部之实力，实力既充，然后更进而练习运行气力之法。练皮肉，用搓摩之法；练筋骨，用八段锦；练各部气力，用努气生力法，兼用石锁铁杠等器械之助，均与《易筋经》同，然次序颠倒了。《易筋经》是以气为主，充气于内，以壮筋膜血骨，再练皮肉。灵空禅师此法，则有外无内，虽衍《易筋》之绪，而实失其真传[①]。

也就是说，《易筋》《洗髓》，地位虽高，真赏殆罕。无论仙学抑或武学，承流接响者固不乏人，但误解既多，或虚饰而增华，或变本而加厉，或源远而歧，或流别而分，殊难使人明其来历、知其底蕴，于明清之际佛、道、武学参合之迹，尤难考案，故本文粗发其凡，以俾考览。

---

① 周述官《增演易筋洗髓内功图说》十八卷，作于光绪二十一年，刊于民国十九年，卷帙最多，体例亦较特殊。其特点有三：

一、将《易筋》《洗髓》合为一体，认为两者相辅相成，不可拆分。

二、两经合论之后，他将《易筋》视为外壮功夫，谓《洗髓》为养心功夫。而所述功法，实偏于内养炼丹，已非武术神勇之技。

三、他非常强调三教合一。是所有《易筋经》中唯一讲三教合一的，不止为仙佛合论而已。周氏之术，据他说传自少林静一空悟法师。一九九一年北京科学技术出版社王敬等人编《中国古代密传气功》曾将此书重排了一次。

张三丰武学论考

一、依托张三丰的内家拳

论武术者，莫不称少林、武当。少林以达摩为初祖，武当则奉张三丰。两说均属依托，而且依托的年代都起于明末。

达摩驻锡少林，传《易筋》《洗髓》两经，说见伪托李靖、牛皋两人为《易筋经》所撰的序。张三丰的事，则见于黄宗羲所作《王征南墓志铭》，云：

> 有所谓内家者，以静制动，犯者应手即仆。故别少林为外家，盖起于宋之张三丰。三丰为武当丹士。徽宗召之，道梗不得进。夜梦玄帝授之拳法，厥明单丁杀贼百余。三丰之术，百年以后，流传于陕西，而王宗为最著。温州陈州同从王宗受之，以此教其乡人，由是密传温州。嘉靖间，张松溪为最著。松溪之徒三四人，而四明叶继美近泉为之魁，由是流传四明。四明得近泉之传者，为吴昆山、周云泉、单思南、陈贞石、孙继槎。皆各有授受。……思南之传，则为王征南。……凡搏人皆以其穴，死穴、晕穴、哑穴，一切皆如铜人图法。

本文首先提出内家拳起于张三丰之说，并注明其传授源流。张松溪事，又见雍正年间曹秉仁《宁波府志·张松溪传》，也说其法起于张三丰。但显然曹氏此文即依据黄宗羲的叙述而来，故黄文为最早说内家拳与张三丰有关的文献。

但宋代这位张三丰，是位名不见经传的人物，宋元亦无任何人谈过这么一号人物。因此徐震《国技论略》认为黄宗羲大概是弄错了。《明史·方伎传》里有一位“张全一，名君宝，张三丰……与其徒游武当山，创草庐居之。明太祖闻其名，于洪武十四年遣使觅访而不得”，黄宗羲误把此归为宋徽宗时事，所以才出现一位宋代的张三丰（上编《辨伪·辨黄宗羲王征南墓志铭有关张三峰时代之误》）。沈寿《太极拳法研究》则认为《王征南墓志铭》《张松溪传》所说的都是“张三峰”而非“张三丰”，后人将峰改为“豐”或“丰”，才会跟明初那位武当道士混为一谈（一九八四，福建人民出版社，一〇四页）。黄兆汉《明代道士张三丰考》也说：“宋代是否有一位技击家张三峰不可确知。若有，则自然不是元末明初的张三丰。我们所讨论的张三丰大概是不懂技击的，因为在我读到的张三丰的文献里也没有提到他懂技击的。这个技击家张三峰亦可能只是伪托。”（一九八八，学生书局，一之四）Anna Seidel 则推测做此依托的人就是张松溪，见 *A Taoist Immortal of the Ming Dynasty: Chang Samfeng* 收入 Wm. Theodore de Bary 编 *Self and Society in Ming Thought*（一九七〇，哥伦比亚大学）。

按：张三丰在明初是位传奇人物，其传说越来越多，时代也就越推越早。如陆深《玉堂漫笔》、何乔远《名山藏》都说他是金朝人，且说他曾在宝鸡县金台观修炼，弄得后来清朝修《陕西通志》《凤翔府志》，民初修《宝鸡县志》时也都如此说。黄宗羲讲张三丰内家拳百年后流传于陕西，即是跟这个传说有关的。同时，以上两本书也提到了另一个传说，说张三丰是元朝初年人，元初曾与刘秉忠同师于沙门海云，陆西星《张三丰传》便相信了这个说法。陆氏乃道教内丹东派之大宗师，他既采信此说，其说在道流中必已极为流行。此时，张三丰已是元初人了。徐祯卿《异林》更推而上之，说有位张剌达，曾为成祖所访，又说他“相传是宋人”，曾至华山谒陈抟。张剌达，与张三丰之号为邋遢道人的“邋遢”音近，故世又以张为宋代人，曾见过陈抟。

张三丰像

这就是明代张三丰故事越增衍越繁富、越传年代越早的状况。技击家依附于这位传奇人物，以神化自己的拳技，也起于这个时代。嘉靖间的张松溪，或活动于天启崇祯间的王征南，都可能是依托者。虽然如此，依托也有依托的原则。技击家所说，均言张三峰，以自别于丹道家之言张三丰。丹道家论张三丰，俱如黄兆汉所说，是“没有提到他懂技击的”，张三丰只不过是一位邋遢游戏人间的神仙罢了。“张三峰”与“张三丰”之不同，恰如“达磨”与“达摩”。禅宗文献，通称“达磨”；技击家依托，则称“达摩”，以别畛域。后人再予混一之以后，这个区分便荡然了。

张松溪之术，今已不可考。《宁波府志》所载，摭拾传闻，未必可据。可确考者，厥为王征南。

征南之法，黄宗羲强调其“以静制动，犯者应手即仆”，又说他“凡搏人皆以其穴。死穴、晕穴、哑穴，一切如铜人图法”。似乎一是说他应付攻击时擅长借力使力，以静制动；二是说他攻击时着重打穴；三是说他打穴时是将医学上以铜人认穴的办法挪用于技击，故穴有可晕可哑可死之分。

黄宗羲之子黄百家曾从王征南习艺，述其学尤详于宗羲。“略谓其法有五不传：心险者、狂酒者、轻露者、好斗者、骨柔质钝者。有应敌打法名色若干：长拳滚砍、分心十字、摆肘逼门、迎风铁扇、异物投先、推肘捕阴、弯心杵肋、舜子投井、剪腕点节、红霞贯日、乌云掩月、猿猴献果、绾肘裹靠、仙人照掌、弯弓大步、兑换抱月、左右扬鞭、铁门闩、柳穿鱼、满肚疼、连枝箭、一提金、双架笔、金刚跌、双推窗、顺牵羊、乱抽麻、燕抬腮、虎抱头、四把腰等。”

所谓应敌打法名色，就是后来所说的招式。用于应敌，故应属散手。招式串连，则为套路。王征南之拳，又有六路与十段锦。六路歌诀云：“佑神通臂最为高，斗门深锁转英豪。仙人立起朝天势，撒出抱月不相饶。扬鞭左右人难及，煞锤冲掳两翅摇。”十段锦云：“立起坐山虎势，回身急步三追，架起双刀敛步，滚斫进退三回，分身十字急三追，架刀斫归营寨，纽拳蹍步势如初，

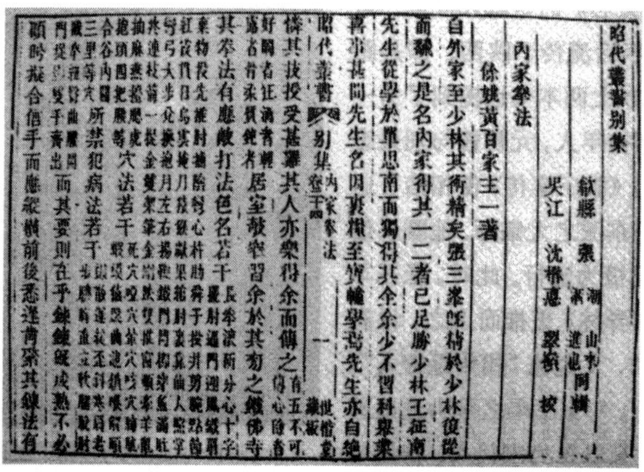
昭代叢書別集
內家拳法
餘姚黃百家主一著
自外家至少林其術精矣張三峯既精於少林復從
而翻之是名內家得其一二者已足勝少林王征南
先生從學於單思南而獨得其全余少不習科舉業
喜事甚聞先生名因裹糧至寶幢學焉先生亦自絕
倖其技授受甚難其人亦樂得余而傳之
昭代叢書 別集 內家拳法 一

黄百家《内家拳法》书影

滚斫退归原路，入步韬在前进，滚斫归初飞步，金鸡独立紧攀弓，坐马四平两顾。”

对这些歌诀，黄百家有注释甚详。其中可以看出来王氏很重视斫法。斫法为其三十五种练手法中第一种。百家并说：“拳家惟斫最重。斫有四种：滚斫、柳叶斫、十字斫、雷斫，而先生另有盘斫，则能以斫破斫。此则先生熟久智生，划焉心开而独创者也。”对之推崇备至。可是何谓斫法，至今殊难明了。大概属于掌劈，故形容如刀斧之斫。柳叶斫，也可能类似后来拳家所谓柳叶掌。但滚斫、十字斫、电斫、盘斫之法，终不得而知。

王氏所击穴法，据黄百家说有死穴、哑穴、晕穴、咳穴、膀胱、虾蟆、猿跳、曲池、锁喉、解颐、合各、内关、三里等。综合其法，则有五字诀法为敬、紧、径、劲、切。

王征南这套拳法，只有黄百家这一位传人，但百家后来并未继续学拳，所以说：“先生之术所授者唯余，余既负先生之知，则此术已为广陵散矣。”号称传自张三丰的内家拳，至此业已失传。

二、依托张三丰的太极拳

张三丰武学之再现于江湖，是与太极拳相关联的，时间则在清末。

万本太极拳谱（因抄在万县兴隆街裕兴昌印的十行纸上，故称万本）所录王宗岳《太极拳论》之后，加了行注语云：“左系武当张三丰老师遗论，欲天下豪杰延年益寿，不徒作技艺之末也。”杨澄甫《太极拳使用法》（一九三一，文光印务馆）、陈微明《太极拳术》（一九二五，上海中华书局）、徐致一《太极拳浅说》（一九二七，上海文华图书印刷公司）均抄录了这段话，而改为“武当山”“张三丰”。可见太极拳本于张三丰，已成为这些拳师的“共识”，陈微明《太极答问》且说太极拳可断定是张三丰所传无疑。

陈微明之说，唐豪曾有驳议，认为王征南拳法与太极拳名色显然不同，不能混为一谈（《少林武当考》下编，五）。另外，光绪七年李亦畬《太极小序》及抄王宗岳《太极拳论》都不作此依托，反而明言“太极拳不知始自何人”。唐氏也论断：“太极拳附会于张三丰，乃光绪七年以后事。”（《行健斋随笔》）

考王宗岳《太极拳论》，万本作《山右王宗岳先生太极论》。我认为这个篇题是较妥当的，因为这篇文章只是王宗岳对自己拳术的阐明，以“太极者，无极而生，动静之机、阴阳之母也”来说明拳理。并不意味这套拳就叫太极拳。所以底下说：“长拳者，如长江大海，滔滔不绝也。”李亦畬抄本才在“长拳者”上面加上“太极拳，一名长拳，又名十三式”，李氏姨甥马印书抄本同。但仍无“太极拳”三字。其余万本、陈微明本、徐致一本、杨澄甫本则都没有这一段。可见王宗岳说拳理，固然由太极讲起，以说八卦五行，但其拳本应称为长拳。现在通行的太极拳，传自河南陈家沟，亦与山西王宗岳无关，更不用说王氏拳论与武当张三丰原本也是毫无关系的了。

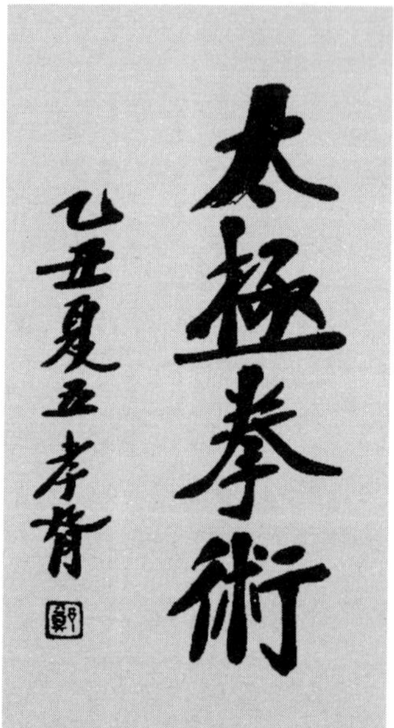

郑孝胥题字

太极拳出现甚晚，陈长兴（一七七一～一八五三）、杨露禅（一七九九～一八七二）之后始显于世，光绪间始大盛。兴盛之后，推源溯祖，也是越扯越远。许禹生《太极拳势图解》甚至提出了唐许宣平、武当道士李道子以及张三丰所传诸说。其中讲张三丰的部分，云：“元世祖时，有西安人王宗岳者，得其真传，名闻海内。”不知王宗岳乃乾隆时山西人，咸丰时人武雩宇始获其拳谱，其弟武禹襄因学拳于杨露禅，始将此谱传出，跟张三丰何干？王氏也非元世祖时人。此即可见太极拳家推源溯始时，有将一切久远化的倾向。论张三丰如此，论王宗岳也是如此。

但自光绪初年有人把王宗岳《太极论》说成是“张三丰老师遗论”，并逐渐获得太极拳师们的认可后，太极拳与张三丰的关系越来越被坐实，竟形成了武学上的武当派。金一明一九三〇年出版《武当拳术秘诀》，论列了武当拳术源流、张三丰生平事迹与内家拳之名称及其源流、内外两家拳术不同点等。狄兆龙、高飞一九六〇年又出版《武当秘传八卦掌》。一九八五年湖北丹江口市更创办了《武当》专业武术期刊，以宣扬武当武术。

三、依托张三丰的道派

张三丰在清代持续走老运，在被技击家奉为宗师、形成宗派之同时，在道教炼丹人士间，也有了相类似的际遇。

清道光时期四川人李西月崇奉张三丰，经常以扶乩方式与张三丰唱和，逐渐把张氏以前一些高道列为前几代祖师，把张氏同时代及其后一些人列为他的弟子，一代代，形成谱系，称为隐仙派或犹龙派。李西月曾解释这个道派的名称说：“大道渊源，始于老子。一传尹文始……文始传麻衣、麻衣传希夷、希夷传火龙、火龙传三丰。或以为隐仙派者，文始隐关令、隐太白；麻衣隐石堂、隐黄山；希夷隐太华；火龙隐终南；先生（张三丰）隐武当，此隐仙派之说也。”（《张三丰全集》卷一）因其认为该派源于老子，故称犹龙派，又因认为该派最善隐，故称隐仙派。

张三丰在这一派中被称为“玉虚右相参法天师犹龙六祖昆阳先生”。此派又称西派。因为在讲内丹修炼的道派中，北派全真、南派由紫阳真人所传，均形成于宋代；东派为明代陆西星所创，流行于江浙；西派则为李西月所创，流衍于四川，故称西派。它与东派喜说男女双修不同，主张单修。而李西月之主张，多借由注解张三丰著作，或与张三丰扶乩时发之，今传《张三丰全集》也是李氏编的。

在李西月之前，民间已经流传不少托名张三丰之著作，因此他说：“近来传本多所混杂……俗抄，有比张、邓刻本全备者，又多以吕祖诗混入其中。”（卷一）但李编本中，据黄兆汉之考证，依托仍然甚多。尤其值得注意的是，《全集》第六册是几种经咒，如《文昌帝君开心咒注释》《准提心经》《斗姥大法语》《大悲神咒》等。这一册，黄兆汉认为是李西月之后的人加入，而于光绪三十二年刊入成都二仙庵《道藏辑要》的《张三丰全集》中的。若然，则张三丰著作之增饰伪托，在李西月之后仍在进行中。

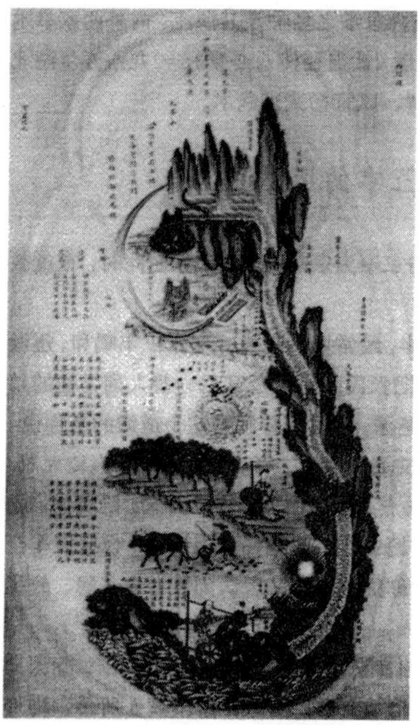

道家气功内景图，清宫如意馆绘制

光绪间，拳家喜欢将拳术推源于张三丰，应与张三丰在这个时代的声望有关。有道派专力推崇阐扬其道法，有人不断托依创造他的著作，当然武术界也就乐于攀附这样一位有体面的闻人。

而且这两方面也是有关系的。张三丰创太极拳，这样一个说法，不但为太极拳找到了一个发明人，事实上也将太极拳拉进了道教的脉络中，让人从道教的角度去理解太极拳。

太极拳本于《易》理，当然未必即是道教之物，儒家的孔子不就曾赞《易》吗？可是，若说太极拳系道士张三丰所创，意义便不同了，太极拳的拳理似乎就该与道家道教有关才是。此即太极拳之道家道教化。转化后的太极拳，当然也就与修身炼养颇有关系了。

所谓张三丰武学，所指就是这样一种与道家道教炼养修真结合起来，而以太极拳为其论述核心的武学。这样一路武学，其实研究者尚少，武术界也还对之不甚了然，因此我准备从几篇文献介绍起。

四、纳入道教体系中的太极拳

萧天石先生《重刊太极炼丹秘诀前序》说："张三丰真人者，道家丹鼎派中新派之开山祖也。此派又称太极派，其太极拳尤盛传于世。"（一九九八，自由出版社，《道藏精华》第二集之五）

此书据称乃太乙山人所藏，萧先生曾引其"拳通太极风云外，道在阴阳造化中""形势千般皆下品，神气运化亦非真"二语，谓其"殆亦拳家而修真者"。然所藏《张三丰太极炼丹秘诀》实为民国以后依托杜撰之作，萧先生辑入《道藏精华》，殊觉不伦不类；所述张三丰为太极派、创太极拳等，更是无一不误。萧先生于道教道学为大行家，何以妄谬至此，令人不解。

本书凡六卷，一传纪、二太极长生诀、三修道篇、四炼丹篇、五炼丹歌诀、六水石闲谈。萧先生所说，集中于第二卷。但其中《太极拳论》乃将武禹襄《十三势说略》与王宗岳《太极拳论》拼凑而成；而《太极拳歌》则为王宗岳《十三势行功歌》。盖光绪七年以后，张三丰创太极拳之说渐渐盛行，此书遂以清人著作冒充为祖师传本也。

不过，作此伪托，弄此狡狯，也不曾毫无用意。此书是将太极拳纳入修道炼丹的体系中去的作品。早先有人说太极拳为张三丰所创，只是从渊源上认定太极拳与道家道教的关系，现在它则更想从理论上结合这层关系。由这个角度看，此书便颇有值得注意之处。

《太极长生诀》这一卷，就很明显地是以太极拳为养生术之一术。首列《重阳祖师十论》；次为《运用周身筋脉诀》，教人早起咽太阳气、中午静坐运气入丹田、晚上也咽气吞津；再则为《打坐浅训》，教人呼吸调息之法;《打坐歌》教人打通玄关一窍，修成金丹;《积气开关说》教人九转真气，以通玄关；接下来才是《太极拳论》。但太极拳论依王宗岳之说而立论，仅属技击，尚非修真，故底下立刻补了一篇《学太极拳须敛神聚气论》、一篇《太极行功歌》、一篇《太极行功说》。

这几篇东西，是技击家所传太极拳各谱录中所没有的。历来论太极拳者也不知道有这些文献。

它们的特点，是在太极之外强调无极，云:“太极之先，本为无极，鸿蒙一气、混然不分，故无极为太极之母，即万物先天之机也。……迨入后天，即成太极。……太极之位定。其象既成，其位既定，氤氲化生，而演为七十二之数。……然后混七二之数，浑然成无极。”(《学太极拳须敛神聚气论》) 意思是，无极为先天，太极为后天。若练它那七十二路太极拳，练到阴阳二气相交，还其混化，就可以回归到浑成无极的境界了。此说抬高了无极的地位，且将太极拳工具化，视为人回返浑成无极境界的一个手段，因此它说:“学太极拳为入道之基。”

其次，它认为拳法只不过是这无极太极修炼法门之一。太极妙道，本不限于拳法，所以也可以利用打坐来达成同样的功效。《太极行功说》所说即指此。

其法谓:“太极行功,功在调和阴阳、交合神气,打坐即为第一步下手功夫。”须神敛气聚、冥心兀坐、保元守真、盘膝曲股、足跟紧抵命门,然后两手掩耳,用指弹耳根骨、用手擦摩面部;以舌搅口、吞津、叩齿、揩鼻等等。其实仍是古来相传各导引法之运用,与静坐调息者不同。但它很重视此法,云:“长生不老之基,即胎于此。若才得太极拳法,不知行功之奥妙,弃置不顾,此无异炼丹不采药。莫道不能登长生大道,即外面功夫亦决不能成就。必须功拳并练。”

换言之,拳法不仅只是修炼的法门之一,更是必须与打坐并练的法门,只学太极拳是不行的。

如此论太极行功,功法之要,其实便在功而不在拳。故接着它又有《太极行功歌》说:“两气未分时,浑然一无极。阴阳位既定,始有太极出。人身要虚灵,行功主呼吸。”如何行功呢?它用的是道教沿用已久的“呵、嘘、呼、呬、吹、嘻”六字法,教人“持此行内功,阴阳调胎息”。

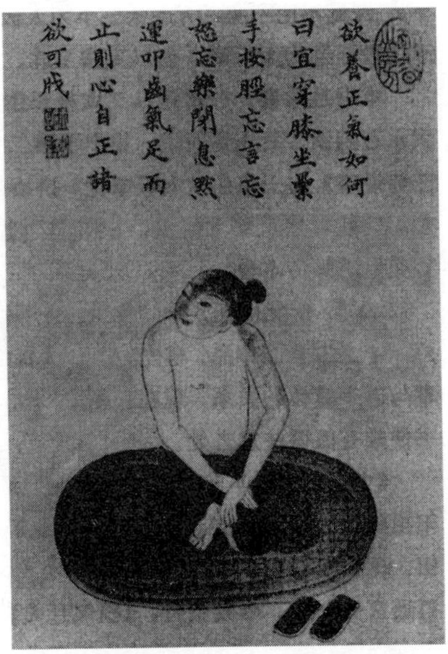

清代导引图

这样讲，则它底下接着谈的《行功十要》《行功十忌》《行功十八伤》当然也就与太极拳无关，而是指擦脸、揩目、弹耳、叩齿、咽津、勿久坐湿地、勿冷着汗衣、勿子时行房、勿阴室纳凉、久视伤精、久卧伤气、久立伤骨一类事了。

这是把太极拳纳入道教修道炼丹体系中去的结果，与技击家论太极拳颇为不同。世人言太极拳，也有注重它的养生价值的，说练太极拳有助于保健。其说固与拳术本为技击而设之旨有所差异，宗趣不同；但也不过是说练拳可以锻炼筋骨、调理脏腑、有益于健康、可以延年而已。《太极炼丹秘诀》却更要由此说无极，要将拳与功（运气入田、积气通关、敛神聚气……）合并起来，教人修真成仙。所以它讲的不是一般意义的养生保健，而是在道教思想及修炼体系中，为太极拳安立一个地位。其书在《太极长生诀》这一卷后面，列了《修真篇》《炼丹篇》两卷，就是这个意思。

历来论太极拳者不知有此一书，或知其书而不予讨论，大约也即由于它与技击家并不同调的缘故。

五、拳道合一的张三丰武术

但是，这种讲法也未必定与技击武术无关，由此种讲法，事实上可形成另一路与太极拳相近而不尽相同的武术。

这些武术不见得都本于《张三丰太极炼丹秘诀》，但它们源于一种类似的思路，均是将练拳与修道结合起来，且强调无极。

（一）被转化的太极拳

其一是直接挂在张三丰名下的武术，如徐雍辑注的《张三丰武术汇宗》，又名《武当派仙侠真传》。内分九章：导言、仙家八段锦、仙家易筋经、太极拳谱、导引心术、运气仙术、接命仙术、柔术、剑仙纪闻。此书将太极拳与导引成仙并列，宗趣显然与《太极炼丹秘诀》相同。

此书谓太极拳之流别有五：一为唐朝许宣平所传，凡三十七式，传宋远桥。一为俞氏所传，为先天拳，受自李道子，传俞清慧。一为韩拱月传程灵洗，至程氏改名小九天，共十四手。一为殷利亨所传，为后天法，传胡镜子，再传宋仲舒，共十七式。张三丰十三式则为第五派，集其大成，后衍为百余手，世称为太极长拳。

它所传的张三丰太极拳谱，则说："道家之言曰：道体之本原，曰无极。无极而生太极，太极生两仪，两仪生四象，四象生八卦。如吾心寂然无思，一念不起，是无极也。然此心未发，自有昭然不昧之本体，是太极也。始静则柔、极静则刚。三丰真人之创太极拳、太极剑，即由斯理而发明者也。"

依此，下列《太极图》《无极歌》《太极歌》《学太极拳须敛神聚气论》《太极行功说》。后面这两篇，显然采自《太极炼丹秘诀》，它与该书的关系，也不言可喻。

据它说，太极拳"有河南派、温台派、开合太极之分，与三丰真人之原谱，遂有出入"。它所载张三丰拳式共四十一式，河南派则有九十手。这却与《太极炼丹秘诀》所叙的太极拳七十二路图式并不一样。

其书论太极，大要如此。现在我们来考察一下：

一、它论拳法源流，完全根据许禹生《太极拳势图解》，但较为简略。

二、说太极现有河南派、温台派、开合太极之分，并不确实。现今太极拳流派大约有五，陈、杨、吴、武、孙，而都出于陈家沟。拳架有大有小、有快有慢，却无温台派之说，也无所谓开太极合太极。其中杨式大架有八十五式、八十八式、八十一式、一〇五式之不同，亦无所谓九十式者。

三、《无极歌》《太极歌》两篇，前者仅见于姚馥春、姜容樵于一九三〇年合编的《太极拳讲义》，上海武学书局出版。据姜氏说，此本得之于汤士林，“其原文较世所传者多三分之一，皆太极之要诀”，可见此《无极歌》为历来各太极拳谱所无。《太极歌》，亦仅见于姚谱及一册以“万县兴隆街裕兴昌印”十行纸抄写的《太极拳功解》（一九九一，沈寿整理的《太极拳谱》称为万本）中。可见它代表一种特殊的观点，非一般太极拳家通行之经典，与各派拳术也没有直接的关系。

四、这个特殊的观点，具见于它所传的太极拳谱中。底下我就准备谈这一点。

该谱直接引“道家之言曰：道体之本原，曰无极，无极而生太极”。此与太极拳之拳理其实已有了绝大的差异。按：在太极拳史上，王宗岳《太极拳论》已将太极与无极合论，说：“太极者，无极而生，动静之机，阴阳之母也。”太极者无极而生，是什么意思呢？是说无极在前，生出太极吗？若如是，太极拳岂不应称为无极拳才更高妙些、更合理些？但太极若为阴阳之母、动静之机，则太极便是本源，此一本体岂能又是无极所生？

这个争论，要回到《太极图》上去探究才能明白。太极图之传，自周敦颐之后始著，《张三丰武术汇宗》所载的也就是这一幅图。宋朝朱震《进易表》曾提出一种说法，谓该图乃由陈抟、种放、穆修传来。后来在清朝初年黄宗炎、朱彝尊进而发展此说，云该图原于道教，只不过周敦颐把原先由下而上的炼气过程颠倒了过来，以讲天地生化罢了。朱熹对朱震之说不以为然，认

万籁声整理的张三丰原式太极拳（部分）

为乃周氏自作，非受诸穆修等人。这个辨明，对于《太极图》宗旨之确定，甚为重要。因为朱熹与陆九渊九韶兄弟辩论时，陆九渊就说：“将‘无’字搭在上面，正是老氏之学。”无极一词，见《老子》二十八章，庄子、列子、淮南子也都有这个词，所以陆九渊认为它是道家之学。可是朱熹并不承认周敦颐说无极是受了道家或道教的影响，故谓图乃周氏自作，对“无极而太极”一语，亦有他的解释。

按陆九渊兄弟的看法，《易经》只说“易有太极，是生两仪”，太极之上不应再说无极，因为太极就是“万化之根”。朱子则主张太极是理，这个理，“无方所，无形状。以为在无物之前，而未尝不立于有物之后。以为在阴阳之外，而未尝不行乎阴阳之中”（《文集》卷三六《答陆子静第五书》），故以“无极”来形容之。其注《太极图》说云：“上天之载，无声无臭（原注：是解“无极”二字），而实造化之枢纽、品汇之根柢也（原注：是解“太极”二字）。故曰：无极而太极，非太极之外，复有无极也。”说得甚为明白。无极，只是对太极的描述语。

王宗岳所讲的太极，正是由《易》理体会出来的拳理，其云太极，实即本于朱子之说。所以他说：“太极者，无极而生，动静之机，阴阳之母也。动之则分，静之

心易发微伏羲太极图

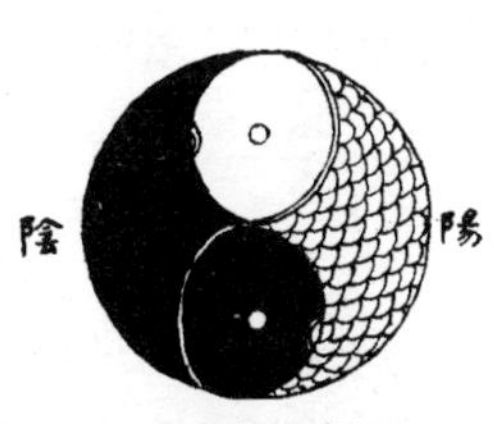

俗传双鱼太极图

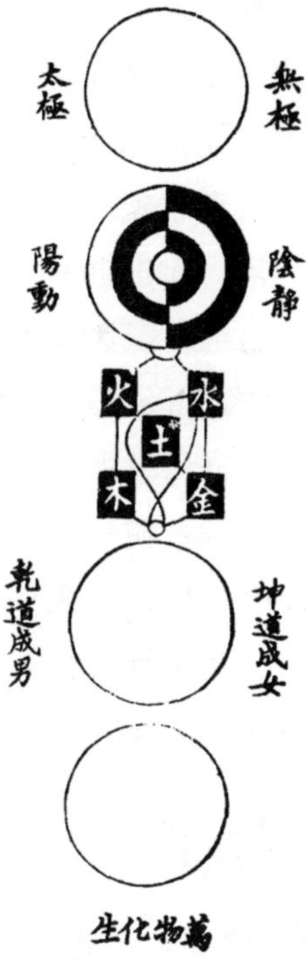

周莲溪太极图

则合。……虽变化万端，而理唯一贯。”太极者，无极而生，用朱子的话来说即是：“非无极之后，别生太极，而太极之上，先有无极也。”（《文集》卷四五《答杨子直第一书》）动静阴阳，理唯一贯云云，用朱子的话来说，即是：“太极者，本然之妙也。动静者，所乘之机也。谓太极含动静则可，谓太极有动静则不可。”（同上）“静即太极之体，动即太极之用”，动静均是这个理（《语类》卷九四）；“太极即在阴阳里。若论其生则俱生，太极依旧在阴阳里。但言次序，须先有这实理，方始有阴阳也”（同上）。此所以王宗岳云太极为阴阳之母、动静之机，而变化万端，理唯一贯。

陈鑫（一八四九～一九二九）《太极拳推原解》赓述此义，其说也很明显本于此类哲学。它说：“斯人父天母地，莫非太极阴阳之气（言气而理在其中）酝酿而生。天地固此理（言理而气在其中），三教归一亦此理。即宇宙（太极是体，阴阳是体中之气）之万事万物，又何莫非此理？况拳之一艺，焉能外此理而另有一理？此拳之所以以太极名也。”陈氏论拳，强调主敬；所撰拳论，颇有理学家气味，渊源脉络，正不可掩。因此，我认为太极拳的拳理，所根据的其实是理学家式的《易》理，受朱子影响尤其深远，与道家道教并无干系。

《太极炼丹秘诀》《张三丰武术汇宗》一类著作则不同，它们要把太极拳归入道家教谱系中，理论上便要改变朱子式的太极图解释，说：“道体之本原，曰无极，无极而生太极。”“太极原生无极中，混元一气感斯通，先天逆运随机变，万象包罗易理中。”“参透虚无根蒂固，浑浑沌沌乐无涯。”“太极之先，本为无极。鸿蒙一气，混然不分，故无极为太极之母，即万物先天之机也。”这里，都是把无极、混元一气视为本体，并由此生出太极。太极非实理，而是虚无之气。强调无极、强调虚、强调气。以此论太极，恰好成为朱子的对反，成为陆九渊所说的“老氏之学”。

晚清老名士冯煦给陈微明的太极拳书所作的题词

故此乃对太极拳的转化。经此转化后的太极拳，事实上已是无极拳了。

而此时也确实就有了一种号称为张三丰祖师所传的无极拳出现于世。

（二）创造出的无极拳

民国二十四年廖璜、吕一素合编《无极拳谱图说》，说北平一位李先生传这套拳，共一百二十八式。并谓:“无极拳者，张三丰祖师最后之组织，与太极八卦合为一部大道者也。……按八方四时五行，实以一百二十八手，图写一图，而为一周天也。……谓之先天拳可，谓之天地人本源之象亦无不可者也。……老子重柔，三丰祖师致柔，道道相传，故我拳之运动纯任自然，缓缓以行之。”

这套拳，来历不明。因为述者只说它传自张三丰，而未说明张三丰之后授受之经过。且传者仅云为“北平李先生，隐其名。飘忽来往于阳羡梁溪之间。尝为薛星使福成所延以课子弟”，连他的名字都不晓得。且所传拳式，又是“由李君弟子口述大意，廖君子玉演绎为详备之”。这个讲法也极为模糊，似乎拳式实际上乃由廖氏依李氏弟子所述大义演绎而成。演绎而成的这个拳谱，则又是由“河北霸县抱道氏”“藏诸筐笥有年”，再予发表的。故我推测此拳谱若非由这位抱道氏故弄狡狯构造出来，即是由廖氏编成的。编出后，故意神秘其说，晦其授受流传之迹，才会如此云烟模糊。

同时，这套拳的结构也很不明晰。它宣称是与太极八卦合成一部大道，无极拳、太极拳、八卦拳各一百二十八手，合为三百八十四手，宛若三八四爻。可是今所传仅无极拳一二八手，它如何与太极八卦合成一部大道，邈焉难晓。而其太极，“手法步法宛有三角之朕兆，实以一百二十八手图写一画，为无极而太极也”，更令人莫名其妙。因为太极也者，以五行八法为其基本原理。所谓八法，指四正四隅。所以是一个八卦八方位的架构。怎么可能出现一个三角的形态？三角的太极拳，有违太极拳拳理，亦不知它将如何体现无极而太极之义。他的八卦拳，则自称：“立不易方，令人易迷，实以一百二十八手图写一点而为大地团团人王法地之象也。”同样使人不知究竟在说啥。八卦拳手法步法取象八卦，游走于八方位上，焉能立不易方，站在一个定点上？站一个定点而面向八个方位使拳，纵或也能称为八卦拳，它与“大地团团人王法地”又有什么关系？此种八卦拳，与其无极拳又怎么配合组织？

创造出如此悠谬无稽的拳法，也许是个大玩笑。因为太极拳固然已有创自张三丰的传说可供依附，八卦拳却是谁都晓得创于清朝中叶的。硬把它们跟所谓无极拳结合起来，说此乃“张三丰祖师最后之组织”，非开玩笑为何？世人好古、好将拳理玄学化，讲得仿佛甚为玄奥，他就故意跟人开玩笑，造出一套这样的拳来。

这样的拳，我不以为它有实际搏击功能。他自己也只说其用“但觉身体轻捷、神气清闲、夜卧酣适而已”，效不在攻敌御侮。可是，无疑地，它是历来最喜欢讲道理的一部拳谱。

他用这一套拳，来讲一套糅合三教的道学，称此为重玄之道。每一式，其实就是对这个道理一步步地说明。从无极而太极，太极生两仪，两仪生四象，四象生八卦，到万法归一居中心、居中本来是元神、一动一静在居中、居中六贼战魔君、真空无相的真，拳式显然即是一套修道之功法。作者在每一式中大谈玄理，例如“领神抱太”一式，他的解说是这样的：

> 北极之北辰又号太乙之象。盖河图是此无极拳之外层，洛书是此无极拳之内层。起手无极圈向南请来。转身分太极，以两大拇指先分，而分手于面前，而大着于领神抱太之北极观。太乙尊神行于洛书九宫，即为洛书坤宫为一之一。而稍稍作势向东去者，之复阳机兆也。夫神，不疾而速、不行而至，遂感而应。诚以求之，自然随机赴感。昔者三丰祖师自北往汴京，中道为贼所阻，梦玄帝授以拳法，乃人莫能敌，盗贼辟易，而出重围，后乃栖隐武当，创此大拳三套。三百八十四手连成一气，以合六十四卦之三百八十四爻。此无极拳为中字之一圈，太极拳为中字向东西安放之一竖，八卦拳为中字平放一圈之上下一竖。三百八十四爻，以为闰年之日。而此无极拳中四个领神抱太、四个转转无极，各有三手，实应二十四气之数。又转无极前后，有无极两半，领神抱太不过两姿势，而以第三

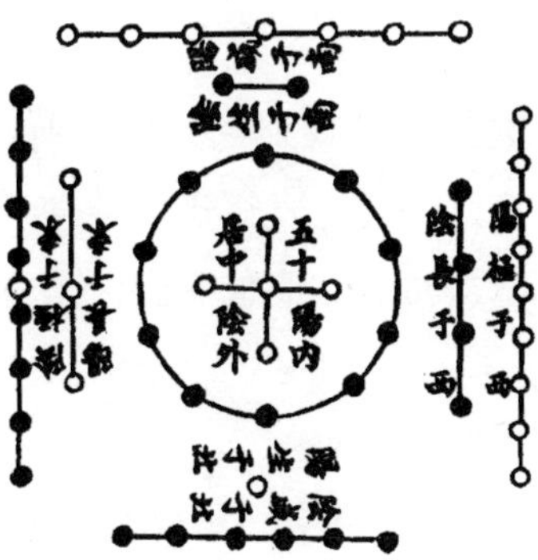

河图天地交图

洛书日月交图

> 姿势寓于第二，故如以两个无极两半合为一无极观。则四抱太、四转无、四领神、四两半。实为邵康节先生四象相交成十六事之旨，亦即八卦之倍。为此则将两手上下抱持之，左右手捧势如分开，上下手抚持如合拢。领神之末即为抱太，故二者不分别命名也。下丹田在脐下一寸三分，上丹田在眉目之间，又可云在山根之上。此是玄珠密语，道家每秘而不肯说出者，勿轻亵也。道家于下丹田，则凝神注想之。而于上丹田，则有穷想山根之说。是静中动之法也。此无极拳等则动中静之法也，领神抱太，即表示此义。

全书均如此。将佛、道、中庸、易卦、河图、洛书，穿插钩合之，在各拳谱中可谓独树一帜。自谓："能修道者便是教，能修身者便是教。无极拳等，修道而修身之动功夫也。"已自道其宗旨所在。

拳名无极，是强调它的混沌。而以太极为无极之作用，本在无极中，分而为太极。又说无极拳是○，太极拳是一横，八卦拳是一竖。说理均未莹澈，语多附会。故此拳不但结构有问题，其玄理亦不高明。

然而，太极拳之后，出现这样一种依托于张三丰、高揭无极之名、合修身于修道的拳术，却是值得重视的。它比《太极炼丹秘诀》《张三丰武术汇宗》一类著作更进一步。那些作品将太极拳归入道教道家谱系中，并在太极之外，强调无极，都仍只能借着太极拳来说话，以转化太极拳之方式为之。此则迅速越过了太极拳，径自构作一套属于道教的无极拳来表达它的观念，完成它修身合道的宗旨。

（三）自然门武学探源

无极拳之外，另一个值得注意的，是自然门武术。自然门武术，显名亦甚晚，而其渊源也不详，万籁声著《武术汇宗》，自述其自然门拳术渊源时说：“本门渊源不得详考。……然综其手法用劲，亦不出少林武当之渊源耳。”《中国武术百科全书》则谓此派“据传为四川人徐矮师（一名徐师）首传予湖南慈利县人杜心武（一八六九～一九五三）。徐矮师如何学得，或为其所创，不可考。”（一九九八，中国大百科出版社）

今考赵避尘《性命法诀明指》卷首载：“师弟杜心五，名慎愧，湘之慈利人也，家世业儒，祖父修道归山。所投名师不下十余位，修道师了然了空，武术师江湖大侠名徐矮子者，自创自然门派。……迄今仍浮沉各都市中，修养性命真功，大伟人屡聘不就，专喜修养性命。自言二十年后，身外有身，明现于世界，看我三教有真传否。”对杜心五之道脉渊源，说明甚详。则可知所谓自然门，真正的创派者，其实是杜心五而非徐矮子。徐氏仅擅武术，杜氏则熔武术与修真为一炉，所以才有所谓自然门。

西江派中，据日人吉冈义丰《道教の研究》所考，内中有十个支派，包括自然派、三丰祖师自然派、王屋山自然派、三丰自然派等。杜心武自称其术为自然门，会不会与此有关呢？其徒万籁声晦其渊源，只说其手法用劲不外少林武当，或即暗指此一层关系而言。但万氏叙述本门武学时，亦因晦其与道术之关系，故对于自然门何以自然、如何自然，不免语焉不详，只是一些手法步法的技术而已，非能技进于道。

杜心五像

然而其道究竟如何？依赵避尘所述考之，盖本于了空禅师所述柳华阳语，谓：“守窍灵慧自然生，生出真慧，下与气穴真命相接，即为金丹。”此即为其自然之法。此语讲得隐晦。盖修道人对其秘诀，不得不如此处理。若由我明白说来，乃是趁子时阳气生，男子阳具涨大举起时，以凝心及呼吸法，使其收缩。再运用呼吸，提尾闾，将精液升入丹田，还精补脑。有歌赞云：“流珠烁烁照昆仑，九转丹成只自然，一粒自从吞入腹，始知世有活神仙。”（卷十一）杜心五殆习此类道法，故自言二十年后身外有身。此为张三丰道学武学之另一支派也。

（四）再创内家拳

无极拳或《张三丰武术汇家》所载太极拳，虽属拳功，实为道法，技击之意少而修仙之意重，近于太极拳而又不尽相同。自然门武术，则为道学与武术并重。可见依此一路向发展者，也并非无技击家言，倪清和《内家拳技击篇》《内家拳拳法篇》即属这样的著作。

倪氏为永嘉人，自称其术乃“浙东嫡传”，凡有《拳法篇》《技击篇》《禅理篇》《功夫篇》四部，今仅见《技击篇》一册。据他说《禅理篇》“深入于性理，直入于道”；《功夫篇》“尽性命之穷际，以见真道”，大概也是偏于说道的。《技击篇》则不然，旨在教人以技击之法。故所述以十三种粘手、十段连手（十套散手拆招对练法），入白刃法、击众法、倒仆法、穴法为主，颇为实用。

它称为内家拳，且自认浙东嫡传，当然是取义于黄宗羲黄百家对内家拳的描述。古无称内家外家者，有之，自黄宗羲《王征南墓志铭》、黄百家《内家拳记》始。倪氏把自己这套技击法推源于浙东，又只说是内家拳而不说是太极拳，正是绕开河南陈氏传出太极拳这一脉络，截断众流，直接接上更早的内家拳这一称呼。他虽自道“外界学者所注意者二事，一为内家拳究否为今之太极拳，二为内家拳究否比今之太极拳为完善。此二者，非余之职责”（十二章），可是实有以此与太极拳分庭抗礼之意，表示我比你更早、更正宗。

但察其所谓内家拳，其实仍与太极拳大同小异。例如它名称“内家长拳”，而太极拳本来也就叫作长拳，见王宗岳《太极拳论》。其拳理，重在虚灵、致柔、舍己从人，亦与太极拳相符。其手法，强调粘、用松劲，更与太极拳若合符节。盖即从太极拳变化而出，而依托浙东内家拳之名以自张一军者也。

不仅如此，他所谓的浙东嫡传，不只是传黄宗羲、张松溪之法而已，他更要说此法乃由更早处传来，谁传的呢？张三丰。

该书第一章《陈州同内家意旨心传》，先以张三丰的口气写了一篇文章，内容包括序以及所传之法。其法，实即《老子》摘抄，但分成若干段，以述为作，分别是太极本始、反其道而周、当法天之致虚静与致常、弃暴力、气之生化及用气之道、不可盈、悠久之法、在精神不在骨肉、致静之要、消敌力于未形、舍己从人因敌制宜、致柔之道、居下之诀、曲中求直蓄而后发之法、中正之妙、胜敌在志、借敌之力，合称为《老子内家意旨心传》一卷，表明此乃张三丰所传。

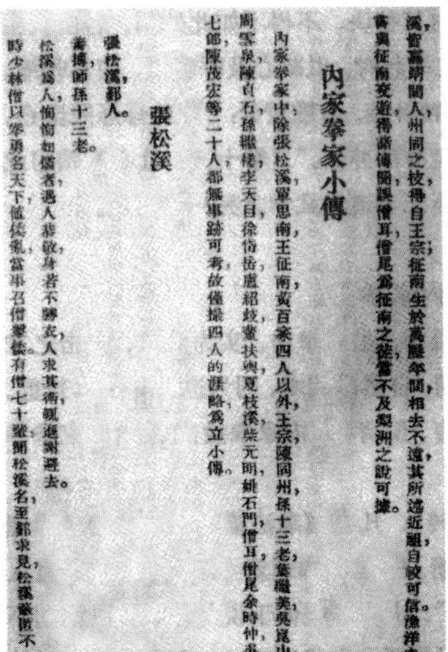
溪，當嘉靖間人，州同之技，得自王宗；征南生於萬曆年間，相去不遠，其所述近祖，自較可信。漁洋未嘗與征南交遊，得諸傳聞，誤僧耳僧尾爲征南之徒，當不及梨洲之說可據。

內家拳家小傳

內家拳家中除張松溪，單思南，王征南，黃百家四人以外，王宗，陳同州，孫十三老，葉繼美，吳崑山，周雲泉，陳貞石，孫繼槎，李天目，徐岱岳，盧紹岐，董扶輿，夏枝溪，柴元明，姚石門，僧耳，僧尾，余時仲，吳七郎，陳茂宏等二十人，都無事跡可考，故僅撮四人的涯略，爲立小傳。

張松溪

張松溪，鄞人。善搏，師孫十三老。

松溪爲人，恂恂如儒者，遇人恭敬，身者不勝衣，人求其術，輒遜謝避去。時少林僧以拳勇名天下，值倭亂，當事召僧擊倭。有僧七十輩，聞松溪名，至鄞求見，松溪蔽匿不

唐豪《内家拳》书影

据它所载明正德十五年陈州同的跋文说，这一卷书，他得自其师王岳崎先生，岳崎先生得自玄玄子张全一，玄玄子得自冯一元，冯氏得自臧性初、臧氏得自逍遥道人单真，单氏得自陈中规，陈氏得自龙啸天，龙氏得自张三丰，“乃吾门历代命脉所系”。

这个传法谱系当然也经不起推敲，因为玄玄子张全一就

是张三丰，如何六传之后才由张三丰传到张全一？编故事的人，只看到两个名字，却不晓得张氏名全一，字玄玄，号三丰（据《太岳太和山志》），遂闹了个大笑话。

因此，我认为这是依内家拳之传说、记载，参考太极拳而发展出来的拳法，所传五诀，为“敬、紧、径、劲、切”。敬指精神、紧指时间、劲指劲力、径指直接、切指位置，倒是承袭自王征南。所谓十段连手，也是依王征南十段锦而造，故称为十段连锦功打法名色。但斫法终不可见。征南之艺，禁犯迟缓之病，手法又甚繁，凡三十五种，却无粘。粘法及迟缓柔软，乃是太极拳之法，倪氏由太极拳发展变化而成的所谓浙东内家拳，在这些地方均与王征南之术不合。至于将拳与道结合起来说“当知内家拳者，道也。今以拳言者，不离身心，而更有超乎身心者。……惟当绝欲修炼，方可致正大之果”云云，更是王征南不曾有过的想法，符合张三丰道学武术的形态。

参考书目

1.《明代道士张三丰考》，黄兆汉，一九八八，学生书局。

2.《国技论略》，徐震，一九七五，华联出版社。

3.《少林武当考》，唐豪，一九八三，华联出版社。

4.《太极拳谱》，沈寿，一九九六，大展出版社。

5.《张三丰太极炼丹秘诀》，一九九八，自由出版社。

6.《张三丰武术汇宗》，徐雍辑注，一九六八，真善美出版社。

7.《无极拳谱图说》，廖礦、吕一素编，一九八四，华联出版社。

8.《内家拳技击篇》，倪清和，一九八四，华联出版社。

9.《性命法诀明指》，赵避尘，一九六三，真善美出版社。

10.《太极拳械三百问》，薛日安，一九九四，大孚书局。

峨眉武术探秘

峨眉派近年之境遇，跟青城派差不多，都遭了金庸的“毒手”。金庸在《笑傲江湖》中把青城派掌门余沧海写得很不堪，令读者想起青城派，就觉得是一堆坏人或小人。而在《倚天屠龙记》里又描述峨眉派是郭襄所创的一个女性帮派，掌门人灭绝师太尤其冷酷不近人情。于是你现在如果去采访一般民众，看大家对峨眉派有何印象，十之八九都会回答那是个女性的门派。在网上查数据，更多此类煞有介事的胡说，甚至替她们排谱系、说功法。

其实，峨眉派乃少林之外最有历史与声望之武术流派，比武当都还要明确。尤其现在拳称少林，可是在明代，拳枪皆以峨眉为上，棍才推少林。唐荆川《峨眉道人拳歌》，也对蛾眉之拳极意推崇，时代尚在戚继光之前。戚氏以后，程冲斗著《少林棍法阐宗》，则说：“今寺僧多攻拳而不攻棍。……少林棍……至今称无上菩提矣，而拳犹未盛行海内。今专攻拳者，欲使与棍同登彼岸也。”可见少林拳术的发展，迟至明末。早期仅擅棍法，远在峨眉拳之后。

枪法，吴殳《手臂录》盛推峨眉，说：“峨眉之法，既精既极，非血气之士、日月之工所能学。沙家杨家，专为战阵而设。”

而批评“少林全不知枪，竟以其棍为枪。……少林去棍则无枪也”。足证少林在明末清初以棍见重，拳与枪并不受内行欣赏。峨眉在这两方面的声望都还超过少林。

清代峨眉拳流传甚广，例如盛行于广东的五大拳种：洪、刘、蔡、李、莫，其中李家拳据说即出于李巴山，而李巴山便是峨眉山白眉道人之门徒。

此说其实与所谓“少林五祖”故事均出于《万年青》。说李巴山学艺下山以后，在苏浙一带颇享盛誉。后其婿雷洪，绰号雷老虎，因摆擂台，丧于方世玉脚下。李为婿报仇，而遭五枚师太杀于梅花桩上云云。因李氏看来不是好人，故李家拳也有人说不出于他，而是凤阳人李梓材所传，或另有一位金刚李胡子。

总之，李家拳之来历不可究诘，说什么金刚李胡子，固然无稽，说是李巴山，亦因小说而来。《万年青》乃陈景开杜撰之故事，岂能采信？可是讲少林与峨眉之恩怨，正可见清代中叶时，世固以少林峨眉为宇内两大派也。后来又有人把洪刘蔡李莫合称“粤东少林五大名家”或五大流派（见李英昂编《古本少林拳图谱》前言），则是少林势力渐大，把原来峨眉的来历掩去了，本来出于峨眉的一些拳种遂也被稀里糊涂编排进了少林。

《海内奇观》所绘峨眉山，版画

我少年时练过一种白眉拳，号称是“峨眉山少林寺白眉拳术”。说白眉道长在峨眉创立峨眉派。他们有师兄弟五人，依序为五梅、白眉、冯道德、至善、苗显。白眉传弟子广慧禅师，并在峨眉少林寺内广传武术给僧人。第三代为竺拂云法师，第四代为俗家张礼泉，在广东及香港教拳，颇负时望，一时遂有“北方柳森严，南方张礼泉”之誉云云。

这派拳术，起手式便与所谓少林拳迥异。俗所谓少林拳，起手是右拳左掌，掌略侧于拳上，如世俗拱手抱拳状。白眉拳相反。右掌左拳，拳立于掌上，由左侧腰际推出。少林那种起手式，寓意为反复明，右拳为日，左掌为月，合为明字。白眉反之，以月压日，正是对反之意。而且它说源出于峨眉山少林寺，亦分明是想摄少林以归峨眉。因为所谓至善禅师，正是洪拳祖师洪熙官的师傅，现在竟也拉归峨眉了。

这派拳只有四套，马不丁不八，注重标劲，发关节劲，有明显南方短打之特色。看不出与峨眉有何关系，与洪拳、咏春反倒有些关联。而且由白眉四传就到了民国时期，时间也明显不符。因此它所讲的渊源殊不可信，可是由此可以看到清中末叶峨眉少林两家争胜之概况。你把我峨眉写成坏蛋，我就说你少林本来即属峨眉。如此如此，可堪笑噱。

民国以后，峨眉派当然仍传承不衰，号称五花八叶。五花指青城、青牛、铁佛、黄陵、点易。八叶指：僧、岳、赵、杜、洪、会、字、化八门。换句话说，峨眉只是个大统称，底下各有分支、各有传承、各有掌门人。峨眉派既无总掌门，也不能统一号令各门派，于是所谓峨眉乃名存而实亡。加上少林武当近年复兴，人多势众，又有社会俗世声名，峨眉乃益形寂寞。一些兵器，例如分水峨眉刺，顾名思义，应源于峨眉，可是其来历究竟如何，已不可知矣。

因此我在珠海联合国际学院主持武术文化课程时，特意请吴信良先生来介绍峨眉派。吴先生现为中国武术八段、四川省武协峨眉武术工作委员会主任，对峨眉武术之挖掘整理，贡献良多，著有《峨眉拳实用技击法》等书数十种，是散打实战及文史考证兼擅的人才。据他描述，峨眉武术之渊源与特点，大抵如下：

一

古代传说中的彭祖，八百八十寿，即是四川西昌地区雅砦江畔人——钱铿。钱铿是彭祖的原名，系高阳帝颛顼的玄孙，巫术大师祝融吴回的孙子，他所创立的导引术、膳食术、房中术，是中华民族长寿文化的瑰宝，润泽了后世千秋。《华阳国志·序志》说“彭祖本生蜀，为殷太史”，当年殷王为了长生不老，派人请钱铿到朝中任大夫，钱铿到朝廷后发现殷王生性残暴，就不愿教殷王长寿之术，殷王恼羞成怒又找不到钱铿的把柄，无奈之下，正好“邳”方诸侯作乱造反，殷王就派没有武功的钱铿领兵前去平乱，欲置钱铿于死地。谁知钱铿的养生术本来就能使人筋骨强健，临危他又想起“帝乃敷文德，舞干羽于两阶，七旬，有苗格”的典故（见《尚书·大禹谟》）。那是记舜时，有三苗兴兵，大禹进行讨伐，经多次较量不分胜负，禹便息兵练武，七十天再战，终于摄服了三苗的故事。于是彭祖派人找到了当年掌握了禹王搏杀术的战将后代，熔搏杀术、内养外壮术和祖上传下的巫术于一炉，率兵打败了力能折兕（即空手能打死野牛）的“邳”方诸侯，征服了当时名叫“邳”的徐州，在历史上留下了“彭伯克邳”的辉煌一页。受封徐州的钱铿将徐州改名为彭城，因此后人称钱铿为彭祖。后来殷王派宠妃采女到彭城，偷学了彭祖的长寿之术，并派人追杀彭祖。无奈之下，彭祖运用禹王搏杀术和精深的内功，多次死里逃生，最后来到蜀之犍为武阳（今四川省彭山县东），定居并寿终在那里。正因为如此，禹王搏杀术的外练与彭祖的内修在古巴蜀地区的逐渐结合，致使峨眉武术还在孕育期就具备了形神兼备，内外双修，刚柔相济的武学特征。……

二

有文字记载的峨眉武术内功典籍“峨眉十二桩”系南宋建炎元年（公元一一二七年）金顶寺高僧白云禅师（原来也系一道士）根据道家内养炼丹术、导引吐纳法和医家对人体阴阳虚实脏腑盛衰的机理，结合佛门中的一些动静气功的功法与峨眉武术中的技击之法融为一体而创编的一种融“桩”“技”为一体，合身心为一炉的健体强身、防身自卫的功法套路。

民间绘写的彭祖像

十二桩中所讲的技击原则，“擒拿封闭，背锁刁揉，钩弹针踢，吞吐浮沉”等要诀，直到今天仍然是峨眉拳系中各分支流派的传世秘诀。《峨眉十二桩·拿云桩、旋风桩合诀》说的“粑粘联钩搭、套托随捆挤”八种技击诀法，“粑粘”是听劲分经的基础，钩搭是分筋错骨擒拿手法的运用，“套托”是得势进身的前提，“捆挤”是借力发劲，将对方发放出去的手段，这些都是峨眉武术中重要的技击指导原则。（峨眉十二桩包括天字桩、地字桩、之字桩、心字桩、游龙桩、鹤翔桩、拿云桩、旋风桩、大字桩、小字桩、幽明桩、悬明桩）

三

峨眉武术的形成期经历了一段漫长而复杂的历史，历史上三次南北武学在巴蜀大地的大融合以及道家养生功，佛门修习禅观之法为峨眉武术的形成奠定了坚实的物质基础。

战国中期，公元前三二九年，秦王（惠文）派大将司马错率军伐巴灭蜀……并多次“移秦民万家实之”。由此，大量的楚越文化、中原文化和武艺注入四川，与巴蜀文化、巴蜀武术进行了历史上的第一次大融合。

公元二二一年，刘备、关羽、张飞在成都建立蜀汉政权，大量的北方文化和武术，中原文化和武术再次注入四川，与巴蜀文化和武术进行了历史上的第二次大融合。

明代张献忠（公元一六〇六～一六四六）于崇祯十七年入川，在成都建立大西政权。张部游击官兵将大量中原武术带入四川，与巴蜀武术进行了历史上的第三次大融合。

峨眉武术的发祥地峨眉山在历史上经历了一个由道转佛的过程，这也为峨眉武术独特风格的形成提供了更为丰富的物质基础。

峨眉山由道转佛有一个重要的原因是公元九八〇年，宋太宗赵光义遣使铸造了重六十二吨、高七点五米的巨型普贤铜佛以及三千铁佛供奉白水普贤寺（今万年寺），从此，峨眉山便以“普贤道场”蜚声海内外。

峨眉山经历了由道转佛的过程，与其相邻的青城山，成都青羊宫仍为古今道教圣地。峨眉武术处于这种“佛”“道”之间，“内”“外”之间，加之历史上的三次与楚越、北方、中原武术的大融合（近代的融合如抗战时期等尚未计算在内），峨眉武术取百家之长，汇百川而成大海的技术特点自然就非常容易解释了。

四

在明清武举制和历代打擂比武制推动民间练武的过程中，承传春秋战国时期的“巴渝舞”，唐代峨眉田道士的“元鹤舞”，松潘羌族樊梨花的梨花枪，宋代大文豪四川眉山人苏轼的气功著述《苏沈良方》，峨眉长老德源撰写的

《峨眉拳》、峨眉高僧白云禅师的《峨眉十二桩》，明代四川（安徽？）新都县著名军事家程冲斗的峨眉枪法、白眉棍法、巴子拳棍、囚拳，历经北宋青城山茶农王小波、李顺起义造反建立大蜀农民政权的战争洗礼，元代明玉珍在四川建立大夏政权，清代白莲教义军入川斗争为峨眉武术带来的发展契机，至此，峨眉武术已成熟地发展为鼎立中华武术的三大流派之一。

这一时期，峨眉武术更强调功与技、内与外的结合，所谓“打拳不练功，到老一场空”，“练功不练拳，登峰难上难”，“打拳不装桶子（内功），必定是个空子（门外汉）”。明代著名的爱国将领、右佥都御史唐顺之（公元一五〇七～一五六〇年，嘉靖会试第一名），曾观峨眉道人练拳，写下了《峨眉道人拳歌》（见《荆川先生文集》卷二），形象地描述了峨眉道人的精湛正功。其硬功，一顿足则“崖石迸裂惊沙走”，其武技“抽里

孤雁出群式

敬德倒拉鞭式

刀出鞘式

仙人坐洞式

跨剑式

二郎担山式

左右献花式

秦王跨剑式

金鸡独立式

单提手式

凤凰单展翅式

单倒手式

程宗猷《少林棍法禅宗》中的棍法，后人称为白眉棍法。可能是误读所致，程氏原话有“少林三分棍法，七分枪法，兼枪带棒，此少林为棍中白眉也”

藏机人莫究”，其盘功柔术“百折连腰尽无骨”，其灵活“一撒通身皆是手”，其内功修为“余奇未竟已收场，鼻息无声神气守”。从起式到收式，变化莫测。峨眉武术桩技一体，后发先至的特色表现得淋漓尽致。

明吴殳著《手臂录》云，“西蜀峨眉山普恩禅师，祖家白眉，遇异人授以枪法，枪法中包括攻守、审势……破诸器”等篇。

明末清初，峨眉武术拳种流派已大有发展，晚清湛然法师所著的《拳乘》(残本)开篇就有“一树开五花，五花八叶扶，皎皎峨眉月，风义满江湖”的诗句。“一树”指峨眉。“五花”是指灌县的青城，丰都县的青牛，通江县的铁佛，开县的黄陵和涪陵县的点易等五个当时袍哥组织联络的堂口地名。“八叶”是指当时影响最广、传人最多的“僧、岳、赵、杜、洪、会、字、化”八大武术门派。但《拳乘》(残本)注释中未肯定“僧、岳、赵、杜、洪、会、字、化”等“八叶”就是“峨眉武术”。

除这八大门派之外，还有其他一些门派都有自己的特点和传人，有的甚至遍及国内外，如明代嘉靖年间由峨眉山碧云、静云两位法师传授下来的八盘掌，经河北文安县董海川在清代嘉庆末年来川习学，苦心习练，结合自己游历江南习学的各家拳法之精华，经八年而创编成“八卦掌”，现在国内外广泛流传。又相传峨眉山万年寺旁一道长，在深山观察群猴互斗及蛇兽相搏之态，取猴的机灵和蛇的柔猛融入拳中，创编出“火龙滚”“四平拳”等为主的拳术，因万年寺楹联中有黄林二字，遂取名为“黄林派”。清末仙峰寺太空法师及神灯长老和九老洞清虚道人合作创编了一种吸内外家之长的拳术，因太空法师禅修在子午二时，故称“子午门”。“侠家拳”是侠客李胡子从峨眉山学去的，“白眉拳”是峨眉山白眉道人所创，此二拳现流传广东、香港、澳门等地。此外，不少由全国各地流传来川的各种拳派，在与峨眉武术多年的交流融合中逐渐被同化，慢慢也演变成为峨眉拳系中的成员，为峨眉武术增添了更为丰富的内涵。

五

在风格特点上：少林武术主要以朴实无华、内静外猛、勇猛强悍著称；以先下手为强、先发制人、不给敌人喘息机会而形成一种技击性强、利于实战的风格；以拳打一条线、威发卧牛地、声如雷、势如火、动如闪电，打人不见形、打了还嫌迟、拳打一气连等特点，而独创一家，在国内外均享有盛名。

武当拳以内养行气、外柔而内刚、制敌自卫为目的，其技击原则是舍己从人，后发制人，以静制动，以逸待劳，乘势借力，要求斗智不斗力，尚意不尚力。在对敌时，要求化去对方的劲力，而不宜以硬对硬（贵化不贵抗）；步走弧形（圈步），进以侧门（从敌方身侧抢进）；动如蛇之行、劲似蚕作茧，心息相依，闪展巧取。

峨眉武术显著的特点是：内修外炼、刚柔并济、桩技一体、形神合一、出手指掌当先，身法柔灵步为先，五峰六肘活为先。技击上讲究擒拿封闭，背锁刁揉，钩弹针踢，吞吐浮沉，后发先至，实战中要求粑粘联钩搭、套托随掤挤。

以上为吴信良先生所叙述的峨眉派概况。

吴先生说峨眉武术起于彭祖及武王伐纣时之巴渝舞，自然是不可信的。正如崆峒派上推于黄帝问道于崆峒、武当派上推于张三丰、少林派上推于达摩那样。人类自古以来就有武打搏击活动，这是无疑的，但一个门派可不可以溯源到北京人、山顶洞人呢？这样溯源，虽能满足一个门派的心理需求，实际意义其实不大。彭祖是否真有其人不可知，是否真活了八百岁，

峨眉派掌门人吴信良表演的峨眉赵门七星拳

更难以遽信，考证他姓氏名谁，岂不难哉？武王伐纣的年代，至今史学界都还没法子论定；伐纣时具体如何作战，自然更不可考。欲由此上推峨眉武术之起源，同样是渺茫的。因此我觉得吴先生所述第一段，视为峨眉派自家之一种传说可也，不可当真。

吴信良表演的峨眉化门二十四贴身靠子

第二段叙述峨眉十二桩，谓起于南宋建炎年间白云禅师，我以为也是依托。

吴先生本人精于桩法，他对峨眉派功法的描述也很着重桩功，且以“桩技一体”为峨眉武术之特色。我看他的桩法，确实十分精妙，可以如太极拳那样化劲。

可是我总觉得强调站桩并非古法，早期拳谱或拳派均无独立说桩法或以站桩为练功重点的。南少林所谓扎马，功能与站桩并不相同。近年受大成拳、卢氏结构之影响，许多人开始把站桩当成主要的功力训练方法。我怀疑峨眉派强调十二桩也属于近时潮流，绝不起于南宋。十二桩，吴先生虽说其理可通贯于各支派之技击中，但恐怕峨眉各支派也不通习。例如我前面说过的白眉拳就根本无此说；吴先生所举源出于峨眉却流行于广东香港之侠家拳，亦然。

至于第三段吴先生所说的峨眉武术三次历史大融合，只是就历史形势说。判断因民族人口迁徙与战争因素形成了武术文化的发展，或峨眉山佛道兼融，使得峨眉武术得以博采众长，可是这仅是事理上的推论，具体指什么武术兼融了佛道、综摄了南北，则还没指出例证。故这也仅可视为峨眉派对自身武术的历史想象。

第四段说峨眉派在明清及近代之流衍状况，第五段分析少林武当峨眉武术之异同则很值得参考。但此处所讲，毕竟只是原则，实际作用于搏击中之情况，恐怕还得去看他《峨眉功实战精择》或实用踢打摔拿诸书。

不过，依吴先生所著各书看，散手虽皆精巧实用，可是峨眉似乎不像少林或武当那般，拥有代表性拳种，武技之特点仍不够明显。因此，如何结合峨眉十二桩，形成一个桩功、拳套、散手整合的体系，也许还需像吴先生这样的高手再予筹思，才能使峨眉派更为人所知。

青城派武术探真

武术门派中，最获文学家青睐的当然是少林寺，写少林故事的极多，但专写其他派的也不少。如金庸《倚天屠龙记》写武当派、摩尼教。司马翎则经常提到崆峒派，甚至在《纤手驭龙》中借肮脏道人李不净之口说："历代名山与名剑，崆峒从来第一家。"而稍早的还珠楼主李寿民却大写四川，《蜀山剑侠传》《青城十九侠》等，昔年轰动一时，惹得不少青年要上蜀山去学仙学道，青城峨眉的声望因此极高。

不过，也许为了与还珠楼主蹊径各别，金庸在《笑傲江湖》中写的青城派就完全不同了，成为较为不堪的剑派，没什么侠义精神。由于还珠楼主的书近年已绝了流行，反而是金庸小说大为畅销，故青城派在世俗观听上不免大受影响。一个门派的声誉，常与揄扬它的小说或戏剧有关，这个近代武术发展的铁律，看来在青城派身上也是适用的。

可是青城派到底是个什么样？小说中谁写得对？真有青城派武术吗？

青城武术当然是有的。我与青城派掌门刘绥滨交好，承他好意，邀我列名为青城武术文化研究会顾问，对派中人物、掌故及功法特点，因此也较为熟悉。二〇〇七年我在无锡办"太湖论道”国际道学研讨会时，即曾设计了道家武术一个专场，请绥滨讲说并演示青城武技，请林明昌谈太极拳，再请无锡的武术协会配合。拳脚相加，为一般学术研讨会所未有。许多学者第一次见识青城武术，乃至第一次如此系统地了解道家武学，都很称奇。我在珠海联合国际学院主持武术文化讲堂时，首先也邀绥滨来主讲。学生很少见到武林门派的掌门人，自然也颇称奇。此亦推广青城武术之一端也。

关于青城武术，目前介绍甚少，书面资料，几乎都是刘绥滨写的。他颇有文采，不过因写时各有因缘，较为松散，亦不免复重。故我请他专门发了一篇精要版给我，我再略作删并，录在后面，并附上我的讨论，也许可令读者得一简要之认识。

首先说青城派的历史。刘绥滨说：

> 青城武术，是以青城山为中心、以成都（涵盖都江堰、崇州、大邑、邛崃、彭州、郫县、新都区）、汶川县、泸州、雅安、重庆开县为主要流传地的传统武术。
>
> 青城山为道教第五洞天，历史上先后存在七个教派：天师道正一派、上清派、北帝派地祇宗、清微派、丹鼎派南宗、全真龙门派、青城派。
>
> 由于青城山山高林密，交通不便，加之空气潮湿，所以修道之人在此修炼，既要练养生功夫，抵御风寒湿痹；实战跳跃、躲闪功夫也是必不可少的。因此青城山道士中出现过很多武林高手。
>
> 元代至正年间，青城道士真本无、文固虚剑技高超，载入明李桢著《剪灯余话》之《青城舞剑录》。
>
> 清代，青城派出现反清、拥清两大阵营。反清者以铁板道人之徒独臂神尼为首，下有江南七侠甘凤池、吕四娘等人，因刺杀雍正而遭清廷追捕。为免祖庭被波及，改称

岷山派（因青城秦代即叫岷山，唐朝才定名青城山）。岷山派又衍生出后来的峨眉剑仙派。其次是发源于古代青城山最高峰赵公山的绿林派，为“千里独行侠”刘忠所创，刘忠刺杀雍正皇帝事败，入川避祸，在赵公山纠集众多武林豪杰占山为王，创绿林派武功。

拥清者更多，仅清代，灌县就出了一百一十一个武举人、武翰林、武榜眼。

清末，青城派仍然势力很大。一九〇八年，全国第一次擂台赛即在四川成都青羊宫举行。

清末民初，四川郫县人金授云将南少林五拳融入青城易学，创青城生门（又称金家自然门），其再传弟子陈用和被国民党行政院长张群誉为“川西武林第一好汉”。

但好汉们后来都销声匿迹了。一九八三年开始，四川省花了六年时间，对传统武术进行挖掘整理。最终确认四川和重庆地区还存在六十八个武术流派。其中青城派确认

《名山图》中的青城山，版画

了三支，分别为重庆开县陈生一、四川灌县周烈光、四川泸州余国雄，绿林派则作为独立门派列入。

青城派是以青城山为中心的。这座山，历来便为兵区。天师范长生曾拥立氐羌李雄政权在此建政，唐代据说写下《虬髯客传》的道士杜光庭也以此地为大本营。宋代以后，青城山属灌县辖下，灌县主要祭祀的神就是二郎神。二郎神是战神，读过《封神演义》《西游记》的人都知道他的本领在天兵天将中乃是出类拔萃的。二郎神之主庙即在灌县灌河口，宋代已香火极盛了。《朱子语类》里面还曾记载：因祭神时杀牛宰羊太多，当地僧人建议改用鲜花素果奉祀；后来梦见二郎神显圣，说每天吃这些花花草草，害得我都没气力，无法降妖伏魔了。于是老百姓赶紧改回来。直到清末，二郎庙前仍是盛大的牛羊市。这个庙，就在灌河口，也就是现在的都江堰。

青城武术的源头当然不能远攀范长生、虬髯客或二郎神，那不过说明了此地有武术的氛围罢了，真正见诸记载的，是明代李桢的《青城舞剑录》。后来青城以剑术著称，即与此有关。

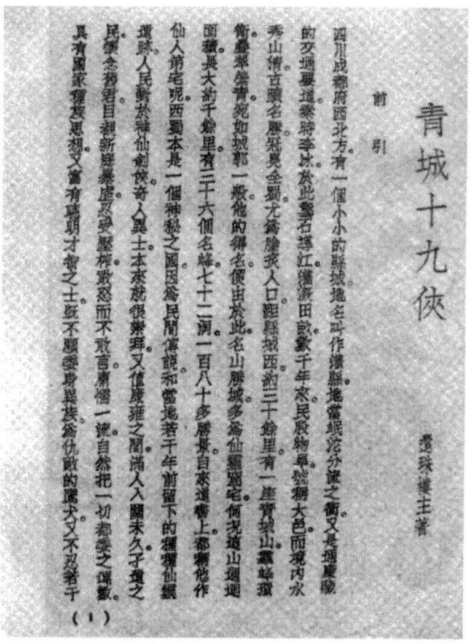

青城十九侠

还珠楼主著

前引

(1)

早期版本的《青城十九侠》书影

但这篇文章也并不能实看。因明人所作《剪灯新话》系列，均是仿唐人传奇体，本篇模仿唐人剑侠小说的痕迹也非常明显。文中说舞剑的两个道士，一名文固虚，一名真本无，这就是寓言，仿唐人《东阳夜怪录》说有书生成自虚、元无有之类，是文人狡狯、虚构的故事与人物。

至于舞剑，“开箱取白丸四，大如鸡卵，乃雌雄剑也。二人引而申之，飞跃上下。须臾，天地晦冥，风云惨淡，唯于尘埃中见电光翕欻，交绕互缠”，更明显仿自唐人小说《聂隐娘》《兰陵老人》。其剑非一般之剑，而是炼剑成丸，用时再变长；表演时则人飞舞上下、剑电光交闪。这是武术以外的本事，古称为道术，实际上是用药与幻术结合而成，详见我《侠的精神文化史论》中论唐代剑侠一文。此法流传于道门中，也是后来剑仙小说之所本，但与武术是无关的。青城山的道人，因这篇记录而得到鼓舞、暗示、启发，因而后来在剑术上有所成就，是很可能的，但若说其剑术即源于此便不确。

甘凤池、吕四娘刺杀雍正的故事，其实也一样来自这类剑仙小说，而且年代在民国以后，自然不能视为信史。清陈世箴《敏求轩述记》、汤用中《翼驯稗编》、孙兆淮《片玉山房花笺》、许奉恩《里乘》、采蘅子《虫鸣漫录》等书所载甘凤池事，则均言其为南京人或苏州人，与青城峨眉亦无甚关系。甘凤池曾传一种少林拳，十分平实，其所传青城或岷山之拳术则未见，剑法就更不用说了。

武举、武翰林、武榜眼部分，应该是地方志里的记载。不过，武术制度另详我《武状元》一文。古代武举制度是模仿文科举而设的，但有武举人、武秀才、武状元而无武翰林，故此类记载还应再考。

青城武术真正大昌的时代是民国时期。一来有还珠楼主等小说家揄扬渲染，二来有所谓青城廿四侠之武技事迹流传在社会上，三又与当时国民政府入川后大量起用青城派人物为其侍卫、教练、武官有关，故青城武术盛极一时。

一九四九年以后，青城派虽然历经沧桑，但恢复以后仍可说是传承有绪、脉络井然，还保持着一些门派师弟伦理的古风。传承情况如下：

目前青城派掌门为刘绥滨。派中有孙门、生门、侠家诸分支。孙门源出福建南少林，受佛家思想影响较大。侠家又属绿林武功。故武术的青城派并不等于道教的青城派。

从目前的挖掘整理看，清末民初传说的青城二十四侠中，青城山道士仅占四人（张至清、陈琳、张永平、李杰）。

王裕康的孙门与四川郫县的孙门同源异流。最早均由南少林传出，属佛家传承武术。但受青城山道教文化的影响，变成一种不尚功力、追求巧打的武功，与郫县仍保留的南少林风格完全不一致。

灌县周烈光传下青城洪拳，最早与北少林传人李泰山有关。但李泰山后到青城山入了全真教，所以他的洪拳也被青城山道教文化同化。

开县陈生一传承的青城六合内功，是由青城山冷道人（又称洪道人）所传。

余国雄是由青城山陈琳道长所传。

广东青城心意拳黄国楠是由青城山抱一道人所传。

王庆余是李杰道长所传。

绿林派代表人物路军建认为，绿林派是青城派的一支，但与佛道两家无关。

雅安西派南宫，是清代李道生于青城山道家学后传于雅州。

青城山门

青城本以剑术见长，又以道教为主。但依上文所述，可见现在拳多于剑，而亦不限于道教；南少林北少林的传承也很重要，绿林派则自成脉络。道教的影响主要在修练功法上，也就是内功的部分，如筋经内丹功、玄门太极、混元气功、六合功之类。整体武功状况大抵如下：

> 青城武功，今传健身十八法（非张广德之健身十八法）、玄门太极长生功、盘功、太子劲、混元气功（非王安平所传混元气功）、铁汉碑、筋经内丹功、六合内功、七盘功、健身延寿功；麻圈、枕头包、三角包、吊包、手包、砂桶、五轮桩、草龙桩、梅花桩、单鞭劲、天地滑子、石牛、石袋、沙筒、太极球、九宫桩；铁砂掌、朱砂掌（非世传两类掌法）、毒药掌、毒砂掌、劈空拳。
>
> 拳术有龙、虎、豹、蛇、鹤五拳（非象形拳，也非少林五拳）、火龙滚、梅花拳、七星拳、天罡拳、洪拳（非广东洪拳）、二路洪拳、绿林小手、绿林豹拳、太子游四门。稀有拳术：猴拳、蛇拳、青龙拳、醉八仙、二十八宿、小神拳、太极拳、绵掌（非成都体院所传绵掌）、八卦掌（非目前流行的八卦掌）、六通拳。
>
> 器械：八母枪、紫虹剑、龙虎剑、梅花点石枪、白虎鞭、黑虎鞭、追风匕首、鸾凤剑、七星剑、八仙剑、飞剑、十三剑、二十四剑、一百零八串剑、阴把八方剑、无极剑。稀有器械：双卡、凤凰轮、雌雄剑、背箭、足箭、伞、筷子、铁针、拂尘。
>
> 技击：太极散手、缠手、太极翻花拳、十二时辰点穴术、十二残手、十二死手、串子十八手、三十六路大擒拿、三十六绝手、六大点穴术、空手入白刃。

青城派掌门人刘绥滨表演的青城太极十八式

麻圈、吊包、沙筒、石袋等，是一般练拳的人常用的辅助练功器材，其实不能因此便说它们是一种功法。桩法也一样。

毒砂掌、毒药掌，现存有拳谱与药方，但据我所知，该派并没人练，这个时代好像也不准许练这类武术。劈空拳则传说欢喜道人李杰可以遥击大树，令其枝干断裂，目前也无人能练到这个地步。刘绥滨可击灭一米五以外的蜡烛，且可以从后面的蜡烛打灭起，或间隔地打灭，成为吉尼斯世界纪录保持者，其他人好像也很少练这门功夫。

其他拳套，除刘绥滨介绍的这些外，我知道似乎还有四马投唐拳、炮捶架等。其纪念玄坛黑虎元帅赵公明的黑虎拳好像也不是此处介绍的龙虎豹鹤五拳。另外，源出青城生门的六通拳也称为鹤拳，多暗腿、短手、局部发力。太极拳则与南北各路太极都不相同，速度略快，有技击功能及发劲动作，此拳绥滨说是“隐踪数百年后重视人间”，但我推测是清末道人陈琳所创，三传至刘绥滨。有三十六式。绥滨另简化为一种十八式的，以便流传。目前他外出演示，多只打这十八式。另该派老宿龚海清还会一种巴巴拳，现在好似也未广传出来。

器械、背弩、足箭，现在也不实用，我没看见谁在练。筷子、拂尘、铁针亦罕见。武松刀，未列入，今似亦仅金跃山等老宿会使。此外，绿林派的六合双刀，似应补入。白虎鞭则是青城三元门的技法，又称鞭杆，其实就是短棍，以打击肘、腕、膝、踝关节为特点，为青城派较具特色的兵器。

青城派内部分支很多，拳种及兵刃也很多元，但既合称为一派，其中当然有其一贯性或共同性。这种共同性，刘绥滨概括为以下几种风格特点：

> 1. 融武、易、医、丹、气于一体，汇道、佛、侠家精华。
> 2. 以柔克刚、以小打大、以短制长、以慢制快、以老打

少。宋德照七十余岁尚把一大力如牛的铁匠发出丈外，龚海清八十一岁尚与中年壮汉搏击，应付自如。

3. 练内功得气快，气感强。

4. 功夫上身，不易退功。陈用和因牢狱之灾，遭受多种伤害，年近八旬时，已耳聋足跛，但仍能表演铁指钳刀，腹部抗打等功夫。

5. 擅长贴身短打、小手连环、擒拿封逼、挨肩挤靠；寸劲、短劲、长劲、弹抖劲和缠劲混发，路线多变。

6. 擅长养生，习者多长寿。近代道士李杰一百零八岁、包至清一百零七岁、李成功一百一十五岁。余国雄九十二岁。目前青城道士蒋信平一百零三岁仍行拳舞剑，治病救人。

7. 擅长在高低不平及狭窄地带作战，对身体的平衡性要求很高。碧云居士黄云锦七十多岁时尚能在一张八仙桌上打完绿林小手十八式而不翻。

青城派金跃山

练青城功夫是否真能迅速得气或长寿，我不敢说，但技击上擅长短打，多小手、多暗腿、少明腿，而且少直来直往的打法，确为该派之特色。短距离发劲，以巧胜人。因此表演性不高，注重实战。散手、擒拿之法中有号称残手、绝手、死手者，即表示它以致敌残死为宗旨。是否真能达到这种效果，须看练拳的人功力如何，可是如此设想，便可见这派武术之重点所在。

不过，这样的传统武术并不适合现代社会。现代社会中，武术主要服务于三种功能，一是竞赛，二是表演，三是养生。为了竞赛，青城派已有了不少改变。例如青城太极本来并无推手，可是目前太极竞赛都是要比推手的，青城也就只好练推手，去各种比赛中得奖牌。

为了表演，青城派现在也要大演二指禅、钢枪刺喉、顶汽车、大木桩顶心窝、木条击腹、单掌开砖、胫断木板、负重上刀山、汽车压足、飞针破玻璃等所谓硬气功了。青城本以内家功法及巧打功夫为主，但此类功夫不适合表演，故只能如此变通。

养生方面，目前也是青城推广之重点。因为练拳以为搏击之用，如今毕竟用途有限，去比赛、去表演也不是人人均做得来的。既如此，那就只好练拳养生啦！刘绥滨介绍青城派风格时特别着重讲其养生功能，我想原因即在于此吧！

崆峒派与昆仑派的武学

近几年，我每月都去珠海联合国际学院上课。这个学校是香港浸会大学办的。浸会近年拟进入中国本土办学，可是依目前法规，大陆并不同意外地学校到境内来设校，因此若想办学，只能采取合作之法。现在这个学校就是以北京师范大学和香港浸会大学合办的名义设立的，故名联合国际学院。

如此办学，自为创举，整个学校事实上也具有开创新典范的意义。例如采全英语教学、招收国际学生、聘请大量外籍教师、与外国联合设立课程、引进香港的学校管理模式等，都令这个学校充满了国际性，与内地一般大学迥然不同。但该校真正不同于内地大学的，其实不是它的国际化。恰好相反，是它由中国书院传统中提炼出来，参考外国博雅教育而发展的全人教育体系。

这个体系十分复杂，我不能在此详加介绍，只谈与武术有关的一部分。

一般大学都有体育课，但该校认为体育并不只是跑跑跳跳、活动肢体，每一种体育形式，其实都与其文化有关。因此该校设计了由高尔夫球去体会欧美绅士如何养成；也设计了射箭课，聘请日本弓道师范来教授。开课前举行仪式，日本使馆派员来贺，日本师范着战裙，携其巨弓草靶而至。做了表演以后，还有两名吹尺八古箫的艺者登坛奏乐。又有八名和服盛装女子，持日本筝，弹唱并舞扇。师生看得目瞪口呆。这就是透过一门体育项目来认识文化。

中国部分，该校也请得佛山黄飞鸿第四代弟子携二条龙、八尾狮来，教学生舞龙舞狮。开课前也有仪式，由我主持，持笔蘸了朱砂，为龙和狮开光点睛。司礼者高声念赞，一点额头如何如何、二点眼目如何如何，一直点到龙身龙尾，然后敲起鼓来，龙骧狮跃一番。

我以为体育课如此改造甚好，乃又向郭少棠校长建议开个武术文化的课。每次邀一门派掌门人或主要代表人物来，先介绍该门派之渊源历史、武术功法特点，再做演示，并答复师生提问。

郭校长本身即为香港咏春拳高手，且习太极多年，深具心得；该校全人教育中心主任郭海鹏则家居洛阳，素往少林参访，故一拍即合，都觉得是好主意。乃委我规划，自二〇〇七年春天起，陆续邀请了青城派掌门刘绥滨、少林派武僧团总教练释德扬、峨眉派代表人吴信良、崆峒派太极门掌门白义海、昆仑派掌门周金生、精武会代表王洪海、武当派掌门游玄德、形意八卦传人牟波、苌家拳掌门刘义明诸先生到珠海来主讲，由我主持。

崆峒天台山

各派武术，在武校或体育学院演练，并不是什么稀奇的事，各大学武术社团也常会办些讲座，邀武林名宿去讲说。但在一般综合大学中，用一门课来介绍武术，恐怕是不经常见的。在武术社团或体育院校讲武术，那就只是谈技术，我设计这课却是要透过武术门派来认识中国文化的。

诸掌门亦都很捧场，千里“飞的”而至，相与讲论于海滨，演其秘技，述其旨要。学生受益若干，我不晓得，起码我自己是觉得挺好玩的。

诸先生讲课均有讲义。全文将来学校当会与其录像资料一并处理，我这里只选一部分来谈谈。因崆峒、昆仑两派，外界较不知名，故谨以此两派为先，其余各派，且俟诸异日。

一、崆峒派

据白义海兄说，崆峒武术起源甚早，《尔雅》中已云“崆峒人武”，汉代飞将军李广，宋代抗金名将吴磷吴阶、抗西夏高僧法淳，都是崆峒地区的武术家。而崆峒派则是唐代道人飞虹子所创，历代掌派人分别是：

第一代飞虹子（唐末甘肃人）

第二代飞绥子（宋朝甘肃人）

第十一代日本掌派人
花舞影演练崆峒派芙蓉扇

燕飞霞演练崆峒派醉枪

第三代云离子（元朝甘肃人）

第四代飞云子（黄衫客，明朝甘肃人）

第五代眉姑（女，清朝四川人）

第六代飞尘子（曲一洪，清朝四川人）

第七代陆尘子（清朝湖南人）

第八代袁一飞（清朝广东人）

第九代胡飞子（胡惠民，民国广东人）

第十代燕飞霞（王进，中国吉林人）

崆峒派，我知道还有甘肃酒泉一家天戈武术展公司在推动。谓其艺亦出于飞虹子。但说飞虹子为晚清五剑侠之一，主持人郭文平道长，则为该派第四十八代传人，传缩骨功、三皇服气功、玉环心诀、崆峒十八手、斩手密谱等。但我对这个谱系及功法有点疑惑，故现今讲的不是这个系统，只就白义海所说考之。

这个谱系自然也不尽可靠，因为每一代差距年数太大，恐颇有遗漏或多依托。不过这也都已无可考证。崆峒派在武侠小说中虽然名声显赫（金庸之外，司马翎叙述最多），但在武术界并不知名，相关记载又少，现在能知道的材料，大抵均由燕飞霞处传下。燕飞霞以教拳为业，萍踪浪迹于大江南北，可是并没什么他与其他武林人士交往的记录，生平资料也很罕见，因此这仅能视为该门派相承之传说。

燕飞霞即白义海师傅。在教白氏之前，曾授艺日本留华习拳之女子花舞影。后来两人结褵，崆峒派遂东传于日本。燕飞霞逝世后，花舞影继任为第十一代掌教，在日本东京、大阪、神户、名古屋、北海道等处都有其武馆。崆峒派未宏阐于本土，反而开花散叶于彼邦，说起来也是令人感慨的事。

崆峒派在国内的传播较分散，甘肃平凉崆峒山有释妙林、王镖、尹腾剑等，广东有张勇、白义海等传此技艺。但这派武术，体系还不小，据云内分八门：飞龙门、追魂门、夺命门、醉门、神拳门、花架门、奇兵门、玄空门。每门各有十五六套拳法，故合计有百余种之多。

飞龙门是崆峒派武术的初级。包括飞龙拳、飞龙掌、飞龙刀、飞龙枪、飞龙剑、飞龙棍、飞龙铲、飞龙双钩、飞龙双鞭等。在此基础上，追魂门、夺命门、醉门、神拳门都将拳、掌、刀、枪、剑、棍、铲、双钩、双鞭等功夫逐一提高变化，加强了难度和抗击性。

如追魂门攻击的招式多变，招招紧逼，各路名称即是把飞龙门中的“飞龙”变成“追魂”，如追魂棍、追魂双钩、追魂双铲、追魂双鞭等。

夺命门是在追魂门的基础上又上了一层，其特点是猛烈，不留活路，有夺命拳、夺命掌、夺命剑、夺命棍等十几个套路。

醉门是在夺命门的基础上更上一层，主要是强调动作中的跃、翻、仆、腾、跌等功夫。醉门又分文武两类，称“文八仙”和“武八仙”。文八仙重醉态的表现，锻炼人在失重情况下的平衡能力。武八仙着重跃、跌、仆、腾、跳等动体，锻炼意、气、神所蕴含的爆发力。醉门中的套器因此多出十几个，如文醉拳、武醉拳、文醉剑、武醉剑等，都是文武各一套，拳、掌、刀、枪、剑、棍、钩、铲、鞭齐备。

崆峒派释妙林

神拳门（即太极门）是崆峒派武术中攻击性最高的武功。所谓神拳，即“花拳绣腿”——不是通常所指表演中的那种“花拳绣腿”，而是指拳打不实、用意不用力，如游龙一般，神出鬼没，招式诡秘，以内气伤敌内脏，各种兵器亦以气伤敌，是崆峒派拳术中登峰造极的功夫。此门中同样有拳、掌、推手、刀、枪、剑、棍等十几种套路。

花架门是在神拳门的基础上结合敦煌壁画上的飞天造型而创立的。造型优美，攻击巧妙，适合女性习练。此门有出水芙蓉、香飘宇庭、笑傲乾坤风流扇、桃花扇、花架拳、花架枪、花架剑等十几种套器（现较为流行的木兰拳、木兰扇、木兰剑即根据花架门拳法改编而来）。

奇兵门是崆峒派武术中最具特色的一门。其特点在于所用兵器短小及排兵布阵的阵法。其中兵器有风火五行轮、风火扇、挎虎篮、飞爪、拂尘、九齿铁耙、连枷、铁琵琶、分水峨眉刺、判官笔、翻天印、太统法铃等。阵法有太极阵、七星回天阵、八卦阵、十面埋伏阵、十二生肖阵、二十四天魔阵、二十八宿造天阵、三十六游龙阵、四十八降妖阵、六十四卦齐天阵、八十一通天奇门遁甲阵等。

玄空门是崆峒派秘传之宝，多为历代掌派人独修之法。有燕式古太极八式、无相神功、达摩神功，以此修炼内功，并有以针灸、中药、易经、气功结合而成的疗病方法《易通疗法》，是崆峒山镇山之宝。其中针灸取用“灵龟八法”“子午流注”之时辰、穴位、脉络，借以《易经》之卦相推断，合气功引导助力，再用中草药服用，达到疗病之效。

以上是根据白义海的描述。他这派的传承较特别，掌门称为掌派人，底下门人各有掌门。白义海即太极门之掌门。奇兵阵法与玄宗门中之针药医术、燕式古太极、无相神功等，既然是比太极门更高深的武功，我不知他是否擅长；但我看过燕飞霞演练以

崆峒派太极门掌门白义海

上各门武术的录像带，确实是一代宗师，功力非凡，很能表现出上述各门不同武技之特点。奇门兵器，目前各派也较少人练了。

综合起来看，白义海说："崆峒武术以柔美为主，身、步、手法多以弧线、曲线形成，取太极阴阳鱼应对哲学思想，在运动中攻防。攻击时动中有静，静极生动、刚柔相济。所用兵器短、小、轻、柔、奇为特色，如扇、拂尘、剑、五行轮、鞭杆等。即便以刚烈显赫的神拳门中的醉八仙，在进击中也以巧击眼、颈等软弱部位及穴位。"

曲线弧线进手，表演时会有舞蹈的效果，颇具美感，搏击时则显得法秘奇幻，我觉得这正是该派的特色。而由其八门分立的武学架构来看，又显然是一个道术结合的体系，由搏击进而修道。神拳门以上，均显道气，至玄空门，就无我无相，空意空识，呼应崆峒的古字"空同"的含义。古代黄帝问道于空同，只是个传说，崆峒派武术看来却是想技进于道，由此求道了。白义海本人原习跆拳，早有六段身手，但敛华求朴，用心于太极，舍外勇而求内壮，殆亦取途于此乎！

二、昆仑派

现在人一谈到崆峒派，就想到"七伤拳"。这是因金庸小说《倚天屠龙记》讲金毛狮王谢逊去偷学崆峒五老的七伤拳之故。

其实七伤拳不仅徒凭想象，不符历史，亦不符崆峒修道人之所为。欲伤人而先自伤，岂不类似《葵花宝典》所谓“欲练神功，引刀自宫”？可见文人创造，故弄狡狯，刻意出奇，本无当于武术之理也。

这不是反对创造，而是说创造须有个合理的理路。

相较于崆峒派，昆仑派虽也溯源于上古，但我觉得它基本上是新创的。不过它的创造有一套符合武学原理的思路，所以也很值得介绍。

昆仑派，我见过的有一种昆仑太极拳，段智明先生传授。据说是最早由新疆堤克鲁·呼图克图红教大活佛传到上海，再传到四川。共三路，我所见是第二路。又称僧式太极，虽然它也说此拳为张三丰所创。

这一系拳法目前并不在青海流传，因此我现在要说的不是这一系，而是在青海的昆仑派。

昆仑派现今掌门周金生先生，本籍山东曲阜，一九七八年才到青海工作。据他在青海的调查，发现青海的武术流派大抵为少林拳及其支系。二十世纪五十年代以后，因大批“支持西部建设”的人到青海来，从而带来了各自的武术，十分驳杂，反而历史上相传曾有的昆仑派并不见踪影。

而周先生认为老子西行出关，有传说曾到了昆仑山，在昆仑悟道；现今武当太极拳，依武当山丹派十二代掌门马杰的考证，又谓为源于老子所传的太极功法。因此他根据自己对太极的体会，结合八卦的原理，依托昆仑传说，于八十年代中创立青海昆仑武术馆，张起昆仑派的大旗。

这些考证、传说、依托，当然都是靠不住的。老子五千言，根本不曾谈过“太极”二字，讲太极生两仪的是《易经》。太极图则始见于宋代。故说老子创太极功法，乃无稽之谈；在昆仑山玉虚宫修道，创此功法，就是更没影儿的事。道教之有宫观，事在南北朝后期，老子连是否去过青海都不晓得，又怎么讲他在昆仑山修炼呢？至于太极拳与张三丰、武当派之牵扯，我别有文章考证，就不再说了。武当武术要开宗立派，不能不如此说，我也能理解；但如此“考证”，在史学上是做不得数的，用来作为支撑立派之据，自然也没什么效力。

不过，武学上的流派渊源或理论依据，有时“效力”并不同于史实。如少林五祖故事，也是假的。南少林到现在还找不着，几个地方纷纷自称就是南少林，而其实每一个都不是。既无南少林，当然也就不会有洪熙官方世玉等等。可是没有洪熙官，怎么又有洪拳呢？其实洪拳不只南派有之，北方嵩山少林如今的母拳之一也是洪拳，可见洪熙官是假，洪拳却是真。洪熙官故事，可能是“洪门”造出来的，也可能是由洪拳上推想出来的，正如从太极拳上推想出一个创拳的老子或张三丰那样。这在武术史上非但不是特例，抑且可说是常态。古代说仓颉造字、伶伦造律、伏羲造渔罟、黄帝造车，也都是如此，本不能从“史实”的角度去衡量。

再说，一种拳是否有效，评判的标准亦不见得在于它是否授受有绪、确有来历，而在于它好不好。好不好指什么呢？指它架构合理，且有具体搏击效果。这才是它有无效力最主要的判准。

周先生所传承的太极拳，号称是王宗岳太极，另外他还学过尹氏八卦拳，因此他所创的昆仑派武术，主要即是结合这两个系统所得，号昆仑太极拳和乾坤掌。

我看他的太极拳，最大的特点是步子收缩极小，擦地而行，不用弓步、马步、仆步等动作。理论是武术讲究速度，弓马以及仆步，跨步既大，变势出力都慢。依此原理，他认为可把功法功架分成三种结构、三种速度，或三级。他说：

> 慢速、中速、快速都能健身，到高乘必须到快速，否则不是上乘功法。很多人练太极拳都是慢速而练，在实践

中对抗再快绝对快不了，因为拳法最终用于实践技击，慢绝对战胜不了对方的快速，练拳必须达到快速练法，就是上乘功法，快要达到快如闪电。因武术道拳法结构每式都关系到实践应用，每式进攻防守的远、中、近是拳法层次，远距离是初级拳，中距离是中级拳，近距离是高级拳法。慢速是初级，快速是高级。

这说明了他的太极拳乃以技击为主。此为特色之一。特色之二，是因此故他并不仅重拳架。拳架只是练身体，不能技击，要技击便须能运用，所以拳架与推手，需体用兼备。而所谓推手，又与一般太极不同，他是应用时把推手当散手用，而练习时又把散手当推手练的。

特色三仍与上述快中慢三速有关，他说："拳法结构有三，初级拳法、中级拳法和高级拳法，每个拳法结构各有不同。马步两足内侧超过肩是初级拳法，两足内侧与肩齐是中级拳法，两足外侧与肩齐是高级拳法，这是拳法结构的定位。"也就是说三速理论构造了他的三种拳法结构论，形成三种拳架。

与此配合的，是他的三盘理论。掤、捋、挤、靠、按、采、挒、肘，是上盘。中盘有膝、臀、胯。下盘有勾、点、磕、砸、打、转腿法（再加上穿、撩、滚、截、化、捆、点、克、弹、掌法）。这是身体整个的三盘。但上中下三盘又各有三盘。如一臂即有三盘：手、肘、肩。一腿也有三盘：胯、膝、足。一手还可分三盘：指根、指中、指尖，各有骨节组合之运用，所以三盘也是与长短中呼应的。

这是三盘之分。练时则讲究三盘合一，也就是彼此之配合。他的乾坤掌，取法于八卦，先练转掌，单换、双换、仰月垂肘八字步、擦地步、后撩掌腿法。再练肘法。各种肘法，包括腿法，都是起伏上中下练，务求练到三盘合一为止。太极的掤、挤、肘、靠、勾、磕、砸、打等等，也都必须单式单练，再予配合。

以上这是练法的特点。打法的特点在于懂力。

懂力，是每一派太极都讲的。有些更把力跟劲分说，把懂力讲成听力、听劲、懂劲等等，然后说明、暗、螺旋、缠丝等等，玄妙无比。太极最让人难以体会之处即在于此。可是诸家所谓懂力懂劲，大都指双方搭手时即知其劲力之曲、直、横、斜、小、大，而化之、送之、导之、取之。这在表演或练习时确实能惊四座，可是实际搏斗时，老实说，要搭上粘上对方的手腿是很难的。对方出拳踢脚，往往快逾闪电，格挡得到，已非高手，更休提要搭要送了。被击中那一刹那，也根本没有运气化力的时间和机会。当年万籁声击败杨澄甫就是如此。周老所说，纯从技击上着眼，故他说的懂力并不从搭手上说，而云：

> 有力胜无力，武也。力小胜力大，术也。无力胜有力，借力而用和直取对方，道也。

有力胜无力，就是一般武夫的大欺小、强凌弱、力大打力小。力小的人要想胜力大的，就要靠方法技巧，此即所谓术。若根本不用力，借力使力或直取对方，则是懂力的上乘。什么叫作直取对方呢？基本上是“敌进我进”。不避、不躲、不架，所以不必做力量的对抗，也不耗力于闪挪，而是对方进攻时我亦前进，对方攻击的角度及距离因而改变，我欺进了他怀里，他自然重心不稳，为我倾覆。简单说即是如此，细说还要明白角、圆、直各种力量的变化。

武、术、道，也是三盘。周先生这三三三的架构，可以再添加三才、五行、八卦、九宫，而让它更为繁复，但我觉得基本原理大抵尽于此矣。所以就不再介绍了。这是不是王宗岳的本旨，或许不重要，这种武术思路则很可参考，故略述吾管见如此。

筋经门的武学

一

我国武术，门派众多、功法复杂，多有所谓“秘传”者，不见经传，忽然出世。这其中当然大部分是骗人的，以此旌名射利。或改头换面，另立旗号；或东拼西凑，不成体系；或胡吹乱扯，哄弄外行，动辄自称大师、传人、绝学；实则术士、江湖、野狐禅也。

本文要介绍的筋经门，也是一种秘传功法，但情况颇与上述野狐禅不同。这一派，原隶青城派中，但属于独立一支，目前传习者仅王庆余先生一系，其余未见。

王庆余，一九三七年生，祖籍为山西忻县，本为望门邓氏。高祖与太祖均曾担任过清廷的武将，祖父因得罪朝廷，遭到横祸，只好举家南迁，辗转到四川省剑阁县落户。由于家道中衰，父亲被送给王家作为养子，遂改姓王。辛亥年从军。因自幼习武，骁勇善战，深得上司器重；选送黄埔军校第二期受训，旋即参加北伐，官拜参谋长等职，晚年退出军界。

王庆余幼承家学，受父亲启蒙，读了《四书》《幼学琼林》《古文观止》《诗经》《千家诗》等传统典籍，为往后学《易经》

奠定了基础。并学岳门、僧门、岳家裁手法。又从杨少云学形意拳、六合拳、双头枪、八仙剑以及一般性的疗伤手法。

后来得自然门杜心五介绍，拜欢喜道人李杰为师，得道家秘传筋经内丹功真谛。此外，还学到道家医理、药理、诊理的知识及其实践经验，也学到了八卦掌、卧猫功、经络穴位和道家秘传的点穴、闭穴、拿穴、解救穴等，另外还有指甲诊病的手段。

二十世纪五十年代中期，王庆余在甘孜藏族自治州康定中学任教，又向药农学习有关中草药知识和民间单方，深入了解各种药物的药力与性能。并系统加强了对中医经典《黄帝内经》等的研究。

有了筋经内丹功的真传和武术、点穴等功夫，又熟悉了中医、药草知识，王庆余乃渐渐把武术、气功、医疗三者结合在一起，去“救人济世”。不但在康定为藏、汉、回各族民众治病，一九八六年还被选为九名代表之一，赴中南海为中央顾问委员会作道家气功汇报，并为中央领导治病。

一九八七年，更被国家体委会征召，为跳水皇后高敏治病，使她在往后全运会跳水比赛和国际跳水比赛连得金牌。其余的名将，如许艳梅、李青、陈晓丹、熊倪、伏明霞、孙树伟、童辉、李孔政等人在比赛前运动受伤，都是得益于王庆余气功发功、按摩、点穴、敷药等治疗后，才能发挥正常水准，争取最佳的成绩。

一九八九年，王庆余应邀到泰国讲学，并为泰国知名人士与王室成员治病。同时被评选为全国先进体育工作者。

一九九〇年，受日本邀请，作为首次赴日本代表团成员，在东京、京都、大阪、名古屋等地学术交流。

一九九二年，以气功医学家身份与启功、红线女、关山月、聂卫平、梅葆玖、陈招娣等人，参加在香港召开的世界华人协会成立大会。

一九九四年，接受美国斯坦福大学中国传统文化系邀请，为该校博士生讲授道学文化及气功养生学。并受伯克莱大学之邀，作气功养生学术讲座。

一九九六年，任美国国家自然疗法医科大学中国传统文化系特聘教授。

一九九七年，美国国家出版社出版《我们世界的大师们》一书，他是三十人中唯一的中国人。

二〇〇一年，受德国中国传统中医针灸协会邀请，往德国、法国、意大利讲学，参加世界第三十二届中医针灸学术研讨会。

二〇〇一年至二〇〇七年，每年都前往美国国家自然疗法医科大学讲学，并授予该校博士生学位。该校还颁发匾额致谢。

先生经史功深，文采斐然，有专著五本，被评为优秀论文的也有三十余篇：

《秘传道家筋经内丹功》，北京人民体育出版社，一九九〇年。

《少儿气功保健法》，四川少儿出版社，一九九二年。

《道医秘方录》，人民体育出版社，一九九二年。

《四川武术大全》（拳种门派章），四川科技出版社，一九八七年。

《道医窥秘：道教医学康复术》，共八本系列丛书，四川人民出版社，一九九四年。

我得识王先生，有远因，也有近缘。远因，是彼此皆为道家一脉。我家本籍为江西吉安，家伯父龚乾升先生，与江西龙虎山六十三代天师张恩溥大真人义结金兰，故天师赴台后，时来往我家中。我幼时体弱，民间习俗，要过继给僧道或神祇菩萨才好养，乃拜天师为义父。家堂兄龚群先生则长期翊赞天师，担任其嗣汉天师府秘书长，获得天师密授三十六道天师符，为中华道教会长老。他奔走两岸道教事务，常至四川，遂与王庆余先生友善。

王先生时任四川文史馆馆员、社科院研究员、川大宗教所道教研究基地兼职教授。而我亦为该所学术委员，某年来蓉参加其道教研讨会，住在青城山，发表《论张三丰武学》一文，先生大表欣赏。谈起来才知他早与家堂兄甚熟，于是远因加上近缘，谈愈相得。每至蓉，皆请相见。我在蓉城收了磕头弟子，也特请他来做个见证师。时或茗话武坛、杏林、学府、道门掌故，均有所获。

二

先生性慕侠义，身世传奇，我久欲为其作口述历史，因事冗而不果。二〇〇八年春，乃托四川大学历史系教授吴铭能兄为之。铭能率其博士生黄博进行了几次，略得梗概，可是对其武术部分尚不详尽，故请铭能兄就此续做深谈。不料汶川大地震，对整个访谈计划颇有干扰。铭能在余震不断中录写出来，我觉得已得涯涘，便先记于此。附说管见，以见筋经门武学之一斑。

王先生说：

> 从八岁开始，我父亲即教我岳家拳。岳门源于山西，假托岳飞，故又称为岳家拳。岳家拳套路很多，我主要学了头部、连成。头部从山西流传到四川的共有十路，各路各取所长发挥，我与他们的路子大同小异。连成情况也是如此的。
>
> 岳门的风格特点主要有二：
>
> （一）拳一出手，讲八巧。出手上身要重要硬、勇武刚捷、站四平马步、意气要合一。直臂劈打（即肩臂用力）、一变三、三合一。出拳时，手法要外旋成圈，以六合拳的手法为主体。
>
> （二）岳家裁法，即散手搏击。主要是分筋错骨，把人的韧带搞伤、骨头弄断。如对方打来，先用引手引他，以探虚实，然后再决定进攻的策略；一旦洞悉敌方较弱，就直

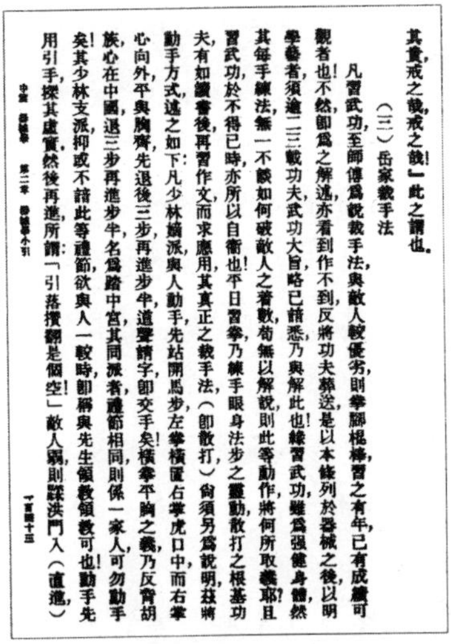

其貪，戒之哉，戒之哉！』此之謂也。

（三）岳家裁手法

凡習武功，至師傳為說裁手法，與敵人較優劣，則拳腳棍棒，習之有年，已有成績可觀者也！不然，卽為之解逃，亦看到作不到，反將功夫葬送，是以本條列於器械之後，以明學藝者，須逾二三載功夫，武功大旨略已精悉，乃與解此也！緣習武功，雖為強健身體，然其每手練法，無一不談如何破敵人之着數，苟無以解說，則此等動作，將何所取義耶？且習武功，於不得已時，亦所以自衛也！平日習拳，乃練手眼身法步之靈動，散打之根基功夫，有如讀書後再習作文，而求應用，其真正之裁手法，（卽散打，）尚須另為說明，茲將動手方式，述之如下：凡少林嫡派，與人動手，先站開馬步，左拳橫置右拳虎口中，而右拳心向外，平與胸齊，先退後三步，再進步半，道聲請字，卽交手矣！橫拳平胸之義，乃反胥胡族，心在中國，退三步再進步半，名為踏中宮，其同派者，禮節相同，則係一家人，可勿動手矣！其少林支派，抑或不諳此等禮節，欲與人一較時，卽稱與先生領教領教可也！動手先用引手，探其虛實，然後再進，所謂：「引落攢翻是個空！」敵人弱，則踩洪門入（直進，）

万赖声《武术汇宗》书影以及万氏所演示的岳家裁手法

接进攻踩洪门；若敌方较为强大，则采取从侧门进入，生擒捉拿。如是少林派的敌手打来，就先以躲闪圆滑，探其虚实，若是弱者即活拿。要知难而进，见拙不打、见势不打，虚虚实实，变幻捉摸。

至于手法的要诀，可以简单归纳如下。

手上有十八个字：擒、拿、封、闭、浮、沉、吞、吐、抓、拉、撕、撤、刮、挑、打、盘、驳、压。

脚下功夫有十个字：双拉牵虎势、暗藏金龙形。

卧下有十字：云卧单捞腿，猛虎滚连城。

脚下十八字构成歌诀为：脚东手西两相关，上下相同虎胆寒，纵遇英雄猛虎汉，好比蜻蜓扑泰山。

接着，我师傅杨少云教我形意拳。我学了两套，即六合心意、形意六合。

为何叫作“六合”呢？六合讲上三合、下三合，外三合、内三合。也就是上下相合，内外相合，精气神相合。技击特点是：直斗直往、以刚克刚、以柔克柔、形踪自如、随气自然、意在心定。步伐是步步加速、形如狂风、快变莫测。

我是在岳门、形意的基础上练成武功本领的。

一九四六年，肖丙章与我父亲带我在重庆磁器口的一个店里，会见了大侠杜心武先生。杜心武先生是我父亲在国民政府北伐时期的好朋友。杜心武先生起先是拒绝的，很不情愿；但看了我打形意拳之后，他倒是很满意，就写了一封信交给我父亲。父亲带着杜心武先生的信，领我到青桠观的庙里见到欢喜道人李杰，让我拜他为师。

影响中国人的三教，我个人的体会：道家是谈玄的，佛家谈空，儒家谈性。也就是说，道家是炼金丹，佛家是舍利，儒家是如婴儿，讲究练性尽心。道家一讲玉液金丹，二讲离水金丹，三讲津液大还丹，总之是为了出阳神，因此我就进入了筋经门。筋经门属于阳功范畴，走的是筋络的路数。

我是把筋经功一整套完全学完了的。内容有走法（含十二个步伐）、静功（含三个功法）、动功（含八个功法）。其中动功法是筋经形拳，融汇了艺、道、情。

其中第一个重点是学道家武术、剑术。剑术就是学阴把八方剑，它只有八个动作。我后来又学了阴把八方棍，也还是只有八个动作。特点是动作简单、以作用力为虚、而以反作用力为实，虚实较难以捉摸，所以令人防不胜防。除了上述之外，我还学会了八卦掌。

第二个重点是学道学理论，包括《易经》、人天观、张伯端的《悟真篇》、天文历数、阴阳、五行、八卦、子午流注。

然后是学习道家医学、药学。道家医学的侧重点是伤科、骨折疗伤、各种疑难杂症，特别是以指甲诊病，我曾有专著行世。

三

王先生自述习武经历，着重讲了岳门与形意；对其从师欢喜道人部分则较简略。大概是因过去跟我们谈过多次，故这番就说得少了，筋经功的练法并未详说，该功如何作用于搏击也未交代。我依所知，做些补充。

据王先生曾说：经筋门和自然门是一对孪生兄弟。这话怎么说呢？一是先师都是同门师兄弟，二是练功的身法、手法、步法有相似之处，三是从歌诀可以看出。筋经门歌诀：筋经有始，动静无端，千姿万式，虚实自然。自然门歌诀：动静无始，变幻无端，虚虚实实，自然而然。

其实筋经门武学，源出于《易筋经》。《易筋经》世皆谓为达摩传法，为少林之技，其实内容与佛教没什么关系，乃是道家的导引内功，详我论《易筋经》一文。王先生所传，亦称为“秘传道家筋经内丹功”，这是较符合实际的。

功法既源出《易筋经》，当然主要是八段锦、十段锦之类导引姿势。不过，一般学《易筋经》的，大抵就是练那几个式子，王先生所传有些不同。

一是成体系，有静功、有动功。静功是腹式呼吸静坐、逆式呼吸静坐、卧功、站桩功四种。桩为浑元桩：两脚站开，与肩同宽；双手如抱大树，掌心对着胸前，双眼微闭。动功有行功十二式、筋健功八桩法、筋拔断十式、五岭功八式。阴阳升降开合功七桩法，以及筋经十四式。体系俨然，层次分明。

二是许多式子都要做过渡式。也就是平时我们看《易筋经》或练八段锦，只是那八个姿势，王先生所传则是每一式都不只一个姿势，而是一套动作，整套动作做完，这一式才算结束，而且可连接到下一个式子。我觉得这比一般练法合理、有效。

三、由其动功各式看，许多式子跟《易筋经》相同或相似，可知其渊源。《易筋经》有一个版本附了“易筋甩手功真传”，据说是出自道教《青城秘录》，也许这就是其渊源之线索。

四、每一式均有详细的运气解说，意守何意，守多久，也都有说明，便于操练，也可使练的人知道在练什么。

自然门的天罡梅花桩

五、这些练功的式子对技击也是有帮助的。例如行功为初阶，就是先练步法，丫雀步、鹰飞步、阴阳合气步、猫步、揉球步。接着再练手法，大云手、矮桩内圈手。由此继练筋健功，则接上左右云手桩、马步练气桩、左右推磨桩（仍是马步），海底捞月托天桩（由马步转弓步再回马）、护肾归元桩、万气归元桩，亦仍以马步为主。如此循序渐进，不唯可练内功，也是习武很好的步骤，尤其适合用来做打拳前的热身动作。

我国武术界普遍不重视教拳之法，门徒初来，便教其扎马步、站桩，呆站呆蹲一阵。练了拳套以后，也没什么准备热身动作，大抵稍动动筋骨就依套路打了起来。反观日本柔道、空手道、合气道之教学则不然。热身运动一大套，翻翻滚滚要先练上大半小时，而且许多基本技法就含在热身运动中。做完热身运动，基本动作也就复习完毕了。至于套路或搏击，亦无非是这些基本动作的串组与发挥，故其教学简速而有效。王先生所传筋经门练功之法，就具备这样的作用。其中许多动作或桩法本也具搏击功能，如马步剑指、云手、虎坐亮爪、力士推山之类。筋经门的拳套，我未见到。但我看王先生打拳的手法，大约即是以上这些动作配合形意六合及岳门之技，综合而成，十分迅猛刚劲，符合我上面说的原理。

四

筋经功练得好，内气便足，内气足，才能内气外放，将气导引出去。平时我们看武侠小说言内力深者如何以掌力伤人，指的就是内气外放。据说李杰即可以遥击丈外腕臂大的树枝，令其坠落。王先生之内气外放则不用在击人而用在救人上，亦即靠自己的气，注入病患体内，替其搜阴升阳，去疾却病。其手法与台湾天德教、天帝教之法不同，右掌悬在顶门百会穴上，左掌照其患部。天德教天帝教则是左掌悬照百会穴，右手掌尖直对眉心。但两者都有具体疗效，大约是原理相同之故。而王先生不用此法于技击，也可能是筋经门本来就不以此为重的缘故。

筋经门搏击之法，重点在于点穴。据王先生说他学点穴时的情况：

> 练息猫功，就是做俯卧撑，开始是五个指头撑，后来就要做到一个指头撑，每次要撑五个。练这个功的目的，是为了学点穴法。点穴法里面有点穴、闭穴、拿穴等等，这个功夫就是师傅的绝学了。这功夫，道门里面一直是没人学完了的，我却是全部掌握了，在当今算是唯一的人。

点穴要背穴位，一天师傅把我叫到他的丹房，拿出一张经络穴位图，一共四幅。那几张图很大，几乎有三尺长，是他自己亲手绘制在硬纸板上的，图画得很清晰，看得出来师傅花了不少心血。他把图挂在墙上，指着图上的经络，对我讲解了寸二经脉、三百六十五个穴位及循环时间。他要求我先掌握六十个要穴的部位和名称。因此在之后的三天时间里，我除了早晚练功以外，几乎整天都是在死记硬背这六十个要穴的部位和名称。

几天之后，师傅把我带到大殿左侧的一间大约只有十来平方米的小屋子里。这是一间空屋，只有里面屋角放着一个用红布盖着的东西，当时我不知道那是什么东西。我心里有点紧张，觉得房子里阴森森的，有些害怕。

师傅走过去，把红布揭开，原来那里面盖的是个木头人。这个木头人大概有一米二高，双脚钉在一块厚厚的木板上，木板的左角固定在一个活动的“之”字木架上。然后他又把木头人拉到房子中间，我定睛一看，才发现，这个木头人的前胸有三十六个黑色圆点，每个圆点的上面都有毛茸茸的东西，有铜元那么大。木头人身上还有很多圆孔，上面用小铁钉钉上剪成圆形的牛皮，这些牛皮都还留得有牛毛。另外，木头人的后背还标有二十四个穴位。师傅一边指着这个木人，一边讲穴位的名字，同时要我按着名字去摸一下木头人身上的穴位。

这个方法使我很感兴趣，当时我还是小孩子嘛，觉得这个很好玩。这样学了一个星期，他一边讲，我一边摸。基本上能够熟练而准确地讲出各个穴位了，师傅才开始传我点穴、闭穴、拿穴、解穴和解救穴。前后花了大概三个多月。

人体的血液可运送养分、输送氧气，有促成新陈代谢的功能，是维系生命的重要因素。一昼夜二十四个小时，人体血液随时都在流通回圈。而子午流注、灵龟八法的理论就是用来掌握二十四小时的。各个时辰不同，血液流经的穴位就有不同。点穴打穴就利用上述理论，结合了岳家拳、形意拳直接打。

说到人体血液流通的穴位上，大类可以分为上四刻、下四刻、左四刻、右四刻，包括前胸后背、上肢下肢。点穴法是以点、打的手法为主，其指法用凤眼捶、鸡心捶、中指和食指并起的力量，还有冠捶的力量，打到穴心的位置。如打不到穴心，就打穴宫。打不到穴宫，就打穴的交界处。总之，一定要打中穴头流经的部位。被打到的人，其症状是一下子觉得头胀眼花、恶心，甚至想呕吐，手软麻木乏力，很快就失去了战斗力。

这是要根据不同时辰，打不同的穴位。如子时就打人中穴，丑时就打天庭穴，寅时就打桥空穴。一定的时辰，打一定的穴位，不能错乱。其余就不便公开了。

闭穴法也是按照十二个时辰打法，要能够打中关键处。如子时就打踝关节，丑时就打腰部，寅时就打双目，午时就打胸腹，申时就打心肺、背后等等。

掌握了点、打、闭、拿的诀窍手法以后，和岳家裁法、形意六合结合起来运用。

五

点穴，首见于清初黄宗羲所述王征南之技，有所谓晕、哑、死穴，后来宋永岳《亦复如是》“某翁精拳法”条，亦载某翁之子炫技，逢一道人笑以手点其臂，说：“好武艺，四十九日，我来看汝！”回去老翁一看，知是遭了毒手，急缚其子，悬吊起来，鞭其背数十，呕血数斗才解救过来。四十九日后，道人来访，翁送出门，亦以手点其臂，道人失色而遁。“盖人身穴道，有受伤即死者，有受伤不死者。道人所点，生穴也；翁所点，死穴也。”

潘纶恩《道听涂说》“荆襄客”条则说一大汉要抢荆襄客人的鸟，“荆襄客徐起，以指点汉胁下，汉手若僵，擎不得下”。张培仁《妙香室丛话》“曹大”条，也说曹大在庙前观戏，人多，推挤，一矮子“骈二指捺曹肋，杂人丛中去。曹急以手按肋，面色如纸，口不能言。邻人见之，扶归，呕血数升而死”。可见点穴之法已渐流行。

俞超《见闻近录》另载一事，谓吴某撞破一恶僧调笑妇女事，恶僧戟手指其颈而去。吴某返，其师见之，说这叫“铁钉”。出药敷之，三天后出凝血一条，粗若指，遂教以报仇之法。一年后，吴某又于市邑见僧，以手拍其颈后，僧即死。据说这叫“铁板”。

毛祥麟《墨余录》“褚复生”条也提到褚以箸点张某之胸，张即死，遍体青如靛，“盖中人要害处，则于三时之顷，伤即入骨，能致死”。又同书“某公子”条，说某公子怙权纵淫，被一女剑侠教训，不但阳具被割去，“阖府男女百余人，或立或坐，或跪或卧，皆瞠目不语，如木偶然”。不过女侠尚存一念之仁，留书云：“婢仆肢废，饮木瓜酒可疗。”

综合这许多记载可知，点穴虽仍属于秘技，带有神秘性，不同于一般拳勇搏击之术，但已有不少人能掌握其法。其法以点为主，也可以拍击，只要击中穴位，都可对人造成伤害。被点了穴的人，血气壅阻，不久就或残或死。笔记中说各受伤者凝血、遍体青如靛、不能动、呕血数升，都是血行不畅使然。解救之法，或用药，或喝木瓜酒，也均是着眼于活血功能。另外就是用手法解穴，《道听涂说》讲荆襄客点了大汉，大汉不能动以后，众人求情，客才“回步至汉前，但一试手，而汉之手下矣”。此即是以手法解救。点穴之原理，大抵如此。

筋经门的武术，即以打穴为主。王先生描述欢喜道人命他学卧猫功，目的就是为了将来可用指力点穴。但以指点，只是其中一法，也可以用平拳、肘、膝，或凤眼点、鸡心点。点穴之外，还有闭穴法，以掌猛击一要害穴位后，将所击掌紧压所拍穴位，类似《见闻近录》所谓铁板。再就是拿穴，指以单手或双手掐住穴位。手法不同，原理则一。

要打穴，首先须能认清穴位。再则是要明白什么时辰打什么穴。这方面，他们所依据的是“子午流注”理论。

《灵枢》已然说过:“经脉流行不止，与天同度，与地同纪。”但具体讲子午流注还是宋明以后的事，与此相关者还有灵龟八法、飞腾八法和灵枢四季四时分刺法等，本来是针灸上的办法，认为人体血气运行跟天时是相配合的。子时在胆、丑时在肝、寅时在肺、卯时在大肠、辰时在胃、巳时在脾、午时在心、未时在小肠、申时在膀胱、酉时在肾、戌时在心包、亥时在三焦。武术家由此得到启发，乃倒过来，什么时辰打什么穴，打了以后，要解救，当然也要配合时辰。

点穴的基本原理如此，故各家点穴于此并无不同，差别在于主打什么穴和打穴的手法。全身三百六十穴，筋经门是打前胸三十六穴、后背二十四穴。其中十二穴随时辰定生死，是死穴。另四十八穴则可伤可残。打时又不只要分时辰，还须知上四刻下四刻之分。一个时辰可分为八刻，若点到上四刻和下四刻交界处，其人必殆。打时，除上述点、闭、拿之外，尚有弹、拨、提、压、掐诸法。

六

此法，王先生自叹是绝学，目前仅他一人会了。他阅历广，昔年在中南海，曾会过高人无数，也奉派去各处检验过武术气功名家，此语必非漫然而发，中含无穷慨喟。

但也许功法之全、手法之妙，可以如此说。然相关或相似之法，正自不鲜。例如我曾在《奇门秘技》一文中提过的江西“五百钱”就是。另外，我知道河南沈丘县申段庄张振岭先生也传一种两仪拳，属于类似功夫。

据张先生云两仪拳昌盛于宋，已有上千年历史，今传十四代，张为掌门。内含混元养生功法、两仪医疗体系。其拳又名两仪点穴，谓有死穴三十六，凡被点者，任何推拿、针灸等传统医学治疗法均不能解救，只能以两仪拳解穴手法为之。拳法多抖劲，发力达于拳、肘、脚。十二经穴气血流注各有歌诀，如手太阴肺经，左右各廿二穴，穴歌曰：“手太阴肺十一穴，中府云门天府诀，侠白尺泽孔最存，列缺经渠太渊涉，鱼际少商如韭叶，左右二十二孔穴。”别无深意，只是教人记住穴位罢了。

此拳也与筋经门一样，称为秘传。但所谓创于宋代云云，必非事实，拳谱亦必为伪托。不过拳理相似，以打穴为主，打穴也根据子午流注之法，故附笔及之。

郑子太极拳美人手

林明昌

一、郑子简易太极拳

纵然在武侠小说里，想象中的武林第一大门派是少林派，但在现实世界，不论台湾或大陆，民初以来，流行地区最广、学习者最多、影响最深远的武术应是太极拳。①

关于太极武术源头，历来有数种不同说法，但是主要派别则大致不异，而有“一祖、二宗、四小家”的说法。② 一祖指陈家，二宗是杨家及武家，四小家为李、郝、吴、孙四家。

陈家太极拳源自河南省怀庆府温县陈家沟。陈家沟的拳种从何而来，亦是众说纷纭。一说来自陈卜。民国八年陈鑫著《陈氏太极拳图说》③，自序云：“明洪武七年，始祖讳卜，耕读之余，而

---

① 民国二十三年黄文叔云：“太极拳，近年来风行南北，可谓为国术界中最普遍之拳术。”见《武术偶谈》，附于《杨家太极拳各艺要义》，民国二十五年出版，台北：逸文，二〇〇二年重印。如今在台湾及大陆，太极拳更为普遍。

② 参见王嘉祥《太极拳研究——杨氏太极拳篇》，台北：逸文，二〇〇一年。

③ 陈鑫《陈氏太极拳图说》，上海：上海书店，一九八六年重印。

以阴阳开合，运转周身者，教子孙以消化饮食之法，理根太极，故名太极拳。”依此说，则太极拳之初创，只是消化饮食的健身体操，无关乎武术。另一说则指太极拳为陈氏第九世陈王廷所造。[①] 陈王廷为明末武庠生，尝自谓：“到而今，年老残喘，只落得黄庭一卷，随身伴。闷来时造拳，忙来时耕田。趁余闲，教下些弟子儿孙，成龙成虎任方便。”[②] 其中造拳之语，或谓即指创造太极拳[③]，只是证据并不充分。再有一说，陈家沟的太极拳源于王宗岳的弟子蒋发。[④]

尽管陈家沟拳术源头说法不一，然陈家沟拳风炽盛则是毋庸置疑，荆文甫即说：“今见太极拳谱，是陈君一生用力而得力者，用以传其家人。故至今温县陈沟陈氏，人无男女，皆习是术，以神勇称。”[⑤] 陈家沟男女皆学习太极拳，影响至远，二宗之杨家及武家亦皆出自陈家太极拳，李、郝、孙、吴四小家当中，吴源于杨家[⑥]，李、郝、孙出自武家。亦即全部源于陈家沟。

武家指直隶广平府儒生武禹襄。武禹襄从河南怀庆赵堡镇陈

---

① 参见沈家桢、顾留馨编著《陈氏太极拳》，北京：人民体育出版社，一九六三年，页一。

② 陈鑫《陈氏家乘》，见《陈氏太极拳图说》附录。

③ 见《陈氏太极拳图说》，王壮弘《重印序》。

④ 关于太极拳及陈家沟太极拳的考证，请参考唐豪《行健斋随笔》，民国二十六年出版，台北：逸文，二〇〇二年重印。徐震《太极拳考信录》，台北：逸文，二〇〇二年重印。徐震《太极拳谱理董辨伪合编》，一九三七年上海正中书局出版，台北：逸文，二〇〇二年重印。

⑤ 见《陈氏太极拳图说》，荆文甫“跋”。页四三一。

⑥ 吴图南曰：“方露蝉之客于京师也，得其传者，闻仅三人，吴全佑其最著者也。然承露蝉之命，均拜班侯之门。全佑有子一人，名爱绅，字鉴泉，得太极真传，名闻海内。”班侯为露蝉（禄禅）次子。吴图南即吴鉴泉门徒。见吴图南《国术概论》，民国二十六年上海商务印书馆出版，北京：中国书店，一九八三年影印，页六五。

清平[①]习陈家太极拳，颇有心得，其拳术人称武家太极拳。武禹襄之外甥李亦畬从舅习拳，苦心钻研多年，卓然有成，传子李石泉、李逊之，号李家武式太极拳或李家太极拳。郝家太极拳创始者郝为真亦李亦畬之弟子。后来孙禄堂拜在郝为真门下，学习郝家太极拳。孙禄堂又吸收形意、八卦的特色，自成一格[②]，称为孙式太极拳。其传承谱系如下：

陈清平—武禹襄（武家）—李亦畬（李家）—郝为真（郝家）—孙禄堂（孙家）

杨家太极拳始于杨禄禅。杨禄禅之太极拳，学自陈家沟陈长兴。陈长兴“行止端重，号牌位陈。门徒尤盛，杨福魁其最著者”[③]。

杨福魁，字禄禅[④]，生于清中叶嘉庆四年，世居直隶省广平府永年县南关。杨禄禅诉说自己习武的经过曰：

> 余自幼即以救弱为己任，尝见卖解者，其精神体魄，固不逊于外人所谓大力士、武士道者。余大喜叩其术，秘不以告。乃知中国自有强身之术，而一弱至此，岂无故哉！嗣

---

① 亦有作“陈清萍”者，此据李亦畬《太极拳小序》，见徐震《太极拳谱董理辨伪合编》，页一九。

② 孙禄堂自谓：“朝夕习练，数年之久，略明拳中大概之理，又深思体验，将夙昔所练之形意拳、八卦拳与太极拳三家会合而为一体，一体又分为三派之形式。三派之姿势虽不同，其理则一也。”见《太极拳学自序》，见孙禄堂《太极拳学》，民国十年出版，台北：逸文，二〇〇三年重刊。

③ 陈鑫《陈氏家乘》。又，陈炎林《杨家小传》亦曰：“陈立身中正，不倚不靠，状如木鸡，人称为牌位先生。”见《太极拳刀剑杆散手合编》，台北：世一书局，一九七六年，页一五。

④ 陈炎林《杨家小传》则曰：“杨福魁，字露禅，一曰禄缠。”《太极拳刀剑杆散手合编》，页一五。杨字又作“儒禅”，见唐豪《行健斋随笔》，页二一。

杨氏太极之二三代传人杨班侯、少侯、澄甫（由左至右）及陈微明（下）

闻豫中陈家沟陈氏有内家拳之名，蹑跻往从陈师长兴学。虽不见拒于门墙之外，然日居月诸，迄未许窥堂奥。忍心耐守，凡十余稔，始于月明人静时，举个中妙谛以授余。[①]

后杨禄禅“游京师，客诸府邸，清亲贵王公贝勒多从受业焉，旋为旗官武术教师”[②]。然习自陈家的内家拳，传至其孙杨澄甫时已面貌迥异，号为杨家太极拳。杨澄甫忆祖父杨禄禅谈及陈长兴之武术曰：“其术本于自然，而为形不离太极，为式十三，而运用靡穷。运动身体，而感及心灵。”至于杨澄甫本亦无心习“一人敌”之武术，只因杨禄禅一席话，谓“从吾学者，瘠者肥，羸者腴，而病者健”，于是欣然请受教。可知在杨禄禅眼中，太极拳的功用在于“救弱强身”，特色为“运动身体，而

---

① 其孙杨澄甫记，见《太极拳体用全书》，《自序》，台北：老古，一九九三年，三版，页一五。

② 黄元秀《张三丰传》，见《杨家太极拳各艺要义》。

感及心灵”，竟无一语及于攻防之用。[①] 杨澄甫在此观念下动念习拳，故曰“太极拳，非专为与有力者斗狠而作”，而是“资道体之用”。但是若论杨氏太极拳之功用，在“卫身养性，却病延年”方面，无论“骚人墨客、羸弱病夫，以至于老幼闺人，皆可学习。有恒者，三岁有成”。于武术方面之用，“则在不用力，而却不畏有力也，倘有大力者来击我，以吾之至柔，自足以制胜者，盖顺其势而取之也”，因此有“柔拳”之称。杨澄甫弟子郑曼青，则在此“至柔”的理念下，发展其郑子简易太极拳，并成为极具特色的至柔一派太极拳。

郑曼青，名岳，浙江永嘉人，民前十一年生，有诗、书、画、医、拳五绝之称。郑曼青早年以诗书画闻名，弱冠任教北京郁文、艺术两大学，不久又任上海暨南大学及美术教授。[②] 郑曼青年少时有软脚风痛病，习《易筋经》而愈。又曾患肺病，吐血咳嗽不已，习太极拳而愈。[③] 在拜师杨澄甫之前即曾习太极拳。第一次在民国十二年，才学一个多月即中断。他说:“癸亥，岳任北京美术专门学校教授，有同事刘庸臣者，擅斯术，以岳体羸弱，勉之学习，甫逾月，辄婴事辍，未得其趣。”第二次在民国十九年，他说:“庚午春，岳因创办中国文艺学院，操劳过度，甚至咯血，因复与同事赵仲博、叶大密研习斯术。不一月，病霍然，而身体遂日见强健。于是昕夕研求，锲而不舍。两年之间，与有力十倍于我者较，则数胜。”民国二十一年，郑曼青经介绍投杨澄甫门下[④]。起初杨澄甫对郑曼青似有保留，陈微明曰:“名画家郑曼青，精于岐黄。杨师澄甫南来，从学太极拳六年。师德

① 健身或许是当时的时空环境共同关心的话题。

② 郑曼青《郑子太极拳十三篇》，台北：兰溪图书，一九九二年，页二九。

③《郑子太极拳十三篇》，页七，《自序》。

④ 以上参见《太极拳体用全书》，《郑序》。

配侯夫人抱疾垂危，得君投剂而起，师感之，悉以口诀相授，他人所未闻也。”[①] 因此郑曼青得以从杨澄甫学得他人未闻的口诀。

郑曼青本为文人，非有志于武术，又无家学与环境之造就，加上自幼身体孱弱，对武术的理解和基础自与陈、杨所传各派宗师不同。他根据自己的生命经验，加上读书的体会，撷取杨家太极拳“柔”之一端，发挥至极，遂有郑子太极拳之诞生。

郑子太极拳又称为“简易太极拳”。此拳的来历，据郑曼青的说法，是在民国二十七年他主持湖南省国术馆时，国术为该省全民众之运动，不论男女老幼，都必须学习。为了普遍推行太极拳，采用分批集训的方式，每两个月调训全省各县国术馆及教官四十人，亲自教授。然而两个月学习时间太短，学员无法学会整套传统太极拳。于是决定删削，以成简易拳套。他说：

> 太极拳原仅有十三式，以沿传既久，架式增繁，练习费时，不易普及。余乃删减为三十七式。已较原有之十三式，增多廿四式。此亦因时制宜，勿以余著之简易太极拳以为简也。[②]

郑曼青不认为招式多是拳架的优点，而且比起“十三式”，简易太极拳已多了廿四式，不可谓少。郑曼青学自杨澄甫的太极拳，全套计一百二十余动，当中不少重复的动作，这些动作“反复不已，颇耗心神，无裨于体用”。他推论发展出重复招式的用意有三：一、恐学者无恒心，故事衍演，以稽其时日，聊资善诱。二、以此拳式中，有基要动作，欲其反复多练，以促其进

① 《郑子太极拳十三篇》，页一，《陈序》。

② 郑曼青《郑子太极拳自修心法》，台北：兰溪图书，一九七八年，页十三。至于年代，另一说为廿六年。见《郑子太极拳十三篇》卷中，页五三，《释主旨》。

度。三、或以十三式拳套过短，嫌不足为运动之数量者。对于这三点，他也分析道："若以此三点言之，亦都未得要领。倘无恒者，却使之有恒，非易事也。久暂之间断，同也。若以有基要拳式，另为提出，属其多练可也。若嫌拳套过短，多练一套可也。"[①] 因此他极早即有意将此拳架删繁就简，使学者能由易而难，如此才不违背简易之理，所以"今得传授一式或二式者，必须潜心娴习，而默记之，方能有得，不然未有不惑也"。拳架取名"简易"太极拳，不仅指太极拳架之删简，更是《易经·系辞传》所谓"易则易知，简则易从"的简易之义。

郑曼青创造简易太极拳的目的，却不仅删减架式而已，而是基于对太极拳理的体认，进一步发挥"致柔""柔术"的观念，重新诠释太极拳之体与用。最具代表性的即在强调"美人手"。[②] 以下从美人手出发，探讨郑子简易太极拳之特色。

二、郑曼青之美人手

郑曼青于一九五〇年印行的《郑子太极拳十三篇》中论"掌"时，有"美人手"之图，并说明："掌，相传谓美人手，手背筋不浮露。无论何式，腕背皆要竖直。"[③] 文中强调手背筋不浮露且腕背竖直，及无论何式均须合乎美人手，即美人手为简易太极拳的共法。一九七八年出版的《郑子太极拳自修新法》则略修正为"腕背皆要自然伸直"。或许"自然伸直"较不致造成"用

① 《郑子太极拳十三篇》卷中，页五三，《释主旨》。

② 郑子太极的"田"字步法，则为另一项特色。本文不及说明，当于其他论文详述。

③ 郑曼青《郑子太极拳十三篇》，台北：兰溪图书，一九九二年版，页五八。

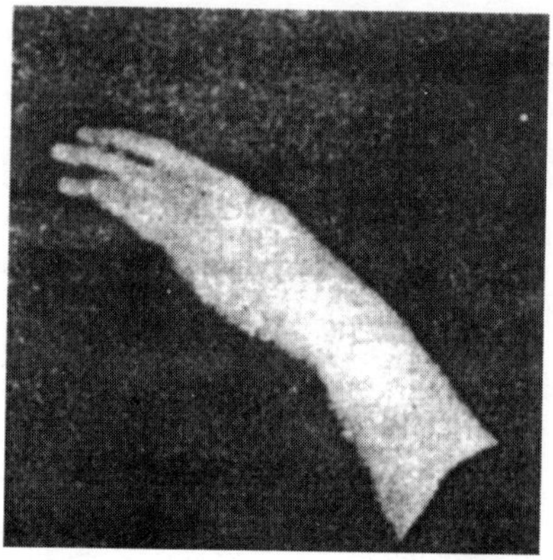

力竖直”的误解。其图如左。

虽文中推以“相传谓美人手”，然“腕背竖直”实为郑曼青太极拳的特色，只要比较各家拳谱即可知。

以下举民初以来各家拳谱单鞭、搂膝拗步等式对手部或掌法的要求，并与郑子美人手相较。

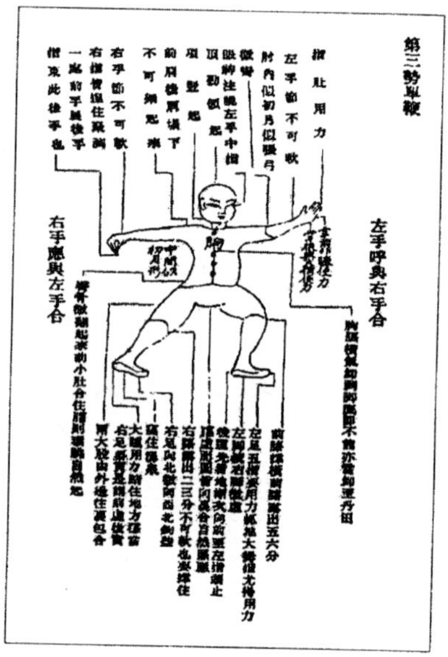

民国八年，陈家沟陈家太极拳传人陈鑫编写《陈氏太极拳图说》[①]，其中第三势“单鞭”如右图。

图上说明曰：“指肚用力。”又“掌前外臁使力”“掌后与大指使力”，又手腕处注释曰：“左手节不可软。”可见陈鑫的陈家太极拳单鞭左手按掌是要用力的，而且还得指肚、掌前外臁、掌后与大指、手腕一起使力。[②] 而且手掌并不是中指、劳宫（掌心）朝前的平按掌，而

① 此书自光绪戊申（一九〇八年）开始编，至民国八年（己未，一九一九年）完成，费时十二年。见陈鑫《自序》，《陈氏太极拳图说》，上海：上海书店，一九八六年重印。

② 一九六三年沈家桢在《陈式太极拳》书中，谈及陈式太极拳中的掌云：“要求手指后弯，就是除大拇指外，其余四指全部向手背微弯。”可见手指用力一直是陈式太极拳的共同要求。北京：人民体育出版社，一九八五年第五次印刷，页七二。

是类似“切掌”的外臁使力。（以下简称“竖掌”，以别于美人手之斜卧掌）

由陈子明的搂膝拗步照片，亦可见陈家太极拳外臁掌形之实况[①]：

陈家太极拳传至郝为真后之郝派，其掌形亦非美人手。下图为郝为真之孙郝少如示范之搂膝拗步[②]，其腕部明显屈坐。

---

① 引自孤鹏《前辈风范透玄机》（太极拳篇），《台湾武林》二〇〇〇年九月号，台北：逸文出版社，页四七。

② 见李英昂《精简太极拳》，台北：大孚书局，一九八七年，页九。

郝为真弟子孙禄堂的单鞭式，更是两手成掌竖立。动作要领为："先将两手腕往外扭，再从心口横平着，如援[1]长竿。"又说："两手掌直立，两手指与眼相平。"孙家太极拳的"手掌直立"和美人手的"腕背竖直"显然不同，前者指手掌垂直于地面，后者则只谈手腕平直，由其照片可证[2]：

至于杨家所传。民国十四年杨澄甫口授，由弟子陈微明笔述的《太极拳术》书中，收录杨澄甫、陈微明演式摄影相片。陈微明曾向孙禄堂学习形意、八卦拳，后又向杨澄甫学太极拳。民国十四年陈微明于上海成立致柔拳社，以杨澄甫的照片为主编成一书作为教材。据杨澄甫的说法，此书为杨主动"嘱陈生微明，以余口授者，刊为一书"[3]。书中杨澄甫单鞭及搂膝拗步照片如后：

---

① 原字为攑。

② 孙禄堂《太极拳学》，民国十年版，台北：逸文，二〇〇三年重印，页一三。

③ 杨澄甫《太极拳体用全书》，页七。

杨澄甫的单鞭与搂膝拗步前手，明显都是竖掌，而非美人手强调的“腕背竖直”或“腕背自然伸直”。

十数年后，杨澄甫重新拍照，将太极拳“体用之全法”编次成集，即为《太极拳体用全书》[①]。编写此书，是因为杨澄甫的拳架已有极大变化，他觉得“十数年前之功架”，已经“不及近日”。就杨澄甫的体形、姿态而言，十数年来确实略有不同，但是掌形则一样是竖掌。其图如下：

杨澄甫的按手有“坐腕”的要求，此书不论在“揽雀尾按法”“单鞭”或“左搂膝拗步”式中，都提到“沉肩垂肘坐腕”或“沉肩坠肘坐腕”。而其坐腕明显为竖掌。

杨家另一系脉的吴家太极拳，竖掌更为明显。见吴鉴泉示范：

---

① 杨澄甫《太极拳体用全书》，台北：老古文化，一九九二年三版。

相形之下，郑曼青的单鞭及搂膝拗步前手，均明显为“美人手”。其图如下：

郑曼青在说明文字内亦注曰：“沉肘坐腕立掌。”然而其所谓坐腕立掌，应当只是承继师说，实际打法则须不违背美人手原则，即“无论何式，腕背皆要自然伸直”。腕背自然伸直的美人手，与其他各家竖直腕背垂直地面的差异，在于美人手强调腕部之松柔不用力。腕背若要竖立垂直地面，则免不了要使一些力，美人手则是连这一点力也不许使用。

简易太极拳中唯一例外的，应当是“起势”。郑曼青将简易太极拳起势手腕动作分为六段，称为“六变”。第一，由立正而预备。第二，由预备而起势。两臂提起时，两腕背上突，若水中浮起，手指下垂。第三，提至两腕平肩时，又复行气舒指，筋络似若不张不弛。第四，收回时，腕肘折叠至胸前，其时指又下垂。第五，两臂将复降落时，两腕若沉没入水，指尖俱若漂浮水面。第六，两臂降至胯旁归原，同预备式。郑曼青曰："故我谓起势着重手腕之运动也。此式既能了解松净，则第一关第一节，已能开达矣。以后手腕要注意贯气，如上图所谓美人手也。"[①] 起势着重手腕运动，或系附和他所提出的"陆地游泳"的理论[②]，故不得不模拟放松身体在水中的情状，而有沉浮之说。然而何以只有在起势合乎"陆地游泳"而其他各式则手腕不再运动？究其原因，盖"陆地游泳"之说只是比喻，郑曼青亦谓："我是以取喻于太极拳，欲学者可以方物，易于领悟。空气非空，正犹水然，每一运动，即觉气之鼓荡如游泳，吞吐浮沉，以及乎进退如游泳。苟能逮乎此境，则已非常人所能到也。"[③] 既然只是比喻，自然不宜过度延伸，毕竟人在空气中与水中相去甚远。在水中几无重量，所谓虚实松沉、分脚摆莲绝无可能。于是简易太极拳除起势外，其余各势的手腕仍不得违反"美人手"。

三、美人手的理论根基

美人手确为郑曼青的简易太极拳一大特色。然而郑曼青却将之归原于其师杨澄甫。他在《郑子太极拳十三篇》中，有"视本

---

① 郑曼青《郑子太极拳自修心法》，页三七。

② 郑曼青之前亦有郝为真以游泳比喻打太极拳，然说法略有不同。见孙禄堂《拳意述真》，民国十三年版，台北：逸文，二〇〇三年重印，页七三。

③ 郑曼青《郑子太极拳十三篇》，页一二。

末”一节云：“杨师澄甫之分释太极拳诸要点，如下：……”其中第二点即为：“沉肩垂肘坐腕。谓肩不可耸，亦不可塌。肘勿翘起，亦勿夹紧，能自然，便自沉自垂。惟坐腕最难，要手背不露筋络，相传谓美人手，如是始可矣。”[①] 若此记载为真，则美人手之说亦来自杨澄甫，但是从杨澄甫及诸家拳谱文字及图片，却很难得到如此结论。

郑曼青的美人手，其实是以老子“至柔”思想发挥太极拳。

太极拳的经典拳谱《十三势行功心解》文中，有“极柔软，然后极坚刚”之语。然而极柔何以能成为极坚刚？从陈家太极拳以来，各家对此问题的说法并不相同。

民国八年陈鑫《陈氏太极拳图说》，以《易》卦阴阳太极之变，诠释太极拳理，故刘焕东《后叙》云：“……品三先生所著拳谱，本羲《易》之奥旨，循生理之穴脉，解每势之妙用，指入门之诀窍。”[②] 本于《易》，故陈鑫论太极拳名义乃依据太极刚柔互济之理，曰：“拳以太极名，古人必有以深明乎太极之理，而后于全体之上下左右前后，以手足旋转运动发明太极之蕴，立其名以定为成宪，义至精也，法至严也。后之人，事不师古，不流于狂妄，即涉于偏倚。而求一不刚不柔，至当却好者，以与太极之理相吻合，盖亦戛戛乎其难矣。”[③] 他认为手足“旋转运动”发明太极之蕴，陈家太极即依据“旋转运动”发展成“缠丝劲”。太极的运动则要不刚不柔，或刚柔并用。故又曰：“若以神韵论之，交手之际，刚柔并用，适得其中。”[④] 既然是刚柔并用，陈鑫当然反

---

① 郑曼青《郑子太极拳十三篇》，页五四。

② 刘焕东《温县陈品三太极拳谱后叙》，陈鑫《陈氏太极拳图说》，页四三二。

③《太极拳名义说》，陈鑫《陈氏太极拳图说》，页一二七。

④《太极拳缠丝精论》，陈鑫《陈氏太极拳图说》，页七四。

对以太极拳为“柔术”之说，他认为：

> 打拳何尝不用气，不用气则全体何由运动？但本其至大至刚之气，以直养无害焉已耳。世人不知，皆以为柔术。殊不知自用功以来，千锤百炼，刚而归之于柔，柔而造至于刚，刚柔无迹可见，但就其外而观之，有似乎柔，故以柔名之耳，而岂其然哉？且柔者，对乎刚而言之耳。是艺也，不可谓之柔，亦不可谓之刚，第可名之为太极。太极者，刚柔兼至，而浑于无迹之谓也。[①]

此段论述足以表现陈鑫代表的陈家太极拳之立场：其一，柔只是太极拳外观之相似者，因此反对太极拳为“柔术”之说。其二，太极拳为刚柔兼至，不可谓之柔，亦不可谓之刚，只可名之为太极。此种本于易经刚柔并用的理论，反对“柔术”之名的主张，影响陈家太极拳发展方向，也形成陈家太极拳的特色。

同样是民国八年出版的《太极拳学》，孙禄堂在其《自序》中将太极拳归本于太极图、河图洛书及易之数曰：“张三丰……故遵前二经之义、周子太极图之形、取河洛之理、先后易之数，顺其理之自然，作太极拳术，阐明养身之妙。”其中“二经”指《易筋经》及《洗髓经》，以此说明太极拳与少林拳的关系。此外不论周子太极图、河洛之理、先后易之数，均表明孙禄堂诠释太极拳的路数与陈鑫并无太大区别。然而此书前有一《序》，未注明作者，却以《老子》之理解释太极拳曰：

> 顷孙禄堂师以所编《太极拳学》见示，余反复参观，见其中颇有与老氏之旨相合者。形上谓之道，吾无间然矣。

---

① 陈鑫《陈氏太极拳图说》，页一五九。

太极拳贵空虚，忌双重，非《老子》之“虚而不屈，动而愈出”者乎？太极之劲断而意不断，非《老子》之“绵绵若存”者乎？太极之随屈就伸，意在人先，非《老子》之“迎之不见其首，随之不见其后”者乎？故吾谓“有欲以观其窍”者，即太极之十三式是也，“无欲以观其妙”者，即太极之炼气化神是也。[①]

此序以《老子》之旨比附太极拳理，颇有见地。另外尚有陈曾则作《太极拳学序》，除引《老》《庄》为论以外，以“专气致柔”归结太极拳之特点，曰：

《老子》曰“为欲取之，必固与之”[②]，原谱所谓“左重则左虚，右重则右杳”，即人取我与之意也。《庄子》曰“得其环中，以应无穷”，原谱所谓“气如车轮”“行气如九曲珠”，即得其环中之意也。故其术专气致柔，盖合于道家。[③]

这两篇序代表陈家太极拳以外的发展方向，其中至少有两处与陈鑫的陈家传统不同，一是引老、庄思想说明太极拳，一是不强调“刚柔并用”而取“专气致柔”路向。

这两处不同正是陈微明和郑曼青革新太极拳的方向。

陈微明曾习形意与八卦于孙禄堂，虽然太极拳习自杨澄甫，陈微明太极拳主要方向，却暗合孙禄堂《太极拳学》两序之思想。

陈微明曾任清史馆纂修，能文章，民国六年向杨澄甫学习太极拳起，即将杨口述之动作拳理笔述成书，并将书稿呈赠杨澄

① 孙禄堂《太极拳学》，《序》，页一。

② 《老子》原文为“将欲夺之，必固与之”。

③ 陈曾则《太极拳学序》，孙禄堂《太极拳学》，页一。

甫。杨澄甫却藏之数年不肯付梓，直至民国十四年才出版。[①]

陈微明于民国十四年在上海成立致柔拳社，简章第一条即曰："本社取老子专气致柔之意命名，曰致柔拳社。"又于《太极拳术》的序中说太极拳异于外家拳的特色之一是"专气致柔，以弱胜强"。书中除引《老子》"天下之至柔，驰骋天下之至坚"解释《十三势行功心解》之"极柔软，然后极坚刚"以外，并于书末独立一章曰《太极合老说》，分别引用十一条《老子》文章，说明太极拳的拳理乃合乎《老子》的思想。此点不同于其师杨澄甫。杨澄甫虽亦以"柔拳"称呼太极拳，然而编著《太极拳体用全书》时，只说道："太极拳本《易》之太极八卦（曰理、曰气、曰象）以演成。"并不及《老子》之论。

陈微明以"用力"与"内劲"的差别论太极拳的松柔，发挥致柔理论。他说："太极拳之坚刚内劲，系由柔软松开而生，练架子愈柔软松开，则长内劲愈速，稍有强硬不松之处，即为长内劲之阻碍。"[②] 不仅练拳架如此，推手时亦不可用力，他说："推手虽不用力，然练之数年，自然生一种掤劲。此种掤劲，并非有意用力，而敌人之力，自能掤住，不能近身。初学者松开练习数年，使全身毫无僵硬之处。"[③] 陈微明认为《十三势行功心解》所谓"极柔软，然后能极坚刚"，是指在不用力中锻炼，不论打拳架或推手，久之自然能生出内劲，此为太极拳内劲之由来。

郑曼青的简易太极拳理论延续陈微明"致柔"说，并向"至柔"发展。郑曼青在民国二十二年为其师杨澄甫《太极拳体用全

---

① 因此陈微明以"专气致柔"解释太极拳之事，亦可能自民国六年即开始，未必是受孙禄堂书序的影响。事见孙绍濂《序》，陈微明《太极拳术》。

② 陈微明《太极拳答问》，民国十八年上海致柔拳社出版，台北：逸文，二〇〇二年重印，页五。

③ 陈微明《太极拳答问》，页一三。

书》作序时，提出太极拳的刚柔与用不用气的问题。他说，《易》《书》《诗》均有刚柔并用之理，而《老子》则独言“柔弱胜刚强”，两者似乎不同。再者，太极柔拳之术则有“有气则无力，无气则纯刚”之说（见《十三势行功心解》），此说又与老氏之理有异。因为“不用力固已柔矣，未闻有不用气也。若不用气，何复有力，而至于纯刚？”不用气之说确实费解，前文引陈鑫曰：“打拳何尝不用气，不用气则全体何由运动？”即是对《十三势行功心解》的质疑。[①] 郑曼青是在习拳两年后（尚不是向杨澄甫学），与力大十倍者较量而数度胜利，“始信柔之足以胜刚”，亦即肯定《老子》思想较能表现太极拳之特点。但是另一方面，不用气之义，要等到杨澄甫“口授内功”后才明了。他的心得是：

> 不用气，则我处顺，而人处逆。唯顺则柔，柔之所以克刚者渐也，刚之所以克柔者骤也。骤者易见，故易败；渐者难觉，故常胜。不用气者，柔之至也。惟至柔故能成至刚。余至是遂恍然大悟，于真人与老氏之说、大《易》摩荡之训，究竟一理。[②]

足见当时郑曼青即有兼用《易》《老》，又以《老子》柔弱胜刚强为主的基本原则。一九五〇年出版的《郑子太极拳十三篇》，“释名义第一”即以老子之说立论曰：“彼以刚为用，我以柔化之；彼以动为攻，我以静待之。柔静之极，是为阴极。阳极而遇阴极，未

---

① 由此更可见陈家太极拳未必接受《十三势行功心解》等太极拳经论的论点。

② 郑曼青《序》，杨澄甫《太极拳体用全书》，页三。另，陈微明对不用气的解释为：“此气言后天之气也。盖养气之气为先天之气，运气之气为后天之气。后天之气有尽，先天之气无穷。”亦可参看。见《太极拳术》，页六八。

有不败。此即老氏所谓柔弱胜刚强也。”[1] 第三篇“专气致柔”又以“气沉丹田与心相守之法”解说老子“专气致柔”之道。

致柔的进一步引申，则为不用力。郑曼青解释“不用力”与陈微明“内劲”说不同。他以力的构成言之：“不用力者，不受人袭击之力。”此说以不受别人袭击之力解释为自己不用力，看似狡辩，其实颇有深意。因为力的形成，必须大小、方向、施力点（即抗力点）三者齐全，缺一则无力可言。若彼此接触之点无对抗之力，则对方必无可施力之点，也就无力可言。故不用力本指自己不用力，其结果则是对方亦无袭人之力。如郑曼青所说：“任人用力袭击，而我不以丝毫气力抵御，反引其力落空，而攻击之效能全失。”[2] 郑曼青对“不用力”（也就是“柔”）的功用似较陈微明体悟更深，因此不必另以“渐长之内劲”解决“不用力何以能御敌”之疑问。

不用力的另一种说法为“松”。郑曼青记录杨澄甫不轻易传人之要诀十二则[3]，首则即为“松”。郑曰：

> 澄师每日，必重言十余次，“要松、要松”“要松净”“要全身松开”，反此则曰“不松、不松”“不松就是挨打的架子”。
>
> 按，松之一字，最为难能，如真能松净，余皆末事耳。余将澄师平日口授指点之大意，附于下，使学者易于

---

① 于近三十年后撰写的《郑子太极拳自修新法》中，则曰：“所谓内家拳者，乃基于黄老之哲理。”又在书中立《节录前哲要言之与太极拳运动有关合者》专章，此章共四节，分别为摘录《易经》《老子》《易系辞传》《黄帝内经·素问》与太极拳有关合者。

② 郑曼青《郑子太极拳十三篇》，页二。

③ 据郑曼青所说，杨澄甫对这些要诀十分珍密，曾曰：“余如不言，汝虽学三世，不易得也。”见郑曼青《郑子太极拳十三篇》，页四五。

> 领悟：松，要全身筋络松开，不可有丝毫紧张。所谓“柔腰百折若无骨”，若无骨，只有筋耳。筋能松开，其余尚有不松之理乎。[①]

能松透，就是沉。于是松沉即是郑曼青得之于杨澄甫的秘传口诀中最根极理要者。只是“松”之一字，说来容易，行之维艰。郑曼青于从学杨澄甫的前两年间，听杨澄甫叮嘱何止千遍，一闻此语“甚至觉头大如斗”，烦恼非常，始终做不到松净的境界，“自恨愚蠢，抑何至此?”直到有一晚“忽梦觉两臂已断，醒惊试之，恍然悟得松境”。松的感觉若何？郑曼青记曰：“其两臂所系之筋络，正犹玩具之洋娃娃，手臂关节赖一松紧带之维系，得以转捩如意，然其两臂若不觉已断。”悟得松净之后，与原本功力较高者比试，皆大为惊异，“其进境不啻有一日千里之感”。[②] 可知松之为用大矣。松的另一种陈述是“不动手”。郑曼青又记录杨澄甫分释太极拳要点，第一点就是“不动手”：

> 每于练功架，或打手时之讲解曰：“练太极拳者，不动手，动手便非太极拳。”且戒之曰：“健侯老先生之教人，每引拳论曰：‘由脚而腿而腰，总须完整一气。’又曰：‘其根在脚，发乎腿，主宰于腰，行乎手指。’谓手必要相随，不可自动。”于此可见本末之不相离也。且《行功心解》，首谓“以心行气，以气运身”，亦可证手之不得自动明矣。[③]

不动手是指手不自己动，手必须随腰腿而动。

---

① 郑曼青《郑子太极拳十三篇》，页四五。

② 郑曼青《郑子太极拳自修新法》，页二二。

③ 郑曼青《郑子太极拳十三篇》，页五五。

四、至柔的美人手

松净、不用力、不动手，形成郑曼青对“柔”的更进一步要求，也就是“至柔”的境界。一丝一毫用力，即是不松净。手无因而动，亦是不松净。郑曼青以松净原则将太极拳朝“至柔”推进一步。

照郑曼青所言，松净、不用力、不动手都是其师杨澄甫教导的要诀，照理说杨澄甫当比郑曼青更知道其妙用与要领。另一方面，郑曼青的师兄陈微明，民国十四年即成立致柔拳社，提倡《老子》“专气致柔”学说，且笔记杨澄甫教导之课程内容，也是强调松净、不用力。然而杨澄甫及陈微明之著作未强调“不动手”“断手”的说法，或者此二者正是郑曼青独悟的心得。郑曼青的“不动手”“断手”说，使“松净”与“不用力”的太极拳更明确成为“至柔”拳。再观杨、陈与杨家另一脉的吴鉴泉之演式照片，更可见三人似乎并未脱净手腕的余力。故他们的坐腕，与同名为坐腕的郑子太极拳美人手并不相同。

陈家一系更不在话下。陈鑫明确反对“柔术”之说，强调刚柔并用，且在拳谱上明白写出“指肚用力”“掌前外臁使力”“掌后与大指使力”，又在手腕处注“左手节不可软”，用力使力对他而言似理所当然。陈家传下的郝派、孙派，就现存照片及拳谱看来，也同样不是走向“至柔”一路。

“致柔”说明太极拳往“柔”发展的指向，“至柔”则是柔的极致，即《十三势行功心解》的“极柔软”。至柔的不用力，不仅不对他人用力，自身也不可有丝毫力气。“松净”“至柔”为杨澄甫常言之语，杨曰:“倘有大力者，来击我，以吾之至柔，自足以制胜者，盖顺其势而取之也。”[1] 但其中隐含两方面的难题，一

① 《太极拳体用全书》之《例言》，页一一。

方面是否必须“至柔”才能制胜？或者只是相对柔即可？另一方面，何以至柔就“足以”制胜？这两点杨澄甫均未解释。如果换一种说法，这两点也可以归结成一项。只要确定较柔的一方定能胜较刚的一方，则愈柔者其致胜机会愈大，虽未能达至柔境界，也要尽力去除身上手上余力。于是只要说明较柔一方何以必定胜较刚的一方即可。

郑曼青的《郑子太极拳十三篇》企图为太极拳的松柔建构解说理论，除了引用《易》《老子》之外，“劲与物理第七”一章，努力以“科学”原理说明。如离心力、向心力、圆的旋转、时间和空间的改变、杠杆原理、速度与力量、分力与合力等等，这些原理的说明力不一，但其中“圆的旋转”与“时间和空间的改变”二项，很能表达美人手至柔的作用。

美人手的特点在于全部放松，没有丝毫拙力。松柔的美人手相对于传统的竖掌，在作用上有极大差别。首先，腕部松开后，从指到掌到腕，乃至肘、肩一路而上均放松净尽，于是敏感度较竖掌强。尤其以指尖作为耳目先探，放松的手指如果接触对手，可以清楚测知对手的动向、力度。即使接触点不在指尖，由于手部全都放松，任何一点均能发挥探知的功能。此项作用对竖掌而言较为困难。

其次，美人手因为放松，可以因为对方力道而“变形”，只要本体中定，则这样的变形即成为圆。而且手掌任何一点都可以旋转形成一个圆，圆就有化、走的功用。化即是打，也因此手掌上任何一点都可以攻击。圆只是在二度空间的想象，实际上人活动于三度空间，因此手掌上的圆，其实也可以视为球体。

圆形或球体如何化解对方之大力？郑曼青解说运用时间和空间的改变，化解对方之力的原理：

> 其急袭者，不能出乎二要素，一即空间，一即时间。其

速度与效能，若不能把握时间与空间者……其所欲得者，适得其反，自取其速亡也。曰：何也？曰：强弩之末，不能穿鲁缟。此空间之限制，亦即时间之延长也。[①]

凡一般人攻击或遭遇攻击，心中必有预期接触或施力的时间和位置（空间），松柔的圆（或曰球）则可使对方的预期落空而失去平衡。郑曼青说：

不予抵抗，而予以退让，不与之正冲，而予以偏避，使其速度与能力稍为摧挫，则以顺势击之，不费吹毛之力，则其自取摧毁，不及一瞬也。拳论所谓："牵动四两拨千斤者。"正以是也。[②]

退让偏避均会改变对方预期的施力时空和位置，使接触点没有抗力，也就没有施力。等对方落空之后，顺势击之，就能牵动四两拨千斤。这些细微的作用，是方手的竖掌不易达成的，也是美人手以柔弱胜刚强的优势。

然而，进一步言，"柔弱胜刚强"是老子名言，"极柔软，然后极坚刚"也是习见的太极拳论，然而如果单纯停留在哲理的层次，未必具说服力。至于太极拳名师如杨、郑等人神乎其技的传说或表演，也不见得可证明"至柔"的方向必然正确。双人过招，一掌击出时，是方掌直击较为干净利落，或是柔掌牵引能以弱胜强，本无定法。美人手是郑子简易太极拳的特色，使用美人手，是郑曼青的选择。并不是太极拳唯一的选择，但是美人手使太极拳朝至柔路向更迈进一步的尝试，即已深具价值。

---

① 郑曼青《郑子太极拳十三篇》，页二二。

② 同上。

迷踪拳之谜

霍元甲事，在今日，经电影电视渲染，几于无人不知；而可惜正因电影电视渲染，故几乎没有人知道真正的霍元甲究竟是什么样。王洪海自称农民作家，曾撰《正说霍元甲》(百花文艺出版社)、《中国近代爱国武术家霍元甲》(天津霍元甲纪念馆出版)及小说《霍元甲》等书，对霍氏生平考核最称翔实，是当代研究霍氏真正的专家。王氏与霍家为同里世好，故能如此。

但王氏书也有不足之处。一是太偏重霍氏个人及家族，而对精武体育会之描述不足。例如精武会中济济多士，可是赵连和、赵连城在书中只简单提了一笔，鹰爪门陈子正、螳螂拳罗光玉便都没叙述到。精武会在全国的拓展情况，所叙也极少。精武会在南洋的发展，则因霍元甲儿子霍东阁在印度尼西亚教拳的缘故，对印度尼西亚叙述独详，而马来西亚、新加坡等地，竟几乎未谈。

其次是他太侧重霍元甲的生平事迹，而对他的"艺"论述不足。

这个问题是与上一问题关联的。李连杰《霍元甲》电影拍摄后，霍家人对之极为不满，去法院提出了控告。因为电影中描写霍元甲全家灭门，对家属后人来说自然觉得难以忍受。其他事迹，电影中也乱扯一通。王氏既与他们家世交好，替他们申辩，情有可原。但霍元甲之所以重要，老实说跟他有没有后裔没太大关系，跟他的生平琐事也没太大关系，主要是他的艺。无此技艺，便无法成那些事，也不值得人们来研究。

霍元甲三十余岁时在天津刘捷三照相馆留影

可是王先生的论著在这方面却是不足的。霍元甲的武术到底是怎么回事，李连杰、袁和平固然搞不清楚，王先生也不太明白。我在天津南河镇霍元甲故居（其实故居早坍了，这是新造的假古董）访问时，霍氏曾孙霍自正先生练了一趟霍家拳给我看，形貌略具，而精气神采似乎也相去远甚，这是现今最遗憾的事。

精武会所刊行之拳谱甚多，包括潭腿、工力拳、少林拳、鹰爪连拳、螳螂拳等。霍氏迷踪拳却无专书，只有霍氏练手拳，号称杂采各派手法而成，如少林、鹰爪、长拳、佛家、形意、八卦、太极、螳螂。但太极、形意、八卦如何与少林、螳螂、鹰爪等混合为一，实在很玄，因为彼此拳理上大相径庭，不无参差之处。且若以此拳为迷踪艺之一，那么迷踪拳大抵就跟北派长拳差不多，可是以姜容樵在民国十八年所写的《写真秘宗拳》考之，情况却颇为不同。

据姜容樵说，流传于河北沧州的，叫秘宗拳。分两支，下洼一带，称为秘宗架、燕青拳；城厢附近，称燕青架、秘宗拳。又称秘宗艺、迷踪艺、猊猔艺。其艺由道光年间鲁人孙通所传。孙氏晚年尝游东三省，又在天津静海授徒，“闻霍元甲君之曾祖，系孙之弟子”，因此“霍氏所传之全部刀棍拳棒，动作名称，理法功用，皆与孙氏所传完全相同，其为秘宗之正宗也明矣”。

依他这样说，秘宗拳就不是霍家拳，而是广泛流行于山东河北乃至东三省的一个拳种，只是霍家人也练它罢了。可是霍家所练究竟是否正宗呢？姜氏的说法似乎又有所保留。

因为姜氏所描述的秘宗拳，乃是近于太极拳的拳种，因此曾服务于中央国术馆的沧州人王子平替姜书作序时说：“其与普通秘宗拳有别者，即斯术之不用力而有内动，不养气而气自贯丹田，上下连络，动作自然，决无纵窜蹦跳之弊，亦无聚气努力之害。”

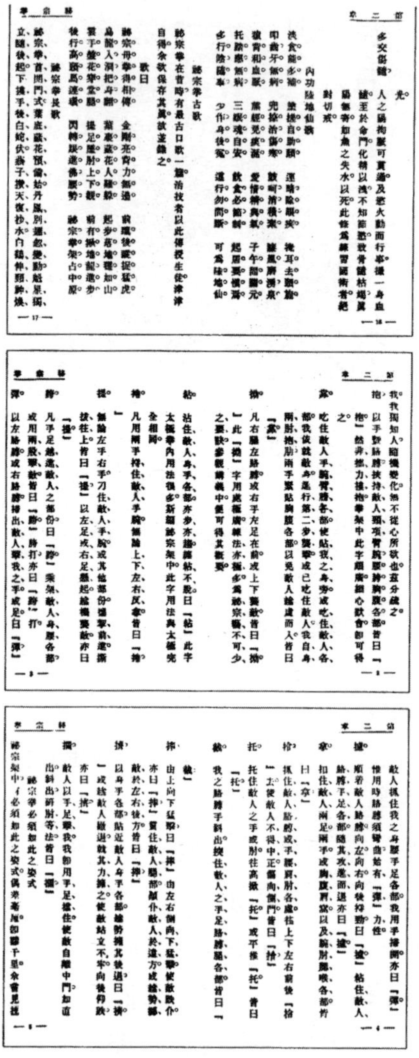

姜容樵刊出的秘宗拳拳谱

他所批评的“普通秘宗拳”即包括了霍元甲所传习的那一种。姜氏讲得更直接：“余以二十年之广征博访，幸遇秘宗艺之能者十余人，然求其真能得斯术之三昧者，不过二三人而已。……学者率多莽夫，徒以使气努力为妙用，以鼓胸踢腰为美观，滞而不化。……及见静海霍氏之秘宗，亦殆受其弊而不知。”（《序》）直言霍氏之秘宗虽然确是秘宗，所谓“正宗”，但仍未得真传。

据姜氏评价，秘宗以沧州较佳，能得真传三四成；天津南洼与天津城两派大约两成；河间、任丘、献县所传也差不多；霍氏家乡静海及青县则只得一成。至于山东德州青州，更差，一成也不到，因为纯刚不柔。另有兖州、济宁、汶上，拳架与沧州完全不同，但其八趟秘宗合战拳，又称八趟燕青靠，颇存古风。

古风是什么呢？就是柔。姜氏甚至有时会直接说它叫柔术。假若不柔，那就错了，因此他说："练手拳、绵掌拳、秘宗靠，皆无一顾之价值。"他的书，名叫《写真秘宗拳》，就是想把这个真相揭露出来。

姜氏描述的迷踪艺："斯术姿势动作完全太极，见效之速，又似形意，偶有步法手法，转辗进退，则又类似八卦。考古证今，固知孙通大师之秘宗艺，绝非今日以讹传讹之秘宗所可望项背者。"

这种秘宗艺，"柔多刚少，无跺脚、无坡腿，旋风脚、二起脚则更不见"（《序》）；"在最初发明之时，其技确为柔术上乘、内家正宗。其姿势、动作、理法、功用，无不与太极拳息息相通"（第一章）。

该书第一章"论秘宗与太极相同之点""论秘宗之天然内功""论今昔之秘宗艺"，第二章"秘宗拳之要诀"各节，对于它与太极相似之处阐述极详。不只说站立时一样要竖项、顶动、垂肩、含胸、舌抵上腭、提肛，而且演式时要如回翔之鸟，动作不停，纯任自然，不用力而有内劲，不蓄气而气贯丹田，同时还说此拳之要诀亦有拗、粘、靠、拦诸法。总之是在太极八卦还没发明之前，内家拳术之正宗。

姜氏是与霍元甲同时代而略晚的人，对于霍氏技艺，亦褒亦贬，既许为正宗，说各地所传"唯精武霍氏遗传仍存少许之古派"，又批评它不尽合古法，刚多柔少，第一章且专门辟一节，名叫"论静海霍氏之秘宗艺"。里面说："霍氏所学，皆近代之秘宗艺而非最古之猊猔艺，似乎偏于一方。霍氏对此，亦颇自认，且不耻下问，可见霍氏之肯虚心，能容纳，固非世之以一得自矜者所能及其项背。”实是阳褒阴抑，要推倒霍氏秘宗拳这个大招牌，另立一法门。

姜氏本身也是武术大家，他这种说法到底对不对，迄今没什么人考辨。可是在当时精武会及霍元甲声望如此之高的时代，公然著书立说如此，没一点证据或把握，恐怕是不行的。因此，我从发言情境上认为姜氏之说绝不能漫然视之。霍氏迷踪艺固然柔少刚多，然而王洪海《正说霍元甲》一书中便收有一张精武会员习武的照片，练武的人是在“云南蒙自个碧铁路公司柔术部”，可见精武会也讲究柔术，并不只一味刚猛。至于姜氏强调拳术不能只有猛力，须有内功，乃是练武的通理，练秘宗拳当然也不能不如此。故其说还是很应参考的。也唯有通过这类挑战霍氏权威的言论，我们才能更深入且准确地把握迷踪艺到底是什么艺。

其实，迷宗艺之谜，还不只在于它究竟是内家拳抑或外家拳。它本是猴拳之一支，又名或古名猊猔便是明证。可是如今已不太看得出它与猴拳的关联。姜氏解释说是当年因见群猴嬉斗于山中，彼此往来，纯任自然，又有老猴婆娑作舞，凝神敛气，刚柔相济，故才创立此拳，恐怕也是臆想的成分多些。关于这部分，我也很想知道答案，可惜天津霍元甲文武学校里南拳北腿、练着去打金牌的朋友，不太能跟我解释呢！

云南蒙自个碧铁路公司柔术部的精武会员

马来西亚精武门的故事

一、精武体育会的兴起、消沉与再兴

一九〇九年，河北武术家霍元甲在上海创办“精武体操学校”，树立“强国先强民”的宗旨，提倡体育。霍元甲是位传奇人物，关于他的事迹，小说戏剧传述甚多，凡华人无不知之。尤其是李小龙主演的《精武门》电影，敷畅其故事，风靡世界，影响尤为深远。

不过，霍元甲创办的乃是体操学校。霍元甲病逝后，陈公哲、卢炜昌、姚蟾伯、罗啸璈、陈铁生等人继承其志，才于一九一〇年订立章程，改组为“上海精武体育会”，确立以传授武术、强身健体、发扬“体、智、德”三育的宗旨。数年间风起云涌，竟成为全国瞩目之体育团体，学员众多，发展迅速。

其设于上海之沪总会，先后成立第一、二、三分会，分设上海东南西北四区；在横滨桥建立精武中央大礼堂。一九一一年又成立浙江绍兴精武会。一九一八年再设汉口精武会，一九一九年广州精武会也接着成立。随着影响日益扩大，沿海地区先后建立佛山、汕头、厦门等各地精武体育会分会。因此国父孙中山先生

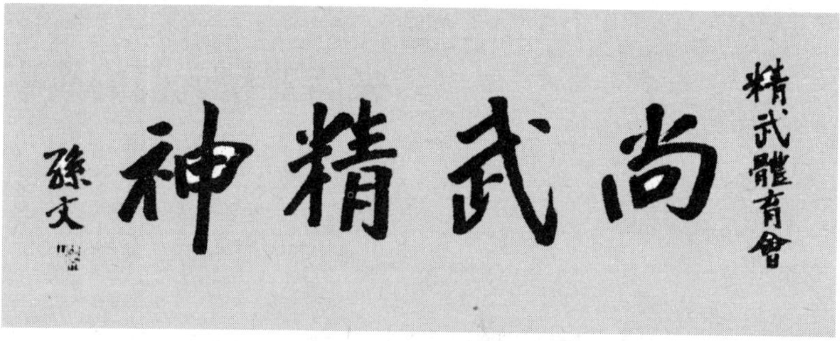

孙中山为精武会的题词

曾在一九一九年为这个声誉卓著、意义深远的团体写了一篇不寻常的文章，放在《精武本纪》前面，并亲题“尚武精神”横额给精武体育会。序文中说道：

> 人必自侮而后人侮之，国必自伐而后人伐之，此皆为不知自卫者警也。精武体育会成立既十年，其成绩甚多，识者称为体魄修养术专门研究之学会。盖以振起从来体育之技击术为务，于强种保国有莫大之关系。推而言之，则吾民族所以致力于世界平和之一基础。会中诸子，为《精武本纪》既成，索序于余。余嘉诸子之有先知毅力，不同于流俗也，故书此与之。中华民国八年十月二十日。

孙先生特地为精武体育会书额撰文，推介如此，除肯定其成绩之外，当然也因精武体育会与革命党人颇多渊源有关。精武体育会很善于把握这种关系，积极发展。除上述广东福建湖北等地之外，一九二三年七月十八日，南昌精武分会宣告成立，地方军政要员、名士巨贾均有出席大会的。一九二七年春，四川顺庆县，亦成立精武第一分会暨精武学校；翌年，四川涪陵成立第二分会。精武已发展了全国性网络。

至一九二四年，精武已经成为在国内外均有分会的庞大群众武术团体。精武总会以为民意尚武，并为扩充精武的号召能力，便希望能纳入国家体制之正轨，决定向当时国民政府呈请国办精武。且把十几本《精武本纪》分送给蒋介石、李钧烈、宋子文、林子超等中枢要员。不料其议竟寝。（关于这件事，有人解释道："当时精武的学员比他党员还要多，你想他国民党会同意你吗？"）算是精武体育会发展上的一大挫折。

刘振声（右）与赵汉杰在上海精武会门前

政府不同意将精武纳入国立体制，并非不重视国术，而是要另起炉灶。因此随后便成立了由张之江主持的"中央国术馆"，发展国家国术系统。

这种"体育国家化"的办法，迨大陆易守后情况更为严重。整个精武体育会，与其他民间团体一样，都国家化或停止活动了。

直到中国共产党十一届三中全会以后，精武体育会才在"拨乱反正"中得到了恢复和发展。一批上海武坛名师会员重新到精武执教，整理出精武传统拳种四六套，编写了《精武拳械录》，获得大陆国家体委颁发的"武术挖掘奖"。因此可说现在的大陆精武体育会是考古挖掘后重新发展起来的。一九九五年上海精武进修学校、一九八八年余姚精武体育会、一九八九年广州精武体育会、一九九〇年天津精武体育会、一九九一年佛山精武体育会等均属此类。

此固可以显示精武精神不死、强韧有力、绝而复苏，但整个精武体育会的运作毕竟是中断了的，其武术亦是重新发掘整理的。恢复活动后的大陆精武会，其人事与发展目标更不能免除政府及政策控制之色彩。它们的武术，则也颇多新增新创的部分，不尽与传统精武武术有关。

在这些方面，中国本土的精武会，其发展均不如海外。

二、精武体育会在南洋的新生

精武体育会的内展与外拓是同时进行的。一九二〇年左右，内地成立之精武会，计有山东、江西、四川、南京、天津、厦门、梧州、汕头、肇庆、佛山、南宁、桂平、郁林、乐从、西阳、织贡、会同、下栅、篁庄、南浔、芜湖、香港、九龙、澳门等处，不下百余地。此精武内展之结晶也。

外拓方面，则派“五使”下南洋。五使以陈公哲为主干，其余为罗啸璈、黎惠生、陈士超、叶书田。所带精武丛书为《精武本纪》《精武章程》等，以及精武活动影片。

五使于一九一九年南下，其南洋之行共费七十三日，所游九埠。演说者陈公哲、陈士超、罗啸璈，约卅次。教练各校精武体操十校，参观工厂、学校为数廿九次，习拳者二百余人。此外各地设欢迎会，赈灾表演，皆为此行之成绩。所到之处，均甚轰动，一时之间，南洋各地陆续纷纷设立精武会。如西贡、新加坡、吉隆坡、槟榔屿、雅加达、三宝垄、泗水等共八个大埠均建立精武分会，使精武的影响日益扩大。其后更有一九二一年成立新加坡精武会、雪兰莪精武女会、金宝精武会，一九二二年成立森美兰精武会、越南精武会、印度尼西亚泗水精武会，一九二四年成立怡保精武会、槟城精武会、槟城精武女会，一九二五年至一九三五年间成立太平精武会、实吊远精武会、和丰精武会、麻坡精武会、马六甲精武会、安顺精武会等。精武会在南洋迅速且完全扎根。

一九四九年后，精武体育会的大本营遂不在大陆而在香港与南洋一带。南洋地区除越南与印度尼西亚外，又以星马为大根据地。不唯技艺传承弗辍，会务发展亦愈行扩大。

一九五三年，新加坡精武会倡议发起南洋马来亚精武体会总会，并在新加坡精武会举行成立。由各埠精武体育会所组成，以一会为一单位，计有新加坡精武、马六甲精武、森美兰精武、雪兰莪精武、雪兰莪女子精武、金宝精武、怡保精武、太平精武、槟城精武、槟城女子精武共十间，以“联络全马各地精武会，互相砥砺，共同推进精武事业，提高武术程度，增强办事效率，并谋巩固经济之基础，及赞助慈善公益事业”为宗旨。职员由各埠精武会每会推派代表一名，在全体大会中票选常务理事五名，其中设常务主席一名，常务副主席二名，常务委员二名，其余属执行委员，任期定二年，每年召集全体大会一次。迨至一九六七年，因新加坡独立，才改名为星马精武体育会总会，为世上最大的精武团体。

重振精武会的“精武四杰”之卢炜昌、陈公哲、姚蟾伯（从左到右）

不但如此，在推动精武会成为国际组织方面，亦以马来西亚为主。筹组世界精武总会组织的构想早在一九九〇年初就由马来西亚精武总会、雪隆精武体育会、雪兰莪女子精武体育会、英国精武体育会及新加坡精武体育会代表在吉隆坡雪兰莪精武会所举行的一项联席会议上（一九九〇年一月三日）提出。同年九月上海举行首届精武国际武术邀请赛，同时也举行了一个各地精武体育会的会长代表联席会议。约定次年八月由马来西亚精武总会召集世界精武联席会议。在吉隆坡召开的这项联席会议上，马来西亚精武友会建议组织世界精武联合会，以延续一九九〇年上海召开的第一次世界精武体育会会长代表联席会议的精神，同时还向会议呈一份成立世界精武联合会章程草案供与会者参考。但大陆代表颇有顾虑，并认为“成立上述世界精武组织的时机仍未成熟”，而未定案。

马来西亚精武会的实况

一九九四年九月在上海召开世界精武体育会长联席会议时，“世界精武体会联谊机构”终于正式决议成立，采用的是上海精武会的草案版本；联谊机构设常务秘书处，秘书处设在上海精武体育总会。其通过的世界精武体育会联谊之宗旨为：

（一）促进世界各地精武友会间的团结与合作；

（二）发扬精武传统武术与中华文化活动；

（三）弘扬精武精神；

（四）推动精武事业的发展。

会议规定，参加联谊机构的成员，必须是当地政府注册或以其他方式承认的合法的精武体育会。但矛盾的是，根据联席会议召集者（上海精武体育总会）于会议后印发的《会议纪要》说明，世界精武体育会联谊机构属联谊性质，不办理注册。

这说明大陆在面对马来西亚等地精武会时复杂的心态，一方面想借此整合海外相关资源，一方面又担心主导权旁落，而且还要顾虑政治环境。（据上海精武体育会一九九一年二月发出的“精武体育会会长和代表会议简讯”所记，精武会的人还因为“在海外有些人打着精武体育会的旗号，广招会员，实际上是背离精武宗旨，以图利为目的，败坏与损害精武体育会的声誉与形象”，而深表不满哩。）

纵然如此，这个机构其实仍未正式确立。其间延宕多时，大概是大陆的环境因素。直到一九九八年六月三日至七日在马来西亚怡保主办第五届世界精武武术文化大会时，各精武友会会长及代表在大会第三天（即六月五日），举行了二年一度的世界精武体育会联谊机构会长联席会议，其间才接纳了马来西亚精武会提出的“世界精武体育会联谊机构简章”。其简章内容，经会议修订如下：

一、名称：世界精武会联谊机构（以下称本机构），英文名称为 World Chinwoo Co-ordinating Organisation。

二、宗旨：

二之一：促进世界各地精武友会间的团结与合作；

二之二：发扬精武传统武术与中华文化活动；

二之三：弘扬精武精神和推动精武事业的发展。

三、成员：

三之一：欲加入本机构的精武组织必须是经当地政府注册或其他方式承认合法，其活动和宗旨一如本机构宗旨者，并由本机构一成员推荐及一成员支持，经代表大会通过，方成为本机构正式成员。

三之二：除了已存在的精武体育会，本机构不接受同一城市或地区的第二个精武组织加入。

四、权利和义务：凡本机构成员皆有权参加本机构举办的武术文化赛会和代表大会，享有本机构赋予成员之权益和执行员之义务。

五、代表大会：

五之一：代表大会每两年召开一次，讨论并决定一切与本机构宗旨有关之事务。大会议程包括覆准前期议案、会务报告、财政报告、接纳新成员、推选下

精武会不同时期的会旗及会徽

届世界精武武术文化大会主办单位。

五之二：大会由所有成员组成，每个成员除了其会长或会长代表为首席代表外，另得委派三人出席，每一成员单位只拥有一席表决权。

五之三：大会法定人数为来自本机构成员所在国家总数的三分之一的首席代表。

五之四：世界精武武术文化大会主办单位之会长为该届大会召集人及会议主持人。

五之五：本机构设秘书处于上海精武体育总会。

六、活动：

六之一：协商研讨各友会共同关心的问题。

六之二：推动筹办每两年一届的精武国际武术锦标赛及文化活动大会。

六之三：秘书处负责通讯联络交流信息。

七、经费：本机构成员每年须向秘书处缴交美金一百元，作为秘书处通讯联络及交流信息用途，盈余款项充作发展基金。

八、会旗：世界精武会旗长三米、宽一点九五米，旗帜白底，旗中间置盾形会徽，盾边中黄色。盾内上端相扣三环：上环大红色，环内星形中黄色；下二环普蓝色，左环内星形大红色，右环内星形普蓝色。三环下端直书精武二字大红色，盾形内白底。

这个过程，足以证明马来西亚精武会，是精武体育会世界化的主要推手。目前在美国等地的精武体育会，也往往由马来西亚、新加坡的精武弟子所办。

再由实力看。一九九八年世界精武武术文化大赛经过三日的竞赛，三十项武术赛和十一项武术表演以及五项文化项目比赛，在六月六日圆满完成。马来西亚精武联合队分四队参加武术赛，获十六面金牌、十二面银牌、十四面铜牌，是全场金牌最多的得主。其次，是上海精武得十二面金牌；天津精武会得金牌二面，居第三。在文化赛项方面，马来西亚精武代表更是在所有项目中皆获冠军。

而且，这不是个别优异选手的表现而已。马来西亚精武总会成立初期，即进行统一精武会歌，及十套基本拳招式；除了拟议出版丛书及录像带外，并规划成立“精武武术师资训练班”专司研究精武数十套之武术套路。因此对精武会本门武术之精熟，马来西亚的水平尚在大陆之上。

当年上海中央精武会在努力将精武拳术传播到中国各地与星马一带时，深深感到外派的教员必须对精武宗旨与精神有深切的了解，并具有精熟的拳艺，才能发挥领导作用。因此开办了精武拳术专修训练班和精武师资训练班，积极地培训武术人才与师资，分派了不少精武精英到学校、社团、各分会及南洋各地分会担任教员，传播精武拳术和精武思想。

据现有的数据记载，直接由上海精武总会选派的教师即有：

叶凤岐（即叶凤池）（全马，括符内为服务地点，下同）。

叶书田（全马）、叶书香（吉隆坡）、叶书绅（全马），他们终生服务精武，被尊称为“精武叶氏三雄”。现设有“叶氏三雄奖励基金”。

蔡景麟（全马），终生服务精武。

黄强亚（全马），是精武南传的骨干，曾创建精武友会多所，终生服务精武，与罗啸璈合称“精武两牧师”。

赵连城（新加坡，森美兰、芙蓉）

李瑞标（新加坡）

王成章（吉隆坡）

刘法孟（槟城）

魏元峰（全马），后任新加坡精武会司理，马新精武总会的总评议总教练，终生服务精武。

唐文伍（新加坡、吉隆坡）

姚电侠（吉隆坡）

欧阳少烈（怡保）

罗克己（全马）

刘清桂（新加坡，槟城、芙蓉）

刘致祥（槟城）

张德纯（槟城）

夏启芳（新加坡、吉隆坡）

王玉琴（槟城）

卢苏丽（女）（新加坡）

吴秀媛（女）（吉隆坡）

李志羲（女）（新加坡，吉隆坡、槟城），任槟城精武女会司理，服务精武六十多年。被尊称为“精武圣女”，与吴秀媛、蔡秀安合称为“精武女中三杰”。

李少林（槟城）

这些当年选派来南洋的优秀教师，不但技艺高超，且具传教士般之敬业精神，长期耕耘，成效自然可观。如在吉隆坡等地服务的“叶氏三雄”，不但是最早的精武南洋五使之成员，其所练拳术和上海中央精武总教练赵连和也是同一个系统，所以所传授的大部分是中央精武规定的套路，除

1926年秋，霍东阁经营南洋两年后回国前南洋各精武会的欢送宴会

了潭腿与北少林拳术外，也包括了醉八仙、大圣拳、地趟门等拳术。数十年从没间断的累积成果，雪隆精武所保存了近百套的精武传统拳术，与大陆“文革”后才重新挖掘出土“整理古物”的情况截然不同。

而雪兰莪州精武会一九八〇年在全马来西亚精武嘉年华会举行百人潭腿会操，一九八三年在默迪卡球场大马华人文化汇演大会中表演三百多人潭腿大会操，一九八六年更主办千人武术大汇演，“其目的乃是提倡优秀中华武术，发扬精武精神，加强各支会的合作团结，开拓武术运动的新精神和新方向。其二是把武术做有系统、有组织的推动。其三是联合各地会员以经过统一招式的精武基本拳以团体操的方式操演”。这种形式，也是其他地方不容易做得到的。可以看出精武会在南洋播种的具体成果。

三、马来西亚精武会的处境与发展

马来西亚的武术，虽不如泰国拳有名，但亦自有其传统。其术相传由苏门答腊而来，名为宾查丝拉（Penchaksilat）。它包括了五种技击：（一）拳术，巫语东保（Tombor）；（二）短刀，巫语叫东旁拉踏（Tembonglada）；（三）棍棒，巫语叫东邦（Tembong）；（四）长刀，巫语叫壁邦（Pebang）；（五）剑术，巫语叫基里士（Keris）。五种技击中，又分为两类：一属表演的，巫语叫西腊默霸（Silatbelbat）。这一类是在公共场所表演的，故其步法非常优美。一属打斗的，功在决斗取胜，故拳路凶猛。拳派中亦有三门。第一门，巫语称丝腊亚士里（Silatasli）、西腊则加（Silatchekak）、西腊班兰（Silatpamdang）。演式时，两人出台各站一旁，先一个托拳拱手的起步式，跟着一个自台左打过去，另一个自台右打过去。第二门巫语称株古乌拉（Tuku Urat），类似中国的点穴术。但表演时，先演一套廿四式或七十二式，两个人才靠近地盘手打起来，拳路几如暹罗舞蹈中的佛舞。第三门巫称基巴寒东（Kipashamdong）和加惹勇（Kagayong），据说可以凭一口气一动作而伤人于无形。但仅见于传说。

短刃，巫语称东旁拉踏。是一种长约六寸，类似童军刀，也像中国古代匕首的短刀，短兵相接的肉搏时施用。棍棒，巫语称东旁（Tembong）。长度通常为六尺至七尺，整根重量在十斤以上。长刀，巫语叫作壁邦（Pebang）。这种刀仅次于短剑，通常以四尺的为最长，二尺半为最短，长的类似中国的朴刀。剑术，巫语称基里士株周支罗。剑长标准一尺五寸（最长的达二尺半），分三曲、五曲、七曲的形状，两边皆利，而以七曲最为名贵。

但马来西亚精武会的发展，却与上述马来西亚的这个武术传统无关，它是直接移植到马来西亚地区去的中华文化之花。这是马来西亚精武武术的特点之一。因此，它的传习者基本上是华人，其活动也与华人社会息息相关。

以一九九八年雪隆精武会所办武术师资班的课程来看，署理会长、武术部主任杨柏志辅导华文。副会长、前任武术部主任叶振华辅导华文。秘书长、武术部委员叶汉光讲解该会武术发展史。曾任武术部主任和义务教练萧茂松讲解武术概论与套路教学。武术部教练叶汉辉讲解套路教学。武术部资深助教张师福讲授基本功教学。来自宁夏的气功理疗师孙亚民教练也受邀请讲授跌打推拿。培育武术师资，先须加强华文，其间的道理不言可喻。这个中华武术与华文、华人社会、中华文化整体结合的关系，在下文中我们还会谈到。

在马来西亚社会中，推展一套完全与马来人、马来社会无关的武术，会不会产生摩擦呢?

会的。马来西亚政府曾一度禁止华人舞龙舞狮，即为对华社练武风气有所疑虑的表现。直到一九九九年，大马政府青年部部长丹斯理慕希汀雅新才宣布将舞龙舞狮正式纳入官办的“青年之友”计划活动项目内。似乎华人的武术与舞龙舞狮均能在“包容多元民族文化”的角度被官方接受了。可是，马来武术与华人武术之对话、交流或观摩迄今仍未展开；马来政府对华人体育团体之注册审查及行政管理情况也仍有待研究。

其次，马来西亚华人，以闽粤移民为主；而闽粤又都各有其武术传统。闽系之南少林、五祖、鹤拳；粤系之洪拳、咏春拳等等，在东南亚均非常流行。可是精武体育会与这个华人武术传统也无甚关系。虽然霍元甲在创立精武体操学校时，即主张破除各流派武术门户的偏见，反对标榜门派而互相排斥，要以广阔的胸怀及开明的态度，集合中国南北各派能手，共同推展武术活动来激奋人心，振兴国家。因而精武会开创了良好的风气，罗致了许多武术名家、容纳了各种流派的拳术，吸取精华，发展成精武武术的系统。但这个系统仍是以北方拳术为格局的。

精武会早期章程所列的精武拳术，包含了黄河、长江、珠江三大流域的拳种将近三百套，有徒手、兵器及对练等。看起

新加坡精武会出访法国

来是南北融合了的。但是，依霍元甲订定的精武十套基本拳来观察，情况又不同。这十套拳是：潭腿、功力拳、节拳、大战拳、八卦刀、群羊棍、五虎枪、接潭腿、单刀串枪、套拳。是精武会员必修和考试的课程。精武会员必须完成了规定的十套基本拳课程，经考试成绩及格，才可以根据自己的志趣和擅长，跟会中各派教师学专门拳艺。而这十套拳的格局，就是北方的拳系格局，与闽粤拳系的拳理并不相同。在精武会中教的各别流派拳，如太极、形意、八卦、螳螂、鹰爪、罗汉、大圣、醉八仙等，也均属北方拳种。精武会所演练的北方狮舞、跳梅花桩，也都与南狮不同。

一个以北方拳种为主的体育团体，竟南下到以南方人、南拳为主的社会中开花散叶，毋宁也是一大特色。但其间真不曾有过

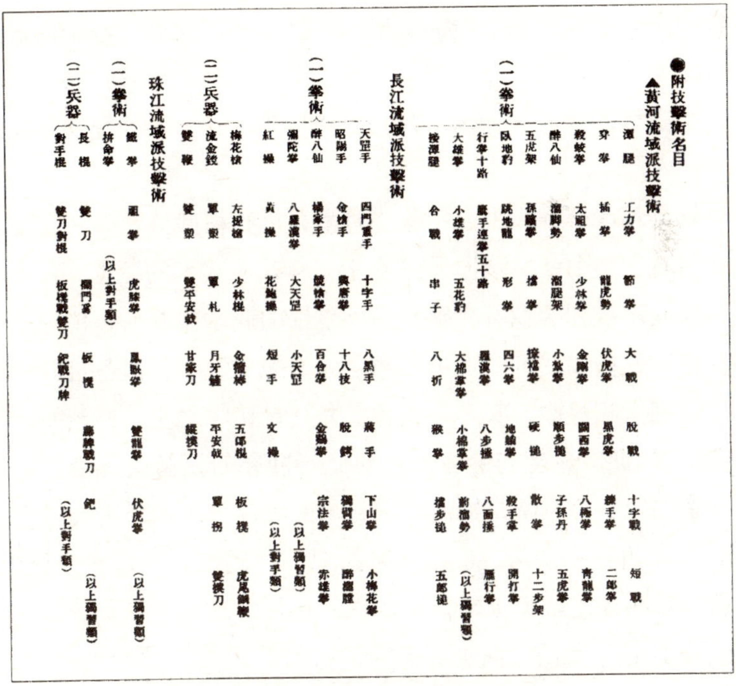
●附技擊術名目

▲黃河流域派技擊術

（一）拳術

潭腿 工力拳 節拳 大戰 脫戰 十字戰 短戰
穿拳 插拳 龍虎勢 伏虎拳 黑虎拳 練手拳 二郎拳
殺蛟拳 太祖拳 少林拳 金剛拳 關西拳 八極拳 青龍拳
醉八仙 溜腳勢 溜腿架 小紫拳 順步捶 子孫丹 五虎拳
五虎架 孫臏拳 撻拳 撩掛拳 硬捶 散拳 十二步架
臥地豹 跳地龍 形拳 四六拳 地躺拳 殺手掌 開打拳
行拳十路 脫手連拳五十路 羅漢拳 八步捶 八面捶 雁行拳
大雄拳 小雄拳 五花豹 大棉掌拳 小棉掌拳 豹溜勢 （以上獨習類）
接潭腿 合戰 串子 八折 猴拳 撻步捶 五郎捶

長江流域派技擊術

（一）拳術

天罡手 四門重手 十字手 八黑手 薦手 下山拳 小梅花拳
昭陽手 金槍手 興唐拳 十八技 脫銬 獨臂拳 醉羅漢
醉八仙 楊家手 饒槍拳 百合拳 金鷄拳 宗法拳 赤雄拳
彌陀拳 八羅漢拳 大天罡 小天罡 （以上獨習類）
紅操 黃操 花槍操 短手 文操 （以上對手類）

（二）兵器

梅花槍 左提槍 少林棍 金箍棒 五郎棍 板櫈 虎尾鋼鞭
流金錢 單劍 單札 月牙鏟 平安戟 單拐 雙拐刀
雙鞭 雙劍 雙平安戟 甘家刀 縱拐刀

珠江流域派技擊術

（一）拳術

鐵拳 羅拳 虎豹拳 鳳眼拳 雙龍拳 伏虎拳 （以上獨習類）
拚命拳 （以上對手類）

（二）兵器

長棍 雙刀 攔門閂 板櫈 藤牌戰刀 鈀 （以上獨習類）
對手棍 雙刀對棍 板櫈戰雙刀 鈀戰刀牌 （以上對手類）

早期精武会章程中所列的三大流域拳种

冲突或磨合阶段吗?

据《雪兰莪精武体育会会讯》第六期所载《精武史萃》记录，精武五使南下星马表演拳术时，星马人士固多欢迎仰慕之者，但也有因不习见此类拳术而嘘笑者:“学生表演潭腿时，场下竟哗笑不止。陈公哲以为学生功力浅薄，旋即亲自登台表演。未料哗声再起。陈公哲无奈，立即请人翻译，说:‘我志在宣传中国国术，倘有轻视者，我愿在大家面前一试其功力。今请在座任何一位上台与我角力。’语毕，台下稍静，但无人敢上台比试。陈公哲再说:‘有人愿上台较量，我愿让体重五十磅，用角力方法比试，倒地为止。’言毕，良久无人上台。台下人面面相觑，会场秩序才趋恢复。”这可以看成是星马人士不能接受北派拳术的一个小例证。详细的情形，则尚待研究。

再者，马来西亚精武会的武术，是当时精武中央的老传统，沿续至今。现在的大陆精武武术则是近年的新发展。整个大陆武术近年又因走向竞赛套路形成风潮，而对像精武体育会这一类传统武术团体产生巨大冲击，马来西亚精武会又如何处理这其间的矛盾呢?

香港精武会在一九九七年一月举办世界精武体育研讨会发出邀请书时，函中就特别提到:“自七十年代新武术的诞生，再加上近期新武术被列为竞赛套路作为世界性的武术比赛后，传统武术的保存和发扬颇受冲击。虽然两者同为中国武术，但各自的要求和目的则大相径庭。甚多习武者，尤其是初学之士，亦开始产生混淆。”因此，希望与会者能针对此一冲突研议解决之道。香港与马来西亚一样，都是精武传统武术的保存地，面对大陆体委所发展出来的竞赛套路，也跟马来西亚一样困惑。在那次会议中，他们一方面肯定:“竞赛套路走上国际体坛，掀起了一番热潮，是中国体委把武术推广向世界的多年努力的成果。”但另一方面却主张应:

（一）分析出竞赛套路趋向高、难、新、美、快、动作夸张、制造表演效果，是受到竞赛评分规则的要求，体操化、舞蹈化、规格化所影响。

（二）竞赛套路的发展趋势有令人担忧的一面。它与传统武术拳理、素材、功架内容脱离。竞赛器械套路的运用与演练，兵器规格特点，歪点更严重。

（三）竞赛套路取之于传统武术，在发展的道路上，不应失去了主流武术的真精神，不应脱离武术的基本规格。要以配合传统武术训练的要求为依归。

（四）明确指出练武的重要意识概念。了解武术的拳理、哲学思想，以及尚武崇德的内涵，是毋庸置疑的。

（五）武术老师们及领导人对训练武术的目的要肩负起责任，继承传统，时时刻刻给予辅导。激励学员的修心修身学习精神，为推广武术共同献出力量。

（六）精武体育会拥有的武术教材、训练教程、考试制度，应加以提升，可成为发展武术的典范。

（七）大力加强学术研究、理论建设，使武术的健身、防身、修身的效能成为培养人民素质的有效教育学科。

第一、二、三点是对竞赛套路之批评；四、五是重新确立精武体育会之信念；六、七是面对新局势的调整与改革。这些意见，是马来西亚叶振华的综合整理（刊《雪隆精武体育会会讯》，一九九八年十月三十一日，第十期。次序我做了些调整），故其实也就是马来西亚精武会的见解。另据《精武七十五周年会庆特刊》载陈礼博《有关本会武术教程与制度》一文云，精武体育会一九八〇年以来所编教材与课程，计有初级拳套十三套、中级十六套、高级十五套，共四十四套。其中徒手二十二套、兵器十套、对练十二套。考试则是初级五套徒手套、二套兵器，中高级包括刀、枪、剑、棍各八套，内含七套基本拳。“但是，时代与潮流不断地进展和改变，近年来中国推展竞赛套路，要把武术发展为世界性的体育竞赛项目，加上好几位中国武术教练到马来西亚教授武术，因此，把其他拳种与竞赛套路引进本会，影响到部分学员偏向于这些拳术，而本会传统拳术有逐渐少人练习趋向。”

对此，他建议修改武术部课程与教材，兼容并蓄。一方面坚持传统：“本会及总会武术考试范围的套路订为必练科目（每级八套），另选择四至五套作为辅助教材，学员完成了高级课程后，能掌握三十多套的拳术。”另一方面也兼顾现实：“参加武术总会或国外的比赛，必须要掌握武术竞赛套路（共七套），因此，应该采纳为中、高级的辅助教材。”

兼容并蓄，说来容易做来难，未来精武会会不会质变，仍待观察。

不过，由以上初步的描述与观察来说，精武体育会要面对在马来西亚异邦异地异文化领域生根、在闽粤南方拳术社会生存，以及新时代变迁之诸多挑战，竭力奋斗了八十年，其艰苦卓绝之精神与毅力，为创会理想而奉献之态度，实在也是极可佩服的。

四、马来西亚精武会的特色

不过，以上的讨论，都只是由“武术”这个角度进入的。精武体育会，创会宣言曾云：“凡吾国人，或专攻乎教育，或一志于工艺。兢兢业业，惟日不足，心既瘁矣，身其如何？稍留余暇，以作躯体上之运动，实为当务之急。吾会成立迄今，倏将十载，而会众已达七百余人，直接传授者已达五千余人，间接传授者逾二万余人。皆于商事繁剧之余，以技击为日常功课。”可见该会之所谓体育，系以技击为主。何况该会创立之因缘即来自霍元甲这位武师，精武会为一武术团体，自不待言。

然而，以此看精武会是不够的。精武体育会的前身是“体操会”，其后也一直自称体育会而未如一般武术团体称为什么门、什么派、什么武术会。那就是因为精武体育会固然以武术驰名，却不仅限于武术。该会宣言说：“既而龙蛇起陆，国运更新，变专制为共和，而国民担负益觉重大。由是而体育体育之声，几家喻而户晓。诚以重大之负荷，决非病夫所胜任。而欲其不成病夫，则莫如讲求体育！”足以显示其所关切者，乃是国家强健其体魄之问题，是整体的体育，而不只是武术。武术只是体育中之一项而已。

这是它非常特别的地方。自创立之始，即声称要“唯精唯一、乃文乃武”。在以国术为中国式体操外，设立中西各种文学、医学、音乐、摄影、篮球、网球、足球、秋千、平台、木马、杠子、凌空、溜冰等教习。

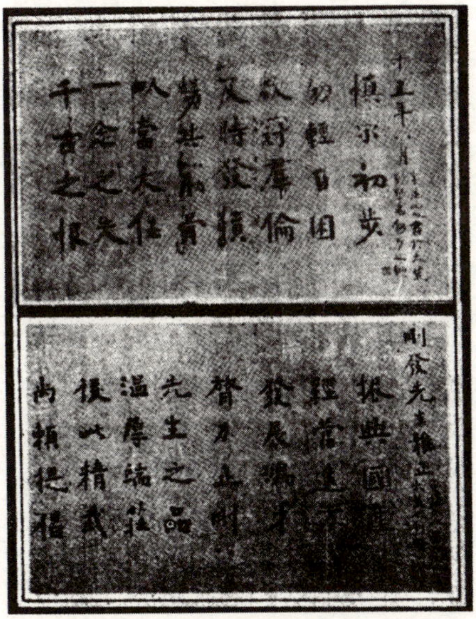

霍东阁手书二幅

精武五使下南洋表演时，即包含书法、音乐、球类运动、医科等。杨柏志《精武精神在南洋的发展》一文说，二十年代“南洋精武皆以上海总会为依归，不涉党派，不参政治，纯以民间自发自立团体姿态立会。会务活动以培养体、智、德、仁、勇，培养全能高尚人格为最高宗旨。以武术体操、球类运动、木马、杠子为体育运动内容，辅以临池、音乐、游艺、文化教育，为智能培养。以仁爱为怀，服务社会。严遵‘精武十式’正义守信、友道助人、博爱平等为道德操守。会内规章严明，因而立下稳固基础”，可见发展总体体育乃是此后各精武会共同的态度。

那么，为什么又有文化、书法、音乐、文学项目呢？原来，这是由于精武精神强调“体、智、德”三育并重。既重智育，当然要有文化教养之类课程。马来西亚精武会大体都办有书法班、绘画班、合唱团、舞蹈团、华乐团等。以雪兰莪精武会为例，它就设了武术、体育、游泳、智育、游艺、调查、维修七部。游艺、智育诸部之表现，也并不逊于武术部。如游艺部办的合唱团，创办于一九四九年，是全马历史最悠久的合唱团，栽培了许多人才。它历年活动非常丰富多样，包括巡回全马为文教团体义演，为华社做文化汇演，受邀往电台录音，主办吉隆坡歌乐节，主办艺术歌曲歌唱比赛，参加历届大马合唱节、本团演唱会、观摩赛，受国家制片厂邀请拍摄演唱中国名曲，参与半岛运动会开幕及闭幕典礼演出，主办本地及外国歌唱家演唱会和本国及外国合唱团做交流活动，邀请外国名家做音乐讲座等等，不胜枚举。其成员或进入马来西亚艺术学院就读，或赴台湾及各外国深造者，更不乏其人。怡保等地主办“中华文化艺术展览会”，亦多由精武会负责，展出华乐、文学史、戏剧、舞蹈、结艺、雕刻、历代服饰等。这不是其他任何一个武术团体甚或体育团体所能做得到的。

这个特色，在马来西亚尤其重要。因为它使精武会成为一个综合性文化团体，在推展中华文化、巩固华族精神认同、传播文化火种各方面，都发挥了不可轻视的力量。

它们还办学校。雪华精武会于一九二九年创办精武学校，在正月十日开课，附设在吉隆坡谐街门牌一六八——七一号的旧会所内。地方不足，只分为智、仁、勇三课室，另设半日班专收英校学生补习华文，并免收学费以鼓励英校生接受民族教育。

一九五一年，该校迁新址。但至一九五八年，该校接纳政府全部津贴，成为“政府津贴，雇主主办”之学校，称标准型华文小学，却必须奉教育部命令，停办幼儿园，停止传授国术。一九六二年加入统一薪制，为国民型华文小学（属中型），采自动升级制。又循新法令组董事部，掌管校产。遂与精武会断了联系。前文说过，精武会在马来西亚发展，曾与马来政府有所扞隔，马来政府未必乐见其发展，此即为其中一例。而且，精武华文小学虽已与精武会断了联系，一九七二年雪兰莪精武会注册不幸被吊销，精武华文小学的不动产竟仍同时遭到扣押。马来政府之态度，可想而知矣。

直到一九七七年，雪兰莪精武会复会，一九七八年精武会才与精武学校恢复联系。至今雪隆精武仍是精武国民型华文小学的

早期上海精武会的各类文体活动，曾设有音乐部、兵操部、游艺部、摄影部、文事部、体操部等

主要赞助者。早自一九九五年，该校董事长杨柏志就强调：“华小是华文教育的根本，要维持华小的纯正性，华小要达到真正的教育目的，就必须坚持。……精武小学是一间名副其实的华文学校，除了语文科如英语、国语之外，所有的科目都是以华语为教学媒介语。我们绝不会让华校引以为荣的算术科目，改用英语来教学，这是自毁长城的做法，董事部决不糊涂，决不同意任何企图改变华小教学媒介语的建议。”（精武七十五周年会庆特刊，筹募建校基金演唱会讲词）其态度，即使在今天最热门的“以英语教数理”争论中，都称得上是铿锵有力的。

精武会在马来西亚这样不利的环境中发展，而竟发展得很好，另一个得力的条件，是它的组织力。

叶汉光于一九九八年八月在精武武术师资训练班讲话时，分析精武会发展成功之要，认为主要有以下几点：

（一）采用学校制度，把精武武术科学化和系统化的推广；

（二）编订课程表与训练时间表，作为日常学习和操练的功课；

（三）定期举行考试考查学员的成绩，奖励勤苦练习而取得好成绩者；

（四）在会内培训精武传统拳术的师资，以担任精武武术教练。

其实这只讲到武术教育的部分，整个精武会的组织化力量殊不止于此。

精武体育会，是我国近代第一个“现代化”的武术团体。传统型武术团体，系以家族血缘、区域地缘、职行业缘或门派帮会党社之方式组织。精武会打破这些，不限家族、宗派、地域、门户。组织内部，亦不采用传统武术团体的师徒、行辈关系、人际网络，而是用现代科层组织的方式运作。教习拳脚，则采公开授受之现代学校教育形式，扬弃传统师傅徒弟、家学密授之办法。因此，它可以说是中国第一个“公共教育”型的武学团体。它与传统武馆的区别，就如同私塾家学跟现代公共教育的中小学那样不同。

何况，它还善于组织宣传，这更非传统型武团所能为矣！

一九一六年上海中央精武在《学生杂志》连续刊登潭腿及达摩剑，很受欢迎。之后，由商务印书馆承印潭腿挂图，和潭腿、达摩剑、五虎枪、合战、功力拳、棍谱等单行本，以及《精武本纪》《精武外传》《精武画册》等，并且拍摄了精武宣传电影，由中央精武主干人物携带到中国各大城市，和南洋各地广做宣传。以百折不挠的创业精神，在中国内地成立了数十个精武会，精武拳术随着精武组织而传播到各地。

精武五使下南洋，不过短短数十天，但就迅速发展出各地的精武组织，更可以看出它的组织化能力是非常惊人的。星马精武大抵均创办于此一时期：

雪兰莪精武体育会	一九二一
雪兰莪女子精武体育会	一九二一
金宝精武体育会	一九二一
新加坡精武体育会	一九二二
森美兰精武体育会	一九二二
槟城精武体育会	一九二四
槟城女子精武体育会	一九二四
太平精武体育会	一九二四
马六甲精武体育会	一九三二
砂越捞精武会	一九六四

这里面只有砂捞越因当时五使未至，故待东西马合并以后才得以成立精武会。这种组织发展的方式，亦非传统武团所能望其项背。

尤应注意者，为精武五使中，陈士超是女士。精武会自创会起，就提倡女学，主张女子亦应锻炼强身，甚且自办若干元甲男校、元甲女校，或派教练赴各地女校担任体育教练。陈士超到南洋各地，均演说女子习武之意义，推动设立男女平等之精武会，因此星马女精武分会甚多。这也是与传统男性父权体系的武团迥异之处。

在二十世纪三十年代的南洋精武成长期，各地会务组织亦已系统化。以会长为领导主体，会内成立各部组织，着重于武术、游艺、康乐、教育、福利、调查等部。各部皆设有部长领导。由于组织系统分明，各部皆能蓬勃发展，并向会外与广大社会、学校机构等联系，举凡社会救济、筹款运动、学府教授精武拳术都积极参与，深入民间。其间只有日本攻占马来西亚期间，会务中辍。但至二十世纪五十年代以后，南洋精武又重整旗鼓，恢复往日雄风。星洲精武，自置会所；雪州精武建成雄伟室内体育馆、泳池；雪女会、槟男会、槟女会、森州等地友会会所也先后建设。南洋精武已立下稳固基业，传授武术，提供音乐文化，举办教育事业，赈济社会，其丰富性更与传统武团不可同日而语。

雪隆精武会在二十世纪三十年代就拟订了发展计划，目标包括兴建精武学校、兴建会所、兴建运动场、加强会务和组织星马精武总会等，并于一九三八年成立建筑委员会，进行筹划兴建计划。战后又发行精武彩票，积存了大笔基金，在一九四七年购买了（精武山）会所地段，积极推行建会和建校计划。

精武会女子模范团团长陈士超女士像

精武学校的情况已如前述。一九五三年精武山精武会所成立，一九五四年游泳池又竣工，这时精武事业如日之东升，会员逾万，气象蓬勃，活动更为多姿多彩，举凡武术、游泳、篮球、音乐、歌咏皆极为活跃，成绩斐然。富丽堂皇的会所俯瞰吉隆坡市区，与历史悠久的中华会堂相映成辉。“精武山”乃成为公众观赏的名称，许多盛大的华人集会亦在精武会所举行。

五十年代末，由于开支增加，经营不善，精武部分产业如店铺地段逐渐被出售。迨至七十年代，负债殊巨，一些活动也因此而沉寂下来。一九七二年马来政府以雪兰莪精武体育会未呈报一九七〇及一九七一年度账目和会务报告为由，援引社团法令，吊销雪兰莪精武会的注册。为此，各地华人社团纷纷发起抢救，成立了一个“全国挽救精武基金委员会”，并向法庭诉讼，跟马来西亚政府打官司。双方缠讼至一九七七年，才恢复了雪隆精武的注册，收回产业，清还债务。

复会后，雪隆精武发表宣言，重申精武是一个属于社会的公共团体，是一个超越政治的体育文化组织，将尽力推行康乐体育活动，继续发扬体、智、德群育和智、仁、勇的精武精神，加强与社会的联系。同时拟定下列目标：

（一）积极展开筹款运动；

（二）开放门户，广召会员；

（三）加强理事会组织，扩展会务活动；

（四）加强宣传及联络工作。

展开募款，是为了还债。理事会于是组织筹款小组，经过集体计划和努力，成功地掀起全国性的“捐助精武”筹款热潮，号召“一人一元捐款运动”获得全国华团及各阶层人士热烈响应，发挥了强大的社会经济力量，形成一场富有社会意义的团结运动。一九七八年十二月筹款所得如期清还了广益银行债款。精武即从经济重压的困境中解放出来，走向会务发展的转折点。

经济基础稳固之后，即展开各项长期性的会务活动。一九七八年初，理事长策划长期性经济计划，利用一切可行条件，订立“资本小、实行快、收入好”之方针，增进收入。

一九七九年取得长足成长，获全年赢取廿九万元盈余，一九八〇年收入多达卅三万元，这是复会以来经济的大跃进，同年设立精武画廊，一九八一年重修游泳池完成。一九七九年六月理事会并已成立“修改章程小组”对雪精武会章程研究分析，加以增删充实，求其能符合时代要求。同年十月会员大会研讨通过，对六十年来的章程在形式与内容组织上作了大刀阔斧的修改，新章程对保持传统精神体、智、德以及智、仁、勇，发扬武术、体育、艺术，依旧保存纯正宗旨，但组织系统却越进了一大步，走向现代化管理体系，而会员权益、会产保护明确规定进新的章程。

其中最重要的是设立“发展精武小组”及“精武园小组”。前者制定发展方针，后者以该会产业规划投资使用。几经研议，该会与精武园发展商激发实业公司合作，于一九九八年建成一栋大楼，取名精武阁，楼高十三层，有一百五十四个包含三房一厅二浴室的居住公寓单位，另外还有游泳池、壁球场、便利商店及一百五十九个停车位等设备。四周有围墙环绕，有独自的进口通路和保安亭，位处首都吉隆坡市中心地带，交通便利，是一座共管式公寓大厦。这栋大厦，是马来西亚第一项由华人社团在保有主权的大前提下，和商家以互惠互利的方式合作经营，而达致成功的屋业发展案例。它的完成，标志着雪隆精武体育会步入了一个新的发展里程碑，加强了该会的实业基础和经济力量。

由这个事例，可以看出：精武体育会虽如叶汉光所说，比传统型武馆会馆更具现代性，因此在当时星马武术都还在家乡会馆、武馆传授的时代，最具竞争力。可是其现代性只表现在武术教学活动上，整个机构的现代性仍然不足。所以虽发行彩票赚了钱，长期经营就不免亏损，组织结构也未能与时俱进。直到重新恢复注册，改组理事会之后，才焕然更新，充分现代化。这是非常难得的。在挽救雪隆精武之际，成功地动员整个华人社会；与马来政府诉讼阶段，学习司法操练，更是绝佳的研究题材。在华人传统社团经营及转型上，有经典意义。

早期爪哇泗水精武会教练，左为霍东阁

然而，现代化之后，带来的往往是工具理性的算计、金钱财利的现实考虑、人情疏离的感伤等等，精武会在这方面却又能避免其弊，极力强调要发扬全国“精武一家”的精神，历年均举办全国精武嘉年华会。一九七八年由金宝精武会倡始，轮值在各地友会举行。嘉年华会举行期间，数百名来自各地精武的会友，齐集一堂，进行多姿多彩的多项活动：精武基本拳会操、武术表演赛、北狮观摩、文娱游艺晚会、书法、绘画、乒乓、羽毛球、拔河、徒步等。同时，亦举行联欢宴会、新马精武友会联席会议、马来西亚精武总会会议和精武基本拳研讨会等。

嘉年华会当然以联谊为主，但主办下来，也达致不少成果，例如：（一）把新马各地精武会融合在一个大家庭中。（二）促成精武基本拳统一招式研讨会的召开。（三）在一九八〇年使砂捞越友会归入精武总会的大家庭中，把东西马的会友联系起来。（四）通过了各会的共同努力，在一九八三年六月二十三日，成功地恢复了马来西亚精武体育会总会的注册，重新活动，并修改章程，将新马的精武同志结合为一家人。（五）统一与确定了精武的会歌——《精武颂》，以共同的声音、齐一的步伐，使精武精神，永远存在于所有精武儿女的心中。（六）累积了嘉年华会的经验与精神，集合了十一个精武会的力量，为庆祝精武总会三周年纪念，一九八六年六月十五日并在马来西亚首都吉隆坡独立

早期精武会授课

球场，举办空前盛大的“精武武术大汇演”。

这种嘉年华会形成的内聚性非常可观，可让成员形成一种传统的“家人情谊”，以滋润现代化社会中“陌生人情境”的干枯状况，故不能仅以社团办活动观之。

其内聚性亦不只表现在会与会间的联谊交流，更表现在会内部。各精武会内部人情味浓郁，虽排除了传统师徒关系，改采“教练——学员”之方式，但师生实质的感情却依然维持。故南下教拳者，如“叶氏三雄”、“槟城圣女”李志羲等，都乐于在精武会奉献，投入数十年生命。而对叶氏兄弟，受教者也感念至今，每年都办纪念会、设立奖学金、设宴邀请师母来奉觞等等。这种传统情谊，又与传统门派、家族类似了。精武会的组织发展，兼有现代化的经营管理，与传统的伦理精神，自无怪乎虽处不甚有利之环境而仍能茁壮至今了。

这是马来西亚精武体育会的故事，及我对这个故事的分析。马来西亚精武会过去并无人研究过，因此并无学术论著可以参考。我依调查及采访所得，勾勒出这个故事的轮廓，谨供关心武术、东南亚华人文化与社会的人参考。

台湾淡水海盗小考

康熙三十六年（一六九七年）郁永河还在《稗海记游》卷中说："君不闻鸡笼、淡水水土之恶乎？人至即病，病辄死。凡隶役闻鸡笼淡水之遣，皆欷歔悲叹，如使绝域。水师例春秋更戍，以得生还为幸。"认为这是个近乎蛮荒的地方。

但早在郁永河之前一百年，此地就早已是个海上贸易的重镇了。一五九七年，万历二十五年，《明实录》载："福建漳泉滨海，人藉贩洋为生。前抚涂泽民议开番船，许其告给'文引'于都东西诸番贸易，惟日本不许私赴。"这是针对当地行之已久的海上贸易行为予以合法化、规范化，纳入官府管理。所以出海贩贸需要获得官方许可文书，以便抽税盘验。而所认可的合法经贸地区，即包括"东西洋引，及鸡笼、淡水、占城、高址州等处，共引一百十七张"。

当时所称西洋，指"暹逻、柬埔诸国，其国产苏木、胡椒、犀角、象牙诸货，东洋则吕宋。其夷佛郎机也，其国有银山，夷人铸作银钱独盛。中国人若往贩大西洋，则以其所产物相抵。若贩吕宋，则单得其银钱"（《春明梦余录》载傅元初疏）。西洋，指今南洋一带。东洋本应包括日本，但因正值倭乱，使明人观念上把日本排除在经贸往来的范围外，只指菲律宾群岛、文莱一带为东洋。淡水与鸡笼，亦属于此一范围，故乾隆十年《重修台湾府志》淡水厅附考引《谈荟》云："东洋：则吕宋、苏禄、猫里络、沙瑶、呐哔啴、美洛居、文莱、鸡笼、淡水。"

鸡笼、淡水在整个东西洋贸易活动中，又有个特殊的位置，因为它距漳泉最近。乾隆年间《海东剩语》卷六说："有某把总者云：曾驻防上淡水。福州近海渔人，于五月初四夜，网取海鲜，顺风而渡，及晓，即至上淡水。"似海行只需七八更便可抵达。不但平时漳泉一带渔民来往频繁，更是东西洋贩贸者要将货品运入中土的门户或前哨点，也是货物的集散转运要地。

但由于朝廷实施海禁，于是这些货品便成了"私货"。想把私货运入内地，须靠两种方法：一是文的，以交通官府、纳贿献金为手段，把货贩入内地；另一种则是武的，靠走私偷渡，强行运入。《明实录》载万历三十五年徐学聚疏云："海禁不通，则方物不至。每值东西洋船私寄数金，归索十倍。稍不如意，则诬为漏税。"讲的就是地方官吏借机勒索敲诈之状。据说其时"拷掠之毒，怒尽骨髓"。因为该地民众本来就以此为生、以渔捞贩贸为业，如此作为，其虐民可知。何况，官吏还自营私贩，"又私遣人丁四出越贩，动经年岁，搜求珍异，假国用以入私囊"，人民怎能服气？官逼民反，遂只好自求多福，靠自己的本事走私偷渡，强行货贩了。

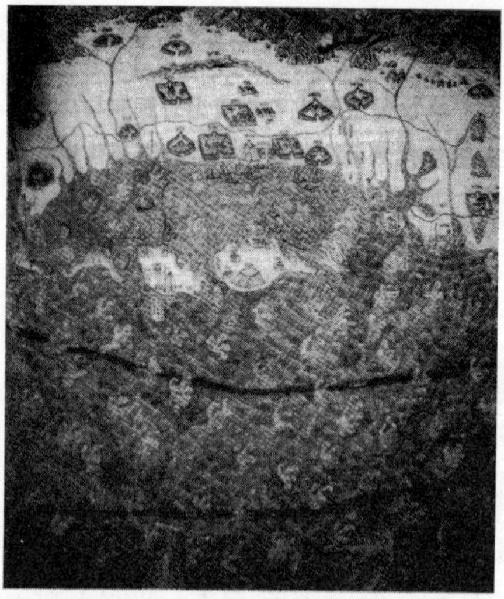

清康熙年间绘制的《澎台海图》，旅顺博物馆藏

这样，就变成了海盗。海盗，在此时有两种

意涵：一是因海禁，故凡“贩洋为生”者，其实都是定义上的海盗。二是因政府既不保护贩洋为生者，贩洋者海上的安全，便须仰赖海上武力集团，或自己结成武力集团。而贩殖所获，须要销售转运，又为政府所不许，或遭政府所剥削，则势不能不依本身之武力强行输运，此则为实际的海盗。两者在晚明，受客观政治环境之影响，渐渐混为一谈。以致鸡笼、淡水等海上贸易奥区，渐竟成了海盗之窟穴。

《明实录》万历三年（一五七五年）即载“巡抚福建刘尧诲以海寇林道乾警报闻”。林道乾的大本营，就在鸡笼、淡水。

乾隆十年《重修台湾府志》封域志建置部说：“嘉靖四十二年，流寇林道乾掠近海地，都督俞大猷征之，追至澎湖。道乾遁入台，大猷不敢进，留偏师驻澎。道乾旋遁占城。澎之偏师亦罢，设巡检以守澎湖。万历间，海寇颜思齐据有台湾，郑芝龙附之。”占城，在今越南。林道乾大抵往来于台湾越南一带，而其势自嘉靖间已盛。

从这段记载也可知道当时海寇与日本的关系匪浅。俞大猷抗倭事迹中，有一大部分就是与这些海寇相周旋。抗倭也者，所谓的“倭”，就包括林道乾、颜思齐，乃至后来的郑芝龙。

《明实录闽海关系史料》载万历四十四年十一月，巡抚江右命都御史刘一焜奏谓：“浙地滨海，所在防倭。温、台、宁三区，俱属要冲。鸡笼、淡水二岛，正对南麂，尤当日夕戒严者。”温州、台州、宁波区域，倭患最为严重。南麂在温州区，其所以日夕戒严尤为谨慎者，正因鸡笼淡水为“倭”之根据地也。

次年，八月，同书又载福建监察使李凌云奏说：“问其何故侵扰鸡笼淡水？何故谋据此港？何故擅掠内地？”因当时我国已获琉球通报，说日本想占领台湾北港。这北港，其实就是淡水。乾隆十年《重修台湾府志》风俗志，番社风俗条引《名山藏》说：“鸡笼淡水夷，在泉州澎湖屿东北，名北港，又名东番。永乐中，郑和入谕诸酋。”明朝自郑和以后，大抵已将台湾视为领土的一部分，虽未建置，但已如“荒服”“藩属”之类，任其自治。故对日本人想实质占领或侵扰台湾仍甚介意，所以才有这样的诘问。

“侵扰”跟“占领”并不一样。依海盗的习惯，生涯本在海上，陆地不过作为暂时止泊、休憩、补给、维修、积藏货粮之处。他们进攻内陆，大抵也只为了掠取财货，并不想占领久居。“倭寇”在浙江福建一带寇掠，即属此种。鸡笼淡水，同样也曾遭掠劫。但这个地方也提供给他们休憩、止泊、积货、贸易的便利，因此也成为他们的根据地。

可是这是海盗式的傍水扎寨，而非真正进行占领统治。明朝说：“上年琉球之报，谓汝（指日本）欲窥占东番北港，传岂尽妄？”则就是说日本有意夺占台湾，如丰臣秀吉欲夺朝鲜一般。次年，巡抚福建右副都御史黄承玄奏云：日本“家康物故，其子代之，欲有事于东番”，即指此而言。这就不是海盗所能干的事了。大概日本政府有运用当时海寇的海上势力，实施国家领土扩张之谋，故明朝防倭才显得如此慎重。而防倭一事，纠缠在海岸人民生计、远洋贩贸、国防战略之间，也才会愈弄愈复杂，难以董理拿捏。

鸡笼淡水的地位或角色，在其中也就格外暧昧了。一方面，它是海寇聚啸之地，明朝不但无法有效统治，而且还视之为敌区。所以“鸡笼淡水二岛正对南麂，尤当日夕戒严”；林道乾遁入台湾后，俞大猷也不敢轻率进兵。《闽海赠言》载林有标《沈宁海将军自淡水奏捷，两汛无警，小诗赋赠》云“受降城筑未经秋，捣穴宣威至淡流……”也明显以攻入淡水为直捣敌域。从这一方面看，淡水不啻域外，乃匪区也。可是，另一方面，《明实录》载万历三十五年福建巡抚刘学聚语，称“诸夷益轻中国，以故吕宋戕杀我二万余人，日本声言袭鸡笼淡水，门庭骚动”，又

清代绘制的《台湾风俗图册》（部分），故宫博物院藏

明明以鸡笼淡水为中国之地。

林道乾、颜思齐、郑芝龙等海盗，即游走于这个暧昧的空间中。既是中国人，又是倭寇；既是商贩团队，又是劫掠者。

郑成功以后，海盗的角色大变，原本被明朝视为“倭寇”之一的郑家商盗船队，一转而成为明朝的国家武力。原本傍水扎寨式的占据，变成了领土统治。屯田拓垦，经营台湾，也成功地使其海洋事业转型为农耕形态。这时，倭人才暂时停止了对台湾的染指。海上贩贸固然仍在进行，但台湾是以国家的身份在担任东西洋货物转运站这个角色的。

明郑灭亡后，台湾作为清朝国家体制中之一部分，情况并无改变。但清朝的办法，是更强化其农耕性，削弱其海洋商贸性格。即使商贸，亦只以台湾与内陆之关系为主，减弱台湾在东西洋贸易中的地位。

因此，迟至咸丰元年，洋船始能在淡水鸡笼依商贸易，官照商船征税。其余香山、中港、鹿港、鹿耳门、打狗及各大小口汊，一律禁止洋船贸易。道光三年，打狗港及鹿耳门才开禁。见《淡水厅志》赋役志，关榷部。

可是，台湾在海洋经贸上拥有的地位及力量，并不能因此而完全遏止，故而在清朝统治期间，海盗依然是不断出现的。康熙六十年，《东征集》载《檄淡水谢守成》云：“昨情擒获孽丑黄来，供称台湾山后，尚有匪类三千人。皆长发执械，屯聚山窝，耕田食力，又有艘舰往来。”可见此即海盗之不服清朝王法者。

这类海盗，大约不少。嘉庆以后，蔡牵之声势则最惊人。

清朝与蔡牵鏖战多年，相关战报、奏折，均见于《台案汇录辛集》。起自嘉庆元年，止于十八年。

蔡牵的船队来往于台湾与大陆之间，在台亦无固定根据地。十年闰六月兵部奏称：“该匪为内地舟师跟追剿甚严，屡次窜来台洋躲避，兼可截掠商船，视为利薮。”“台湾地势袤长，滨临大海，自淡水沪尾起至南路之东港止，计程三千余里。港汊纷歧，在在可以通舟。匪船乘风伺劫，或南或北，往来靡定。”即指此。

其势似甚大。嘉庆十一年三月十三日许文谟上奏称二月间进犯盐水港的海盗就有“贼匪数千人”。七月，兵部资料载鹿耳门大捷，“夺获并击沉匪船二十一只”“击毙、淹毙股头贼目匪犯一千六七百名”“搜获伪印一颗，上刻‘王印正大光明’六字”。此役清军共调动船四十二艘，又有义民洪秀文捐助船四十五只，才能合击成功。蔡牵船队此次仅出动三十三只，所以寡不敌众。但由其数量，亦可以想见他的声势并不下于清朝台湾水师。滋扰甚久而一直难以平抚，不为无故。

蔡牵船队固然袭泊之地不定，但淡水一直是他经营着力之处。故嘉庆十一年六月十三日军机大臣谕：“朕闻淡水沪尾以北山内有膏腴之地，为该逆素所窥伺，此时或又窜往，亦未可知。赛阿冲可派兵前往，相机办理。”同年三月廿六日，闽浙总督玉德奏也称：“上年十一月内，（陈花）随同蔡逆盗船驶到淡水滋事，该犯在沪尾上岸打仗。”同年八月三十日，刑部为内阁抄出福州将军赛阿冲奏会亦云：“淡水沪尾地居极北，逸匪尚未尽获。”十三年，正月廿四日，赛阿冲又奏：“朱濆帮船，三十余只，先窜至鸡笼洋面。……又匪船窜至沪尾。”十八年十二月廿一日，闽浙总督汪志伊题本亦载:“陈刚,原任闽浙督标右营外委,管带兵丁拨付台湾剿捕蔡逆,留防台湾沪尾海口。”

这些记录,都显示了蔡牵的根据地之一就在淡水。清朝水师之防务,也以淡水最为吃重。因此,嘉庆二十一年八月,福建巡抚王绍兰奏,说巡阅台湾澎湖兵营,分别等第时,台湾水师中、右、左三营及沪尾水师操练最精,为第一等。台湾城守营,“艋舺、噶玛兰二营,布阵连环,紧凑得法,藤牌跳舞,亦属便捷”,为二等。水师南路则弓马软弱,为第三等。这种排序,正反映了当时防务吃重的程度。

依清律,凡逮到海盗:“江洋行劫大盗,立斩枭示。又洋盗案内,接赃仅只一次者,发黑龙江给打牲索伦达呼尔为奴。又,被胁服役、鸡奸者,杖一百、徒三年。”(嘉庆十一年三月廿六日,闽浙总督玉德奏折)处罚不可谓不重。可是海盗之势依然如此之大,只能说是官府断了人财路,所以趋利者不绝,络绎于海上了。

据嘉庆十年四月十四日闽浙总督玉德奏称,当时总兵吴奇贵“身为大员,于海洋匪徒肆扰,自应认真奋勉缉捕。乃竟心存畏葸,屡催不应。丧心病狂,实出情理之外”,应予革职。此即可见当时海盗声势足以令官兵畏战。

后来经王得禄等人戮力整顿、奋勇力战之后,情况才好转,蔡牵等人之声势逐渐销戢。但海上之盗,并不止息。嘉庆二十五年(一八二〇年)十一月初九,有上谕云:“所称淡水之沪尾、鸡笼及噶玛兰一带洋面,又有匪船游奕等语。从前洋面大帮贼船往来肆劫,剿捕多年,始行净尽。比年洋面肃清,何以忽有匪船游奕?王得禄系水师提督,洋面皆伊所辖,责无旁贷。此等匪船若不及早扑灭,听其勾结,又成大帮,必致滋蔓难图。着该提督即分饬舟师出洋擒捕。”这就可以证明海上之盗是不曾止息的。

而且,嘉庆皇帝还没有弄清楚的是,这时再度死灰复燃的小股海盗，乃是新海盗时代的先声。带来的，乃是比从前“洋面大帮贼船”更巨大的力量。那就是以西方国家力量来叩清朝海关关口的新海盗时代！

嘉庆帝在发了上面那道上谕之后不久便过世了。道光继位，道光四年（一八二四年）姚莹《中复堂集·上孔兵备书》有云：“舺板夷船，以贩鸦片禁烟，为粤省驱逐，窜入闽洋。总督、巡抚、水师、提督，严檄沿海文武官勿任停泊。自本年三月至鹿耳门外，郡中禁严，遂使至鸡笼。而淡水奸民恃在僻远，潜以樟脑与易鸦片；水师任其停泊，经时不更驱逐。此中弊情，固显然矣。”这就是指英国来贩鸦片的事。

以后经历鸦片战争，列强更番入侵，法国海军甚至进攻淡水。这些事，读近代史者无不知之，我就不备述了。

台湾宜兰县的武馆

摘　要

台湾的宜兰地区虽开发较晚，于嘉庆元年（一七九六年）始有吴沙等入垦，武风却素称兴盛。宜兰武风兴盛的因素，主要为开垦御番之需，其次是作为安定地方之力，再次为分类械斗之用。

清朝噶玛兰时期及日据时期，官方对武馆均采严格管制立场，直至光复之后，武馆管理才纳入正轨，武馆的发展才受到法规保障。武馆管理的法规，主要是一九四九年台湾当局公布的《台湾省各县市国术馆管理规则》，订定国术馆成立与经营的规范。

宜兰县的主要武术团体为一九五二年成立的“宜兰县国术会”及一九六七年成立的“宜兰县体育会国术委员会”。“宜兰县国术会”近年来少有活动，“宜兰县体育会国术委员会”则为宜兰县国术活动主要推动单位。

宜兰县传统武术门派以宜兰河为界，有溪南、溪北之说。大致而言，溪南武馆重视门派，严守家法传统，以德义堂、勤习堂为代表；溪北武馆讲究革新求变，主张吸收众家之长，以太祖忠义堂、礁溪狮团为代表：1.德义堂：德义堂分布全省，以五祖拳为主，号称宜兰最大门派，曾在宜兰各处传授三千名以上弟子。2. 勤习堂：宜兰勤习堂传自云林四湖吴金河，属白鹤拳系。3. 太祖忠义堂：林金狮所传，属太祖拳系。4. 礁溪狮团（金鹰拳）：振兴社系，目前以茅埔、港仔尾、林美、洲仔尾四团为主。

宜兰县武馆之传统经营形态，主要为庄头武馆及国术馆两类。庄头武馆以庄头为中心，弟子为附近子弟，武师则多半聘自外地，流动性较大。国术馆则以武师为中心，固定一地设馆，弟子慕名而来。时至今日，武术传承逐渐转移至小区及学校的武术社或武术队。其招生方式、对象、经费来源、师生关系以及武馆的社会角色，均大幅改变。

展望宜兰县武馆之发展，有几项新的方向。分别是：（一）小区化、学校化之传习；（二）正式比赛之激励及套路标准化；（三）养生、气功、整复等武术新路向；（四）本土化、民俗活动之热潮。这几项方向，是宜兰县武馆发展的新挑战，也是契机。

一、宜兰县武术源流

宜兰地区虽开发较晚，于嘉庆元年（一七九六年）始有吴沙等入垦，武风却堪称兴盛。同治元年至光绪十九年间，宜兰武举人即有李辉东、周振东、胡捷登（礁溪乡武暖庄人，同治九年庚午科中式第二十六名）、周元泰、陈遐龄、李睿川、陈朝仪、江

陈朝仪武魁匾，现存宜兰陈氏鉴湖堂

锦华、潘振芳、陈文德等计十三人，武秀才亦有林陈祖（礁溪街人，四围堡下四围区长）、谢长生（礁溪街人，光绪乙亥科武秀才）、林兼材（礁溪街人）等。传习武艺之风，遍及各乡里。宜兰武风兴盛的外在因素，主要为开垦御番之需，其次是安定地方之力，再次为分类械斗之用。

阵头表演为武馆训练成果的正式展现场合，融合舞狮、拳术、兵器、阵式与鼓乐而成，或称为“舞狮”“狮阵”。

宜兰狮团以礁溪最负盛名。据《礁溪乡志》载，礁溪狮团源自白云村份尾阿琴师。阿琴师俗称“大箍吟”师，少居林美山麓，光绪九年（一八八三年）迁居白云村份尾聚落，务农维生。阿琴师见当时治安不佳，盗贼四起，民心惊惶，乃思筹设村庄自卫组织，于是创立武馆，收徒三十余人，分别教以拳术，包括叉手、粗拳、直箭、三叉、大马、下粗拳、上中下洗马、童子拜观音等二十余套拳，及长短兵器。三年后，学习人数已多，遂组成舞狮团，表演民俗阵头，形式略似宋江阵。阵头表演中的拳套演练顺序大致如下：

1. 龙吐珠
2. 跳四门
3. 走蛇泗
4. 跳中村
5. 开斧
6. 蛇脱壳
7. 田螺阵
8. 双套
9. 连环套
10. 蜈蚣阵
11. 排城
12. 破城

13. 跳城

14. 交王花

15. 四梅花

16. 八卦阵

17. 黄蜂结巢

18. 黄蜂出巢

其中八卦阵除武术演练之外，更象征镇煞驱邪，对于以庙会为主要表演场合的阵头而言，特具意义，亦更显重要。

阿琴师的弟子在礁溪二龙村、三民番割田、壮围乡五间等处，各自组织狮团，传承武艺。

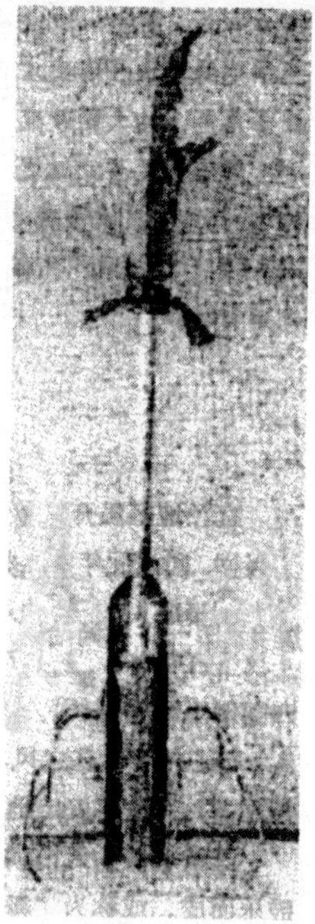

武举人李睿川铁制关刀，采自《兰阳史迹文物图鉴》

宜兰地区的分类械斗，依性质可分为六大类：一、省籍械斗，如闽粤械斗；二、府别械斗，如漳泉械斗；三、姓氏械斗，如陈林李三姓械斗；四、职业械斗，如挑夫械斗；五、乐派械斗，如西皮福禄械斗。

其中西皮福禄的乐派械斗为宜兰特有之械斗类别，并与武馆发展息息相关。日据时期宜兰厅曾调查并作成《西皮福禄之历史调查及目前之情势暨视为两派首领者之视察要领及与他厅（基隆、顶双溪）同党者之关系（气脉通之与否）》之报告。调查报告说明西皮与福禄两派产生之背景与习武械斗之状况曰：

音乐是由中国古代所传，距今四五十年前，在宜兰厅下尤其在南部地方盛行音乐，有数庄连合或一庄分为数派以举行音乐比赛。竞赛到了极点，终于发争斗杀戮事件。此即为西皮福禄为名产生党派之起因也。

其后（大概于道光年间）西皮福禄互相培养子弟，而另一方面又设置集义社、暨义社等，大练武术，两派互相蓄势对立应变。大有摩拳擦掌虎视眈眈之状况。……当时之清朝官吏亦大为，或以威力压抑，或以道理试行和解，但未至根绝之态势，而经常小斗不断。至光绪十九年，福禄派仰仗陈辉煌（阿里史庄武学官），而西皮派则仰仗黄缵绪（宜兰街十六崁街黄举人）。互相挑战，旁若无人，因而横行益甚。

宜兰厅的另一篇报告《西皮福禄之结党纷扰》，更说明两派为械斗而聘请武师传授武术之事曰：

迨至光绪七年，马桂芳卸任，由彭达孙继任宜兰知县，因让西、福两党自由弄奏音乐而禁止演戏。一时几乎绝迹之西、福两党乃重新再唱出歌曲，争斗亦随之而起。自光绪八、九年双方各结党徒，聘请教师学习拳头槌法之各种武术及十八般器械使用法，以应时之需，从此两党之仇视欺

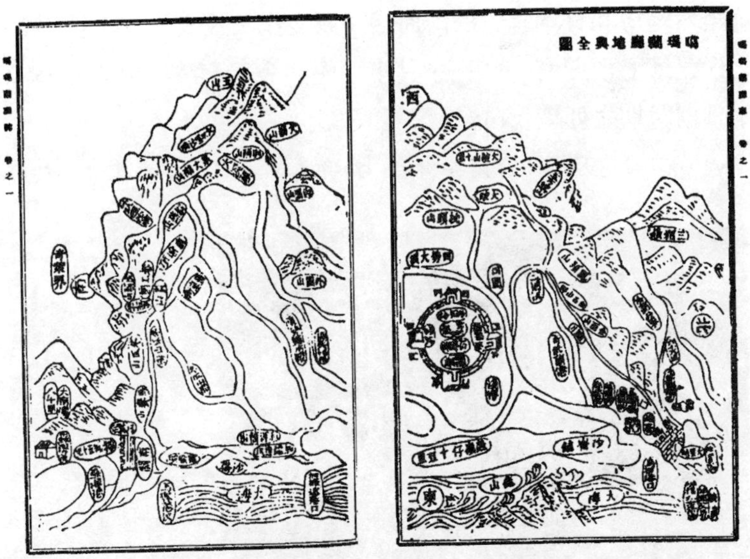

压更甚。于光绪十年、十二年在头围、宜兰、罗东等地区相继斗争，官方虽逮捕一二名处以死刑及其他重罪，但随制随起，遂至无论如何处理亦无可奈何。

不仅于民间有此种党类事件，在官衙及地方绅士亦有参加其党派者，福禄推举营官陈辉煌为其首领，西皮乃拥戴举人黄缵绪为首领。

可见乐派之械斗为武馆发展之重要助力。

日据时代早期乐派械斗仍然严重，当时各村庄均有三馆之设，一是子弟馆（即音乐团），二是狮馆（即武术馆），三是学馆（即私塾）。狮馆由武师成立，聚集青壮年教授拳术，及长棍短棒、大刀铁尺、藤牌双刀等兵器，进而舞师跳桌等。日本官方为防止对立与械斗情势蔓延，强化治安，严格管理，终使西皮、福禄之械斗绝迹。日本官方亦禁止民间狮馆之组织，于是武术活动只能暗中进行。

少数例外如台北县知事倡立武德会，以“裁成在台之武人”，这当然是应和日本官方的门面话。原文作“裁成”，当为“裁成”之误，邱心源曾有一文记录其事，颇能表现狮阵表演之貌与武馆于日据时期之处境，曰：

台湾习俗，有谓弄狮者，每年春之元日、冬之十日，以

日据时代的阵头表演，采自《台湾惯习记事》

及迎神赛会，凡武人各集数十人，名曰狮阵。扎竹枝外蒙五色帛为狮子形，以二人妆狮子为跳掷状，余则拥以矛盾刀杖，列次各展拳勇技击之术。……自改隶以来，武人技击亦自弃，然拙者巧之机，屈者伸之始，且文德与武功不容偏置，武人尤须作其壮气，使之修德，而入于有勇知方之范围。于是，村上台北县知事为会长，倡立武德会。以栽（裁）成在台之武人。未几，知事以官制改易，解组归朝。于是武德会员，相率呈其技勇，送别于淡水馆，并摄影为记。(《台湾惯习记事》中译本)

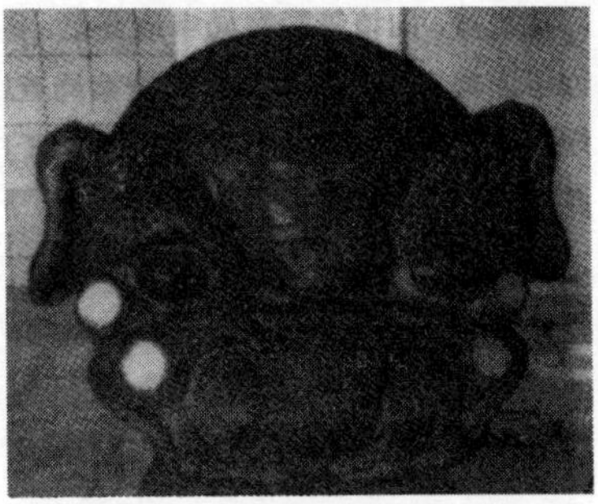

狮头（黄培基先生收藏）

文中所谓“自改隶以来，武人技击亦自弃”之说，当然是为日人之严厉管制文饰之词，但可见日据时期武馆生存的困难。

此外，文章开头所云：“凡武人各集数十人，名曰狮阵。扎竹枝外蒙五色帛为狮子形，以二人妆狮子为跳掷状，余则拥以矛盾刀杖，列次各展拳勇技击之术。”说明狮阵为武人所集、狮头作法、舞狮的基本方式及拳术兵器的表演等，则是近百年来大同小异。

二、宜兰县武术团体

清朝噶玛兰时期及日据时期，官方对武馆均采严格管制立场，直至光复之后，武馆管理才纳入正轨，武馆的发展才受到法规保障。

（一）国术馆管理法规与台湾省国术会

一九四九年，台湾省政府公布了《台湾省各县市国术馆管理规则》，开始管理台湾各地武馆。其中规定了设立国术馆的许可制度，“凡开设国术馆者，应由负责人于开设前填具申请书、保证书及本人最近二寸半身照片三张暨许可证成本费、印花税费，向该管警察局申请登记，经查明核准发给许可证后，方得开办”。此份许可证每年一月应缴回该管警察局查验，并加盖验戳，然后发还存执。而且于此规则施行前已开设之国术馆，也应于此规则公布施行后十五天内补请登记领证。此规则还限制设立和参加者的条件，凡具有下列各项情事之一者，不得开设国术馆，也不能充当国术教练或参加学习国术：一、无一定住所或居所者。二、素行不良者。三、患精神病者。不仅如此，自开办日起，负责人每三个月应“将参加学习来宾之姓名、性别、年龄、职业、住址呈报该警察局备查”。此外，国术馆所用的武器，不但均须烙印该国术馆名称及号码，备簿登记，并由负责者直接保管。更严格的是“除练习武艺外，不得借予他人，非有正当事由不得携出馆外使用”。当然，国术练习使用的武器，“系指锻炼刀、剑、枪、矛及各种武器而言，枪械不包括在内”。而且这些武器，“当地警察机关因治安上之需要，得予以检查或暂时保管及使用”。

这个规则并规定国术馆负责人和国术教师“非领有从事医术之开业执照者，不得为人医治疾病”。如此一来，武馆的重要经济来源受到限制。这个限制却受到台湾省国术会的挑战。

台湾省国术会于一九五一年由国术耆老及党政人士二十一人发起筹备，推举时任台湾省警务处长的王成章将军为筹备会主任委员，国术名家黄生发、新竹县警察长陈鼐为副主任委员。当年九月二十三日，在台北市中山堂第一届会员大会正式成立，由王成章担任第一任理事长。台湾省国术会成立后，颁行伤科及内科之“证明书”。“证明书”成为台湾省国术会创会初期最重要的经费来源。当时台湾省国术会入会费为新台币五元，会费一年为新台币十二元，而医疗证明书一份则需新台币五十元。因此一九五一年九月成立后，十一、十二月两个月的收入共一万一千八百一十八元，其中开立“伤科证明书”收入六千四百元，开立“内科证明书”收入二千二百元，两项合计八千六百元，占总收入72.77%，重要性可想而知。所谓“伤科证明书”，是以台湾国术会名义，开立证明书给会员，证明该会员“精医跌打伤科，接骨入骱，应用各项丹膏丸散，合乎科学卫生，悬壶问世，济世救人”，因此“合应发给证明，用介病家”。这样的证明书，提供国术馆执业行医的非官方证书，当然深受欢迎，却也遭到批评，于是改成“介绍书”。“介绍书”内容为：“查会员×××经历祖传师授，熟谙国术拳技，兼精中法接骨疗伤之学，尤具仁人济世之心。多年以来，嘉惠伤员不可胜计，军民咸沾其德，而于发扬中华固有文化意义尤深。爰给本书，用为之介。”进一步担保其拳技、接骨疗伤之学与仁人济世之心，及“嘉惠伤员不可胜计”，并同样推介给病患。虽然不论证明书或介绍书，都不能改变《台湾省各县市国术馆管理规则》中“非领有从事医术之开业执照者，不得为人医治疾病”之规定。然而这样的情形一直持续到一九七五年才改变。

行政院卫生署于一九七五年发布《国术损伤接骨技术员管理办法》，确定国术馆接骨疗伤的法令依据。此办法将国术馆从事跌打接骨者订名为“损伤接骨技术员”，并限定可从事内容为“国术损伤接骨整复”，而且“不得施行注射或交付内服药品”，似乎从严管理。然而此办法的结果，是使原有从事接骨整复人员，能够就地合法，取得从业资格。本办法第四条规定，凡“于民国五十六年六月二日前，取得台湾省国术会会员证，经查证属实者，均得依本办法之规定，向行政院卫生署申请有登记，并请领国术损务接骨技术员登记证”。持此登记证，即可向所在地政府申请从业执照。

这显然是为传统国术馆从事接骨工作者大开方便之后门。因为国术会为依人民团体组织法成立的民间社团，加入会员的条件十分宽松，只要是对国术有兴趣的初学或外行人，都可以经简单手续加入国术会，成为会员。且加入国术会时并未考核其接骨整复能力，换言之，国术会章程并未将接骨能力列为会员加入的必要审核条件，亦可以会员资格作为申请接骨技术员的唯一条件。尽管不合理，却给予国术馆生存发展的一股力量。

国术馆最主要经济来源，本即是接骨疗伤，此后更确定国术馆由“传授武艺、接骨疗伤、弄狮演武”三合一的武馆，转变为“接骨疗伤为主”的国术馆，传授武艺与弄狮演武的功能，已不再是国术馆的必要项目。

（二）宜兰县国术会

宜兰县国术会的全名为“台湾省宜兰县国术会”，依章程所载，其宗旨为“提倡国术效忠国家发扬正义服务社会并团结力量努力反共”（原文无标点）。

宜兰县国术会是宜兰县第一个国术民间组织，然而近年来迹近停摆。说“迹近停摆”，有几项因素。

首先，本届是第十届，相对于第八届、九届举办的活动，本届自一九九七年会员大会结束后，未曾举办活动，因此可谓停摆。

其次，相对于同属国术团体的宜兰县体育会国术委员会、宜兰县武术协会及台湾省体育会国术委员会之活跃，国术会可谓停摆。

再者，经查宜兰县政府社会科，并无本届国术会资料，仅有第十届第一次会员大会手册，而此手册所列资料均属第九届，至于第十届资料付诸阙如，自是必然。社会科所能提供数据，仅知第十届理事长为余添泉，并登录两个联络电话。可是这两线电话不论白天、晚上、平时、假日都无人接听。社会科人员帮忙试打，结果亦然。再询问曾任理事长的黄培基、曾任监事的简忠信及会员也是体育会国术委员会理事长的陈正行诸位先生，均无所悉，只知国术会停摆多时。

后来联络上理事长余添泉才知道因为工作在台北，长居台北，宜兰虽有亲人，毕竟山隔路远，事务繁忙，与宜兰国术界少有联系，也是必然。联系尚且罕有，遑论推展国术会会务、举办活动了。

访查之初，对此历史悠久的会竟似凭空消失，深感意外。而主管机关宜兰县社会局除九七年手册外，竟无其他任何数据，堪称怪事。后来才知道，宜兰县政府找不到宜兰县国术会资料并不是新闻，早在一九七七年就曾因为资料遗失在报上喧腾一时。当时曾有报纸标题为：

> 宜兰地检处检察官
> 调国术会资料
> 县府缺乏名册
> 社会科长感到奇怪

然而国术会资料并未完全毁损，据吾人调查，宜兰县国术界前辈杨长宪先生即收藏一份宜兰国术会成立时之报备文件，包括总报告表、理监事名册、会员名册。

根据此份数据记载。宜兰县国术会于一九五二年二月二十五日获得发起许可，共五十人列名发起。发起宗旨为：“提倡国术，效忠国家，发扬正气，服务社会，并团结力量，努力反共抗俄。”三月一日推选筹备员，分别是苏耀南、张冠雄、游溪赖、林旺全、陈荣国、林本坚、蒋戊庚、刘银汉、林金木、李烟汉等十人。三月五日呈报章程后，三月二十日于宜兰县会议厅正式成立。当时到会人员共五十人，选出理、监事及理事长如下：

宜兰县国术会第一届理监事名册（一九五二年）

职称	姓名	年龄	籍贯	职业	经历	党籍
理事长	苏耀南	五二	宜兰	代书	里长	国民党
常务理事	张冠雄		福建	公	县政府社会课长	国民党
常务理事	游溪赖	四四	宜兰	商	县议员	国民党
理事	蒋戊庚	四〇	宜兰	商	接骨师	国民党
理事	游瑞参	四六	宜兰	商	村长	国民党
理事	张永全	四六	宜兰	商	里长（中医师）	国民党
理事	陈玉枝	五〇	宜兰	商	里长（中医师）	国民党
理事	陈豫卿	三二	福建	公	刑警队长	国民党
理事	陈华圩	四二	宜兰	商	华南银行经理	国民党
常务监事	林本坚	五五	宜兰	商	县议员	国民党
监事	陈荣国	五〇	宜兰	商	里长（联合里主任）	国民党
监事	江宗耀	五〇	宜兰	商	里长（联合里主任）	国民党
候补理事	刘银汉				米商	国民党
候补理事	李清池				接骨师	国民党
候补理事	陈来发				接骨师	国民党
候补监事	潘松辉				汉药商	国民党

会员名册：（由于数据陈旧，部分文字不易辨识）

姓名	年龄	职业	姓名	年龄	职业
林明彩	四七	医	陈阿炎	六五	医
黄连寿	四八	医	李清池	五六	医
游永春	四五	商	张永全	四八	医
陈山水	六五	警	简石麟	四九	警
林万成	六〇	医	柯金连	五四	接骨师
李金福	四七	商	蒋灿源	一八	商
李金榜	三八	农	曾添池	四八	医
江火树	四五	医	杨天浴	三八	牙医
林阿溪	四一	商	陈松根	五三	商
林千成	四三	医	刘银汉	三五	商

（续表）

姓名	年龄	职业	姓名	年龄	职业
周作成	四六	医	张维祯	五一	医
林金木	四七	医	张忠泉	四五	医
○祖○	四○	药	李训阳	二○	商
胡水十	二一	商	陈炎明	五○	商
林俊福	五○	商	高火炼	四○	警
游阿益	四三	农	赖阿五	四一	农
○继智	四二	农	张贵祥		接骨师
陈旺○		农	陈来发	四四	商
林加冬	四一	商	谢阿猛	五二	农

现存名册所载人员仅三十八名，全为个人会员，且全部是男性。其中职业登记为医者为十三人，牙医一人，接骨师二人，药一人，商十二人，警三人，农六人。

另成立大会还通过《台湾省宜兰县国术会狮艺公约》包括前文及公约六条。全文如下（标点符号及文字一律照第十届第一次会员大会《大会手册》所载，以存其真）：

查狮艺为国术之一部既可锻炼体魄强健身心，尤富民族精神且为平民业余正常娱乐实有保存与提倡必要，本会为加强组织严守纪律爰依章程十一条之规定订定公约六条，凡我用志仰共信守。

一、各狮艺会员应有舍己为君尽忠国家服务社会之职志及协助政府担任战时肃奸妨匪之义务。

二、各狮之基本设置与装备力求简单实用以符政府战时节约之旨。

三、各狮所需经费以就玩习会员之财力自由捐助为限另有会员以外人士乐意捐赠者应于事报请本会核准方得受领事后着由负责人掣给收据附函致谢，严禁个人自由捐募。

四、各狮不得任意参加团体外之游行，如有必要应于三天前报请本会核准始可参与其队形以三列纵队为原则并由组长及干事分负督导之责不得妨碍交通。

五、凡在夜间练习狮艺不得超过十时并应避免扰及邻居之休息。

六、玩习狮艺会员应养成礼让美德不与人纠纷如有发现冒用国术名义对外滋事者应随报会以便请求宪警机关查办。

此公约除文字不甚通顺之外，更可看出光复初期的政治氛围，如“协助政府担任战时肃奸妨（防？）匪之义务”“符政府战时节约之旨”“不得任意参加团体外之游行”等均反映动员戡乱时期之政治要求。

但是另一方面，虽然国术会号称民间团体，却规定各狮艺团体接受会员以外人士捐款必于事前申报，并“严禁”个人自由捐募，显见国术会想扮演部分公权力的角色。

另外，狮队若要参加“团体外”之游行，必须于三天前报请国术会“核准”始可参与，并规定其队形“以三列纵队为原则”，似乎以国术（狮队）的“主管机关”自居。

又第六条论及会员的道德规范，及所谓“冒用国术名义对外滋事”之用语，用意在维护国术界之形象。至于“舍己为君”之类说法，则颇不知所云。

宜兰县国术会自一九五二年成立之后，并未积极推展会务，至一九七〇年举行第二届改选前，十八年间并无任何活动，新会员自然也无从加入。眼见国术有团体却无活动。国术界遂有人想另起炉灶，筹组新的国术组织，以便加强国术活动之推广。于是致力国术组织及活动之杨长宪，即于一九六七年倡议成立新组织“宜兰县国术委员会”。从此，宜兰武术活动重心，即转移到“宜兰县国术委员会”。直至一九九〇年九月选出之第八届理监事，才积极拓展组织、推动会务。

第八届理事长为德义堂国术馆李铭泰，常务理事为许其旺、杨文旗，理事包括赖皇衡、黄宗一、黄正源、江昆霖、王水金、游正义等六人。于一九九三年十一月召开第九届第一次会员大会时，登记会员二百八十七人。会员变动情形，以一九九三年整理时为例，新加入三十四名，亡故七名，退会二名，停权保留会籍一百三十二名。一九九七年第十届会员大会整理会籍时，则新加入会员一百二十二名，亡故三人，停权恢复会籍者三十一人，停权保留会籍者一百二十三名，共计合格会员三百二十七名，比上届多出四十人。第八届理事会推动工作，包括于一九九一年五月设立国术训练中心，开班授课共十二期，计学员三百六十一人次。授课内容分为：一、气功养生班。二、传统武术。三、达摩、五祖拳。四、各种长短兵器。共四大类。至一九九七年六月，增加三期，学员增加二百零二人次。此外，第八届理事会还在一九九一年十二月举办教练讲习，共有六十二人参加，五十七人合格。竞赛活动包括一九九一年三月在冬山乡体育活动中心举办北部八县市国术赛。一九九一年十二月二十五日，在礁溪乡礁溪国小举办宜兰县国术会成立四十周年“中正杯国术赛”。参加一九九二年区运会踩街游行及国术表演。一九九二年于苏澳举办八十一年度中正杯国术赛。一九九三年元宵节四十五名会员参加台南市举办之民俗艺术节活动。

一九九三年底改造第九届理监事，理事长由李铭泰连任，然举办之活动似逐渐减少。至一九九七年再改选第十届理监事后，由余添泉当选理事长，会务却自此停摆，甚为可惜。且至二〇〇三年本研究调查时，亦早已超过章程规定之四年改选期限。

（三）宜兰县国术委员会

一九六四年左右，杨长宪鉴于宜兰县国术会自一九五二年成立以来，未积极推动国术活动，因此联络宜兰国术界领袖，倡议另外成立组织。经几年奔走筹划，终于在一九六七年成立“宜兰县体育会国术委员会”（以下简称“国术委员”）。此会成立之后，努力经营，持续举办各项国术比赛、讲习及表演活动，成为宜兰县最活跃之国术组织。

国术委员会是县体育会组织下之单项委员会，主任委员由县体育会理事长遴选，委员及其他干部则由主任委员聘任。各届委员人数约三十至四十人。民国五十六年国术委员会创立时正值宜兰县体育会第七届，首任主任委员为苏耀南（亦即宜兰县国术会首任会长），副主任委员蒋茂庚，总干事刘银汉。三年后，民国五十九年改选，第二任（即体育会第八届国术委员会）主任委员为李朝成，副主任委员高水，总干事为杨长宪。

此会第三年均依规定改选，现任第十七届任期二〇〇一年至二〇〇五年，主任委员为陈正行，荣誉主任委员杨长宪，技术顾问黄培基，副主任委员李金致、李春生、林正雄、宋南滨等四位，总干事则分为国术总干事（黄文泉）及武术总干事（简忠信）。荣誉主任委员杨长宪为武术界闻人，长年致力推展国术，编订国术比赛规则，居功厥伟，同时亦是宜兰柔道运动先驱，现任中华民国柔道协会第七届理事、高段审查六段副主任委员。

总干事分为国术与武术两组，是自一九九三年第十五届开始。因为自一九九〇年北京亚运会将武术纳入比赛项目中，中国大陆发出的武术套路，即成为国际运动认可的标准竞技武术套路，传统武术面临极大挑战。为兼顾保存传统武术及参与国际竞赛的两条路线，国术委员会特将总干事分为“国术”总干事，以负责传统武术推广，及“武术”总干事，以拓展竞赛武术。当然，这只是行政编制上的区分，实际上，自一九九三年至今担任国术总干事的黄文泉与武术总干事简忠信二位，均兼修传统武术与竞赛套路。

现任国术委员会主任委员陈正行，曾习少林拳，并于一九七〇年参加在台南举行的“台湾省第廿五届全省运动大会”比赛，获杂兵器类第二名。陈正行自一九八二年起担任两届总干事（第十一、十二届），一九八七年任第十三届副主委，至一九九〇年（第十四届）起接任主任委员迄今（第十九届），长期致力国术比赛及推广工作。

现任副主委之一李春生，十六岁师事湖北来台宋少雄研习少林武术，三十三岁再拜洪懿祥学习内家拳。李春生于一九七〇年参加“台湾省第廿五届运动大会”比赛，获男子组拳术第一名及杂兵器第四名。

（四）宜兰县武术比赛

宜兰县自一九六九年起每年县运会均有国术比赛项目。此外一九七〇年至一九七五年举办过六届“县长杯”国术锦标赛，一九七六年至一九七八年，举办过三届“正光杯”国术锦标赛。一九七七年承办台湾省“中正杯”国术表演赛，七八、八八、九一年承办台湾省“主席杯”国术锦标赛，九六年举办台湾省“省长杯”国术锦标赛，九七年举办“委员杯”国术锦标赛。一九九九、二〇〇〇、二〇〇二年均举办“国（武）术锦标赛”，二〇〇一年则举办“武术锦标赛”。武术活动可谓频繁。宜兰县代表队于历次比赛亦屡获佳绩。

三、宜兰县武馆概况与主要派别

宜兰县的武馆与练武人口，向来并无统计。较为完整的登记，早期资料为宜兰县国术会一九五二年成立时登记之会员名册，近期则为一九九三年第九届第一次会员大会手册中之会员手册。

一九五二年宜兰县国术会成立之时，登录了五十名会员资料。其中大部分设籍宜兰市，占三十四名，其次礁溪五名，其次员山五名，罗东三名，壮围、三星、头城、苏澳各一名。见下图表《宜兰县国术会会员统计（一）》所示。

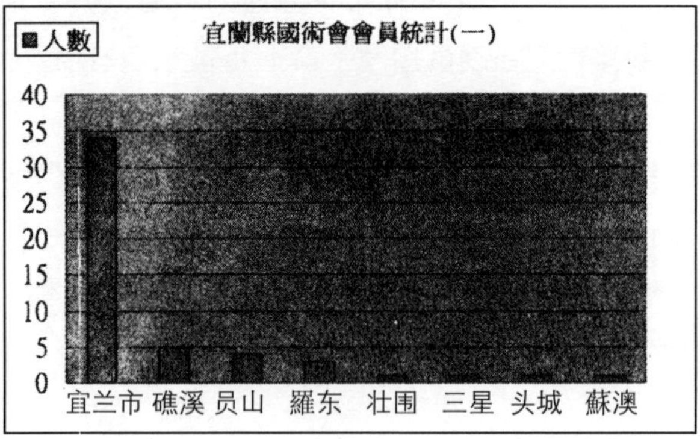

至于一九九三年的会员手册，登记会员二百八十七人。其中人数最多的是罗东，占七十三人；其次为冬山六十五人；宜兰市和苏澳都是四十一人。罗东、冬山、苏澳的会员人数增加最多。见下图表《宜兰县国术会会员统计（二）》所示。

在国术会二百八十七名会员资料中，有六十六家注明国术馆名称，包括：

宜兰市	太移春国术馆 济安安国术馆	共十一家

	虎啸太极道馆	
	正安国术馆	
	福成国术馆	
	兴昂国术馆	
	汉阳国术馆	
	正义堂国术馆	
	宝寿国术馆	
	圣元国术馆	
	天工国术馆	
罗东	德义堂国术馆	共二十二家
	正明国术馆	
	伟成国术馆	
	天明国术馆	
	国源国术馆	
	忠义国术馆	
	金都国术馆	
	精亮国术馆	
	天来国术馆	
	健成国术馆	
	天福国术馆	
	健安国术馆	
	惠星国术馆	
	福堂国术馆	
	汉威国术馆	
	五世堂国术馆	
	茂隆国术馆	
	存仁国术馆	

	长松国术馆	
	守信国术馆	
	弘竹国术馆	
	仁德国术馆	
头城	赐安国术馆	共三家
	雄武国术馆	
	凤娇国术馆	
冬山	正义国术馆	共六家
	锡洋国术馆	
	蓝峰国术馆	
	神功国术馆	
	正光国术馆	
	龙仁堂国术馆	
员山	田庆国术馆	一家
苏澳	垚辉国术馆	共九家
	德安国术馆	
	金池国术馆	
	庆安堂国术馆	
	天赐国术馆	
	文长国术馆	
	光耀国术馆	
	福连国术馆	
	保生堂国术馆	

五结	天生国术馆	共六家
	健顺国术馆	
	水土国术馆	
	忠儒中国功夫馆	
	博爱国术馆	
	居万国术馆	
礁溪	光鹰国术馆	共三家
	玉瑞国术馆	
	国田国术馆	
壮围	水金国术馆	一家
三星	正夫国术馆	一家
其他	国龙国术馆（花莲）	共三家
	胜安国术馆（花莲）	
	金玉堂国术馆（中和）	

各地武馆以罗东二十二家最多，宜兰市十一家次之，再次为苏澳九家。若如上宜兰县体育会一九四六年特刊二〇〇二年所载委员之国术馆，含罗东的济公国术馆、罗东林金狮国术馆、勤习堂令鹤国术馆共三家；五结的晋德国术馆、惠群国术馆共二家；头城的头城林金狮国术馆一家；冬山的升阳国术馆一家；礁溪的四丰国术馆、洲仔尾金狮团及特刊未载但相当知名的茅埔、港仔尾、林美共五家；宜兰市的国栋国术馆、永安国术馆二家；员山的永昌国术馆一家。统计及图表如后：

	宜兰市	礁溪	员山	罗东	壮围	三星	头城	苏澳	冬山	五结	其他
家数	12	8	2	25	1	1	4	9	7	8	3

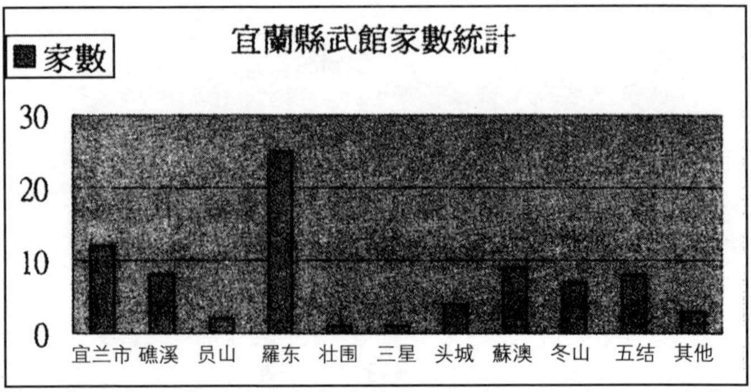

武馆家数以罗东最多，宜兰县次之。

宜兰县传统武术门派以宜兰河为界，有溪南、溪北之分。大致而言，溪南武馆重视门派，严守家法传统，以德义堂、勤习堂为代表；溪北武馆讲究革新求变，主张吸收众家之长、以太祖忠义堂、礁溪狮团为代表：

1. 德义堂：以五祖拳为主。

2. 勤习堂：北港师傅所传，属白鹤拳系。

3. 太祖忠义堂：林金狮所传，属太祖拳系。

4. 礁溪狮团（金鹰拳）：振兴社系，目前以茅埔、港仔尾、林美、洲仔尾四团为主。

（一）德义堂

德义堂是分布全省的门派，并号称宜兰最大门派，曾在宜兰各处传授三千名以上弟子。

德义堂来台第一代祖师有两位，即苏大鼻与刘锦堂。苏大鼻人称大鼻师，落居嘉义市，传授太祖拳、白鹤拳及少林拳三大拳种。门下弟子以吴恶牛及童金龙较知名。刘锦堂人称刘总，来台后在北港授拳，所授以南少林达摩五祖拳为主。达摩五祖拳又称达尊拳，包括五祖点穴、五祖擒拿技、五龙化技、五梅剪及梅花扇手等五种拳路。（据李铭泰云，此五种拳路如今大陆武术界亦鲜见，唯在一九九五年泉州武术节曾见有人表演）刘锦堂门下只有吴恶牛及王渊语两位。

第二代以吴恶牛及童金龙为代表。吴恶牛俗称恶牛师，住北港镇，传弟子李忠信等人。童金龙人称金龙师，原籍嘉义，后来迁居高雄。童金龙师承苏大鼻、梅花真人、火炎光佛及少林伟煌、弘法等人，后自创柔拳道一门，弟子包括纪保重、吴明儒、钟斌光、罗吉村、郭连福、童国栋（童金龙之子，现任嘉义国术会理事长）等。

在宜兰发展之德义堂，主要为第三代传人李忠信。比李忠信略早及同期，亦有其他师兄弟到宜兰传艺，然而影响不如李忠信深远。李忠信原籍云林县水林乡，后移居宜兰县罗东镇。李忠信为吴恶牛的弟子，亦曾受师叔童金龙指导，门下弟子四百余位，主要弟子如游茂力、庄添保、黄进煌、陈松茂、余添良、李铭泰等。李忠信于罗东以接骨维生，一九五六年左右开始授徒。弟子日间上学，放学后较亲近弟子，帮忙师傅煎药炮制，整骨推拿，既充助手，更是实习。因此一间武馆营生，不需太多专任人员，弟子即是助理。师生传授，除拳术必须演练示范之外，炼药推拿全是边做边教，边做边学。弟子在老师馆中帮忙和学习，不必缴学费，亦不可能支薪，却往往放学后直奔武馆，晚餐亦食于老师家，饭后余暇则练拳舞狮，直至夜深事毕，疲惫不堪，才回家歇息。师生关系近似亲人，师兄弟甘苦共尝，情胜手足。

李铭泰为李忠信之子，于各种武术多所涉猎。除家传德义堂传统拳术、舞狮、内功、推拿接骨、丹丸药散之外，亦曾学习太极拳、跆拳道等。并于一九八三年取得跆拳道省级教练、裁判及太极拳国家级教练资格，一九八五年荣获“中华民国国术会”国家级裁判资格，一九九〇年获中华国术联盟总会国际级裁判资格，一九九一年取得中华民国体育运动总会国家级教练资格。李铭泰曾受邀在国中小学教授，习者累计逾三千人。一九八二年与跆拳道老师简金福于罗东合开宜兰第一家跆拳道馆，名为“兰阳跆拳道总馆”。后因国术界长辈向父亲李忠信进言，说德义堂弟子不当背弃国术在外传授外来武术，李铭泰遂放弃跆拳道馆，于一九八四年自行开设国术馆。门下弟子有游祥德（县议员）、吴顺来、游原森、陈志明、罗明结、苏金荣、林银星，等等。李铭泰生于一九五五年，三十五岁（一九九〇年）时曾当选宜兰县国术会第八届理事长，并于第九届连任，至一九九七年改选才卸任。近年来李铭泰之德义堂国术馆迁至台北县中和市，以整复推拿为主，兼传授养生内功。

余添泉为李铭泰之师兄，一九五四年生，接续李铭泰担任宜兰县国术会第十届会长。余添泉于十七岁时（约一九七一年左右），为改善体质强健体魄拜师李忠信习武。目前任职邮局，长居台北。

（二）勤习堂

台湾勤习堂相传来自虎尾西螺街廖万得，廖万得的武艺则

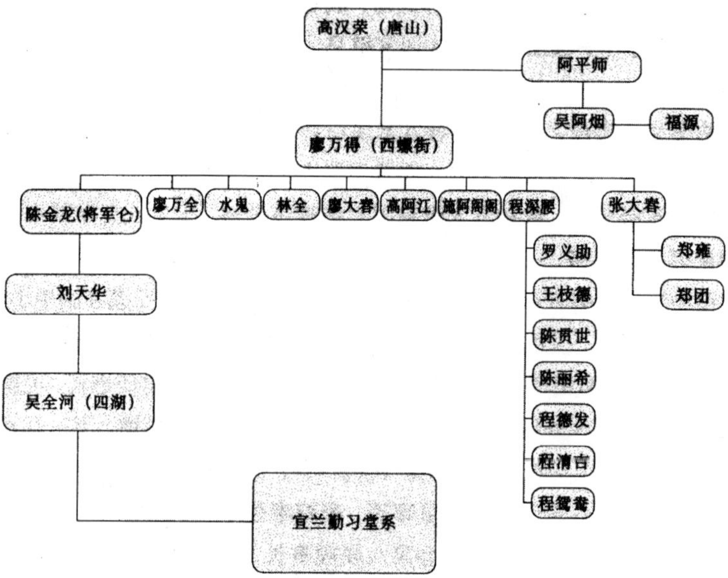

学自大陆来台的高汉荣。廖万得在家开馆授徒，弟子有陈金龙、张大春、程深腰、廖万全等共计四十三人。陈金龙收刘天化为徒，刘天化的弟子吴金河则是宜兰勤习堂的开拓者。下表为勤习堂传承系统略表，以见由高汉荣至宜兰勤习堂间之传承。

吴金河为云林县四湖人，曾于云林、古坑、东势各地教拳。一九六一年左右因与警察之纠纷，至罗东投靠经营木材生意的亲戚，初期协助管理木材场工作，亦曾改行做过卖饲料等小生意，最后开设国术馆，以罗东为中心四处授拳，二十多年间，教过弟子五六百人，其中学艺较精的弟子约二百人。吴金河最初成立的国术馆名为“和山国术馆”，后改名“北港国术馆”。其后北港国术馆之名由子吴昆山继承，其他弟子所开设之武馆，除蔡辉龙称“勤习武道馆”之外，其余均以勤习堂之名为首，加上自取馆名。馆名大多包含“鹤”字，如吴明朱的“勤习堂明鹤国术馆”、罗国鹤的“勤习堂令鹤国术馆”、沈文通的“勤习堂战鹤国术馆”、范光濲的“勤习堂南鹤国术馆”、林正福的“勤习堂正鹤国术馆”、李火习的“勤习堂北鹤国术馆”、林山和的“勤习堂三鹤国术馆”及再传的“健鹤”“跃鹤”“翔鹤”“天鹤”，等等。

吴金河于罗东开设国术馆后，主要收入为损伤接骨、看病卖药，其次为授拳学费、出阵表演、排解纷争的礼金等。授拳采师徒制，弟子于放学或下班闲暇之时，往往流连武馆，习拳练武或协助师傅看病包药，师徒情谊深厚，可谓以武馆为第二个家，甚至除夕当日仍有弟子前来。

吴金河过世后，部分弟子于一九八七年四月成立“勤习堂源流武术联盟”，其宗旨为“研究中国国粹，发扬中国固有传统文化及促进勤习堂源流弟子团结、互助、联谊”。主要工作包括“勤习堂源流之武技、学术之研究改进”“勤习堂源流弟子之辅导、联谊、互助、教务、协调”及“统一教材及资料整理等编汇”。联盟并编订“阶段鉴定条则”，以年资与武术表演为鉴定标准，凡“源流弟子”习武二年以上，且年满十六岁者，即可参加入室鉴定，阶层可由“入室晋一”逐步升至“入室晋五”，最高阶为“长老顾问”。

下表为“勤习堂源流武术联盟会弟子会员师承系表”，所列弟子以加入会员者为准。

勤习堂源流武术联盟会弟子会员师承系表

数据时间：一九九一年十二月廿九日

	吴金河	长老	
	↓		
北鹤	吴明朱	晋五 →	卢柏贤
	吴水清		
北港	吴昆山	长老 →	庄国华
勤习	蔡辉龙	长老	
	游本鹤	长老 →	蔡尚江
	游本德	长老	
	陈和睦	晋四	
令鹤	罗国鹤	晋四 →	另见下表
	游源龙	晋三	
	黄钦政	晋三	
	蓝清华	晋三	
	陈长辉		林文亮
战鹤	沈文通	晋三 →	郭滨庆
	张四川		陈彦宇
	方阿骞		
	蔡芳雄	晋二	
南鹤	范光濴	晋二	
北鹤	李火习		

三鹤	林山和	
	李聪静	晋二
	方灿辉	
正鹤	林正福	晋二
	林清朗	晋二
	柳水树	晋二
	陈英治	长老
	蔡顺宽	晋二
	邱灿红	晋二
	李政炽	晋一
	吴奕昆	晋二
	张铁男	晋一
	郭春湖	晋一
	曾守信	
	简世煜	
	林昆辉	

罗国鹤弟子会员表

健鹤	戴清荣	晋一	翔鹤	陈庆雄	晋一
	林振馨	晋一		李雨洲	
	林振裕	晋一		沈国村	
	沈英明			庄明达	
	陈松茂	晋一		陈金胜	
	谢文发	晋一		黄仲荣	
	曾信郎	入室		龙祺穆	
	丁聪明	晋一		黄耀贤	
	林盈钊			周敬斌	
	丁国庆			林子惠	入室

	郑荣宗	入室		卓正杉	
	沈奋明			马　燕	
	游锡琳			游至皓	入室
	何坤灿	入室		陈文龙	
	沈文科			张建信	
	陈正贤			陈奕翰	
	简志德	入室	天鹤	吕天心	
	陈宏仁	入室		林保章	
	沈忠仁			林世杰	
跃鹤	黄耀德	入室		江正添	
	何谷生			沈惠燕	
	李建辉			吴启兴	
	曾信益			林凤娇	
	曾信弘			黄素云	
	苏建益	入室		卢永利	
	李建源	入室			

勤习堂源流武术联盟并设计以古太极图及白鹤为主要图案之会旗，图意之说明如下（设计者为罗国鹤）：

1. 图中背景以黑白色古太极图为衬，以超凡脱俗，以象阴阳委婉、融合之征。

2. 外廓红色画椭圆以象征乾坤混沌，代表武术最高，返璞归真之境。

3. 映上象形白色翔鹤以衬出谦冲、含蓄、内敛之义，代表勤习堂弟子内外修为。

4.图配青赤黄白黑五色，以象征中国传统哲理五行内涵。

第一届、二届会长为吴金河之子吴昆山，目前第六届理事长为黄钦政，秘书长为罗国鹤。罗国鹤，一九五六年生，十五岁开始跟随吴金河习拳，现任“中华民国”中医伤科医学会常务理事、宜兰县中医师公会理事长、宜兰县体育会国术武术委员会常务委员、宜兰县国术会伤科复健委员会主任委员。曾带队于一九七二年夺得宜县运国术比赛团体第三名、一九七五年宜兰县同济南杯团体总冠军、一九七六年省主席杯团体第三名、一九七七年省主席杯团体第一名、一九七七年第一届中正杯舞狮赛狮王奖。

勤习堂武术属白鹤拳系，宜兰地区勤习堂的拳母以长肢白鹤第一套为基本功，鹤仔着重练习吞、吐、浮、沉、震、摇、化等各种技法。狮艺包括以下内容：

> 请金（包括敬天地人及敬三门）、请香箭、抢金（用来净身）、四门、踏七星（祭煞以保护自己）、净身（咬脚、咬虱等动作）、左右点七星、拜府探对联（上联或堂号）、穿龙柱、耍石狮、狮接礼、探井、过桥探水影、参神、刺狮血、大树困狮、踏八挂等等。

狮鬼则分为五种角色：

> 公（即土地公）、婆（即媒婆）、猴（灵猴）、丑（小丑）、小（小狮子）。

（三）太祖忠义堂

宜兰太祖忠义堂传自林金狮。林金狮为头城仑（中仑）人，年轻时前往大陆福建漳州，拜在太祖忠义堂陈泰成（泰山）门下，习太祖拳。返台后于头城中仑里设立“中兴国术馆”，从习者众，然正式弟子唯陈俊波（师兄）及黄培基（师弟）二人。

黄培基回忆林金狮教拳情形说：“大师教导极严，不论寒暑，天未亮，就叫学生起床。初练内力、呼吸法，至六点各自散去务农。晚上七点再集合练功，至深夜仍不松

林金狮国术馆传承表

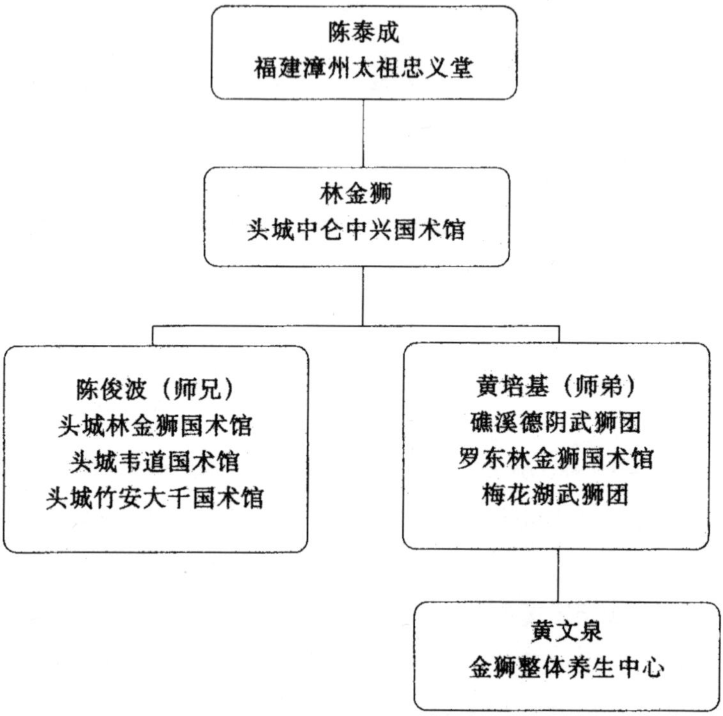

懈。大师每每赤身，手拿长烟斗在一旁严厉督责，更时以长烟斗敲打不认真者，随他练拳的人心理压力都很大，往往夜里梦醒还起来练武。”（见罗东林金狮国术馆编印《八一年台湾区运国术赛特刊》，一九九二年）林金狮在头城授拳二年后即迁馆至台北，几年后（可能两年左右，待查）因肺癌病逝。林金狮去世后，陈、黄师兄弟再拜林金狮之子林荣宝为师。

黄培基

黄培基，一九三八年十月二十日生。罗东林金狮国术馆馆主。林金狮传人。原向张海龙习金鹰拳，十六岁时逢林金狮于头城设馆，改投林金狮门下习太祖拳。第三年，黄培基十八岁，参加一九六七年此区七县市国术锦标赛，获团体组冠军（当时领队为蒋茂庚，教练万松，队员包括刘荣土、林龙池、俞阿栋、游兴坤与黄培基等）。林金狮病逝后黄培基于礁溪德阳村教授狮团及武术。所教狮阵名声响亮，足迹遍及宜兰全县。一九七〇年，黄培基于头城顶埔创立“林金狮国术馆第二分馆”（第一分馆为师兄陈俊波于头城街所创之“头城林金狮国术馆”），两年后（一九七二年）迁至罗东镇公园路5号，一九八二年又移居罗东镇民权路民权商场38号。黄培基广收门徒，持续推广太祖拳，曾任宜兰县国术会第六届、七届理事长，任内主办七十七年中正杯国术锦标赛及三届北区八县市国术锦标赛。并于所经营“林金狮国术馆”内辟设训练场所，培训比赛选手，一日四餐均由妻子蓝美月烹调，且供住宿，使选手无后顾之忧。宜兰县国术代表队自民国七十七年起，蝉联四届团总冠军，代表队成员几乎全为林金狮国术馆门下弟子。

黄文泉先生，一九六七年八月九日生。文化大学体育研究所国术组二年级。黄培基先生长子，林金狮第二代传人。现任“宜兰县国术委员会总干事”“金狮整体养生中心负责人”。

太祖拳之请拳，黄文泉示范

武馆分为明馆及暗馆。明馆除教授武术外，亦组狮阵。暗馆则只教武术，不弄狮。林金狮国术馆之狮阵极具特色，为开口狮。台湾狮分为开口与闭口两种，开口狮为林金狮所传。

林金狮一系请拳方式十分特殊，右脚在前，左掌心对右拳心。林金狮传太祖拳基本功及套路如下：

1. 基本功

（1）甩（アしメ3）肢：单甩、双甩。双甩肢又称为双割手。

（2）挲（ムち7）草。

（3）四门：朝四方各出三拳，顺序为前、右、左、前、后，故一轮为五个方向，合计十五拳。

（4）单踢下压。

（5）五步。

（6）步法。

（7）角战。

2. 内功

呼吸鼓腹，属硬气功。运气于腹腰，使坚硬如铁，可耐重击。

3. 套拳

（1）三战拳（八式）。

（2）太祖上下拳（十五式）。

（3）二十四式拳（二十四式）。

（4）擒拿。

（5）鹤拳。

4. 兵器

（1）短兵器九套。

（2）长兵器九套。

（3）对练。

此外，黄培基自张海龙习得伏虎拳（十二式），属嘉义阿善师金鹰拳系。

（四）礁溪狮团：金鹰拳

礁溪武馆均以狮团形态成立，最早狮团为“分尾”狮团，百年历史，目前有人练，但极少活动。分尾狮团传人主要为吴塘汉先生（吴塘汉先生之父去年去世）及堂弟吴丰年先生。吴塘汉先生为友群山庄、友诚大饭店老板，专心经商。吴丰年先生为四丰国术馆馆主、六安堂中药房负责人。

礁溪目前以茅埔、港仔尾、林美、洲仔尾四团为主。玉田村最早有一狮团，后分为港仔尾与茅埔二团。港仔尾一团为金鹰拳系，目前负责人为五结乡农会林清朗先生，曾向勤习堂习鹤拳，因此港仔尾金狮团老师傅只练金鹰拳，而林清朗则兼练金鹰拳和鹤拳。

简忠信示范请拳

港仔尾和洲仔尾同为振兴社金鹰拳系，金鹰拳俗称“揲仔拳”。

1. 洲仔尾金狮团

洲仔尾金狮团成立于一九五四

简忠信示范请拳（侧面）

年左右，由壮围乡土城人吴飞龙成立。其时茅埔（玉田）西螺来的师傅教拳及狮阵，吴飞龙于茅埔习艺后，在洲仔尾授徒。吴飞龙一九三〇年生，属龙，现年约七十三岁。现住罗东，身体已不佳。吴之师兄弟现在多存于茅埔。吴后亦曾于冬山柯仔林、苏澳等地教拳，但是这些狮团均已四散。

洲仔尾金狮团创团团长为赖木泉（已去世），刚成立时团员五六十人。团员须缴学费。一九八一年左右由简水清接任团长，一九九一年左右简水清先生去世，由儿子简忠信先生接任团长，时年二十五岁。简忠信先生，一九六六年三月十七日生。洲仔尾金狮团团主，宜兰县国术委员会武术总干事。

学习金鹰拳必先学拳后练兵器。主要套拳共计十四套，即：

1. 拳母　2. 揲仔尾　3. 二揲仔头　4. 二揲仔尾　5. 三揲仔头　6. 三揲仔尾　7. 四揲仔头　8. 四揲仔尾　9. 五揲仔头　10. 五揲仔尾　11. 六揲仔头　12. 六揲仔尾　13. 七揲仔头　14. 七揲仔尾

以上十四套，每套各十多式。基本手法、步法相近，而组合不同。金鹰拳的基本手法为“溜手”，其特色在手成“爪”形。步法亦极具特色，为二脚成一线之“椅条马”，此马前弓后箭，并无宽度。林金狮所传之马步，则为“三角马”，两足宽度略同于肩。

另有揲仔外，只听说未曾见。亦有双人对练之盘手。又有专练搏击者，称为法门。

一九八三年左右，洲仔尾狮团武师陈锦芳于台北学得螳螂拳及少林长拳十多套，回洲仔尾传授。因此洲仔尾金狮团亦兼习螳螂拳及少林长拳。

洲仔尾金狮团目前固定练习者，约十人左右，每周练习三次，星期四、五、六晚上 19：00 至 21：00，不收学费。不定期应邀在庙会、喜庆、开幕表演。

舞狮之后场分为鼓、钹、锣。其中鼓一人，锣一人，钹数人。前场则有弄狮、拳头、兵器。前后场及各分工，可随兴轮替。

狮团名称分为“瑞狮”和“金狮”。振兴社系称为“瑞狮”，勤习堂及其他系统则称为“金狮”。

舞狮又分为“狮团”与“狮阵”。“狮阵”指北部狮，狮口可开合，称为“开口狮”，如淡水、大龙峒一带之狮阵。“狮团”指南部狮，狮口不开，称为“闭口狮”。玉田狮均属振兴社之闭口“瑞狮团”系。然洲仔尾虽为振兴社金鹰拳系，却错以“金狮”为名。

2. 港仔尾振兴瑞狮团

港仔尾振兴瑞狮团之武术以振兴社金鹰拳为主，然“社”字于乐馆属“福禄”系，而港仔尾瑞狮团属“西皮”系，为避免混淆而舍“社”字不用，又振兴社为闭口瑞狮团，故名为“港仔尾振兴瑞狮团”。

港仔尾振兴瑞狮团武术种类较多，主要分为白鹤、金鹰、勤习堂三部分，各有传承。

港仔尾振兴瑞狮团中主要传承白鹤拳者，为前任团主（第五任）陈水木先生。陈水木生于一九一九年，目前仍在狮团教拳。日据时代末期玉田一带教授白鹤拳者，约有四处。一于顶姓谢，由李清池教导；一于下姓谢，由谢阿庚传授；一于吴阿火（绰号鬼仔火，村人或称之“鬼仔火”，或“阿火”，其本名无法确定）家中；一在武暖。此四处于台湾光复初期均改由刘银汉接手授拳。

武暖白鹤拳起初于一九四三年由黄清水传授。黄清水为亡命之徒，至金瓜石采矿并从同为矿工的黄阿寿习得白鹤后，回至武暖教拳。一九四五年，黄阿寿亦回到武暖，武馆改由黄阿寿教授。三年后，黄阿寿去世，享年五十五岁。其后由林狗曾（林狗曾之名村人只能记其音，无法确定为何字。林狗曾与黄阿寿同年）教习，一年多后，再改由刘银汉接手。

刘银汉为宜兰重要武师，白鹤拳传自父亲，曾习柔道。宜兰国术会成立发起人之一，曾任国术委员会总干事。

陈木水所习得之白鹤拳，包括双肢、五步、青鹰（记音）、门帘、角战、单战、四门、摽马等。据陈木水说法，武馆分为光馆和暗馆。光馆所教，多为基本拳法，至于狠招、绝招等细致（幼技）技巧，则只在暗馆传授。

港仔尾振兴瑞狮团之金鹰拳传自“老鹰师”。老鹰师来自大陆福建省漳州，原居西螺，后举家迁居今礁溪乡玉田村与玉光村交界处港仔尾（当时名为噶玛兰的玛僯社），受聘于庄玛喜家中公开授徒，传授金鹰拳（硬枝拳法）。后逢中日甲午战后，清廷割让台湾，老鹰师乃扩大号召壮丁习武。茅埔、土围等地青年闻名前来学武或习医者日众，场地渐不敷使用，遂另觅隔邻李水柳先生之大稻程成立狮团。老鹰师不曾吐露真实姓名，只吩咐弟子称其为“老鹰师”（台语音“老叶师”）。老鹰师于一九二七年去世，享年八十六。

一九三八年间，老鹰师弟子获廖五常之协助，至西螺礼聘陈火明、陈文炎、郑水清等人前来传授拳艺。所传拳法包括太祖化拳、白鹤拳、猴拳及少林长短兵器及齐眉棍等，前后为期五六年。然而当时练拳只能利用农闲，虽号称一年，实际只有四个月。

现任团长林清朗一九五五年生，二十一岁时为鼻病所苦，听闻练武可治鼻病，故于罗东开源市场勤习堂拜吴金河为师，学习鹤拳。吴金河当时年约六十开外。林清朗于此处习得三战白鹤拳，包括上下路、独脚鹤、战鹤、三战等。两年后转加入振兴瑞狮团。

港仔尾振兴瑞狮团历任团长如下：

（1）第一任团长为庄玛喜，总务李水柳及庄德春。时约民国前二十年左右。

第二任团长为李水柳，总务游春生。时约民国前十一二年。

（2）台湾光复后，林天送于一九四八年继任团长，唯当时并无实际团队，只在庙会中偶尔出阵凑热闹。

（3）一九六〇年，郭吕金接任第四任团长，才逐步重整团务，安排狮团参与各项民间活动。郭团长于一九八七年因心脏病过世。

（4）一九八七年，副团长陈木水接任第五任团长。并于第二年代表宜兰县，至云林县北港镇，参加由台湾省政府举办之小区民俗育乐活动，成绩辉煌。一九九二年，获台湾省第五届狮技艺会台湾狮传统技艺组“狮王奖”。

（5）一九九三年，由林清朗接任第六任团长。当年参加台湾省第一届主席杯舞狮比赛，获台湾狮传统技艺组“狮王奖”、第一届味全杯舞狮狮王争霸赛“狮王奖”及“最佳狮尾奖”。次年，则获主席杯铜狮奖。

现任团长林清朗强调狮团存在的目的是为营利，以贴补团员生活。因此极力争取任何表演机会，赚取演出费用。狮团致力规划适合表演之项目，并可依主办单位经费调整。目前狮团国术主要表演项目及人员如下：

项次	表演项目	表演者姓名
1	春秋大刀	吴炎章
2	白鹤长肢	林正万、张书玮、何国华
3	白鹤五步	林佩宜、吴家兴
4	雷风镋	吴清华
5	十八罗汉拳	陈宽重
6	长肢白鹤拳	林清朗
7	齐眉对打	张家昌、张书玮
8	西螺三揲	庄正平
9	西螺双尺	林赐福
10	左手单头槌	陈木水
11	白鹤揲马	吴锦坤

（续表）

12	半斩	张书玮
13	太祖猴拳	吴芳仁
14	太祖化鹤	何国华
15	雷风镋对牌	吴炎章、郑新耀
16	西螺单尺	郑阿棋
17	镰钓枪	林清朗
18	齐眉牌对打	张书玮、何国华、吴炳俊、林赐福
19	双刀对打	吴芳仁、吴锦坤
20	木靶双刀对打	林广生、郑正义
21	形影双锏	游水金
22	双眼	何国华
23	西螺四揲尾	庄正华
24	西螺大刀牌对打	郑新耀、吴炎章
25	钉顶破砖功	林旼铮、吴锦坤
26	软喉铁条功	张家昌、吴炳俊
27	踏刀破瓶功	何国华、林清朗
28	睡压玻璃功	吴炳俊、林清朗
29	肚皮功	吴金瑞、陈宽重、林清朗、吴锦坤
30	双锏对阵	陈宽重、林赐福
31	连环特技硬皮功	张家昌、陈木水
32	镋对空手	林正万、林庆辰
33	齐眉棍对打	吴炳俊、张家昌、何国华、张书玮
34	空手对打	周瑞明、张家昌
35	西螺拳	吴炎章
36	丈二	

四、武馆经营

（一）授徒

1. 招生对象

武馆弟子可分为以下几个主要类别：

（1）庄头武馆：庄头武馆之弟子，多半具地缘关系，尤其农业为中心之生活形态，所有活动均需与农业生产时程相配合。当时更无便利之交通工具，于是形成弟子和武馆定着，而师傅四处流动教拳之形态。也就是当地有意学拳的人，于乡里间觅一场所，定时集合练习，组成各地狮阵（团）或武馆，而师傅则到各练习场所授拳。一位师傅可能同时于数个不同武馆教拳，更可能先后在不同地方成立狮团。此类武馆可四处林立，而招生对象多限于住家附近。只要集合足够学员，请得动师傅，则各乡里都可能成立。因此这类弟子的地缘性和地著性最强。

（2）国术馆：武师可能择地开设武馆，公开招生，吸引学员。此类武馆往往设于都市中，或交通便利处，因此除招收附近邻居外，也可能有远地学员慕名前来投师。

（3）亦有学校利用社团或校队选手训练名义聘请武术家至学校教授武艺，这种学校自小学、国中至高中高职均有。若是小学生则学习期时较长，学习态度一般而言亦佳，且从小打下较扎实基础，就读中学后若继续练习，成果自然可期。若国中、高中才开始学习，理解力较强，生理较成熟，体能亦较佳。然而学习期间相对较短，且如果全无基础，则悟性因人而异，再加上课业压力，半途而废者亦相当普遍。

（4）各地小区活动中心或社会团体亦有举办各类“国术班”“养生气功班”等，学员则为小区居民或团体会员。这类学员多半年龄层分布较大，且以“气功”“太极拳”等柔性健身功法较受欢迎。

2. 招生方式

武馆的招生方式，因对象不同，而有不同方式。主要为：

（1）地方人士主动招集：地方人士有喜好武术者，或希望子弟学习武术者，往往于汇集相当人数后聘请知名拳师前来授拳，因此拳师并不参与招生事务。地方人士招集习武者，当然也以当地人士为对象，并不需要特别形式之招生，只要针对乡里青年略加通知询问即可。

（2）亲戚朋友介绍：武馆招生的另一种方式为亲友介绍。这种方式对传统武馆有其便利处，一是由亲友子弟关系转变为师生关系，较为容易，不像陌生的学生需经过一段时间的相互了解。因此师生关系容易建立。再者若不需要太多弟子时，只要以此途径即可招募足够人数，省事方便。此外，亲友弟子背景较易掌握，较可信赖。因此亲友介绍亦是重要招生方式。

（3）弟子介绍：年轻人对于新奇有趣的讯息，经常都能快速流通传递，且同侪间的说服力极大，又非广告宣传所能及。因此弟子往往介绍邻居或同学一起习武，以增加练习的趣味。

（4）以名气吸引：知名武师亦往往能吸引喜好武术者，慕名而来投师学艺。但是此类靠知名度招生者，限制条件较多。如武师必须有固定地址才能使慕名者有处可寻。其次，若由地方人士招集组成之地方性武馆，成员都是邻里子弟，对外来陌生人较易抱持戒心。又，武师的名气亦无适当传播管道，若非特殊机缘能扬名立万（例如比赛、驱赶匪徒或斗殴等场合），就要等长时间累积知名度。

（5）医术名声：推拿接骨医疗工作是武馆经营及宣传的重要工作。医疗工作的宣传功能可分为三层意义。一是在医疗简陋的乡村或小市镇，医生的身份可提高武师的社会地位。武师、拳头师虽亦称“师”，毕竟舞枪使拳，似属以武犯禁之流，乡人畏惧有之，却未必尊重。看病推拿的医生，纵属江湖郎中，总是较易获得病患者的感恩与尊重。且救人济世形象比起打拳练武的武夫，社会地位自然提高不少。二是部分弟子习武的动机是为习得治病技能，尤其一窥师傅“祖传秘笈”。不少人仍相信拳头师的治病技能来自一本（或数本）祖传的药册或药簿秘笈。秘笈当中记录如何接骨推拿、诊断治疗、药方炼法、毒药解药，甚至内功、点穴、轻功等不传之秘。这些对部分年轻人而言，亦极具诱惑力，最好能习得不世出的绝技，最少也能学得医术，也算一技之长。三是有些人习武的目的就是为治疗疾病或改善体质。港仔尾振兴瑞狮团现任团长林清朗的习武动机，即因二十一岁时为鼻病所苦，听说练武可治鼻病，故于罗东开源市场勤习堂拜吴金河为师，学习鹤拳。现任宜兰县国术会理事长余添泉，亦是为改善体质，强健体魄而拜师德义堂李忠信习武。可见弟子对习武与治疗疾病二者间的关系有特殊的期待。他们通常认为，跟师傅练拳，不但可锻炼强健体魄，师傅的“练功散”更对练功者的身体大有帮助。四是医术的口碑当然亦是最佳的宣传方式。医疗可以建立良好社会关系，治疗酸痛扭折的推拿针灸，原本即需与病患长期接触，并与病患密切互动。因此每次医疗，都具宣传作用，即使武师无心利用，医疗的口碑也自然流传，成为最佳的人际传播宣传管道。

（6）学校：有些学校为致力传统文化之传承，于校内成立武术社团或武术队，聘请武师指导。平时属学校校内社团活动，对外亦可代表学校或地方，参加国术或武术比赛。一学员均为在校学生，招生事务由学校或社团干部负责，指导老师不必参与。

（7）社团（小区、社团）：小区或社团举办之国术班、养生气功班、太极拳班等，招生事务由小区或社团统一办理，老师或教练亦无须过问。

（二）经费来源

1. 推拿接骨

推拿接骨是传统武馆经费的主要来源。尤其在宜兰地区早期医疗设备并不发达时，民众如果筋骨酸痛或跌打损伤，乃至于气闷郁积、肠骨不适，都可能到武馆求诊。武馆拳头师主要治疗的病症，为跌打损伤等骨科及伤科。因为推拿接骨是某些武馆的主要经济来源，所以白天的主要工作即是推拿接骨。至于习武练拳，是夜晚饭后的活动。招收来的弟子，其主要工作也是帮助师傅熬炼药品或协助推拿，工作之余才能练拳。而此类武馆由于弟子参与工作，亦可能不另收习武学费。

2. 授徒学费

如果武馆师傅以授拳为主业，则当然以学费为经济来源。不论是传统在各地自行聚集再聘请老师的地区性武馆，或在学校、小区、社团的武术班、武术队或武术社，学生和老师都以传习武术为主要目的，教拳收入亦是老师授徒的主要收入。（虽然老师同样可能在教导武术过程为学生治疗疾病，或另有武馆以治病为主业，但是在此类以授拳为主的团体中，其主要经济来源仍是学费。）

3. 表演比赛

武馆的活动，除平日演练传习之外，亦可能受邀参加各项表演或竞赛。如庙会、私人宴会、公家庆典或各式比赛等。其中庙会活动常配合神佛诞辰等固定节日，私人宴会则如谢神还愿等非固定活动，公家庆典如为庆祝“国庆节”、光复节等而举办之庆典活动，竞赛则如县运动会、省运动会及后来改成的区运会、全国运动会、全民运动会等等。以上各类表演比赛活动中，庙会及私人宴会，多半支付表演团体演出费。若是公家举办的活动，则视主办单位编列之经费而定，如果是大规模活动则通常会编列车马补助费。至于比赛，则有比赛奖金。

4. 排解纷争之谢礼

传统武馆具武力，于社会中扮演特殊角色。以往乡里之间若遇到难以排解之纠纷，经常邀请地方上有名望者出面调解，出名的武师亦可能因帮人排解纷争而获得当事人之谢礼。但是这类收入当然无法预测何时发生，礼金多少也全凭对方心意，因此并非固定收入。

五、武馆的社会角色

习武者在社会上处于黑道与白道之间，亦正亦邪。官方欲借以平乱保安，又须提防挟武犯禁。既是民变械斗的主角，也是维持地方治安的力量。据武馆耆老所述及文献所载，武馆在宜兰社会上曾扮演以下角色：

（一）乡勇民壮

汉人开垦噶玛兰，以武力为后盾，为对抗平埔族原住民，必须雇募乡勇，组织自卫力量。乡勇操拳练武，形成宜兰尚武之风。嘉庆十七年（一八一二年），清廷设置噶玛兰厅，隶属诸罗县。噶玛兰厅之差役中即有“民壮”名额二十名。民壮本为召集学习武艺者，调用于守卫仓库、监狱，防卫盗贼，解款、解犯，护卫地方官，或从事皂快或粮差职务。可见当时已有学习武艺者，并依恃武艺协助官府处理公务。

（二）为民除害、维持治安

陈木水先生（港仔尾振兴瑞狮团第五任团长）提及一件武馆师兄弟痛击土匪、为民除害的故事。他说二次大战结束，台湾光复初期，正是时局最乱、盗匪四起的时候，有些饥民一变而成强盗四处抢夺稻谷。有一次当时著名的匪徒“臭狗添仔”带着“黄仔水”在邻近村庄打劫农家，十来个匪徒每人带着两把刀出没，弄得人心惶惶，有一日抢到光武村（玉由村附近）时，遇见陈木水师兄弟，遭陈木水师兄弟打倒。这正是习武者为民除害、保护农家安全的最佳代表。林金狮国术馆长黄培基先生亦提及借武馆威名克制黑道故事，是说曾有一师弟遭遇无赖拦路行抢，这位师弟客气地说："我身上没带钱，钱放在武馆里。"对方遂问："是何武馆？""林金狮国术馆。"无赖一听说此人来自林金狮国术馆，知道招惹不起，连忙赔笑放行。可见武馆在各地方与黑道间形成互不侵犯的"恐怖平衡"关系，亦多少压缩了黑道活动范围。

（三）械斗

西皮与福禄只是音乐派别不同，各自发展，倒也相安无事。然而后因相互竞争而时有摩擦，继而结党争斗，势同水火。其时官府亦曾严格禁止双方攻击，但光绪七年彭达孙任宜兰知县，虽禁止西皮、福禄演戏，却放任双方自由演奏音乐，于是自光绪八年、光绪九年起，双方各结党众，聘请武师教授拳法及十八般武器用法，从此两派之械斗益烈，兵器拳法亦日益讲究。至同治十三年（一八七四年）西皮、福禄两派，各集党两千余人争斗甚烈，可见械斗规模。

六、宜兰县武馆发展的困境与展望

（一）武馆发展之困境

随着社会条件的改变，宜兰武馆的发展遇到极大困境。其一是传统习武动机消退。早期习武的动机，可能是为了强身或防身。就强身而言，在现代医学知识普及、营养及卫生条件改善、医疗技术及设施进步的情况下，大多数年轻人并无强身之需要。且想强身、健身的人，也很少以武术为主要选择，其他节奏快速、轻松有趣的体育活动一样能强身，却更具吸引力。对年轻人而言，篮球、羽毛球、舞蹈、游泳等体育活动，不但入门容易，不须忍受枯燥的长期学习过程，且练习即是玩乐，比起练习武术所附带的“严肃”“正经”，当然较随兴而无压力。因此当年轻人选择强身的体育项目时，极少想到武术。会以武术为健身运动的，以中老年人较多。但是中老年人所练的武术，多半选择动作和缓安全的太极拳或八段锦、外丹功等等，宜兰传统武术如白鹤拳、金鹰拳、五祖拳等，均太过激烈，较不宜中老年人学习。就防身的目的而言，武术原本的功用即在技击攻防，但是现代社会形态里，人与人之间的纷争不宜以武力解决，武术已无施展机会，真正需要保护的弱小族群，又不是武术能帮得上忙的。因此不论以强身或防身为目的的传统习武动机，都在现代社会中快速消退。

传统武馆发展的第二项困境，是在各类现代体育及室内外活动的竞争下，武术的定位并不清楚，且无明显优势。如上所述，武术的根本功用原在技击攻防，但是这项特色已逐渐消失。年轻人可选择的娱乐及活动种类繁多，且日新月异，于是武术便随社会环境而朝几个方向变迁。一是发展成适合中老年人练习的“气功”“武术体操”或“武术舞蹈”；再是以比赛和表演吸引年轻人投入，因而发展成比赛或表演用的“武术运动”，或称为“运动武术”，表示此为无技击作用之武术。前一路向发展相当成功，聚在一起聊聊天、做做操、跳跳舞，轻松愉快的和缓运动，确实适合老人家，只是如此一来，与其称之为武术，不如称为体操或舞蹈。后一路向的发展，努力将武术与其他体育活动置于相同的基准线，以成为现代体育的一环，但是同样的也使武术失去原有“武”的特质，只能隐身于众多运动项目之中。为了适合表演与比赛，传统武术不得不改头换面。

例如传统宜兰流行的武术，每套拳演练的时间多半只有二三十秒，顶多一分钟，但是这样的长度用于比赛或表演显然太短暂，于是只好将三五套不同套路凑成一套，或重新编排，反复演练部分招式或加入新招式，修改结果的良窳，差异甚大。大如表演讲求动作花哨夸张，武术中许多细微的讲究都因派不上用场而遭忽略，反而要向现代体操、地板运动、拉拉队、特技表演、舞蹈等领域借用动作，武术表演成为地板运动的变形。而此项发展的极致，则是大陆推行的“武术竞赛套路”。在亚运会接受“武术竞赛套路”为正式比赛项目后，这几年来已逐渐成为武术的主流，宜兰武术界学习此类套路的人口也快速增加，更严重压缩了传统武术的生存空间。

武馆发展的第三项困境，是武馆经营形态与武师社会地位的改变。传统武馆经营的主要收入为接骨推拿及授拳的学费，但是社会民众就医日益方便之后，愿意上国术馆接受治疗的人本即不多。加上综合医院普设中医部，及中医院广设复健部，传统国术馆的竞争力更形下降，医疗收入锐减。同样的，授拳学费收入也因为学徒人数减少而下降。而且，现代愿意学武的人，亦未必拥有“拜师学艺”的心态，多半喜欢无心理负担的短期课程，对武馆的授拳收入亦有所影响。此外，这种短期课程的学习，师生关系也由以往“师傅——徒弟”近乎亲属的师徒关系，改变为类似研习营、补习班、学校中的师生关系。老师只是教练，不是“师傅”，学生只是学员，不是“弟子”。师生的接触也只限于课堂，学生对老师只要“尊敬”，不必“孝顺”；老师对学生，只有“教学”，没有“栽培”。武馆中的师徒关系，由类亲属团体的扶持关怀，改变成为现实的商业机制。

武师不仅在学生眼中不再享有崇高地位，于社会上的角色也大不相同。武馆于传统社会因为汇集医疗、武术与徒众之力，社会地位十分特殊。身为医者，自然易获得众人的尊敬。武术与徒众形成的势力，又令黑白两道均不得不顾忌三分。但在现代法治社会中，武馆与武师已无法再扮演这种角色。

（二）宜兰武馆之展望

展望宜兰武馆之发展，有几项契机与方向。分别是：

1. 小区化、学校化之传习

小区意识抬头后增加许多小区活动项目及机会，武术的传习可以普及且深入小区，此种小区化国术班，可视为传统庄头武馆的新形态。

学校计划性推动国术社团或国术队，既可发展为学校特色，更可参加比赛为校增光。对武馆而言，也可以不必参与招生、经费、管理等行政事务，专心从事武术教学即可。且在学校较单纯的环境里，学生家长较可放心，学生亦较专心。

武术在小区化、学校化的传习方式，当可为武馆发展开拓新形态。

2. 正式比赛之激励及套路标准化

自民国四十年举办光复以来“全省运动会”的首次国术表演大会开始，每年均有多场国术表演或比赛。但是国术比赛只是众多运动项目之一，并未获得大众普遍重视。加上国术门派众多，南拳北腿、内家外家各有特长，评比不易，因此比赛纠纷屡见不鲜。虽国术界努力制定比赛规则及评分标准，如杨长宪所研拟之比赛规则即普受好评。但是始终难以普及。直至一九九〇年在北京举行的第十一届亚运会将武术列入正式比赛项目，武术普受重视，武术套路也有共同规范与标准。这种竞赛武术与传统武术虽然相去甚远，但却提供习武者新的目标与动机，吸引更多年轻人学习武术，也给予学习武术的人努力的目标。更可作为台湾推行国术之借鉴。今后，学习竞赛套路新武术，且以参加国际比赛，必然成为武馆传习的主要内容与目标。

3. 养生、气功、整复等武术新路向

传统武术的另一项发展，是配合现代人重养生的需求。现代人由于普遍营养摄取过剩，缺乏足够运动，普遍有所谓“文明病”。肥胖、高血压、高血脂、高血糖、忧郁症、失眠等等阴影，不断威胁大众健康。因此养生即成为社会热门活动，只要与养生有关的事务，都能受到大众的注意。传统武术正可在养生方面着力，发展出养生气功、养生武术。这本是武术原即具有的功能，另一方面也合乎“练武可以强身”的传统观念。

此外，由接骨推拿转变成整复，也为武馆另辟生路。整复本是传统武馆最擅长的技能，其疗效更广受肯定。但是即使无病之人，也乐于接受以“推拿”“按摩”“放筋络”或熏灸来纾解身心的紧张与疲惫。

因此养生、整复已是武馆发展的重要方向。

4. 本土化、民俗活动之热潮

在本土化的风潮下，政府及民间均着力提倡民俗活动，武馆也可以民俗重新定位。武馆的武术教学属民俗传承，出阵舞狮即是民俗表演，而武术是民俗表演艺术，器具（如狮头、兵器等）当属民俗艺术品。例如一九九五年宜兰县礁溪乡玉田村所举办的“玉田弄狮”活动，及设立“弄狮文化馆”，曾造成观光热潮，亦是文化盛事。武馆若能乘此风势，持续前进，当可形成民俗文化耀眼的一环。

参考文献

1. 礁溪乡志编纂委员会，《礁溪乡志》，礁溪：礁溪乡公所，一九九四年。

2.《兰阳史迹文物图鉴》，宜兰：宜兰县立文化中心，一九八六年。

3. 台湾惯习研究会原著，吴文星、郑瑞明编译，《台湾惯习记事》中译本，台中市：台湾省文献会，一九八八年。

4. 宜兰县国术会第九届第一次会员大会《大会手册》，宜兰：宜兰县国术会，一九九三年。

5. 宜兰县国术会第十届第一次会员大会《大会手册》，宜兰：宜兰县国术会，一九九七年。

6. 宜兰县体育会国术委员会《成立三十周年纪念特刊》，宜兰：宜兰县体育会国术委员会，一九九七年。

7. 宜兰县体育会国术委员会《成立三十五周年纪念特刊》，宜兰：宜兰县体育会国术委员会，二〇〇二年。

8. 勤习堂源流武术联盟会《第六届第二次会员大会手册》，宜兰：勤习堂源流武术联盟会，二〇〇二年。

台湾中华合气道的故事

一、合气道

有一年，我准备办个道家武术博览会，拟想邀请海内外少林拳系统以外各道家武术门派名家来参加，在太湖三山仙岛上摆设水擂台。其事未果，故亦没啥好说。但原初拟想的名单里，有合气道，当时想请台湾陈达弘兄来与会。合气道，不是日本的武术吗？为什么我竟将它列入中国的道家型武术中？

陈达弘兄的合气道，称为中华合气道。他在台北温州街的道场，门匾就是我题的。挂在门口及道场内部，跟那儿的日本气味有些不协调。因为日本武术的道场，一向都带有日本文化的徽纪，例如榻榻米、道袍、战裙、日本刀、日本人的书法、日本合气道祖的照片、日本颁发的证书，等等，唯独陈达弘这里，除了我的字，还有另一些诸如“武禅”的挂轴、中国绘画或达摩像之类，与他中华合气道的中华二字相呼应，透露些不一样的讯息。

他的合气道，当然也是从日本学来的，早已晋身六段，算得上是此道中高手了。我的合气道知识，除少年时期一些经历外，主要也咨询于他。

二、合气道的出现

据我所知，在武术中的合气道，有点像宗教里的新兴宗教。比如传统宗教有佛教、道教、基督教等，近年糅合各教别创一派的，则如天帝教、天德教、慈惠堂、弘化院、德教、天理教之类；或由某一宗教里变化出来，如太极门、清海无上师之类，均可称为新兴宗教。此类教团，崛起的时间均不长，久远者不过清末民初，而大部分则为二次大战后之产物。合气道也仿佛于此。

它的创始人叫植芝盛平，生于一八三〇年（明治十六年）。成年入伍，曾随军出征“满洲”，参加过日俄战争。但抵达我国东北时，战事已结束。我怀疑此时已具备武术底子的植芝盛平，在东北必曾借机考察了我国流行于东北与蒙古的摔跤术和擒拿术。由他回国后即开设相扑场来看，这个推断，恐非臆测。后来他的武术就一直顺着这个路数走，去柳生流的道场学柔术、向大东流武师学合气武术、跟讲道馆武师学柔道。到一九二〇年（大正九年）终于将所学综合起来，在京都开设“植平塾”，自称其武学为合气柔术。

合气道“开祖”植芝盛平

日本武术，基本上可分三个系统，一是以力量为主的相扑，二是以技巧为主的柔术，三是以击打为主的拳术。这些都是徒手的格斗，称为“体术”，与刀剑杖法器不同，自成一大类。

相扑源于中国古代的摔跤，柔术源于明末陈元赟之东渡，拳法则源于中国流传到琉球的“唐手”。在植芝盛平以前，柔术一脉已形成不少次级系统。

一种据说是创自义清太子的，叫大东流合气武术。特点是以巧制胜，擒拿手法高明。因为太子有充分条件可以解剖死囚来观察，所以对人体结构非常了解。但我认为此派其实是明治维新以后才发展出来的，以前的历史，均诿称“御留技”，属于义清后裔武田家的秘传。

另一种便是将陈元赟所传柔术进一步发展为柔道，代表人物是号称“日本柔道之父”的嘉纳治五郎。他大约在一八八二年创立讲道馆，推广柔道。大东合气武术，也约在此同时，由武田揔角在社会上普传，称为大东流柔术。植芝盛平早期办过相扑场，后由军中退伍返乡，接上的，就是柔术这一脉。

相对于老柔术，或新的柔道、大东流柔术，他所开创的合气柔术当然更是新东西，所以我说它像新兴宗教。而事实上，当时三十几岁的植芝盛平之所以能或敢开宗立派，也是因为得到一个新兴宗教大本教的支持。此教大本营在京都绫部，主持人是出口王仁三郎。植平塾就设在大本教本部。一九二四年（大正十三年），大本教受日本政府镇压，出口王仁三郎出逃蒙古，植芝盛平随行。因此很可能植芝盛平在大本教担任的就是武术护卫或教练角色，所谓植平塾，或许旨在培养大本教之信徒或护卫，与这个新兴宗教是共生的关系。

柔道之父嘉纳治五郎

大本教覆灭，对植芝盛平当然是一大打击，但也是一个转变的契机。

他在东北又重新投入军旅，准备在军中找机会崛起。可是他参加的蒙古军队跟张作霖打仗时几乎全军覆没，死里逃生的植芝盛平这才体会到：在新的火器时代，个人或武术都太渺小了，柔术的柔，除了作为打击的技巧之外，更应强调心术之柔。后来合气道强调爱、和平、不争的基本形态，即奠定于此时。把武术的技术面和人生哲学的修养面结合起来，合气道这才正式成型。

三、合气道的发展

但在发展其武术的策略上，植芝盛平仍然要如过去依托大本教一样，有所依托。当时他获得海军大将竹下勇的赏识，在东京大力发展其道场。又在一九三〇年，请嘉纳治五郎到道场指导。嘉纳治五郎对他十分欣赏，还派了门下弟子武田、望月去接受植芝盛平的教习。这不啻双方结盟，对合气道作为一种武术产业来说，实在太重要了。尔后日本柔道道场所在之处，往往也就出现着合气道的武馆，柔道高手同时也常兼习合气道，他们本是同源，后来也一直携手合作。

此时植芝盛平还有一个发展策略，就是依托上文所述那个秘传的体系，号称其技艺本诸皇室，以此投合日本人高涨的效忠皇室情绪。一九三一年他在东京开办的道场就称为“皇武馆”，一九三九年（昭和十四年）又成立了财团法人皇武会，一九四〇年正式运作，首任会长就是竹下勇，日本首相近卫文磨也是会员。这种依托贵室、拉拢权贵以求发展的模式，事实上也是新兴宗教迅速崛起的标准做法。

说合气道源出皇室，为皇家秘技，当然是假的。这门技艺是在吸收日本及中国柔术一脉的历程中逐渐发展成形的。本来叫合气柔术，一九三六年改名合气武道，一九四二年植芝盛平儿子植

台湾中华合气道会长陈达弘与二代道主植芝吉祥丸（左）合影

芝吉祥丸就任皇武会本部道场长，才又改名为合气道。

这段时间，也正是日本侵华战争时期。合气道之崛起，且受大日本武德会接纳认可（若不被认可，就会如某些新兴宗教被视为邪教那样），很大一部分原因即是战时的特殊气氛。

可是日本战败了，原先与皇权贵胄相结合的合气道，岂不也将随日本战败而衰微吗?

植芝吉祥丸的作用在这时就显现出来了。他采取的是与其父不同的策略，重在普传。不但发行合气道刊物，在各大学设立合气道俱乐部，办座谈会，而且还为各道场确立仪式、规则和教材，设立各种日常训练课程。因此合气道迅速在社会上流通，并发展到海外教习。

普传和秘传是不同的。植芝盛平是创教者，创教者不免要搞神秘，以树立权威，它传播的圈子也只集中在权贵少数人之间。植芝吉祥丸是继述者，则志在推广普及，所以办演武公开大会，并广设分支机构。

其不同，可举一个例子：合气道本来是不公开演武的，一九五五年以后才开始公开。但演武时，也只由植芝盛平独演，门下生徒不能进行演武。这即严格体现了开祖的权威，一切技艺以此为标准，演武只是示范。后来植芝吉祥丸把它改成门下生徒男女老幼一同演武，开祖坐在最高位置观看；最后才由开祖演示其精髓。这种所有人共演、共同参与，而由开祖评判、指导的形态，自然与从前迥然不同了。

由此看来，合气道两代道主不只是武术家，也是十分杰出的经营者，都能针对他们的时代与社会环境找出发展其产业的策略，它能在战后短短二十年间就在欧美东南亚数十个国家广泛流行，殊非偶然。

四、台湾合气道

大陆因过去很长一段时间与外界不通消息，故合气道传入大陆极晚，二十世纪八十年代才陆续接触到这门武术；一九八六年才有第一本合气道书籍——《日本合气道》，九十年代末才逐渐有一些合气道馆，迄今不过几年光景。

台湾则早得多。一九六八年李清楠即在台北市成立合气道委员会，推广合气道。李清楠原习柔道，曾获亚洲体育比赛金牌，兼习合气道之后发现合气道有更深邃的精神层次，强调驭气、率气，且不太受年龄限制，因此后来便以推广合气道为主。

李清楠在台湾之地位，类似植芝盛平，为台湾合气道之始祖，主要合气道师资，均出其门下。而且他也与植芝吉祥丸一样，重视编教材、广授生徒。我十几岁时读他编著的合气道教本及大山倍达的空手道教材等，便深为慨叹。我们中国人写的刀经

中华合气道会长（左）为“台湾合气道之父”李清楠（中左）贺七十大寿留影

拳谱，都语焉不详、含糊笼统，远不及日本之清晰明确，方法步骤一目了然，无怪我国武术教育及武术产业发展滞后。李清楠虽是台湾人，但其教材及教学法原本于日本，故亦简饬明白，无怪乎不数载而合气道亦在台湾大行其道矣！

台湾合气道后来之所以发展停滞，是因人谋不臧所致。这就涉及中日两国文化的差异。日本文化虽多本于中国，但日本自有其特点。例如家族制的体系就比中国强韧得多。研究企业管理者都知道，日本企业即如大家族，企业员工与企业间即保有家族成员般的忠诚，中国企业却不是的。我们一般都说中国社会为家族制，有家父长威权统治，但与日本相比，实乃小巫见大巫。

合气道本身就是一个家族企业，一代始祖植芝盛平，二代道主植芝吉祥丸，目前是三代道主植芝守央。在中国，若是家传武术，必然做不成企业。因父子相传，便只能是比植芝盛平更狭隘的秘传，例如我们都知道的那些传子不传女、传媳不传女，或掌门人单传的绝招、镇山秘技，以及教徒时要留一手等陋习。为何如此？非中国人特别狭隘不愿传授，而是门徒承教者并没有家族式忠诚，只有学会了本事后，自己去开店当老板的心情与愿望，以致教的人为了怕你学全了本领，反而去另行开铺子竞争抢生意，均想留一手。反观合气道便不然，道主是父子相传，门下士则如幕府时期的家臣，分赴各地广设道场分支，而皆仍奉道主为其领袖。此等关系与气氛，在中国人社会中要保持便难。

李清楠是去日本学合气道的，他在台湾或许也期待其门下士能如日本合气道界对待植芝盛平那般对待他。可是毕竟社会不同，弟子们也许觉得老师太有辈分尊长的架子，不免刚愎自用，渐渐就有了裂痕。终于演变成弟子出走、自立门户另设中华民国合气道推广协进会的局面。

目前，“中华民国合气道推广协进会”是台湾最大的合气道团体，团体负责的人士，大抵均为李清楠弟子，形式上遥尊李清楠，但活动各行其是。如此，自然就令合气道发展不畅旺，而使台湾丧失了如植芝盛平那般宗主地位的人物典型，这是极为可惜的事。

五、振兴合气道

陈达弘也出自李清楠门下，对门派中师生关系如此，不好说什么，只能自己干自己的。因此他成立“合气道振兴会”，想对已渐停滞的合气道振兴一番。

此会成立已十三年，原由吴金龙主持，陈任秘书长。吴氏技艺平平，但长于行政，与日韩合气道界极为熟稔，故此会过去以推动台、日、韩交流为主。这当然也是不得已的，岛内两大系统不合，它只能朝外发展。

去年我陪陈达弘参观北京武源合气道道场，令他感触良深。他觉得北京合气道之发展不过四五年，台湾则已四十年。可是四十年下来，成果不过如此，北京四五年却已形成很像样的规模。因此台湾不能不再振作。

恰好此时吴金龙已逝，他接任会长，乃筹思了一个“合气道再出发”的大计划：一是配合台湾合气道四十周年，举办一系列活动，包括出版年鉴、高峰论坛、大师示范、国际大会考、卓越人士颁奖、代言人选拔等；二是组织全国道馆策略联盟，举行研讨会、论坛、年度金奖、道馆经营辅导、联合推广等活动；三是建立合气道平台，如网站、杂志、影视、多媒体等；四是准备筹办文武学校，或与各机关学校合作，辅导成立社团及师资养成；五是社会推广，主要做全民防身术教习。

此等大计划若要成功，首先得整合台湾内部资源，其次还要从目前社团形态的运作模式转变为企业型，否则以上这些项目过去也都做过，为何成效不彰呢？可见武术文化产业本身也是有赖经营管理之才具的。

六、中华合气道

这当然不是容易的事，未必做得成。且就算是做成了，也不过就是日本武术的推广而已。

推广外国武术自然也是极有价值的，就如我们的选手如果练拳击、练柔道、练跆拳，出国去比赛得了奖，我们岂有不高兴之理？何况武术一道，本不必要张扬民族主义。达摩东来，开创中华武学，虽非史实，但武林人士从不以达摩为胡僧来排斥这类说法。技击之学，取精用宏，原就要有容乃大，有时也不妨师夷长技以制夷，故研练外国武术并没什么不妥。只不过，若能在吸收、学习外国武术时再加以融会变化，成为自己的东西，那可就更好了。

我替陈达弘武馆题额时，之所以会写成“中华合气道”，大抵即本于这个意思。陈达弘欣然愿挂这样的招牌，也表示他亦有此蓄志，准备做点属于自己的东西出来。

他摸索新路，其术大约有以下各项：

一是前文说过，日本武术中“体术”主要指以身体的徒手技术搏斗，与刀棍弓矢之类用器械的，别为两类。故凡体术部门的武技，都不注重器械，如空手道、柔道皆是如此。合气道是有器械的，主要是杖，也用剑。但整体看，剑杖并不特别受重视，仍以体术为要，有些道场甚至根本不教剑杖。而且用剑皆用木剑。木剑演练，比画比画而已，因为无“纳刀”，也就是收剑入鞘的动作，同理，也就没有拔剑的讲究。木剑在重量和速度上，更与真刀截然不同。这是日本合气道本身的局限。可是陈达弘认为合气道许多技术其实是从剑术中化出（这是他的体会，当时可能是如此，也可能未必）。所以他主张应把合气道与剑道结合起来。他除修习合气道以外，也精研剑道和一种强调拔剑术的“居合道”，又称居合剑。故主张学生应主修合气道，附修剑道居合道，以收相辅相成之效。

这种想法，我好有一比：太极拳本来也是有器械的，如太极刀、太极剑、太极枪等。拳法与器械，本来合成一个体系，但后来练太极的人大多光只练拳，少部分要点太极剑，刀枪则罕人问津，许多名家甚或根本不会器械。太极所讲的松、柔、发劲等道理，如何透过器械来表现，自然也就更乏人思考了。故若于今，有人拟于现有太极拳中再创新局，一个可能性，就是重新回到太极拳这门武术最早期的状态中去，把拳和器械再综合研练出一番新内容来。陈达弘之想法，毋乃类此。

这是从技术上做改造。再则就是教学方法上的改进。

龚鹏程题匾

他认为现代人时间匆忙，练功时间少，故教学法应以简捷为要。简捷，不是令其速成之意，而是过去教学是分解式的，一招一法，让人不断演练；现在则应由这些分解式技法中提炼其原理，综合地教给学生。学生掌握了基本原理，自然容易学成。

合气道手法繁复，尤其是它的擒拿，千变万化，若看它的

表演，翻翻滚滚，一定摸不着头绪。但归纳其要，其实十分简易，一共只有三个要点：一、圆；二、平衡；三、功法。

圆，指它的基本原理。入身、转身、间距均采圆形、球体式运动，讲究入身走圆，闪身若空，如水流动，合气同化。此为整个合气道之精髓。平衡，即由圆发展出来。自己要平衡，对敌则要破坏其平衡。圆本来就有阴阳对称、平衡和谐、旋转或圆融之意，因此练习者必要使自己身心平衡，而一切攻击或防卫则以破坏对方的平衡为原则。功法，所有技法，归纳为三大基本功，一为转身法，二为划船运动，三为一教运动，要旨均在练习重心移动。

另外，针对现代人耐力不足的问题，他强调基本功，即走路（包括运步法、八方运步、米形运步）、护身滚翻、跪坐等。认为耐力不足，也就没有速度，且跪坐等，也是一种修炼心性的好方法。

由此便涉及第三个层面的问题，即精神性修养部分。

合气道，前文已提过，不只是一套技术，而是讲气、讲身心合一的。这门武术不似许多门派一般，以竞赛、搏击、夺冠为追求目标，它是不比赛的。既不参加各类比武竞赛，也不办内部的竞技。其理论是：始于礼、终于礼，武技乃是对人身心的修炼，是磨炼人格的一种修行，故应避免争胜。重点不是打倒对方，而是面对自己。真正的敌人即是自己，所以修行之目的乃是要不断超越自己，是对自己不断的修炼。由于不争，因此其技术也强调借力使力、四两拨千斤、不争不斗、身心统一。在二次大战之后，合气道本此原理，呼应战后之气氛，还揭橥“武即是爱”“武即和平”的口号。

陈达弘对这些，当然也都是服膺的，但他觉得还可以加强。例如身心修炼不只是在武术的技艺中去做，武者还应该加强其人文意识。武即是爱，涉及人对生命的尊重；身心统合、合气同化之境界，更须对哲理有所悟会。是以他想把合气道的修炼跟禅结合起来，让它更具有深邃的内涵。

本来早在李清楠第一本合气道教材的序文中，蒋纬国将军就曾把合气道称为“武太极”，陈达弘则尝试将之称为动禅或武禅。这个禅，当然是泛说一切智慧，而不专指佛教的禅宗。

但将合气道比拟为禅，却恰好与禅宗的历史及性质相呼应。因为禅由中国人创立，东传日本，影响深远，禅宗本身便是中日共有共通的一种文化内涵与符号。陈达弘把源于日本的合气道，比拟于禅，似乎也就在禅武合一的情况感知中，让人领会到这种日本武术也有“中国性”。

他对合气道的改进或改造，走到这一步，若再往下走，便应脱离合气道，由中华合气道的中华两字上再做文章，发展为“禅武门”，另立一宗。这也是我对他的建议。但他对此，仍意存犹豫，目前还是以振兴台湾合气道、加强与大陆合气道合作为主。除非将来有机会办达摩武术学院，否则另创禅武门，看来也不实际。

七、道家型武术

这是合气道的历史、台湾合气道的故事以及中华合气道的大体内涵。讲完这些故事后，我要说说为何合气道可视为道家型武术?

如上所云，合气道讲圆、讲合气同化、讲借力使力、讲不争，这都很容易让人想起太极拳一类武术。太极也强调圆。平常人总爱拿太极开玩笑，说那拳是“一个大西瓜，用刀劈两半，这一半给你，那一半给我”。大西瓜，讲的就是太极两手虚涵圆势的动作，这是太极最明显的特征。可是太极之圆又分形与意。由形上说，其实不尽为圆，有许多直拳伸展的动作，脚尤其不圆，因为它乃是天圆地方的结构，弓马方正，形成四方四隅的状态。由意上说，则不论方直圆斜，意均在圆，以此说圆劲。

合气道没有属意的这部分，其圆只在形上，圆也不表现为两手虚涵之类的圆势，而是以身体整个地构成圆，如转球、旋陀螺。

要达成这种效果，要旨在于步法、身法。从搏击上看，为什么需要转圆呢?因为敌人从正面攻来，我一旋身，便可闪入他的侧面，消解其攻击，而对他自然形成攻击。八卦掌的走位便是此理。故八卦不唯脚步走圆，手也采圆势，基本上无直捶硬打之手。此手圆脚圆之理，最与合气道相通。故与合气道在技法上最类似的并不是太极，而是八卦。

不过，合气道的圆，是身体整个转动，并不只是八卦式的走位。这便又不同。其次，合气道大抵是在一条线上转圆圈，八卦是绕着一个大圆圈走。另外，八卦走圆，身体基本是平的，合气道则上下起伏，是一圈高一圈低地转。

因此合气道可说只有一招，就是转圆，没有其他具体的招式，也没有套路。练的人练好了运步法转身法之后，就是在对练中反复练习如何以此法应付正面、背面，打你、抓你、抱你、拿刀砍你等攻击。其摔法（投技）、控制法（固技）、夺武器法（气流技）均是利用对方攻击，相应地做出来，故虽千变万化，实无一定之招、必用之法。此所谓无招，是因每招皆因人之攻击而相应地生出，故亦无争，若对方不攻，也就不用出手。

这些地方，都很容易让人联想起道家“因而应之”“上善若水”“大方无隅”等哲理。其压制，主要靠擒拿，这恰好靠的也是巧劲，而非蛮力，所以才能达到庄子形容庖丁解牛“以无厚入有间”的效果，使其刃本身不受损。太极拳经或内家拳理都强调一般武术皆靠气力，故壮打弱、少打老、有力打无力，内家则反是，以不用力或很少的力来打败强力者，才称得上是好技艺。合气道也是如此，所以老人小孩妇女均适合练。

可是合气道也很难称为内家拳，因为它并不讲内劲那一套，也没什么意守丹田之类源出道教内丹学的说法。其合气云云，亦无阴阳、刚柔、内外之说。合气之合，究竟是驭气或集合各气，或令自己与气相合，也没有辨析清楚。我觉得这都是它的理论仍可再予深入之处。未来若有贤达，能由此进而比较它与我国各派内家武术之异同，而更调适上遂之，以达于道，则甚善矣！我道家武术各派，能参考其技，融会于太极八卦形意等中，更创新猷，则尤善矣！

琉球武术小记

我国武术于十五世纪后传入琉球，发展为“唐手”。

唐手基本上即是徒手拳腿，琉球本身的古武术则是运用器械的，如棒、杖、镰、锹、钗、四节棍、三节棍、双节棍、铁柱、铁甲、手里剑、薙刀、磨石、山刀、蛮刀（又称青龙刀，二尺二寸五分）、两刀（二尺三十五分）、剑（二尺八寸）等。

一般都说琉球古武术以八种武器为限，其实不止，因为当时人采用的即是生活周遭所能用得到的农渔具，甚至草木石块，自不能以几种为限。既如此，若无器物可资利用时，难道赤手空拳就不能应敌了吗？因此依理推测，琉球古武术也应有空手技法。今存本部御殿手古武术，除运用上述各种武器之外，就也有“取手”，秘传九种基本斩法，包括袈裟斩、横斩、首斩等。正可证明我上述推论不谬。这一派，相传是尚质王第六子尚弘信本部王子朝

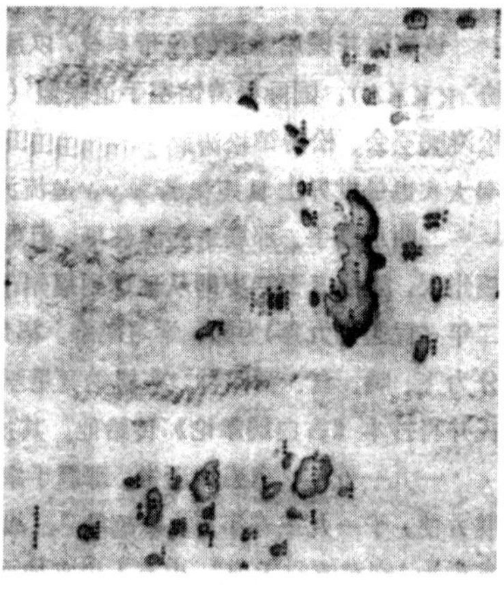

清代所绘琉球“中山三十六岛图”其时琉球国为清朝属国

平所传，故名御殿手。

除御殿手之外，琉球另有“琉球古武术保存振兴会”，整理了八种武器使用法、基本组手、分解组手等，对于古来相传四十二型，也系统体系化了。依其整理，可大体推测琉球武器之兴盛是在它南山、北山、中山三山并峙的时期。战争对抗的环境促使它的武术发达，在十八、十九世纪还有添石、佐久川、北谷屋良等名家，其后则渐衰了。

清人所绘《册封琉球全图册·肩舆图》，故宫博物院收藏

至于唐手，可分三系。一叫泊手，是我国水手传去的，其后传承不显。

二叫首里手，十五世纪时由我国传入，首里王朝的武士传习此技，故名。船越义珍（一八六八~一九五七）在其师糸洲安恒过世后，于一九二二年将其传入日本本土，并以佛教“色即是空”之义，改称唐手为空手。又因船越号“松涛”，所以其技名为松涛馆空手（或松涛馆流空手）。

它也是目前世界上最大的空手道流派。共有二十六个规定型（套路）。大开大阖，拳打一条线，多用弓步大马，并注重腿法运用，类似中国武术中的北派长拳。

该流派并援用柔道的色带系统，以建立其段位制度。代表团体有日本空手道协会（JKA），国际松涛馆空手道联盟（SKI），国际松涛会（ISKF）及松涛会、松涛同盟会、松涛馆、松涛联合会、三田会、稻门会、拓空会等。其中 JKA 是日本最大也是世界上最具规模的空手道流派团体。

三叫那霸手。那霸手起源甚早，但现今多只推源于东恩纳宽量。此君母亲是福州人，故他二十二岁即从琉球到福州市，拜得鹤拳拳师谢宗祥（名如如，一八五二年～一九三〇年）为师，学习鹤拳。福州鹤拳与永春白鹤、台湾白鹤并不相同，分为飞、鸣、食、宿四种。东恩纳宽量学的是鸣鹤拳，十五年后才返回琉球，谢氏并将抄本《古白鹤拳论》传给他。其技法主要在那霸市传习，故称那霸手。

一九一五年，东恩纳逝世，那霸手宗家为其弟子宫城长顺。他为了在日本发展方便，于一九三〇年，才以鹤拳“三战”型为刚之型、“转掌”型为柔之型，合起来称为“刚柔流空手道”。也有人说宫城亦曾来福建学习拳法，故其流派的名称来自白鹤门流传拳谱中“法刚柔吞吐身随时应变”一语。

这派空手道有明显的南拳特色，以小架三战步、猫足立为主。在修行时注重“气”“息”“体”的锻炼。共有十三个规定型。代表团体有全日本空手道联盟刚柔会、世界刚柔流空手道联盟、正刚馆等，在东南亚地区有相当大的影响，也是最早传回大陆的空手道流派。

除松涛流、刚柔流以外，摩文仁贤和（一八八九～一九五二年）于一九二九年在日本大阪以其两位恩师之名，糸洲安恒之“糸”与东恩纳宽量之“东”命名，称“糸东流空手道”。推尊首里手松村宗棍（一七九七～一八九〇）为宗祖，下传糸洲安恒，再传摩文仁贤和。这是那霸手与首里手的合流，虽不在琉球创生，也不能不说是琉球武术的发展。而且摩文仁贤和生于首里市，为日本古代名将鬼大城之后，其先人因有战功，德川家康将琉球其中一岛叫“摩文仁”岛赐封，因而易姓为“摩文仁”。摩文仁之后传坂上隆祥，再传坂上节明。

糸东流空手道一共有四十七个规定型，是规定型最多的。代表团体有全日本空手道联盟糸东会，世界糸东流空手道联盟，林派糸东流、正气会、修交会、修道会、圣心会、明武会等。

此派不但融会首里手和那霸手，还加上了日本古代的擒拿术、居合剑术和多田派的钗术、棒术及双节棍术。其特点可以“守、破、离”三字来概括，守谓对型要忠实遵守，然后破，最后离开独立，以此方法来修行。极其重视精神修养，所以摩文仁贤和说空手道为“君子拳”。

空手道在日本本土流传极盛，且依上文所述，可知它与日本古武术且颇有结合。除了上面讲的以外，和道流空手道柔术拳法更值得注意。那是本体杨心流柔术、天神真杨流柔术与唐手之结合，再加上天地人和谐之理论而成，可说是古武术翻新的版本，如今才传了二代。

这一派创始人为大冢博纪。大冢博纪出生于明治二十五年，曾到船越义珍的明正塾学习空手道，并自创“唐手术乱取形”（现代空手道中的约束对打）等。于昭和八年创设和道流。其中“别”“流”“押”“引”“入身”“转身”等即是柔术的技法特征，但在套路上深受松涛馆流的影响。其势力主要在日本的大学中。

仍保持并沿用唐手之名的流派也不是没有，金硬流唐手即其中之一。此派元祖为琉球王朝的武官大宗真武，传到十八世纪时的真得、真珍几代，受到南少林的影响，而创成金硬流唐手，目前也在全世界传播着。我读台湾淡江大学时，学校里的唐手道社就十分活跃。

日本的剑术

一、总说

日本剑术，起源当然甚古，今存正仓院剑器残片，大抵可见其遗制。但剑术而有流派，则是室町幕府中期以后的事。到了江户幕府时期，据云流派已多达七百余个，至今传承有绪、渊源可考的，也还有几十个，可谓漪欤盛哉！一般人看见这么多流派，不免眼花缭乱，实则统之有宗、会之有元，它们大约可以归为三个大系统：神道流系、阴流系、中条流系。

神道流，又称天真正传香取神道流，是由饭筱长威斋家直所创。阴流为上泉伊势守秀纲所创，之后发展出新阴流，其中柳生但马守宗严因任德川将军剑术师范，故又称柳生新阴流。中条流为中条兵库助长秀所创，下又分富田流与一刀流等。这三系各有传承，但也不乏相互影响之迹，今存各流派，均依违于三大系之间。

这是就系统说。若以时间来分，则德川幕府以前就有的，有鹿岛新当流、天真正传香取神道流、鞍马派、卜传流、示现流、马庭念流等。德川时期成立的，有柳生新阴流、兵法二天一流、小野派一刀流、心形刀流、直心影流、甲源一刀流、一刀流沟口

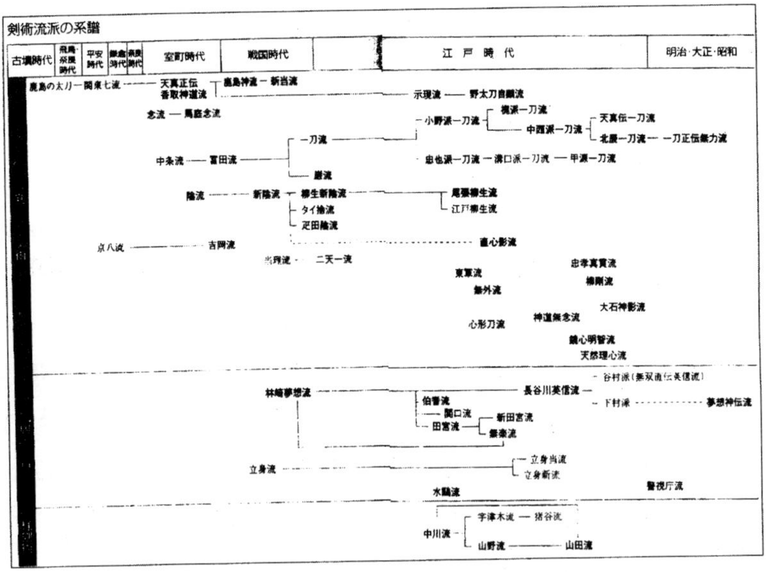

日本剑术流派系谱

派、北辰一刀流、天然理心流、神道无念流等。

这些流派，多在幕府的武道场中传授，但各地诸藩也各有其特别的武术传统。如神道梦想流的杖法，流行于黑田藩；示现流剑术，流传于萨摩藩。另外各地也还有些农民自卫武术，如无比无敌流的杖术、北水流的剑术棒术之类。

因此，若以地域来分，我们也可说日本武术发源地竟是在鹿岛，以鹿岛神宫、香取神宫为中心，发展出鹿岛新当流和香取神道流等。德川中期以降，藩制正式确立，诸国的大名、小名及各武师竞技角胜，遂形成各种独特的传承，有名的流派各有其祖庭或根据地。如鹿岛新当流在鹿岛，香取神道流在香取，示现流在鹿儿岛，竹内流在冈山，马庭念流在马庭，尾张柳生新阴流在名古屋。情况犹如我国少林派在河南嵩山，武当派在湖北武当山，而螳螂拳盛于山东，形意拳盛于山西那般。

但我国一般只说派，不说流，或称为某某门。日本则兼用“流”与“派”，流的概念又略大于派，如一刀流沟口派，就是指一刀流底下的分支。可是一刀流另一些分支或许不称自己为某派，只在一刀流上面加限定词，如北辰一刀流、甲源一刀流等等。

流与派，都取义于水流之分，有源流的意味。故每派都有明确的授受统绪，系谱俨然，比我国的各门各派还要清楚。始祖以下，一代一代的掌门，称为“宗家”。宗家的传承，规矩十分严格。基本上是为了维护这个门派的权威，故正统所系，唯授一人。如禅家传法那样，有授证，有相传的古文书、秘谱、刀剑，以及特殊的授证仪式。证书上亦会载明本宗历代祖师名氏及传承关系，与我国族谱宗支图一模一样。宗家之继承，一般也是以血缘来定，在本宗始祖家族中挑选技术、精神、人格俱优者担任。本宗无子，或子不足以继承，才收养子来继承，又或者在门弟子中择优担任。一旦成为宗家，就拥有该流派最高的权威，比真正的家族宗长还要尊隆。

明治以后，传统的门派观念打破了，出现了全国性武术社

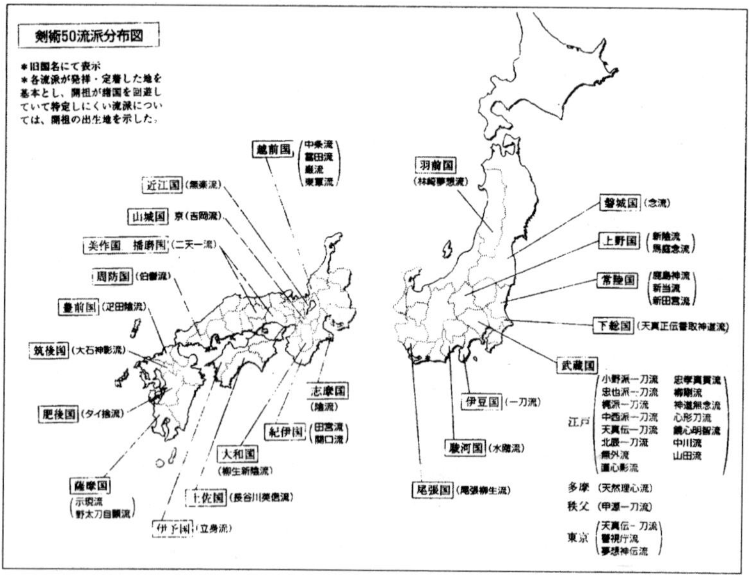

日本剑术五十流派分布图

团，变成流派与社团并行制。但宗家权威仍不稍堕，因为底下还有明确的等级制在撑托着这个权威体系。

这种等级制，除了一般我们较为熟悉的九段十级之外，亦分为入门、切纸、目录、免许、皆传诸等级。

入门，不必解释，属初级阶位。以上则代表初传、中传、奥传。到了免许，即意味可以出师，许可免受本宗管辖，其有独立自开门户的资格了。免许以上称为“至极”或“皆传”，有广大教化主，可去普传四方之意。也有些宗派对于具此资格者颁发印可状，模仿禅宗对开悟者的印可。

唯各流派之等级制度又不尽相同。例如兵法二天一流分为：入门、目录、免许，免许皆传。鹿岛新当流分为：目录、印可、免许、皆传。神道无念流分为：切纸、目录、顺免许、免许、皆传。北辰一刀流分为：初目录、中目录免许、大目录皆传。柳生新阴流分为：表、大耘、小耘、天狗抄、天狗抄奥、目录、印可。

各等级所需具备的条件自然不同，规定也十分明确。看看下面这张表，也许我们就能体会为什么有个中级段位叫作“目录”了，要达到目录这个等级，就必须学会这张目录上所规定的技术：

武备志所载影流目录断片（永禄四年）	秀纲西一顿新阴流目录	秀纲疋田丰五郎新阴流目录	秀纲柳生宗严与新阴流目录（永禄九年）	秀纲（信纲）丸目藏人佐与新影流目录
影流之目录 猿飞 说明略 虎龙（乱） 青眼 阴见 三行略 猿剑 第三山阴	燕飞 前书略 猿回 山阴 月影 浦波 浮船 山霞 狮子奋迅 三学	新阴之流猿菱目录 前书略 一、猿飞　一、猿回 一、山阴　一、月影 一、浮舟　一、浦波 新阴三学之卷 前书略 一、览行　一、松风 一、花车　一、长短一味	〇三学 一刀两断 斩钉截铁 半开半合 右转左转 左（右）旋 右（左）转 长短一味 〇九个 必胜、逆逆风	新影流 杀人刀 活人剑 燕飞 猿回 虎乱 十手 山阴

续表

以下图略	一刀两断	一、彻底　一、矾波	十太刀、和卜	
	斩钉截铁	新阴位诘之目录	快捷方式、小诘	
	半开半合	前书略	大诘、八重垣	
	右转左转	一、高波　一、逆风	村云	
	长短一味	一、岩碎　一、残心	〇天狗抄	
	九个	一、清月　一、眼胜	太刀数构八	
	必胜	天狗书秘传卷	高林坊	
	逆风	前书略	风眼房	
	十太刀	一、乱胜	太郎房	
	花木	一、〇极	荣意坊	
	快捷方式	一、云截	智罗天	
	大诘	一、电光	火乱房	
	小诘	手留	修德房	
	八重顷	曲胜曲势	金比罗房	
	村云	手缚乱胜	添截乱截	
	禁剑	新阴流灌顶	无二剑	
	(五条)	极意之卷	活人剑	
	天狗书	前书略	高上	
	心妙剑	三光之利剑	极意	
	光明剑	新阴流红叶	神妙剑	
	杀人刀	观念之卷	八个必胜	
	活人剑	略	〇二十七条截相序	
	当流基本	八所之目付并二	上段三、中段三	
		先持后拍子之事	下段三	
		略	破	
	口传次第之	外之物谋略之卷	折甲二、刀捧三	
	事	二十三条	打合四	
	道场庄严仪	略	急	
			十段三、中段三	
			下段三	
			燕飞	
			燕飞、猿回	
			月影、山阴	
			浦波、浮舟	
			狮子奋迅、山霞	

二、分叙

(一)鹿岛新当流

此派传承宗谱大略为：国摩真人—六代邦丸—九代常伯—

十五代亲贞—十九代常足—廿六代常乡—三十代庆澄—三十四代长庆—四十代秀庆—四十代呼秀—四十八代秀室—四十九代呼常—五十代觉贤—五十一代常贤·高干—五十二代晴家—五十三代晴次—五十四代直常—五十六代常明—五十八代常亮—六十代常香—六十二代常淑—六十三代规一郎—六十四代浩一郎。

相传此派是鹿岛神宫国摩真人所创。真人在神宫内筑坛拜祭，得神灵付托，铸成武瓮槌神之“师灵剑”，后遂以“鹿岛太刀”之名大行事座主职，并以吉川家为中心代代相传。此派在十五、十六世纪很盛，因此也有人把它和京八流相对称呼为“关东七流”或“鹿岛七流”，因那时该派本身就有许多分支之故。

此派剑法之特征，在于针对古代作战时武士都着铠甲，所以攻击时主要攻其小手、颈动脉、咽喉等处，是非常具有实战性的剑术。鹿岛市还将它指定为该市无形文化财。

(二)天真正传香取神道流

此派谱系略为：饭筱长威斋家直——盛近——盛信——盛贞——盛茂——快贞。据云家直六十岁时，斋戒沐浴，向香取大神发大愿，神乃授神书一卷，其剑法亦因此在饭筱家中流传，已有宗家二十余代。派中健者冢原土佐守、松元备前守、诸冈一羽斋，均在丰臣秀吉军中，其后又有片仓小十郎村典、黑泽源七郎、中台信太郎、松元直一郎等担任各藩的教师，因此流传甚广。其“神道流平法”于昭和三十五年被指定为全日本武道最早的无形文化财，可见其地位。

此派托始于神道，不免神秘色彩，其实是古代作战时的综合技艺。故除剑法外，尚含有柔术、居合、棒、枪、薙刀、手里剑、忍术、军配法、筑城法、天文地理风水阴阳、气学，以及神道、佛教密宗的修行法等。其术以夜战、低姿势、瞬间发刀为著，也最擅长在狭窄的屋内应付突如其来的袭击。

台版《柳生十兵卫》封面上腰别太刀，手执薙刀的形象

（三）卜传流

此派谱系略为：冢原卜传—十六传田中武平—中村次太夫—津轻初代栋方十佐卫门清久—栋方作右卫门贞长—小山次郎太夫英贞—小山太郎兵卫英长—小山太郎兵卫英伦—小山仓藏英清—小山太郎兵卫英直—小山百藏英正—小山英一英孝—小山英太郎—小山秀雄—小山秀弘。

冢原卜传，于一四八九年生于茨城县鹿岛郡，乃冢原城主冢原土佐守安干之养子。生父觉贤即鹿岛新当流之名家，养父则传香取神道流剑术，故冢原卜传兼得两派之技。十七岁时，出访游历，经十三年返乡后，在鹿岛神宫参悟，据说得神示“一之太刀”而悟入。此派所谓一之太刀，重在气，要仿佛有燃烧起来的气焰，才能对敌人造成压迫感。其次是身体左右移动、进退，要重视间拍节奏，这也是要有修养功夫的。

（四）小野派一刀流

一刀流是个庞大的系统，源祖均出于室町时代的伊藤一刀斋景久，二代小野次郎右卫门忠明曾任职于德川秀忠，对真剑、木刀组合技法有所整理，故后在历代将军家诸大名间流传甚广，乃日本剑法之代表流派。

小野之后，传承谱系略为：忠常、忠于、忠一、津轻土佐守信寿、津轻信着与小野忠久。以后就由津轻家与小野家传承，但小野一系又转由小鹿家传承，大正以后，二系又合由季节笹森顺造继承，再传笹森健美。

所谓一刀流，其哲理是——“一刀即万刀”，拔刀切落，一拍之下即分胜负。笹森顺造所著《一刀流极意》最可参考。

（五）一刀流沟口派

此派元祖仍然是伊藤景久，二代也是山野忠明，但忠明下传沟口正则，便称沟口派。传到江户时期会津藩的池上安道时又予以大力发扬，对技法有些改造，故此派又称池上派，池上安道才是始祖。技法特征号称“左右转化出身秘太刀”，顾名思义是利用左右转动之方法进行攻击。

（六）北辰一刀流

此派可能是古武道中最新的流派，幕府末期才成立。由幕末三剑士之一，有天才名剑之称的千叶周作成政所创。周作本习一刀流，后赴各地道场考察，取义于北极星，创立北辰一刀流。《论语》说，为政，譬如北辰，不动而众星拱之，

奈良芳德禅寺藏的早期新阴流竹刀。古来日本人习剑，都以木刀练习，柳生新阴流独创竹刀。到江户时代经过北辰一刀流的改良，成为今天日本剑道的样子

此派剑法，要由此参悟。其实即以静制动，乘敌方出剑时批隙捣虚而入也。

（七）一刀正传无刀流

一刀流传了九代以后，由山冈铁太郎开创了这一派。因受禅宗影响，强调“事理一致，心外无刀”，故名无刀流。技法重在正心修身、虚视胜负，自然易于胜利。此派因山冈生家与小野氏有姻戚关系，其技又得到小野家九代业雄忠政之印可，认为符合其家传武学，故名一刀正传。是最具“剑禅一如”思想的流派。

（八）甲源一刀流

此派系谱上推至清和天皇，其实乃逸见太四郎义年所创，发源于琦玉县。因系出甲斐源氏，故称甲源一刀流。二世太四郎义苗，三世义丰，四世义隆，五世长英，六世爱作英敦，七世武义纯，八世实道，九世逸见知夫治。此派在安永、宽政至明治初年极盛，门下三千余人，且不乏农民、庶民，大抵是沟口派一刀流与源家兵法剑技的综合。今存逸见耀武馆，琦玉县指定为文化财。

（九）中西派一刀流

创始人为中西忠太子定，他是小野派一刀流第四代宗家小野次郎右卫门忠一的门人，独立创派。二代为中西忠藏子武，首创竹刀剑法。三代为中西忠太子启。幕末不少剑士出自此派，明治、大正、昭和初期号称剑圣的高野佐三郎亦为此派，大本营在镰仓市。

（十）示现流

这是萨摩地方特殊的流派，始祖东乡藤兵卫肥前守重位。重位初习待舍流，天正十五年随藩主岛律义久去京都，又学了天真自显流的技法，并遇到京都万松山天宁寺善吉和尚，受学后，将待舍流自显流融合成为示现流。示现，取义于《法华经》之“示现神通力”。

重位四十四岁时担任岛津藩之剑道师范，故此派又称“御流仪示现流兵法”。重位传重方、三传重利、四传实满、五传实昉、六传实乙、七传实位、八传实名、九传重矫、十传重毅、十一传重政、十二传重德。技法特征是攻守兼备、先发制人。其家藏文书被指定为鹿儿岛有形文化财。

（十一）鞍马流

此派祖师为大野捋监，明治时期较盛。但旧的图谱文书武具及馆舍都在“二战”时期焚毁，十五代宗家柴田卫守中兴之，现在成为古武术和现代剑道糅合之流派。除正面击打外，也有变化卷落敌刀的技法。

（十二）柳生新阴流

室町末期上泉信纲所创，下传柳生宗严，底下之传承为：宗严—柳生利严—德川义直—柳生严包—德川光友—德川纲诚—柳生严延—德川吉通—柳生严俦—柳生严春—德川治行—柳生严之—柳生严久—德川朝斋—柳生严政—柳生严蕃—德川庆恕—柳生严周—柳生严长—柳生严道。

让柳生新阴流成为“将军家兵法师范”，在德川幕府得享大名的柳生但马守宗矩遗像，现藏奈良芳德禅寺

此派名气甚大，特点一在取法于自然界物象，如蜘蛛、猿、燕；二在强调“无刀”“无形”。无形

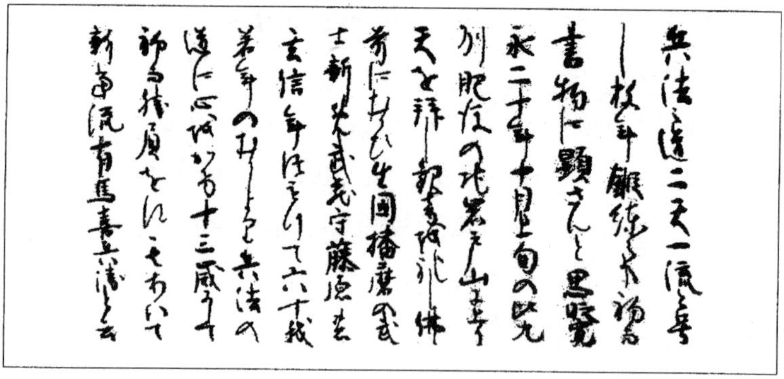
兵法の道二天一流と号
し数年鍛錬の事初而
書物に顕さんと思ふ寛
永二十年十月上旬の比九
州肥後の地岩戸山に上り
天を拝し観音を礼し仏
前に向ひ生国播磨の武
士新免武蔵守藤原玄
信年つもりて六十歳
我若年のむかしより兵法の
道に心をかけ十三歳にして
初而勝負をす其あいて
新当流有馬喜兵衛と云

宫本武藏《五轮书》手迹

指无定形无定位，随敌而动，千变万化。无刀，谓用刀者无对刀之执着，合理自在地用刀，便能取胜。后世常以为无刀是指空手入白刃，还据此拍成电影，其实是误解。

（十三）二天一流

此派为宫本武藏所创，二代寺尾求马助信行，三代寺尾乡右卫门胜行，四代吉田如雪正弘，五代山东彦左卫门清秀，六代山东半兵卫清明，七代山东新十郎清武，八代青木规矩男久胜，九代清长忠直政实，十代今井正之信胜。

二天一流，又称二刀流，指身上所有武器都该用上，故长刀短刀应当并用，一切技巧也都该用上，宗旨只在如何杀死敌人，所以无定法无定形，以最直接最能达成之方法为上。所以技法十分简练，一共只有五种刀法，但讲究“人刀合一，身与心平”，以坚强的意志，随机活用以克敌。内容具详宫本武藏所著《五轮书》。

（十四）野田派二天一流

宫本武藏五十岁以后的行踪不可考，在宽永年间，肥后千叶城的细川藩处开始流传《五轮书》，正保以后遂衍出野田、山东、山尾三派。野田派的大本营在熊本市，传承大抵是宫本武藏—寺尾求马之助信行—新免弁功信森—村上平内源正雄—村上八郎右卫门正之—野田三郎兵卫种信—种胜—大冢庄八—大冢又助—野村市作—伊津野十内—野田三郎八—野田辰三郎—加纳军治—指田次郎—古贺德孝—志岐太一郎—川格致—神尾宗敬—大浦辰男。

此派每年五月十九都要参拜宫本武藏，六月十二则拜寺尾信行。

（十五）神道无念流

始祖福井兵右卫门嘉平，永禄十三年生于下野国，殁于天明二年，八十三岁。二代户贺崎熊太郎晖方，三代冈田十松吉利，

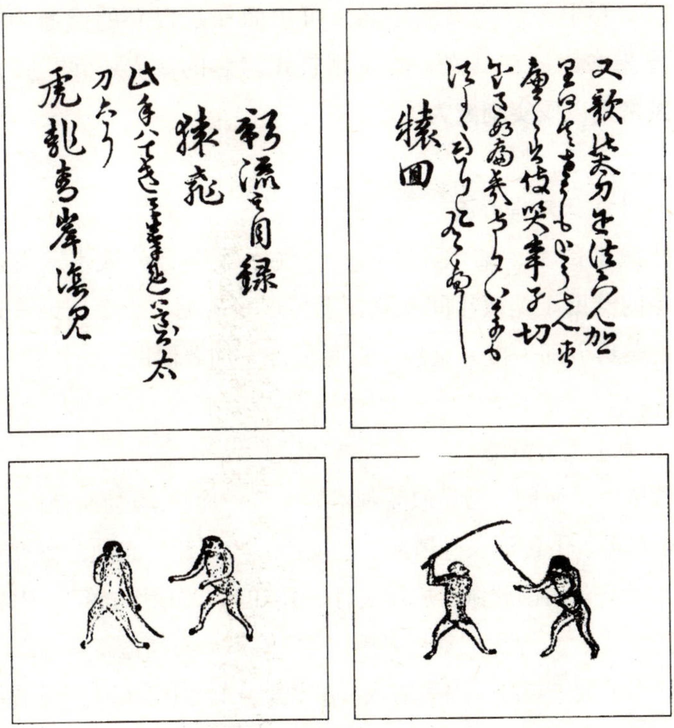

明茅元仪《武备志》所刊录的据称为戚继光得自战场的倭人长刀即双手刀法，应为影流目录与猿刀图谱

四代斋藤弥九郎善道，五代斋藤新太郎龙善，六代也是关东派初代的根岸信五郎，七代中山博道，八代中山善道，下再分小川武和佐伯宗一郎两支。其中斋藤弥九郎与北辰一刀流的千叶周作、镜新明智流的桃井春藏，并称幕末三剑客，门下名剑辈出。

所谓神道无念，是说作战时要断绝念头，积极攻击。攻击迅快，后发先至，决胜于鞘中。

（十六）心形刀流

创于水轩秀明，当时他的道场与上述三大名剑，合称江户四大道场。到九代伊庭兵卫秀俊时，因担任幕府讲武所师范，故各地采用者甚多，至今龟山市三重县均指定此派为无形文化财。

以“心形刀”为流派之名，可想而知是以心的修养为第一义，技艺磨炼还在其次。心正则技正，心的修养不足，技艺必乱，风格则以质实刚健为主。

（十七）天然理心流

此派是剑术、柔术、棒术、合气术等综合的武术，由远江人近藤内藏助于宽政年间所创，下传近藤三助—近藤周助—近藤勇—近藤勇五郎—樱井金八—近藤新吉—加藤伊助。

（十八）虽井蛙流

深尾角马所创，乃鸟取藩剑术的主流。他曾学过圆石流、去水流、东军流、卜传流、神道流、新阴流、户田流、念阿弥流等各派武术，后结合而创此派。所传著作，初卷名“万胜之卷”，中卷名“利集之卷”，免许称“梦想秘极之卷”。下分石河派及白井派。传到上野小平太忠亲时，又著有《井蛙语海》《武士言草》，对虽井蛙流的背景、武士的理想、武士道的形成、剑术的内涵均有所阐说。至今该派在鸟取市的尚德馆仍以“文武并进”为号召。

（十九）驹川改心流

始祖驹川太郎左卫门国吉，甲州人，自幼学习兵学剑术，因感念母亲爱抚幼儿口中流涎的情景而奋发精进，故此派以“改心”为名。创派以后，传樱田次郎左卫门贞国，又在剑术之外加上了短刀、薙刀、锁镰等术，尤精于短兵。其后传藤井三右卫门、四传藤井右门、五传小岛平吉直吉、六传加藤与七信吉、七传野口源藏义政、八传里田弥平正好、九传高冈弥平义孝、十传万象清水敏之、十一传清水矩之。本派以富士藩为基地。

（二十）野太刀自显流

野太刀又名阵太刀，创始人乃冷泉天皇安和元年萨摩地方的伴兼行。他出身军旅，后裔也多投入战场，参加过戊辰朝鲜之役等。又称为药丸流，因主要在药丸家族传承。系谱大略为：伴兼行—肝付兼贞—兼俊……药丸弹正—药丸壶岐守……药丸兼陈—兼福—兼庆—兼雄—兼中—兼富—兼武—兼义—兼文—兼吉。此派因生于实际战争经验中，故讲究“一剑必杀”。

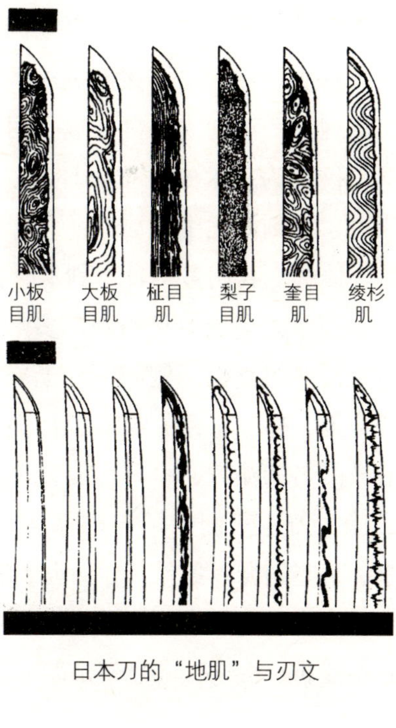

日本刀的“地肌”与刃文

（二十一）马庭念流

创始人为奥州相马人相马四郎义元入道慈恩。据云于安乐寺悟得剑术，故又称念阿弥慈恩流或念阿弥流。

传赤松三首座禅师慈三，此派后转居马庭，所以又名马庭念流。十世安翯时发展到江户。目前群马县指定其为无形文化财。而其实恐怕是庶民剑法加上护身术。

（二十二）深甚流

祖师草深甚四郎，加贺国草深村人，南北朝时期曾任新田义贞部将，但生平不详，仅民间有他太刀破枪的传说。此派后来在加贺藩经武馆传承，每年举行一次草深甚四郎慰灵剑道大会，主要有“型”五套。

三、讨论

日本剑术流派自然不只上述这些，例如居合术的各派，其实也都是剑派，只是它们更强调拔剑法罢了。因此有些门派便居合与剑法并称，如信拔流剑法居合术、小鸥流剑法居合都是。初实剑理方一流则既是剑派也是居合术。居合讲的拔刀之技，在我国，仅视为剑术中一个小环节、小动作，在日本却是蔚为大宗，所以才在剑派之中别居一队，形成了仿佛另一个阵营，其实它们是一体的。我们考察日本剑术时，对此不能不知。

剑派大多也不只用剑，多半是综合型的，什么都练。或以剑为主而兼习其他，例如一种上文没谈到的立身流，就是剑术、居合、枪、棒、半棒、长刀、捕绳、四寸铁刀都有。另一些以其他器械闻名的流派，一样也有剑法，如竹生岛流棒术，就也用三尺二寸之刀。我们中国各门派大抵也都有器械、有拳搏。器械之中，某些门派以剑见长，可是也很少只练剑而不练其他兵器的。

这些剑派，如今在日本称为古武术或古武道，跟现代剑道并不是同一回事。现代剑道不乏女剑士，这是古代没有的。现代武道馆里练剑，着眼于比赛竞技规则，练习攻防，重在得分晋级，和古代以搏杀为宗旨的用剑心态、技法也不相同，更不讲究什么门派特点。而且各道场均以推广为主，招收学员甚多，具有普传的性质。相较之下，古剑术就显得较为神秘，具有秘传性质，门弟子仍保持着古代师尊和门人的关系，因此弟子数都不会太多。如小野派一刀流门弟子一百五十名，沟口派一刀流三十人左右，一刀正传无刀流这一代的门弟子仅不过四人。门人弟子跟一般学员的概念是不同的。当然，时移势异，如今古武术若要发展，也渐渐要宣传推广，甚至也要收女弟子，但这种门派宗风式的气氛和惯例，毕竟仍与现代剑道迥然异趣。

昭和十四年由讲谈社出版的吉川英治《宫本武藏》书影

不过，造成这种差异最主要的关键，还不在门派的仪式、规矩、气氛、师徒关系、秘传，以及独特的技法招式，而在情境。依我上文的描述，读者已不难看出日本剑法各派往往有神道或佛教的渊源。当然，剑术的参悟可能得诸禅机或神灵示梦，可是这只是其原因之一端。假借神佛以自炫其技，以故神其说，也只是另一个原因。真正影响各派，使它们都牵扯上神佛的，是战场上厮杀所面临的生死情境。武士必须克服他对死亡的恐惧，他的生死观也直接关系着他对剑术的看法，他的精神状态更须要修炼，才能自信而平和地出刀，去迎接那生死一瞬的结果。这种精神性的修为，当然很需要宗教的支撑。在神佛前参

东映公司摄制的电影《柳生武艺帐》（即汉译《柳生英雄传》）的海报

礼、静坐，或体味某句经文禅语之哲理，均可使人心生稳定感，对坚定其人生观亦有莫大之裨益。

这个性质，也直接影响到他们对剑术的体会。剑术只是一套拔刀搏杀的技术，可是用刀的是人，人的心理状态直接关系着他用刀的力道、速度和一切技术。因此精神面的修养远重于技术之锻炼。而要修养精神、体会剑术之真意，自然又须借助于宗教。许多剑法书都讲得玄之又玄，仿佛禅家之机锋；许多流派也都强调心法、无念。或如宫本武藏那样，讲地、水、火、风、空。有些流派还有道歌，如气乐流柔术，是讲临机应变，有心无心的，其道歌我不会译，直录于下：“闇の夜に鳴かぬ鳥の聲聞かば生まれぬ先の父母ぎ戀しき”“ぬ井にのぞかぬ人の影さしこたとら月と映る月影。”凡此，均显示了一种技进于道的风格，内涵比我国的各武术门派似乎更要深邃些。

有些剑派还喜欢称自己为兵法，如兵法二天一流、柳生新阴流兵法。据宫本武藏说：“人们常讲的兵法，特指的即是剑法。因为整个社会，一切都在剑的统治下，所以剑法才被称为兵法。……关于武士的一切学问都属于兵法，没有例外。……就兵法家来说，遍涉诸艺，以修养心性，使兵法与世界共进步，是十分重要的。”“真正的兵法要理，在任何时候任何地方都适用于任何人。”（《五轮书·地卷》）意思是说：武士从刀剑上悟出的道理，即是兵法；而兵法又是可以通贯到一切事物上去的。他举了一个木匠做木器做例子，说木匠必须善于选择、利用木材，还要能领导组织工人去营造。木工之道如此，岂非与用兵用剑相同？可见木匠有木匠之法之道，兵家也有此道，此道相通，且能贯穿于一切事务之处理中，这种讲法，仍然是“技进于道”式的，剑道兵法，便与人生处世法则相连贯了起来。

这些剑派剑术，还常有剑豪小说和其他文艺作品与相羽翼。如吉川英治写的《宫本武藏》、五味康佑的《柳生武艺帐》以及描写鹿岛神流的鸣海丈《炎四郎外道剑》、写野太刀自显流的池波正太郎《人斩半次郎》、写尾张柳生流的电影《柳生连也武艺帖》、写无外流的池波正太郎《剑客商卖》、写北辰一刀流的浅田次郎《壬生义士传》与司马辽太郎《北斗之人》、写甲源一刀流的中里介山《大菩萨岭》、写心形刀流的司马辽太郎《燃烧的剑》、写天然理心流的司马《新选组血风录》、写林崎梦想流的牧秀彦《流浪的剑圣》等等，小说、传记、电影、电视、漫画，不胜枚举，家喻户晓，影响深远。

这也是日本各流派至今得以存在的社会支撑，咱们中国便无此条件。一、文艺作品渲染得较多的，只有少林寺。其他门派之历史与人物便无人问津。其次，就是偶尔谈到少林、武当、霍元甲，也不考证历史与武术，瞎掰乱扯一气。三、尤其喜欢杜撰门派，弄得真伪糅杂。搞得假的仿佛真的，真的倒都像假的。

目前，日本有“日本古武道协会”在收集、整理这些剑派的材料，并经常组织、办理“古武道演武大会”，希望在现代竞技体育概念之外，仍能保存这些老门派的宗风与传统。我以为此法是值得国人借鉴的。日本各剑派重视心重视气，有技进于道的特性，更可供我们参考。现在大陆各地武术学校，学生文化素质普遍窳劣。又光晓得锻炼肢体、苦练技法，一般文化课业尚且不能应付，遑论养心养气、建立人生观？因此以上大略介绍日本剑术诸流派及其内涵，或许不为无益。

再说，据我粗浅的知识看：中国所谓剑术，古代的均已失传；近代的，自明末清初以降各派剑法，应该全都是由日本剑术转化而来。此说或不为民族主义者所乐闻，但实情恐怕竟真是如此，所以介绍一点日本剑派的概况，又不为无益也。

只是我完全不谙日文，对日本剑派之见闻也很有限，以上介绍可能颇多错误，还请学界先达多予赐正是幸。

武士禅

有回去重庆，在机场买了本《叶隐闻书》解闷。旅中读毕，有些感触，略说一二。

此书为日人山本常朝口述，十一卷，谈的是日本武士道。日本武士道，思想内涵十分复杂，有儒教之武士道，讲究仁者之勇；有兵学者之武士道，讲究谋定而后动，以战争代替复仇。山本常朝谈的，却不是这些。他的书，形式上类似《论语》，故又被称为《叶隐论语》，或《叶隐论语摘抄》，但其实与儒家所说大相径庭。

分歧最大的，是鼓吹极端忠君。生命之价值，只在尽忠于主君，随时准备为主君奉献生命，以死报主殉主。我国人整天批评儒家倡言忠君，实则儒家并不主张尊君忠君。后世在帝制底下，由皇帝提倡的国家君王意识形态才鼓吹忠君，说“君要臣死，臣不得不死”一类话。孔孟荀何曾有这等妄语？但就是“君要臣死，臣不得不死”，跟山本常朝所鼓吹的忠君思想比起来，仍是小巫见大巫的。那是君不见得会叫臣死，臣却拼了老命要为君去死，时时以忠君为生命唯一之价值，以为君去死为唯一之意义。一切精神锻炼、行为规范，均以此为鹄的。忠君至此，真令人叹为观止矣。

如此忠君，已近于宗教式之虔诚，死亡成了奉献的仪式，故讲究美感。

日本剑侠小说封面上的武士像

武士平时就要勤于照镜梳妆，怀中且需常带胭脂。晨起立刻沐浴，剃净顶门中央，整理发型、喷上香水。还要修剪指甲，用浮石打磨平滑，再用金色草抹上指甲油。战盔战甲也要熏香，有时还得插一枝梅花出征。牙齿上染的黑色更不可脱落，汗毛要常刮，等等。临死时，尤其要讲究。要从容、要有仪度。有时切腹时还要听能剧、看歌舞，要死得优雅。

但此种从容雅度，与儒者就义赴死时所显示的大义凛然，如文天祥、颜真卿，实在是两回事；跟侠客慷慨悲歌，如荆轲之风萧萧兮易水寒，也是两回事。

儒与侠有生命的悲剧感，壮烈刚大之气，喷薄而出。山本常朝所歌颂的武士道却只是媚，是对这个生命的祭仪，做出一些姿态来，有以媚之。是有如孔子所批评王孙贾说“与其媚于奥，宁媚于灶”（《八佾篇》）的媚。其美感亦只是媚态。

在献祭生命时，武士所显示的轻生，或如山本常朝所提倡的“不要想那么多，先死了再说”的所谓狂者精神，当然也与儒家的中道思想迥异。就是儒家所说的狂，也与之异趣。

狂者进取，狷者有所不为。有所不为就是舍。武士之舍生取死，乃是狷，不是狂。舍生是舍，取死一样是舍生，并没有进取到什么，也没有得到进取本身。

乐府诗《公无渡河》曰："公无渡河，公竟渡河。渡河而死，当奈公何！"那渡河前进的白发狂夫是死了，但他渡河本身这个行动，却彰显了他的生命是自主进取的，不听人言。武士之狂以取死，则是归依于他者的。该书卷十引了一首和歌，唱道："在事事皆伪的世上，唯有死才真实。"又说："若与真道拥抱，即使不祈祷，神佑依然。"此种以死为真道的想法，不就是信徒式的吗？日本真理教的信众，因相信死亡才能永生，而集体自杀，没有人会说他们勇敢。认为死亡可获神佑，可与道合一的武士，又怎能说他们是狂者或勇者呢？这连孔子所批评的"暴虎冯河"都及不上呀！

死亡既是献祭，自己取死固为一种献祭，自然也还要杀人为祭。宗教中本有"牺牲"一词，为了成就这宗教性，人命遂不值一提，是随时要杀了人去献祭的。

卷七载："山本吉左卫门武弘，在父亲神右卫门重澄的命令下，五岁时杀狗，十五岁时杀死刑罪犯。过去的人更是如此，一到十四五岁，就被迫累积杀人的经验。胜茂公年轻时，也被直茂公命令练习杀人，听说一次要连续杀十多个人。"又载一人乘船，看船上人不顺眼，就把那人杀了。然后命船夫摇到僻静处把尸体埋了。埋妥后，又竟把船家也杀了。杀毕，他本带一男妓上船，说："好歹你也是个男的，年轻时候体味一下杀人比较好。"故也让他在尸体上刺了一刀。诸如此类，皆不以人当人，把杀人当玩儿，或当成人生必需的训练。

这不能说是日本人特别无肺肝，只能说在一种杀牲献祭式的情境中，杀人被当成从事这种宗教性的仪式过程。

杀人，当然也包含着自杀。自杀也是要练习的，届时才能从容不迫，完成此种祭仪。书中对此，着墨甚多。

当然，贪生怕死，乃人之常情，要叫人忠君赴死并不那么容易。故皈依死道、效命主君，仍有待于教育。要强化人求死之信念，山本常朝辄乞灵于佛教。

卷八云："在日本，佛法广为流行，连世俗人都称道佛法。可这些人多半都是胆小鬼，贪生怕死，与佛法背道而驰。因为佛法讲究'生死事大''断念生死''脱离生死'。尚未开悟，就要直面生死，难免以生死为头等大事。原本没有比死更为轻松的事了。"卷十一又说："武士，若不离生死，则无用。所谓万能一心，并非无心，是说离开生死，一心任事。"这都是用佛法来去除武士的怕死之心的话。

但佛教之说生死，固然有叫人勘破我执、勿迷恋其生这个部分，更重要的，却是由生死流转说无常、空、苦。武士道有取于佛教者，仅为其偏义而已。

讲到此，不由得想起《佛之主事们：殖民主义下的佛教研究》（*Curators of the Buddha*：*The Study of Buddhism under Colonialism*，*The University of Chicago Press*，*1995*）中两篇文章。

其一是加州大学伯克利校区 Robert H. Sharf 教授的《日本民族主义之禅》。此文认为日本铃木大拙的禅学，是日本殖民主义与西洋东方主义结合成的怪物。为了在日本明治维新以后的现代化过程中塑造日本民族精神，铃木倡言一种日本式的、经验性的禅。禅在铃木的宣传中，并不是佛教一个教派，甚至也不是一种宗教，而是超越历史的、直接的体悟。通过对禅的这种解释，铃木等人把禅与"日本人"结合起来。佛教或禅，成为日本拥有的独特精神。宣扬这种日本精神，又恰好与日本对亚洲的殖民扩张同步、同构。

另一篇是意大利 Gustavo Benavides 教授的《Giuseppe Tucci 与

《莲如上人绘传》（上）《石山寺缘起》中的浮世绘

法西斯时代的佛教学》。讨论世界著名西藏学及佛教学者 Tucci 在墨索里尼主政时期的演讲与随笔。在一九四一～一九四三年间，Tucci 为了加强日本与意大利法西斯政权合作，在《大和》（Yamto）上发表了许多文章。他借助于铃木大拙的论著，显示了他对现代主义的质疑、对禅的向往和对受禅学影响的日本武士道之着迷。这些文章中，科学式的观察，跟怀旧式的浪漫东方主义论断交织为一，由批评现代性，去武装法西斯。他从铃木大拙那里学到的，正是日本民族主义意识形态中那种超越时间、当下即是、死生如一的态度。

这两篇文章谈的，都是后来的事，离一七〇〇年左右成书的《叶隐闻书》已有不少时日。但文中所谈到的问题恐怕不能说与该书没有关系。佛教，一般都觉得它慈悲、不杀、护生、出世、寂静，但在日本武士道的运用中，却完全两样。那是要杀人、要自杀、教人死生一如而实际上是叫人去死而不重生的，是曾与殖民主义、法西斯、东方主义相联结的。铃木之禅，和武士道之禅，内在或许有其一脉相承的关系。

此种武士禅，本质上只是借禅以巩固人赴死之心，故亦无禅者之其他修养，故武士之好色、好货，皆颇异于修行人。

好色，尤其是好男色，乃日本武士之一大特征。卷一引述井原西鹤之名句："没有契兄的少年，跟没有丈夫的女人一样。"可见当时风气之一斑。日本佛教，本有不禁色的宗派，婚娶如常人；吃肉，甚至吃鹤也不在话下。但如此普遍的男风现象，恐为佛教教义所不容，然而似乎也没看见当时佛教界对此有何批评、有何纠正。大概在彼此利益相关的结构中，和尚们也就睁一眼闭一眼啦!

说了这么多，全是恶评，似乎没一句好话。但其实书还是很好看的。文字素美，李冬君的译笔颇有松秀清婉之致。书中论武士心性及行事法则、说锅岛藩家族史及武士言行，亦皆均可以备史考，也可以见风俗。

拳经九论

一、圣典崇拜

刀经拳谱、武笈秘录，在我们社会上，因小说电影电视之渲染，已形成一种“圣典崇拜”。大家相信最高的道理即存在于经典之中，只要获得经典，依法修参，便能证得无上菩提，登至最高境界。所以，为了获致经典，不惜巧取豪夺，大动干戈。取得经典后，依之修行，亦为必循之径路。

圣典崇拜是各宗教各文明中普遍之现象，武侠世界自然也不例外。但武侠文学中出现这个现象的时间甚晚。早期只有侠义小说曾有宋江获得九天玄女三卷天书之类故事。可是天书玄秘，通常都是没有字的，仅在危难时焚香祝祷，才会示现天机。此亦为圣典崇拜之一种类型，然非尘俗世界得能仿效。尘世的武林，把拳经秘籍讲得最活灵活现的，是金庸的小说。我们试想，若无《九阴真经》《九阳真经》，射雕神雕诸传的英雄侠侣们还唱得成戏吗？若无《辟邪剑谱》《葵花宝典》，令狐冲林平之的曲折故事恐怕也讲不成了。同理，小胡斐的本领，全凭一册《胡家刀谱》。有人偷练了前面几页，便成了技击名家，经典之义，斯可谓大矣哉！

金庸之前的武侠小说名家，谈论秘笈者甚少，金庸则几乎每本小说均以秘籍为其情节核心，秘笈又特别多。《九阳真经》《九阴真经》《辟邪剑谱》《葵花宝典》《胡家刀法》之外，如《六脉神剑》《易筋经》《紫霞神功》《玉女心经》《乾坤大挪移》等均是。其小说之模式既以此为特点，当然也就因此而形成了格套，看来看去，似曾相识，不免有自陷窠臼之嫌。故以秘笈为叙事核心，乃其创格之成就，而亦遂为其缺点之所在。

何况，秘笈固为昔贤所创，笔录以传世，后世岂无贤能之士，不能自我创获，非取而诵习不可？金庸笔下的圣典崇拜，往往被形容成武功一代不如一代。所以谁只要能得到圣典，便可练成当世最高的武功。此固为圣典崇拜之常态，但经是死的，人是活的，因崇拜经典，遂拒绝灵活通变、因革创益之机，恐亦非智者所应为。

此非苛责金庸，也不是要讨论武侠小说该怎么写。金庸之所以特别注意到圣典秘笈，并以此来作为情节核心，料想他有个特殊的时代社会背景，令他对此有感会，故下笔不觉其然而然，就表现出了圣典崇拜诸征象。

可不是吗？近百年来，康有为奉孔教圣典、国民党高举三民主义、民进党以“台独”“核四”之党纲为神主牌。这些执政者（康有为百日维新亦可勉强算是执了政权），谁不在表演着他们的圣典崇拜态度呢？谁不宣称其圣典乃“圣人造作，具一切法”？谁不谨循其教，宁愿百姓遭殃、社会萧条，也不肯在党纲上稍作让步？这样的社会，出现这样的小说，又有啥可怪诧的呢？

二、易筋经

武林秘笈，来历最古、地位最高者，首推达摩祖师《易筋经》。易筋也者，谓练武之人须改换筋骨，转弱为强。修习此经即可以达到这种效果，“以血肉之躯，而易为金石之体”。

达摩被称为少林初祖，少林则为天下武学之宗，泰山北斗，因此这部经典在武林中简直地位崇高极了。关于这部经典的传说、小说叙述也讲得神妙无方。

可是，很少人真看过这部圣典。当然，无上妙品，不授无缘，流传本来就很慎重、很神秘，一般人自然也难得看着。不过幸而读者并不甚多，一般练武之士，文化水平又不见得太高，更少人关心的理论性，而仅从练功的需要上去诵习，所以它才一直保持着它神奇且崇高的地位。真去取来参阅，它的西洋镜恐怕就要拆穿了。

先不说达摩与少林寺相关传说均属杜撰伪托，就只针对《易筋经》来说，其中荒谬之处便甚多。

例如达摩是禅师，少林是僧门，《易筋经》却教人攒、挣、搓、拍睾丸；握、洗、束、养阳具。洗，指每天用药水洗泡。束，指用软帛束起。为什么要如此费工夫呢？因为要壮阳，以供房中鏖战。经文说：“吾不知天地间更有何乐大于是法者？”这怎么可能会是达摩和尚的口吻，怎么会是少林寺里传习的功法？

此类功法，它自称为“泥水操珠最上乘之功也”。清顺治年间，一位海岱游人记载曾见西羌人习此法，可以“以长绳系睾丸，缀以牛车之轮，曳轮而走”，则仿佛现在市井间的“九九神功”之类。功在壮阳，与武艺何干？倘或更以泥水采战自诩，伤德败行，又岂有道之士所宜为？在道教练丹法中，对于借助性交采阴补阳的功法，都是瞧不起的，称为泥水丹，跟金丹大道，相去霄壤。《易筋经》号为至高妙谛，而居然以泥水丹法自鸣得意，不是要笑煞人吗？

此经还有些附录，说“男子骨白，妇人骨黑”“髑髅骨，男子自项及耳并脑后共八片，妇人只六片”“牙有二十四或二十八或

梁楷笔下的达摩形象

三十六”，皆妄谬。

这本经典，所述功法，其实多杂采道教呼吸吐纳、导引以及内丹诸法拼凑而成。最重要的锻炼方法则是“八段锦”。八段锦很普遍，会的人很多。但换个名目，称为“易筋十二势”，大家就觉得高深玄秘多了。

圣典崇拜，往往就是如此。一个时代、一个社群、一堆人，奉若神明的什么主义、纲领、教条，其实大部分也都是如此。高明神圣，徒子徒孙，万人景从，膜衹奉行，以为有甚深奥义，足以生死人而肉白骨，按而稽之，殆亦仅仅是另一本《易筋经》罢了。要改易筋骨者，该换的，其实不是筋骨，而是脑筋。

三、洗髓经

武林秘籍，《易筋》之外，尚有《洗髓经》。此经亦属达摩传授，而且比《易筋经》还要神奇。

据《易筋经》李靖序说，达摩卒后留下一口铁函，函中藏有这两本经书，“洗髓经帙，归于慧可，附衣钵共作秘传，后世罕见。惟易筋经留镇少林”。可见少林所传亦仅易筋法而已，洗髓功则为掌门衣钵之秘。李靖这篇序文是伪造的，但即使是伪作此序者也承认并不曾见过《洗髓经》。

故《洗髓经》可谓秘中之秘，历来修炼之士看待这两本书，也持轩轻之见。例如玄同子藏本《易筋经》后序就说："练易筋功行，成就已；以洗髓之功视之，犹是外功，不足以言功夫之上乘，必须进而练习洗髓，方为形神之妙道毕矣。"

少林掌门衣钵秘术，流传当然也绝少。不过据说后来慧可禅师发愿弘法，将此经翻译成中文，所以毕竟有了传本。

流传各本，内容甚为分歧，译文也颇有不同。其功法大略谓：夜中静坐，服气吐纳。五更起床后，也吐浊纳清。静坐吐纳时，舌抵上腭，咽津入腹，气归丹田。平时行住坐卧也要行功，然后再辅以按摩之法。

这样的功法，其实也甚为简单。但它跟《易筋经》相比，确实较有理趣，其《无始钟气》《四大假合》《凡圣同归》《物我一致》各篇，都不只是讲技术、操作手法，而是从宇宙气化讲起，谓宇宙因气化而成，故水火土风四大假合，人亦如此。生命暂有，终归太虚。修炼者只是借假以合真，运用服气养气之法，以求长生。这样的理论，使它在各武术秘笈中显得较为深奥高妙，以至于它那极简单的功法也仿佛高深莫测了。实则其理论虽有理趣却是欠通的。若真能悟四大假合、生本虚幻，便能超脱生死关，何至于汲汲以长生久视为念？而其具体功法，则又卑之无甚高论，不过是呼吸吐纳而已。里面甚至还有一些"两手常在腹，扪脐摸下体"的动作哩！

如此功法，何以便能拥有那么高的声誉地位？

原来，圣典之所以能成为圣典，有时并不只因它本身的因素，而是因时因机的。胡适的《中国哲学史》《白话文学史》《文学改良刍议》本身也谈不上多么严谨深刻，议论亦多欠通，但掀起一代风潮，肇兴新文化运动，谁又能说它没有历史地位？不也有许多人至今迷信它，视为圣典吗？

《易筋》《洗髓》于今视之，浅陋可哂，妄谬亦甚可惊。但那是少林外家拳术在明末遭遇内家拳思潮崛起后的自我调整之作，希望吸收道家的运气行气说、呼吸吐纳功法、导引术来达到新的综合。这种综合，虽然简陋，但却成为清初迄今少林系统武术的基础，许多功法均由此衍生发展而来。此所以这两部经才会被推尊为武学宗祖，有如此崇高的地位。

四、剑经

中国兵器，以剑为尊。但后世剑法失传，剑在战阵中亦无所用，剑遂仅成为装饰性或表演性的技艺。真正讲武术的第一本《剑经》，其实乃是一部棍法谱。

这部棍法谱，同时也是我国第一部棍谱。以棍谱名为剑经，自有以棍代剑之意。剑的传统地位及作用，依作者看，是该让位给棍了。

这位作者，乃明嘉靖万历间名将俞大猷。戚继光曾任其副将，对他的棍法非常佩服，所以在编《纪效新书》时，把他这《剑经》全文收录书中，且增绘了二十四图式，以助了解。后来

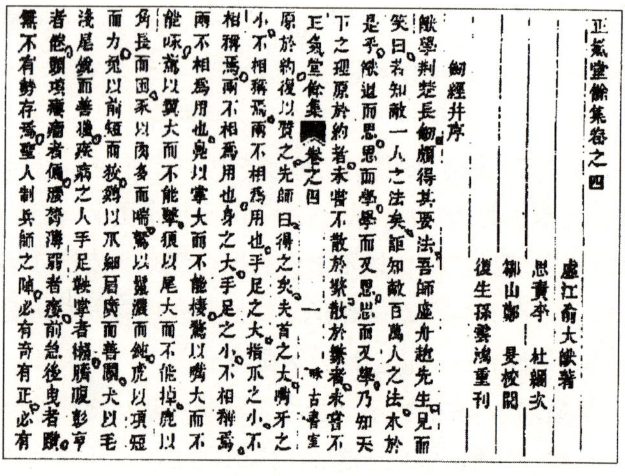
正氣堂餘集卷之四
虚江俞大猷著
思貴李 杜綱次
鄰山鄧 旻校閱
復生孫雲鴻重刊
劍經并序
猷學荆楚長劍頗得其要法吾師虚舟趙先生見而
笑曰若知敵一人之法矣詎知敵百萬人之法亦於
是乎猷退而思思而學學而又思思而又學乃知天
下之理原於約者未嘗不散於紫散於紫者未嘗不
正氣堂餘集 卷之四 一 味古書室
原於約復以質之先師曰得之矣夫首之大嘴牙之
小不相稱焉而不相爲用也手足之大指爪之小不
相稱焉而不相爲用也身之大手足之小不相稱焉
而不相爲用也兕以掌大而不能棲鷙以觜大而不
能啄蠢以翼大而不能擊猿以尾大而不能掉虎以
角長而困豕以肉多而喘鷙以蹩濃而鈍虎以項短
而力冗以前短而狡鷄以爪細眉廣而善鬪犬以毛
淺尾纖而善獵疲病之人手足撒掌者懶臍腹彭亨
者倦頸項癭瘤者偏腰背薄弱者癈前總後曳者蹶
無不有勢存焉聖人制兵師之陣必有奇有正必有

《剑经》书影

民国初年写《江湖奇侠传》的平江不肖生向恺然也曾注释此经，并增图式若干幅，改名《子母三十六棍法》。因此可以说这是一本不仅具有历史地位，也深受内行推崇的经典。

俞大猷于嘉靖四十年路过少林寺时，因少林棍法从唐初即擅盛名，故请求观艺。但看后颇为失望，认为其棍法“传久而讹，其诀皆失矣”。于是挑了两名僧人来教诲，要他们学成之后“转授寺僧，以永其传”。所以后世所传少林棍法，恐怕也只是俞大猷的棍法吧。

俞大猷的棍法何以能有如此高的评价？或者说，它的要诀何在？

综合俞大猷与戚继光的看法，有几点可谈：

一、棍为兵器之首：“用棍如读四书，钩刀枪钯如各习一经”，四书既明，六经之理亦明矣。“若能棍，则各利器之法从此得矣。”

二、棍虽重要，但练棍者跳跃闪滚，多是花样，中看不中用，故棍法以实用为要：“俞公棍，所以单人打不得，对不知音人打不得者，正是无虚花法。”单人打不得，就是说棍法不是个人表演用的；无虚花法，就是说不准练者“徒支虚架，以图人前美观”。

三、使棍时，须懂得短兵长用的道理。棍不如长枪大刀，乃是短兵。短兵利在速进，要抢到近距离才能发挥作用。所谓短兵长用者，是长驱直入之意。

四、两人对阵，不是演套路、耍招数，而是要乘其机、因其势的。所以他强调：“须知他出力在何处，我不此处与他斗力，姑且忍之，待他旧力略过，新力未发，然后乘之，所以顺人之势、借人之力也。”“不外乎后人发先人至一句。”

这些论点，都是武学上的至理名言。习武者卖弄气力，矜炫姿势，乃人之通病。此经所说，可谓切中要害。可惜后世武术之发展仍然是以演套路、打招数为主，每家各派，以此自鸣得意、宏展宗派。既罕实用实战之效，又跟俞大猷博采各家之精神相违（他的棍法吸收了山东河南各处教师的技法与经验）实在令人感慨。幸而，“后发先至”“顺人之势，借人之力”之原理被太极拳等内家拳派吸收而发扬光大了，否则后人对此《剑经》岂不愧煞！

五、拳经

古罕有以拳法闻名者。魏文帝曹丕《典论》自序记其麾下奋威将军邓展“善有手臂，晓五兵，又称能空手入白刃”，似是善拳技者。然曹丕记其术，乃是击剑，而非拳搏。曹丕弟弟曹植论手搏也不详。足证此道于古不盛。也正因为如此，清初编《古今图书集成》，在“拳搏部”，就几乎没什么东西可录，勉强把古代的角抵列入其中。但角抵只是摔角、相扑，跟我们现在所说的拳术搏击仍有相当的距离。这也可以看出拳术的发达实在是很晚的事了。

现今论拳术，动不动就说少林、讲达摩，或推太极拳之类拳法于唐代道士许宣平、宋朝道士张三丰，其实哪有那些事儿呢？就连《水浒传》里说拳脚，也粗略得很。李逵、鲁智深，三拳两腿即致人于死者，非其术惊人，但凭一身气力耳。唯武松醉打蒋门神时，用了一招，说书人特别记了一笔，谓此乃“玉环步、鸳鸯脚”，可说已为拳术之滥觞。

《水浒》写成时代甚晚，但武松所处的宋代，是有可能出现这种拳招的。因为相传宋太祖赵匡胤曾创立长拳，岳飞也曾创立拳法。其技虽乏文献可以稽考，但后世拳术，泰半与它们有渊源，则是可以确定的。台湾民间，流传最广的也就是太祖拳。

宋代这些拳法，传到明朝，颇有发扬。其间最重要的人物，即名将戚继光。

戚氏《纪效新书》末尾为《拳经捷要》，此为拳经之祖。它一方面延续传统见解，谓“拳法似无预于大战之技”；一方面又提高它的地位，说：“活动手足，惯勤肢体，此为初学入艺之门也。”“大抵拳棍刀枪叉钯剑戟弓矢钩镰挨牌之类莫不先有拳法活动身手。其拳也，为武艺之源。”拳法自此才成为武技中的重头戏。

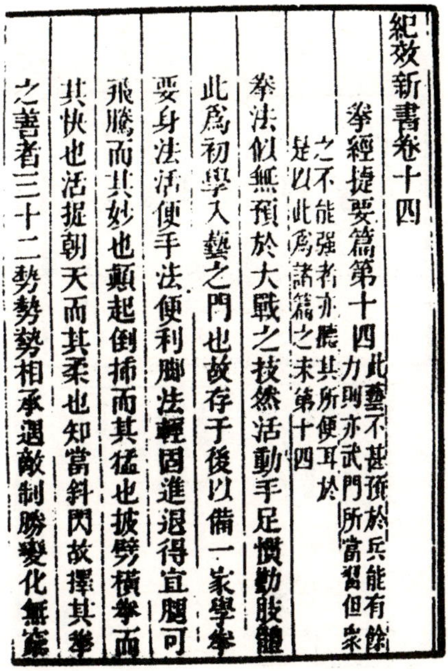
紀效新書卷十四

拳經捷要篇第十四 此藝不甚預於兵能有餘力則亦武門所當習但衆之不能強者亦聽其所便耳於是以此爲諸篇之末第十四

拳法似無預於大戰之技然活動手足慣勤肢體此爲初學入藝之門也故存于後以備一家學拳要身法活便手法便利脚法輕固進退得宜腿可飛騰而其妙也顛起倒插而其猛也披劈橫拳而其快也活捉朝天而其柔也知當斜閃故擇其拳之善者三十二勢勢相承遇敵制勝變化無窮

《纪效新书》中的“拳经捷要”篇

其次，戚继光又是当时拳术之集大成者。他主张“博记广学，多算而胜”，故将太祖三十二式长拳、六步拳、猴拳、温家七十二行拳、三十六合锁、二十四弃探马、八闪番、十二短，以及鹰爪王之拿、李半天之腿、千跌张之跌等兼收并蓄，融会贯通，编为廿八式，绘图、注诀以教人。后世拳谱均循其体例。后世一些拳法，其实也多脱胎于此。例如太极拳中的懒扎衣、金鸡独立、单鞭、探马、七星、跨虎，均本于此。

此外，戚继光不是经典主义者，他主张在实战中增进技艺，而非熟读图谱即堪应敌。因此他说：“既得艺，必试敌，切不可以胜负为愧为奇。当思何以胜之、何以败之，勉而久试。怯敌还是艺浅。”后世许多人都妄想寻获一本秘籍，以为据本子修炼之后，就能立刻天下无敌。依戚继光看，天下是没这种便宜事的。这也是它成为经典的原因。

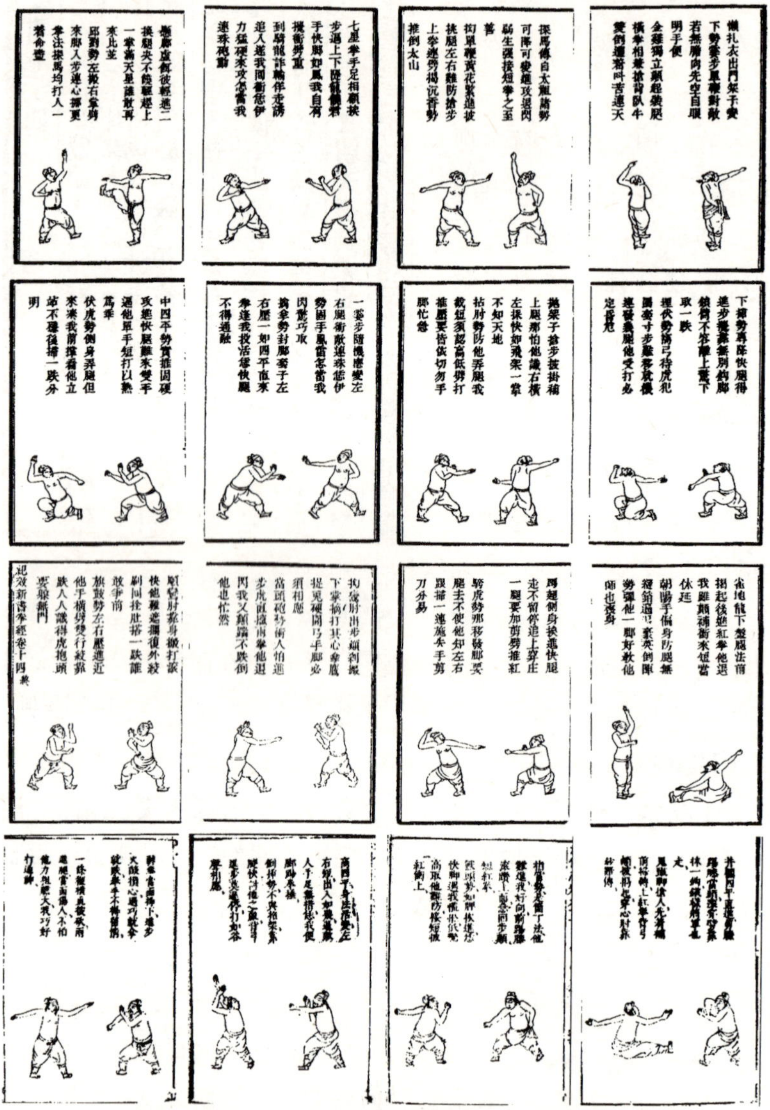

戚继光三十二式长拳（末四幅补自《武备治》）

六、太极拳经

太极拳，可说是现今流行最广的拳术，但也是兴起甚晚的拳种。道光咸丰之后始渐知名，同治光绪间始大盛，入民国，更不断推衍发展，形成许多流派，某些诀法秘籍甚至迟至一九五八年以后才流传。所以也可说是仍在发展中的拳术。

这个拳种，历来神话最多。一是功用的神话，谓其足以健身、祛病、长寿。其实太极拳名家中李亦畬仅六十岁，杨班侯仅六十一岁，杨露禅七十三、郝和七十一、吴鉴泉七十二，亦均非高寿。故太极拳虽可能有强身的功用，若说得太神奇，便过火了。拳，主要是应敌，能否健身长寿，其实是其次的。现在打太极拳的朋友，轻摸慢揉，以健身为宗旨，而不求其能克敌制胜，恐怕有些儿买椟还珠。

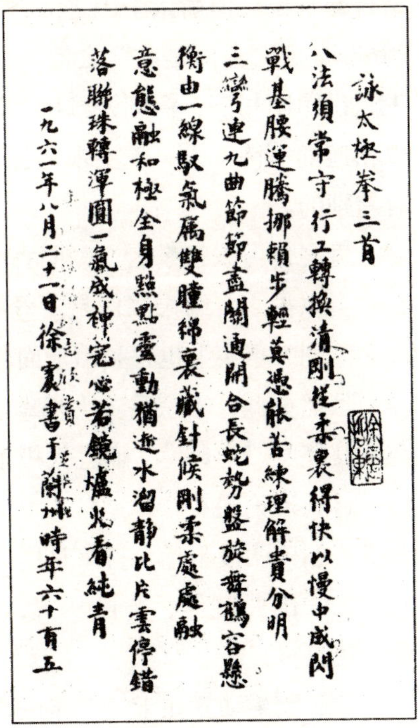

徐震手书《太极拳五咏》

太极拳另一个神话，是起源。光绪七年起，将它推源于“武当真仙张三丰”；一九一六年袁世凯幕客宋书铭又将它推源于宋远桥，以及唐代李道子传明代俞莲舟；到民国八年，陈鑫更上溯于其始祖，明洪武七年之陈卜。人人扯入一个老关系，弄得太极拳史如坠五里雾中。

详细的考辨，得写一本书才讲得清楚，我在此仅能讲结论。结论是这样的：首先提出太极拳这个名称的，是山西人王宗岳，乾隆时人。但其拳本称长拳，有十三式，乃掤、攦、挤、按、采、挒、肘、靠、进、退、顾、盼、定。且其拳实已不传。今所传者，均由河南陈家沟来。陈家拳，本无太极之称，据我看，与王宗岳之法也不相同。如陈王廷，年代与王相近而略早，其《拳经总歌》七言廿二句，其实就只是依戚继光《拳经》而编的。陈家所传拳架及招式名称也颇多同于戚谱。故我以为陈家拳即是据戚氏拳谱发展而成者，所以与王宗岳并不相同。陈长兴《太极拳十六要论》等，讲身法、步法、刚柔、三合、六进，也并无所谓十三式。杨露禅以后，才将王宗岳十三式跟陈长兴所传拳法拳理结合起来说。但衡诸王氏之法，杨氏太极拳有黏而无走，非王氏“黏即是走，走即是黏”之旨。王氏只论四方四隅，杨则论方圆；王只说阴阳相济，杨则云颠倒阴阳；杨打穴，王不打穴；杨主张以粘连随等待于人，王主张舍己从人、因敌变化，可见两者仍是有差别的。

世之传习太极拳者，囫囵吞枣，把这些东西混为一谈，并穿凿附会以说之，结果当然是治丝益棼。太极拳传来传去，分成了许多派别，事实上也正是治丝而棼的结果。

虽然如此，王宗岳《太极拳经》仍是值得重视的。毕竟各派都奉其经文以为典谟，而且太极拳主要的理论也由此奠基。

什么理论呢?

一、四两拨千斤，打拳是用巧劲而非使蛮力；

二、随曲就伸、舍己从人，打拳须因敌变化，非一味壮欺弱、快打慢；

三、刚柔动静在于气，非仅肢体动作而已。

这些理论已超越技术层面，蕴含了许多哲理。它能造成巨大之影响，殊非偶然。

七、拳经拳法备要

少林拳威震天下，但相关传说，多属虚妄。真正足以考其拳法者，厥推清康熙年间张孔昭《拳经》一书。

此书认为“拳法之来，本于少林寺”，确认了少林寺在拳法上的宗祖地位。其技亦本之“玄机和尚秘传”，后来虽另有心得及发展，但基本拳理和拳术架势，大概仍不脱此一渊源。后乾隆时人曹焕斗据其书做注解，编成《拳经拳法备要》，里面就仍可看到“少林寺短打身法统宗拳谱”“少林寺玄机和尚传授身法图”“少林寺短打推盘步法”等，渊源自不可掩。现在我们要考察清朝初年少林拳的姿貌，仅存此书可供追蹑了。

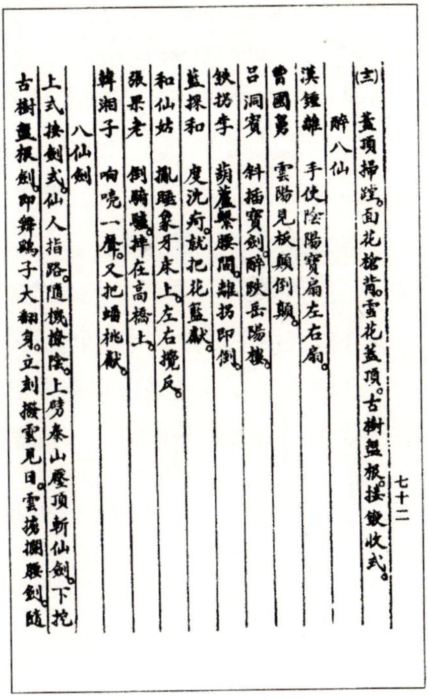
(十二) 蓋頂掃蹚。面花搶背。雪花蓋頂。古樹盤根。接鏇收式。

醉八仙

漢鍾離 手使陰陽寶扇左右扇。

曹國舅 雲陽見板顛倒顛。

呂洞賓 斜插寶劍醉跌岳陽樓。

鉄拐李 葫蘆繫腰間。離拐即倒。

藍採和 度沈疴。就把花籃獻。

和仙姑 亂踁象牙床上。左右攪反。

張果老 倒騎驢。摔在高橋上。

韓湘子 响喨一聲。又把蟠桃獻。

八仙劍

上式接劍式。仙人指路。隨機撩陰。上劈泰山壓頂斬仙劍。下挖

古樹盤根劍。即鷂子大翻身。立刻撥雲見日。雲摭攔腰劍。隨

七十二

《国术大全》中收录的“醉八仙”拳谱

把天下拳术都推源于少林是不对的。少林在明代中期，仅以棍闻名，故戚继光《纪效新书·拳经捷要篇》历数天下武术，只说“古今拳家，宋太祖有三十二式长拳……”等。后来少林寺僧人努力钻研拳艺，少林拳才声名鹊起。建立声望后，徒众渐广。其徒众推重师门，便不止说他的拳法本于少林，更要说天下拳法也都

源出少林了。张孔昭这本书，序文照抄戚氏《拳经》论宋太祖长拳以下一大段，却在上面巧妙地加上“拳法之由来，本于少林寺，自宋太祖学于其中而名遂传于天下”，很能看出这番用意。

实则少林拳自有其特点，与长拳，以及以长拳为基础所发展的拳艺（例如戚继光的拳势或太极拳之类）并不相同。少林乃是短打。这不仅有短打步法、身法诸图谱可证，其拳理也属短打。

现在它所存各拳式图，都没有伸拳舒腿的。两肘垂于腰际，两手上不过肩，下不逾膝，门户甚小，下盘又很低，正是典型的短打形态。看来现今所传南派，即传说中由少林弟子洪熙官等人所创的洪拳之类，仍保持这种风格。传说中由洪拳发展出来的醉八仙拳法，也早就完整地记录在这本《拳经》中。

《拳经问答歌诀》曾对此有阐发，云：“问：‘短打胜长拳，何也？’答曰：‘短兵易入。长来短接易入身，入身跌拨好惊人，里裹打开左右角，外裹打入窝里寻。’”短打，因为架子小、出手短，所以要胜敌就须欺入敌人身畔。这本拳谱，反复说明身法步法，即是教人如何打入圈子里去。所谓打开左右角、打入窝里去、短身易入，均指此言。其论步法亦最详，如寒鸡步、癫狂步、梅花步、之字步、玄子步、回龙勾、太极八步等，重在左右闪身、射入攻敌。强调“凡与人对敌时，身法带缩，腰法带弯，偷步宜快宜活”，也是同一个道理。

这种拳法，可能是由猴拳发展来的。戚继光论古今拳家时已谈到猴拳；明人王士性也在《嵩游记》中说他曾在少林寺见过僧人打猴拳。这本拳谱里，铁拐颠桩式、站步式，亦均谈及猴拳。

八、苌氏武技书

明末清初，是我国武学突飞猛进的时代。突破的一个关键，在于将武术跟气论结合起来说。

早期论武技，只谈进退趋避、手法步法；可是到了晚明，武术跟养气、运气等气论结合了，使得武学内向化，不是注重力量、速度、技巧，更要强调内在的气的作用。如《易筋经》教人由外壮转而追求内壮，要人让气沉入筋膜之间，即为一例。这种内向化的倾向，导致“内功”逐渐盛行。同时，因为养气运气须运用一些佛教道教的修炼法门，也使得武术与佛学道学越来越紧密。

在这种发展过程中，有一本书起着关键性的作用，那就是苌乃周的《苌氏武技书》。

苌乃周是乾隆时河南人，曾撰《周易讲义》，是一位儒生。故其拳又号为儒生拳。著作甚多，后人整理成为《苌氏武技书》，凡六卷七十四篇。

其中卷六是枪法棒法剑法，卷五是拳谱，其余四卷倒是论气的多些。而其气论，却又不是儒家孟子知言养气那一套，乃是由道教丹法及医学上转化而来的。

因此此书开宗明义即是《中气论》，它解释道：“中气者，即仙经所谓元阳，医者所谓元气。以其居人身之正中，故武备名曰中气。此气即先天真乙之气。”靠着呼吸，将气运于周身，流行于经络脏腑，则“炼形以合外，炼气以实内，坚硬如铁，自成金丹不坏之体”。

此即内外兼修之法。在此书之前，我国武学从无此等论调，此后却成了普通常识。

其书卷一卷二，大抵讲的都是如何炼体内阴阳两气之法，追求“神以气会，精以神聚”。然后再教人炼形之法，炼形也讲究形气合一。其拳二十四式，每式均须配合气，阴阳流转，引出自然之力，而非使蛮力。

这本书的论述路数如此，而具体言说，则精义甚多。例如它强调心的作用。武术搏击，靠心智修为功夫，而非体能劲力，这就把武技提升为武道之层次。心是灵妙的，“触而即发，感而遂通”，故它虽教人廿四式拳招，但却强调当机。其机只在敌人一动之间，敌不动我也不动，敌动，机现，我即因此机，乘其气已动而击之。这就超越了固定套路拳式之格套，而且以静制动。再

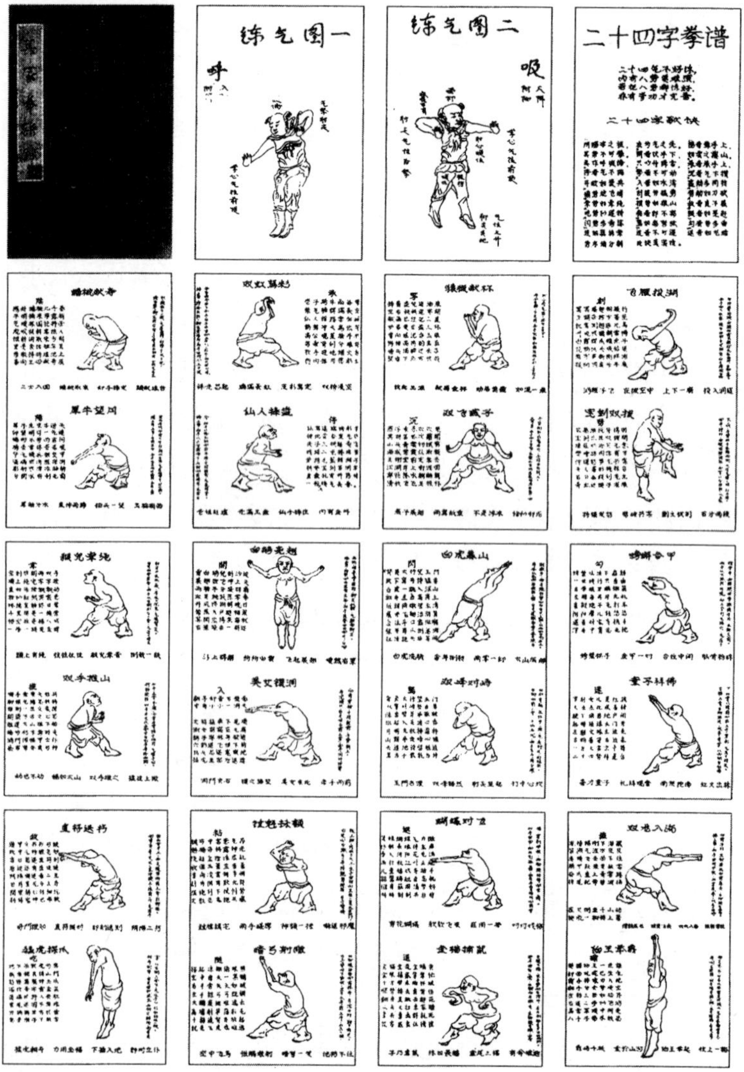

抄本《苌家拳谱录》摘录

则，粘法，也是此书首创。它说用功时两臂都要柔软，不可使力，粘到人时，气贯力出，才能伤人。若敌来攻，则邀住他手，粘连不离，随我变化。后来太极拳讲究以静制动、以慢打快、柔软、粘，都有承流接响之迹。

苌家拳，后世失传了，今所见者，多非原貌。但其拳谱之价值，实超越了一宗一派的意义。

九、形意拳要论

拳分内家外家。所谓内家拳者，据最先提出这个名词的黄宗羲说："以静制动，犯者应手即仆。"可是因为早期的内家拳法业已失传，所以我们通常是以太极拳这类拳法为模型来认知所谓的内家拳法。

但一般也称为内家拳的形意、八卦，其实就跟太极颇为不同。起码它们不像太极那么静态、那么柔软、那么迟缓。

形意拳的名义及来历，也是个谜。一说达摩传法、张三丰演术、岳武穆创拳，在内为意，在外为形，故称形意。一说乃张三丰创，岳飞为之著谱阐发大要。一说岳飞创"意拳"，清初姬际可获其谱。一说本名"心意六合拳"，为姬际可所创。

到底是形意拳、意拳，还是心意六合拳呢？看来达摩、张三丰、岳武穆也都不可靠，此拳应起于清初。重点也不在六合，而在五行。

今存形意拳谱，号称为岳武穆所传之拳经，有好几种。其基本道理，是一气化两仪，两仪生三才。三才为基本式，凡形意拳起手收手均以三才式为主。以三才基本式，配合身、手、脚、步四法，形成五拳。拳属五行：劈如斧，属金，可养肺；钻属水，可补肾；崩属木，能舒肝；炮属火，能养心；横属土，可理脾。

形意拳极为简朴，基本上就只这五行拳。练时一拳一拳反复练熟，再串起来练五行生克、五行连环，如是而已。

但天地运化，有五行之后，还要化生万物，故拳不能止于五行，更要以十二物来象万物之形，打十二形拳。十二形为龙、虎、猴、马、龟、鸡、鹞、燕、蛇、骀、鹰。各形也是单独练，再串起来，称为“杂式捶”。如相对练习就叫“安身炮”。

五行拳只有五式，十二形只有十二式，又无套路，其简朴可知。但这套拳，几乎全是攻击进手，动作则讲究迅疾，谱云：“身如弩弓拳如箭。”拳则五行须如炮击、电钻、斧劈、崩撞，其猛烈也可知。跟太极拳迂缓柔软且以静制动者颇为不同。

但它有几个特点，一是讲究气的运用，此不仅在动作中的调呼吸，更在于运气。运气，形成了劲，是它第二个特点。劲不是力。它说劲有明劲、暗劲、化劲之分。练拳的人，初习拳以熟练拳式为主，用明劲。渐渐地就须练暗劲。否则拳式如此之简，欲能伤人败敌，岂能徒恃其力？再者，拳是配合阴阳五

薛颠的形意十二形组照（部分）

行而创的，也具有调理内脏的养生功能。这些，是它被视为内家拳的主要原因。

今存《岳武穆形意拳要论》共十篇，大概也是清人所造，与岳飞的口气不符，但论拳理而强调步法，甚为切要。形意拳拳式甚简，而能实战有效，步法奇幻，确为一大关键。

剑法要略

明朝人论武艺时，大抵已不论剑了，旧作《刀剑录》对此已有说明。兹补充谈谈：

明人《考槃余事》说得很清楚：“各名物之制，莫不有流传，独铸剑之术不传，典籍亦不载。故今无剑客，世少名剑。”大行家茅元仪所编《武备志》中更说：“古之剑可施于战斗，故唐太宗有剑士千人，今其法不传。断简残编中有歌诀，不详其说。”又云：“古之言兵者，必言剑，今不用于阵，以失其传。”可见古代之剑术、剑、铸剑法等在明代即已失传，失传的原因是在战场上剑已无用。故茅氏编《武备志》时就根本没见过剑是什么样，他书上画的剑，乃是“博搜海外始得之”，由日本、朝鲜留存的实物略窥古代剑的形制而已。

这叫“礼失求诸野”，说来是颇令人感伤的。不过，后来的武术家大概也感到如此把古人之剑术都丢失了，实在遗憾，于是乃又从日本再学了回来。礼失，不是要求诸野吗？此时便不耻下问，向日本学习。著有《少林阐宗》的武术大师程冲斗所著另一刀法经典《耕余剩技》，即是依据剑客刘云峰从日本人那儿学来的刀法整理消化而成的。

日本人的剑，早期也是两面开锋的，后来则既像刀又像剑。

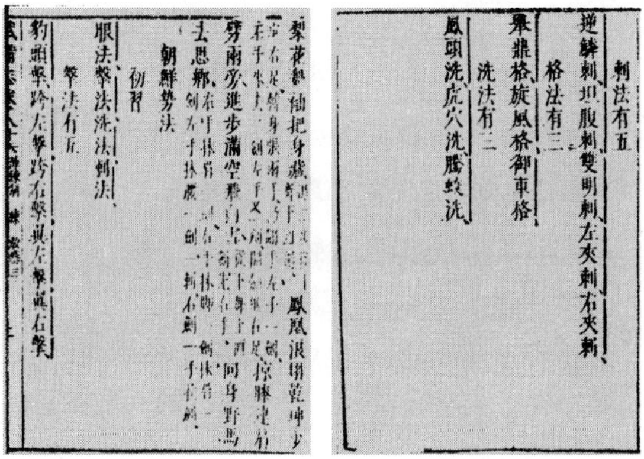

《武备志·阵练制·练·教艺三》所刊录的剑法，称其“得自朝鲜，势法具备”

以单刃为主，似刀；细而长，又似剑，故刀剑每每混称。我国此时亦多称为刀法，后来参考古代剑两面开刃的特性，再予钻研变化，才有清朝以后各派之所谓剑法。如今各派剑法，无不推源上古，讲起来仿佛煞有介事，谱系俨然，其实都是清代创造出来的。

即使在清初，吴殳《手臂录》也不甚论剑，所论以枪、棍为主，刀、牌次之。枪法，他推重石敬岩的石家枪与程真如的峨眉枪，棍则推崇少林。对于枪法，他说得尤其详细，可是对剑术却讲得既少又隐晦，所载唯《剑诀》一篇。前有序，后仅载歌诀而未详说剑法。序曰：

渔阳老人教余剑术，且曰：“此技世已久绝，君得之，慎勿轻传于人。”余惜此技终绝，又顾念老人之语，故不著说而作诀焉。

剑诀的内容如下：

长兵柄以木，短兵柄以臂。长兵进退手已神，短兵进退须足利。足如狡兔身如风，三尺坐使丈八废。余擅梨花三十年，五十衰迟遇剑仙。剑术三门左右中，右虎中蛇左曰龙。手前身后现刀势，侧身左进龙门亟。身前手后隐刀势，侧身右进虎门易。二势用手身诱之，彼取我身手出奇。黠者奇正亦能识，舍身取手主反客。我退我手进我身，左翻右跃如狮踯。虎跃不入龙，龙翻不入虎。龙翻虎跃皆蛇门，直进当中不可阻。左右进退有虚实，六法相生百奇出。彼退我乃进，彼退有奇伏；彼进我亦进，彼进乃穷蹙。扑身枪尖迫使发，死里得生生铁

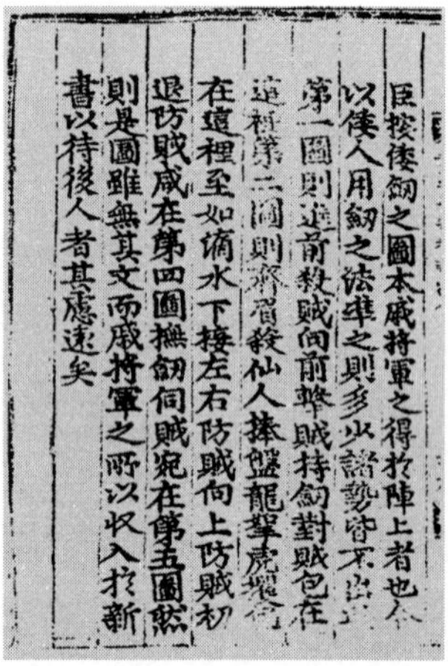

臣按倭劍之圖本戚將軍之得於陣上者也今以倭人用劍之法準之則多少諸勢皆不出第一圖則進前殺賊向前擊賊持劍對賊包在這裡第二圖則齊眉殺仙人捧盤龍拏虎躍含在這裡至如滴水下接左右防賊向上防賊初退防賊咸在第四圖撫劍伺賊宛在第五圖然則是圖雖無其文而戚將軍之所以收入於新書以待後人者其慮遠矣

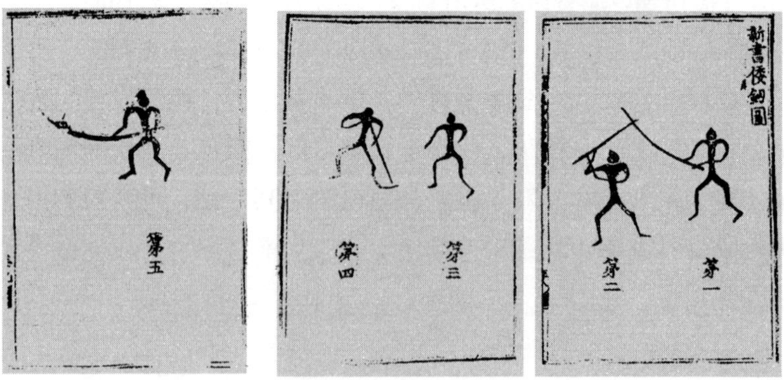

朝鲜《武艺诸谱翻译续集》中采录自《纪效新书》的“倭剑图”

屋。尝以我矛陷我剑，矛多虚奇剑实战。当其决命争首时，
剑短矛长皆不见。自笑学兵已白头，初识囊中一条练。

据他说此技得诸渔阳老人。渔阳即今蓟门，老人殆为隐者。传此法就传得诡秘，先是说此技久已失传，继而说自己偶得剑仙教授（他本来是学梨花枪的）。把剑法传给吴殳之后，又劝他勿轻易流传，所以吴氏才不说明，只记录了歌诀，且说剑法终究是要亡的。

歌诀讲的只是原则，不知具体使法，终归无用。而且吴氏在这一篇之后，立刻又写了一篇《双刀歌》，说：“既于渔阳得神剑，只手独运捷于电。唯遇拍位已入门，颇恨不如双器便。乃知昔刀未全可，立有并用故贯贯。今以剑法用右刀，得过拍位乃用左。手眼清快身脚轻，出峡流泉风撼火。亦恨我不见古人，亦恨古人不见我！”似乎他又把剑法融合在双刀术里了，自矜新创，愈发不去阐扬剑法啦。

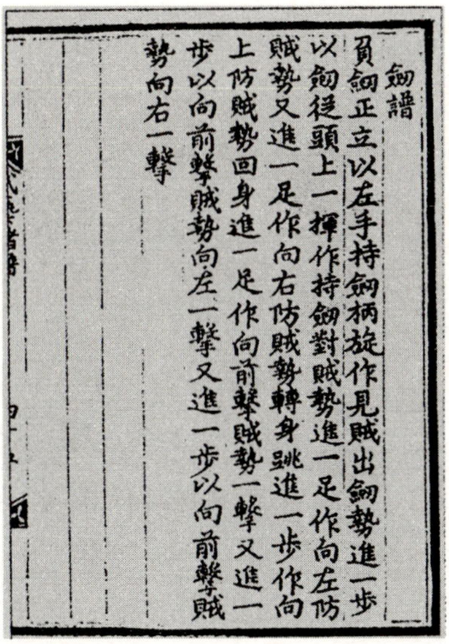
劍譜
負劍正立以左手持劍柄旋作見賊出劍勢進一步以劍逕頭上一揮作持劍對賊勢進一足作向左防賊勢又進一足作向右防賊勢轉身跳進一步作向上防賊勢回身進一足作向前擊賊勢一擊又進一步以向前擊賊勢向左一擊又進一步以向前擊賊勢向右一擊

《纪效新书》中的“剑谱”（朝鲜《武艺诸谱翻译续集》）

虽然如此，吴殳这篇剑诀仍然十分重要，因为它是剑法复兴初期仅见的文献，前此俞大猷《剑经》其实是棍法谱。以棍为剑，亦证明了斯时业已无剑，故取棍以代之。

吴殳以后，剑谱开始越来越多。乾隆期间苌乃周的《苌氏武技书》中就有一套“双剑名目”，记了真武按剑、浪卷浮萍、雨打落花、王郎砍地、大鹏展翅、孤雁

出群、二龙戏珠等三十六个式子。并谓："此剑数目无多，舞来颇觉耳后生风，虽不比公孙大娘之妙，演习久之，亦可以防护身体，不失古人琴剑乐趣云尔。"可见剑谱之制，主要是思复古道，欲人舞之以得其趣，兼可防身。凡看过苌氏这本书的人都可以发现，这个态度跟他论拳、枪、棍、棒，皆是不同的。论那些，他都着眼于运气、用力，以及如何攻敌。论剑，却真是"舞剑"了。

后来的剑谱，层出不穷，不可胜数，但基本上都是这个态度。舞式子、得古人琴剑之趣、演习久之亦可以防身而已，实战功能或意味都不是很强的。套路虽多，格局大抵相似，所以也就不一一介绍了。

但我要特别谈谈民国戊申年间宋赓平的《剑法图说》。此书是剑法之殿军，此后专门剑谱便也少了。而且它所谈的剑法，是完全中国思想观念之产物，并兼有舞剑和技击功能。其中卷下有《论剑有八法与书法相通》一节，最能看出这种特色。我从前在《书艺丛谈》中收有一篇《书学与武学》，论我国书艺与武艺相通之原理与现象，本文恰好即是我的说法之一佐证。谨录于后，亦可以见吾国剑术之大凡也：

> 习此艺者，务要凝神定气，手足相应，意前剑后，心闲手敏，此法与书法合符表里。
>
> 眼快不如手快，手快不如步快。步法即身法也。意到神到，手足步法俱到，无论砍撩摸刺抽提横倒，无不如法。
>
> 盖砍撩摸刺抽提横倒，皆剑学家之规模也。（古《剑经》法，有四字诀，曰格、洗、击、刺。今此所传八法，刺与古法同，抽即含洗意，提即有格意，横倒皆用击意也。益之以撩摩砍，则诸法大备矣。）务使形如飞凤，而手平推平起，摇挽得宜，展放得当。若摇挽中运内面，自能待用生

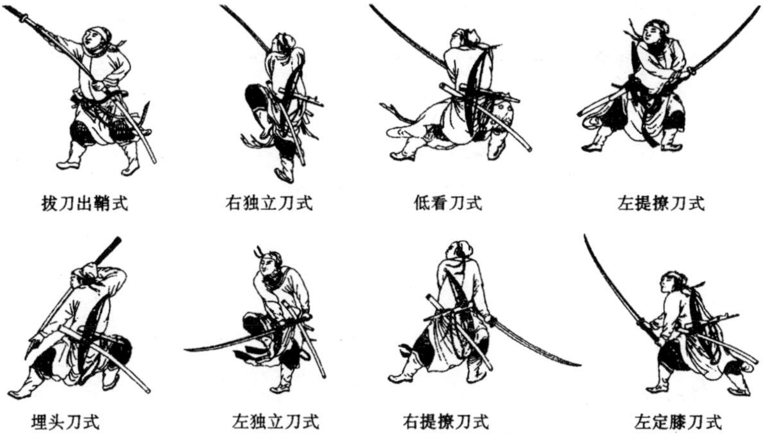

程宗猷《耕余剩技》中的“单刀法”（部分）

花，回环上下，或左或右，圆转自如，轻捷便利，势如风飞电掣。中锋透力，一波三折。用左让右，用右让左，进退起伏，不可丝毫濡滞，成板笨之形迹。

剑势之翻花，或巨细不等者，皆缘剑底尖有间隔之故。然求无间隔之病，必于筋络间用意，使气行无间，否则疵累百出。尝论剑法与书法通，古人观剑法即悟书法，非谬谈也。今特详解八法如下：

砍者，有数十种之砍法。有平砍、立砍、顺砍、横砍、倒砍、斜砍、上砍、下砍、左砍、右砍、进砍、退砍。唯翻身砍为回马剑，其势拖剑败走，急走则急回，缓走则缓回。翻身跳跃，乘势往来便砍，必中来人。设追者能觉躲去，我可复如前法退走，以尽连环回马之技。此绝妙之剑法也。砍要平对，力要停匀放妥，尖锋与中锋底根劲各不相同，均忌挑望恍过。可用手颈催动，勿用指锋手先。须空拳用出一催，便得矣。兹虽用对面冲覆，按纳拖抖，又宜覆去，宜立针法。

撩者，与砍相似。亦有数十种。有平力、顺横、倒钩、上下左右诸撩法。惟反撩则系应前而挡后。如与前敌相应，后面来者，不觉下部当中，被撩顺而取之，不费思索，此剑学之法。要明中有暗，阳中有阴也。反钩覆施单挑，抱钩撩必卧推，平抖撩摸，则凝稳督放。

摸者，法与前砍撩大抵相同，然能取巧之处，在学者意会神通。摸喉则喉断，摸颈则颈断（此手颈即腕七寸处也）。譬如与敌交手，迎面一剑砍来，我必摇身进步，斜断来人之手颈。若稍迟未下乘势上取便摸咽喉，或车转滚撒，带摸回环左右，皆能随身随手借摸，皆妙法也。法又宜冲挽盘旋左纳挑。右摸则应用右挽抱。

刺者，对喉击刺、对胸直刺，向下则有少腹夹裆之刺。故刺有上中下三等之不同。如敌人初来，全力全身，定然摇动。我行刺法，则专其一。譬如线之穿针，期其必中。并有撒手刺者，但非艺精神通，不能用之。盖失去手中之柄，若稍不中，即同空拳赤手也。所以此艺务要精通，方可使用全身之力，透入中锋一撒，则七札俱穿。此法与箭相同。箭在百步之外发之，流走甚迟，敌人望风能逃避躲藏，或能闪脱。剑在数步以内，发之甚速，势险节短，敌人遥望未清，已中咽喉，所以躲匿不及也。

抽者，上下相当、退让相宜、匀称相合，所以谓之抽也。居中则退，相逼则抽，欲扬必抑，抽撒取巧以观变。无抽则剑成有进而无退、有刚而无柔，其法不活，其势不灵。然则抽撒实剑法之根宗要诀也。譬之战阵，兵法亦颇重能抽扯，不然焉有许多军士来死打硬仗？用兵制胜之要诀无他，审势全赖抽扯得宜。善用活法，进退不失其时。当进则进，迅雷不及掩耳；当退则退，瞬息不得逗留。恰与予《论兵十要》中有要虚不要实之说相合也。出剑入则上满，上满则有碍，欲退不还，须用抽落下一走，从实中抽去，返身填补，以回马之势取之，必无不中。再外则以封闭之法拦

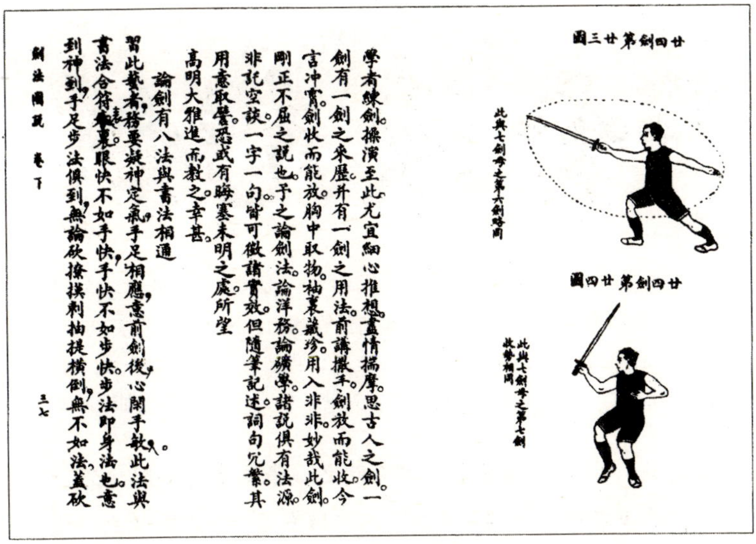

學者練劍。操演至此。尤宜細心推想。盡情揣摩。思古人之劍。一劍有一劍之來歷。并有一劍之用法。前講撒手。劍放而能收。今言冲霄。劍收而能放。胸中取物。袖裏藏珍。用入非非。妙哉此劍。剛正不屈之說也。予之論劍法。論洋務。論礦學。諸說俱有法源。非託空談。一字一句。皆可徵諸實效。但隨筆記述。詞句冗繁。其用意取譬。恐或有晦塞未明之處。所望高明大雅進而教之。幸甚。

論劍有八法與書法相通

習此藝者，務要凝神定氣，手足相應，意前劍後，心閑手敏入。此法與書法合符表裏。眼快不如手快，手快不如步快。步法即身法也。意到神到，手足步法俱到，無論砍撩撲刺抽提橫倒，無不如法，蓋砍

劍法圖說　卷下　三七

宋赓平的《剑法图说》书影

之，亦无不可。此封闭之法，与枪刀迥不相同。走青不架拦，势如架拦一般。

提者，升降从心，始开面目，发而必中之谓也。身转摇动，起伏倒坐稍得微势，提剑便砍。提又与拦相通。照下观上，行左行右，皆是提也。我身斜行，其上下宽不过七寸，而提剑在手，断下冲上，亦贵斜行。宽则倒看一尺有余，全身皆完固，而敌锋焉能透入其中也？提剑只要一沾长技（长技者长兵，如枪矛之类是也），则借势便要走青（走青者，闪避令敌器不能沾身，躲得清净，故俗名走青）入红门也（入红门者，红门敌之大路，且可使敌人流血者，故曰入红门也）。八法中尤以提为宗脉。其法，意先剑后，横顺皆可。用出剑尖之锋，力透向前，迎面亦能推尽，辗转自如。往左往右，进退起舞。以此为始，以此为终。提法如垂露，虽用覆凝，按注其法，自合剑之窍道。

横者平环之，谓剑之横行。纵跃起舞，处处有法，处

民国时期一代剑术奇人“神剑李”李景林的书法，李景林主持了民国第一次国术擂台赛，并创办了当时实力最强的山东国术馆，公开传授一直秘传的“武当对剑”。他提出：“练剑之要，身如游龙，切忌停呆，习之日久，身与剑合，剑与神合，于无剑处，处处皆剑，能之此义，则近道矣。”

处有穷，得者心领意会，神而明之。弗知者，如隔千万重山，举步艰难。吾闻善兵者，不以短击长，不以寡敌众。攻心为上，攻城次之。用寡如用众，以少胜多者，兵之精也，以短胜长者，艺之奇也。不战而能屈人之兵者，上之上也。

倒者，纵跳起舞之谓。前之七法。处处不离纵，纵即倒也。有高纵、矮纵、回纵、起纵、环跳、顺跳。跃及纵者，即如凤之高飞，必身纵而后翅起，若无跃无踪，即成痴剑死剑矣。须向形会意，譬之飞禽，身长而尖，皮毛皆仰。如将要起舞飞纵，头形立尖，而身项直硬，足引下蹬，两掌落地。观鸟之高飞将落时，则与剑法之立形相似。

至于内功运气，操快轻身，则法须面为细授可也。古人之飞崖走壁，皆由功夫习操而成，非奇特怪异之事也。俗云硬功夫不假外求，尽在至情至理之中，由当然而渐到自然。原无一毫勉强之势也。

奇门秘技

我在“陆委会”供职时期，两岸初初交流，文化大学体育系邀了少林寺来。因我在邀访过程中起过点小作用，故表演时亦找我一块儿去看。那时少林武术刚恢复。之前拍电影《少林寺》时，包括李连杰在内的武打演员都与少林无关，电影中住持火化的大殿场景，也还是借自嵩山中岳庙的，把道观当成佛寺来演。此时来台这一批，才是“文革”后少林第一代武僧。

表演完毕，掌门人永信法师带了两位武僧教头，来台湾“国际”佛学中心拜访。其中一位法号延功，有金钟罩功夫，故在舞台上曾表演一个节目，叫罗汉撞金钟，由众僧扛着木柱去撞他。十几年后，世事流转，延功为台湾姑娘所缚，竟还俗成了台湾女婿。但他毕竟不负如来，有心将少林武术发扬光大，所以在安徽老家办了一所武术学校，收容孤儿习武，又来台筹组中华少林禅武学会。学会后来又以其他因缘，由我担任了创会的会长。我小时候练过一些少林及北派拳，故与他们一同说禅讲武，重拾青春年少，一时也颇欣欣然。

后来我才晓得高杰（这时他已恢复本名）之武术一部分本于家学，祖传医道尤奇。其用针，以经络为主，不主穴位。隔衣认脉，随手发针，辄有效验。我初去他府上玩时，他便看出我脊椎

万籁声《武术汇宗》中的“闭穴法”及点穴练指的“猫功图”

上带伤，且在第五节上。又一年，我去少林寺，他赶回来与我相会。我正因脚扭伤了，在医院治了许久，均不见好，走起路来一瘸一瘸的。他在我腿上扎了几针，闲聊了几句后，便让我起来跳跳看，令我十分惊异。他也能配药，但常见的少林七厘散之类丸散膏药，却不经见。

但本文并不想专门介绍他，他只是我江湖浪迹所遇异人之一。我跟一般学者不同，别人黄卷青灯，在书斋里皓首穷经；我则东飘西荡，游以摅怀。人家往来无白丁，谈笑有鸿儒，我却三教九流、鸡鸣狗盗，无不交往。有时甚至不无偏激地认为：“仗义每多屠狗辈，负心都是读书人。”他们文采儒雅，我又不免剑气纵横，且杂于星历卜祝之间。生涯如此，焉得不常有奇遇？迩来浪迹神州，在各地饱览奇山胜水之外，也就顺道查访异人，或打听相关逸闻。

例如，我幼时爱听家父讲述江西老家的乡野传奇。据说某次邻村有人来我村偷鱼，村人去制止，双方拉扯了一阵，对方悻悻然离去。其人返家后，双眼红如朱砂。我父看了，知是一门叫“五百钱”的功夫。忙请族中长老去邀了邻村保长来做见证，说盗鱼是非姑且不论，却是不该下此重手，烦请施术者出来解救，否则数日即死。邻村保长见了也很着急，不断道歉。但施术者已藏匿他处，一时无法找回。我父乃快船去吉安，找位青帮的朋友赶来救治。用药之后，病人泻了一脸盆黑血，才得痊可。依家父说，这门功夫是该村人从一凤阳婆处学来的，幸而学得尚不地道。后来他还把此事始末写入他的自传《花甲忆旧集》里。

这当是闭穴法的一种，万籁声《武术汇宗》虽亦言之，而不得其详。各武学医科伤科典籍中，也都未载其法。故一向我只视为传奇，不以为真能得见。

后来才访知江西万载县袁州府黄茅地方仍存“字门”，尚传此技。习者先交五百钱学点死，再交五百钱学解法，所以名五百钱。分明暗两种：明手拿其一穴，控制全身，又称大手，多在技击时用之；暗手则在与人握手、拍背、递烟、搂抱、拉扯之际施之。受伤后只有下手人才能解救。若不解救，重者顷刻吐血而亡；轻者数日、数月、数年而亡。其法以指尖发劲，有“点、拍、摸、闭、拿”等阴阳手法之分。按下手轻重、穴位位置、时间长短不同，而产生不同之症状，去医院检查也查不出。解救后，伤处仍会呈现犹如铜钱般的紫色手指印。江西民间习此技，有三十六大穴、七十二小穴之说，但黄茅的郭仪师傅用的是五十三穴，这是他那一派的独得之秘。先父说的凤阳婆传技，或是讹传，或是凤阳另有传承，亦未可知。

字门别有符法，说是可以止血止痛。弟子拜师时，用刀刺手，以符止痛止血来证验。又有脱绳术、五雷定身术、九龙化骨水等。化骨水可以当场吞筷子和绣花针，然后喝水化之。画五雷字，亦可以把蛇定住，号称真武定蛇技。不过我没见过，不好乱说。

当然，这类医武奇术，台湾也多得是。但我觉得好奇的，是为何大陆经历过这几十年翻天覆地的变动，大传统（great tradition）几乎整体出现断层，而乡村小区俗民代表或传承的小传统（little tradition），竟能存活下来？例如真正的道教茅山派科仪道法，几已断绝；而民间的茅山术，什么寄打、退煞、青龙过江、隔山打穴、翻天印、铁板印，却仍在民间用自己的方式流传。许多江湖门派，也是如此，“文革”后一一恢复，且有掌门人等授受谱系。为何如此？这个问题，有时比那些术法更让人觉得神秘。

改革开放后的新社会，好像也没让他们适应不良，反而活得更畅旺。过去依口传心授，现在是光盘、函授，教材教具更胜学堂。过去仅在乡里秘传，今于通都大邑遍设分部坛口。过去只知闭门苦练，现在有各种特色培训，完全针对现代生活之节奏与需求来设计，而且推陈出新，根本不限于传统的门派窠臼。

比方我知道有个华山派，竟然有“密传华山紫霞功”和华山九剑。紫霞功跟独孤九剑？那不是金庸《笑傲江湖》里掰出来的吗？不要紧，现在真有个华山派了，而且真有紫霞功和华山九剑了。紫霞功发为紫霞掌，双手便亦出现金庸所形容的紫色，据称可以隔物碎砖、切碑断石，你怕不怕？

哈哈，别忙，还有厉害的。金庸《天龙八部》不是说有个逍遥派吗？今我在河北邢台也访到了。其逍遥迎风掌，据云可以隔山打牛、隔空削砖、百步之外击人。其纯阳内功，修习百日，即能开碑裂石，一头撞倒砖墙；再练，更可飞身上屋、踏雪无痕，胜过铁掌水上漂。就是不知跟天山童姥及丁春秋相比如何。

另有一个河南石佛镇的五毒门，号称仙剑合炉，颇令人联想到畅销电玩《仙剑奇侠传》。但该派讲移魂出窍，不仅可呼风唤雨，更能驱动僵尸。练的是五毒夺魂掌，中者七日之后溃烂至死。此外，它还传一种迷魂药、催情功，乃古代房中术、拍花门之流裔。

对这些奇里古怪的新旧功法数术，我或信或不信，但都无碍我查访着好玩。有时蓄疑已久，忽然觅着头绪，如前面说的五百钱，就更是高兴莫名。

如我小时曾练铁砂掌，故对一位铁砂掌前辈顾汝章与江湖奇侠柳森严的故事，深感好奇。此事又牵连于大侠杜心五，而杜心五是自然门的武功。自然门功夫，万籁声书中可见端倪，但我在台湾却未见其传承。其来历尤其模糊，连万氏都说“本门渊源，不得详考”。后来我作过一篇考证，查到赵避尘的《性命法诀明指》，知其道脉本于了空了然，武技本于徐矮子。可是仍不晓得徐矮子究竟是谁。方今之世，更有谁见过杜心五、万赖声，可以从容叩问？不想，某次在成都，逢筋经门王庆余先生，谈起来才知他不但见过，且由杜心五介绍，拜在青城山欢喜道人李杰门下。听他讲述杜心五袖短剑走镖，徐矮子作羌人装束，飞身立在桌角上等事，不胜企慕。武林旧事，一霎纷来眼底。访寻奇门秘技，其乐往往如此。

武学与医药学

武术与医学的关系，应该兴起得很早。练武习武，总不免有损伤，损伤则必用药用术疗治，这是毋庸置疑的。但我现在要谈的不是这部分，而是指用医学知识或药物来协助练功，或将医理融入武学之中。这种情况，起源就不太早了。

现今可考者，仍推伪托达摩所传之《易筋经》为最早。此经造于明末，教人内壮法："炼壮之法，外资于揉、内资于药。行功之际，先服药一丸，约药入胃将化之时，即行揉功。揉与药力，两相迎凑，乃为得法。"（《服药法》）这是第一篇强调用药力来辅佐练功的文献，要使药力与揉两相迎凑，对后世武学影响极大。

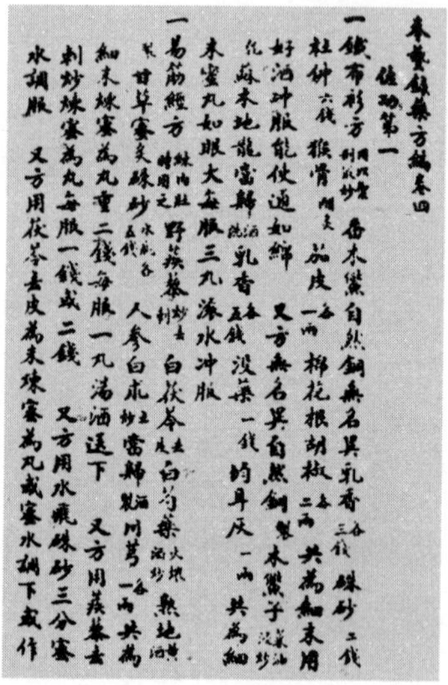

清代张孔昭《拳经》所载的药方

它的药，是用茯苓、芍药、甘草、朱砂、川芎、当归、人参、白术、地黄研末，炼蜜为丸，汤酒下服。这些都是补血气的药，用以行气。

此为内服之药。它另有汤洗之药，用地骨皮、食盐入水煎沸，乘热汤水洗之，使血气融和、皮肤舒畅。

《易筋经》本文所载用药法之大概仅止于此。但法门既开，赓述者众，该书后面就逐渐添了许多经验药方的附录，如打虎状元丹、大力丸等，都是增强筋骨、滋长气力的。比较特殊的，是洗手方。

洗手有专门的药方，是因为《易筋经》教人练一种类似铁砂掌的功夫。用热水烫洗手掌后，以黑豆绿豆拌在斗中，用手去插，慢慢手力便坚强了。洗手方就是协助人练此功夫的。毕竟，仅用热水，效力有限，参以药力，掌力可能更加浑厚。这些药方，技击家各有秘方配制，所以有编者说：“壮筋骨药方，率皆欲速见效，妄投猛烈药物，虽气力遽见增长，而致戕生者颇多。”足证以药助炼，业已蔚为风气、形成传统，而亦出现了不少流弊。

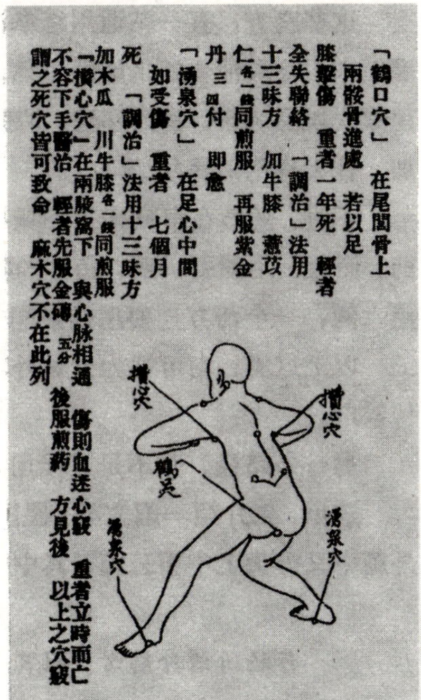

薛颠整理《灵空禅师点穴秘诀》的书影

此后《洗髓经》也有药，内服如十锦丸、五生丸、五成丸、十全丸，外洗亦各有药方数种。最特别的，是针对下体的药洗。据说洗后练功，“从丹田运气至玉茎，努气至龟头，硬如铁杖”。其次，则是它利用铅球铅条来推滚揩摩骨节穴脉，也用药来煮这些铅条铅球。认为如此，“用以推滚周身，令皮内筋骨俱致坚劲”。

后世传少林武术者，皆奉《易筋经》，当然也就传衍了这套药洗及服药行功之法。代表作为五台山灵空禅师所传《全图练软硬功秘诀大全》。

此书来历不明，所谓五台山灵空禅师大概也是依托，成书年代应为清末。其中第一章第六节述涵虚禅师练功法语，不知与所谓灵空禅师又有何关系。但书中各节所述武功，多与少林之易筋法有关，应可推知乃是世俗流传所谓少林功夫之一脉。

它分武功为内功外功二路，谓“内功练气、趺坐习静，与道家之导引术约略相似”。外功主练力，又可分为二路，即软功与硬功。如朱砂掌、一指禅等，属于软功；金钟罩、虾蟆功等，属于硬功。本书即述此软硬各功之练法者。

这些功夫往往可以隔空伤人，故练之不易。其中也有须用药洗助其行功者，如琵琶指，其效宛若武侠小说中之弹指神通。练时便须用药，它也附了药方。此外第四章又载了三帖练拳洗手药方。大约这是练铁砂掌、朱砂手、一指禅、龙爪功等通用的；琵琶指药洗方，则为琵琶指专用。

这些药方，有一帖通用练拳洗手药，是《易筋经》里的，另三帖则为后来发展而来。有两种须加水加醋煎熬。据我练功之经验，加醋可以清肿去瘀。但也有前辈说以醋练掌，掌力刚硬，但骨质较脆。大概这也就是有些药方加醋有些却不加，任人择用的缘故。

不过，药方在早期大抵均是寻常之药，后来逐渐用一些虎掌、鹰爪等难得之药，而且一用就要一对，药方的实用性不免大打折扣。其中有一方，藏红花就要用六两；一个药方还要用蚺蛇胆一个。此类药方，纵能配齐，花费亦甚可观。

以上这类，均可视为少林外功的路数，衍《易筋经》之绪，在武术界通行流传甚广。

另一条路径，则不是直接用药来洗烫或吞服的。强调的是内药。

这里，先介绍一篇文献。民国十八年张庆霖《练气行功秘诀内外篇》。此书于外篇中又分为上中下三篇，其中中篇有《外药了命》《内药了性》两章。其说谓：

> 丹经所谓外药者，以其我家真阳，失散于外，不属于我，寄居他家，乃以外名之。盲人不察，错会他字“外”，或猜为御女闺丹，或猜为五金八石，或猜为天地日月，或猜为云霞草木以及等等有形之物。殊不知真正大药，非色非空，非有非无，乃混沌未明之始气，天地未分之元仁。顺则生人生物，逆则成道成仙。圣人以法追摄，于一个时辰内，结成一粒黍珠，号曰阳丹，又曰还丹，又曰金丹，又曰真铅。以此真铅点一己之阴汞，如猫捕鼠，霎时乾汞，结为圣胎。此外药之名，所由有也。……如药本在外，如何得向内生？药属于他，如何得为我有？经云：“五行顺生，法界火坑。五行颠倒，大地七宝。”木本生火，今也火反生木。金本生水，今也水反生金。金木水火，中藏戊己二土。和四象，而配五行。一气运用，复成一太极。火功到日，炼成一粒至阳之丹，取而服之。(《外药了命》)

此所谓外药，其实仍是内药，因为此乃用道教内丹家之说，要人修体内之铅汞，而非服用草木金石之药。外药既得，则修内药，它说：“大丹难得者外药，外药到手，即是内药。圣胎有象，阴符之功，即在于此。《参同》云‘耳目口三宝，闭塞勿发通，真人潜深渊，浮游守规中’，所谓无欲观妙者此也。”(《内药了性》)说得玄奥。简单讲，就是要人淡泊无为，不被欲望牵引，如此方能养性。外药养命，内药养性，即为性命双修。

像它这样说药，径路就完全与泡洗服食药物者不同。其所谓内药外药，相对于草木金石之药而言，均为内药，指体内之血气及心性修养。金一明序其书，谓：“此少林衣钵，上乘行功，调呼吸，练万骸，气转周天，神游体外。”殊昧其源流。因为此书虽标榜其术得自清虚禅师，“得少林正传衣钵”，

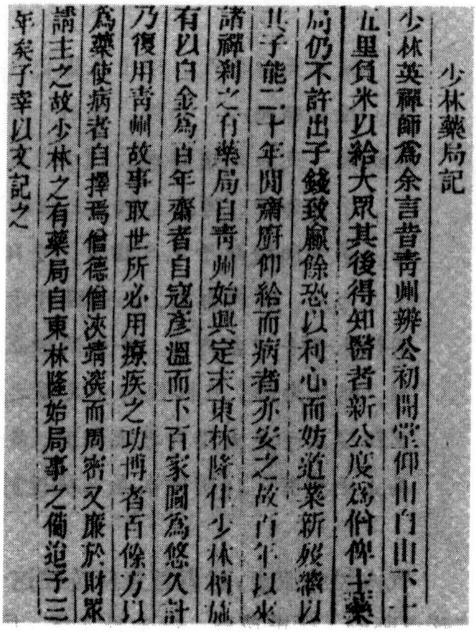

少林藥局記

少林英禪師爲余言昔青州辨公初開堂仰山白由下十五里負米以給大眾其後得知醫者新公度爲僧僕士藥局仍不許出子錢致贏餘恐以利心而妨道業新殁藥以其子能二十年間齋廚仰給而病者亦妄之故百年以來諸禪剎之有藥局自青州始興定末東林隆住少林樹施有以白金爲白年齋者自寇彥遜而下百家闔爲悠久計乃復用青州故事取世所必用療疾之功博者百餘方以爲藥使病者自擇焉僧德僧浹靖深而周密又廉於財衆請主之故少林之有藥局自東林隆始局事之備迨予三年矣子幸以文記之

元好问撰《少林药局记》

实际上却是反少林的，所以说清虚禅师“不忍目睹少林之堕落，去作天下云游”，又说：“设养气不成，纵练得周身武艺，拳术精通，十八般兵刃谙熟，实等于花拳绣腿，而于宗旨无关。”（《内篇》第一章）这是批评少林外家功夫，而以练气为上乘。以此号称少林正宗，正代表着它希望能篡少林之统，取而代之。而其练气之法、内药外药之说，则援用道教修内丹的法门，非佛教功夫，与《易筋经》所述用药之法，更是内外睽异、殊途分歧。

这样一种路数，也有其渊源，起于乾隆年间一些将武术与气论结合起来谈的理论。苌家拳与太极拳，便是其中很值得注意的部分。

苌氏拳，乃乾隆时儒生苌乃周所创，苌氏著有《中气论》《武备参考》等书，近人徐震整理为《苌氏武技书》。其卷一全是气论，开宗明义则为《中气论》，云：

中气者，即仙经所谓元阳，医者所谓元气。以其居人身

之正中，故武备名曰中气。此气即先天真乙之气，文炼之则为内丹，武炼之则为外丹。然内丹未有不借外丹而成者也。盖动静互根，温养合法，自有结胎还元之妙。俗学不谙中气根源，惟务手舞足蹈，欲入玄窍，必不能也。

如此论气，与医家有关，是很明显的。所以底下是谈修炼方法，主要也是参酌着医家之经络理论：

吸采天地之气，呼出五脏之气。呼自命门而肾、而肝、而脾、而心、而肺。吸自肺而心、而脾、而肝、而肾、而命门。十二经十五络之流通系焉。经络者，气血之道路也。(《中气论》)

手背为阳，膊外为阳。三阳经行于手膊之外也。手太阳经起于手小指之背。手少阳经起于无名指背。手阳明经起于手食指背。皆上循膊外而走也。手心为阴，膊内为阴，三阴经行于手之内。手太阴经止于手大指内侧。手厥阴经止于手中指内面，手少阴经止于手小指内面，皆循膊内而行也。足背为阳，腿外为阳。三阳经行于足腿之外。足太阳经止于足小指内之次指背。足少阳经止于足大指内之次指背。足阳明经止于中指内之次指背。三经皆循腿而止于指背。(《阴阳乱点入扶说》)

气入经络流走，武者首先应练使这个气流走不滞，然后要懂得运用气去伤敌："落点坚硬，猛勇莫敌，赖全身之气，尽萃一处也。"(《过气论》) 对敌时，也要懂得打他气机浮动之虚，或攻其不备，夺人之气。

同样写于乾隆年间的王宗岳《十三势歌》，虽然也讲"气遍身躯不销滞"，但未征引医学理论来申论此理。

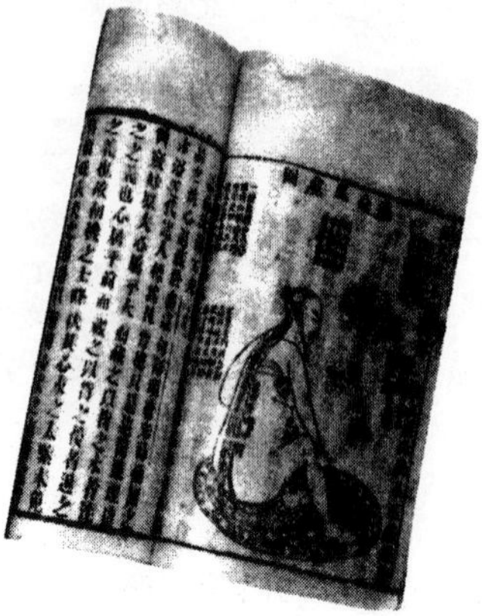

《性命圭旨》中的“洗心退藏图”

可是，既论气，后来的发展也逐渐走上结合医、道的路子。如《杨氏传抄老谱》有《太极文武解》谓:“文武尤有火候之谓。”火候，就是道教炼丹术的术语，文武则取喻于文火武火。该文又说:“徒知安静之学，未知用于采战，差微则亡身。”采战，也是内丹学的术语，本指阴阳采补。男女性交双修派，是采阴补阳、采阳补阴；单修者则将身体内部区分出阴性质与阳性质两部分，然后匹配阴阳，相予采补。太极拳家运用了这个观念，说练拳的人不能只知安静柔软，更须明白体内气息之调理。调理须如炼丹，用文武火烹炼。

同时又须采战。采战之术，见《太极懂劲解》云:“自己懂劲，接及神明，为之文城，而后采战身中之阴七十有二，无时不然。阳得其阴，水火既济，乾坤交泰，性命葆真矣。”这其实仍只是原则，具体让体内阴阳调和、水火既济之法，则为《太极阴阳颠倒解》。颠倒是内丹家之炼丹理论。依五行，肾为水、心为火。但如此一来，火在水上，水火就无法既济了。所以丹家颠倒阴阳，说肾为真火，心为真水，火在下烧水，才能让水汽上蒸，再流下来滋润肺脾，达成水火既济之效。此即所谓颠倒。它说:

> 盖颠倒之理，“水、火”二字详之，则可明。如:火炎土、水润下者，水能使火在下而用水在上，则为颠倒。然非有法治之则不得矣！譬如水入鼎内，而置火之上，鼎中之水得火以燃之，不但水不能下润，藉火气，水必有温时。火虽炎上，得鼎以隔之，是为有极之地，不使炎上之火无止息，

亦不使润下之水永渗漏。此所谓水火既济之理也，颠倒之理也。若使任其火炎上、水润下，必至水火分为二，则为水火未济也。

鼎，也是内丹家对人体的拟喻。鼎内颠倒水火、采战阴阳，适为《练气行功秘诀》所言内药说之先声。所以说这是一条结合气论、经络理论、内丹理论而成的路子，为医药与武术之关系开辟了一条新途径。

医药与武学的关系，还有其他的路子吗？有的！这就是不谈药而仅从医理上结合武学的第三种形态。

此一形态，始于所谓内家拳。据黄宗羲《王征南墓志铭》说，王征南“凡搏人皆以穴，有死穴、晕穴、哑穴，一切如铜人法”。这种打穴、点穴法，古代无之，有之自此始（王征南之技，应有授受，但今已不可考）。而所依据的，即是医学上对穴位的认识。

针穴之法，渊源甚古，但铜人之制则并不太早。唐代辨识穴位，仍以图，而未制铜人模型。孙思邈作《明堂经图》三幅、王寿《十二人图》，均为彩色人体经络图。至宋，王惟一《铜人腧穴针灸图经》三卷，才是根据铜人而绘制的经脉穴位图，前于天圣五年（一〇二七年）铸造了两具针灸铜人。此时也出现“子午流注针法”，依据一日中十二时辰之不同，推算人体血气周流盛衰开合的情况，而决定治疗时取穴的位置。明代医家，如徐凤《针灸大全》、高武《针灸聚英》、杨继洲《针灸大成》，均对子午流注针法有所阐发。高武并自己铸造过男、女、儿童铜人各一尊。这些，对王征南之点穴法均有影响。打穴而能让敌人晕、咳、死、哑，且能计算时间，正是将子午流注理论转移于武技上的杰作。

除了这个例子以外，医学结合于武学者，尚有脏腑理论。太

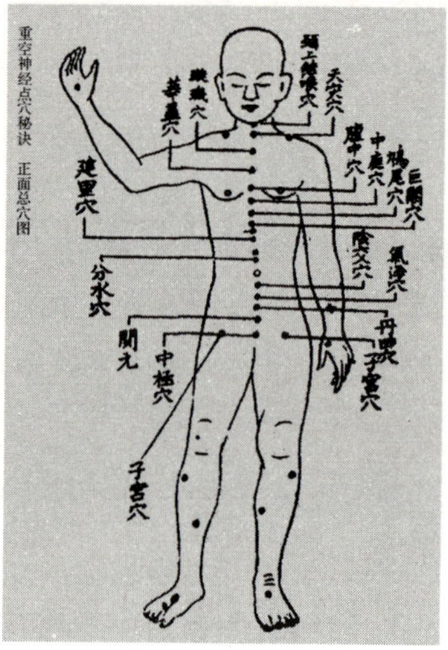

正面总穴图

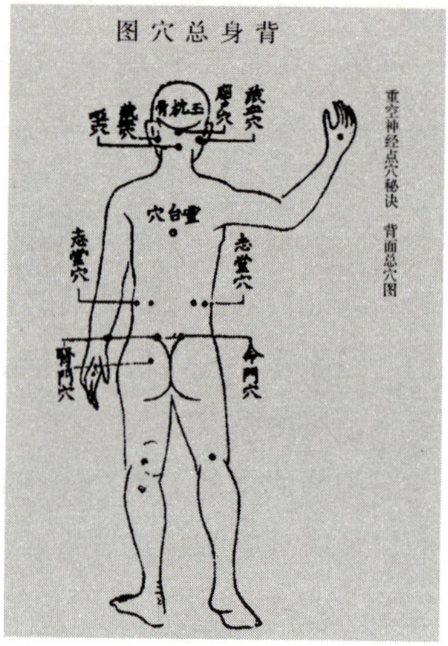

背面总穴位

极拳《杨氏传抄老谱》有一篇《太极四时五气解图》，足以做范例。其图如右：

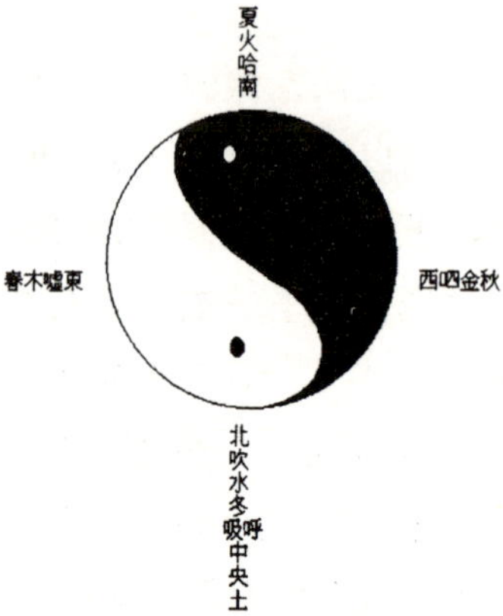

沈寿《太极拳谱》认为此图“当源于中医著作，如明·傅仁宇著《审视瑶函》一书的卷首，就有与之相类的《五脏所司兼五行所属》的解图，其中亦绘有太极图。《审视瑶函》一书中，紧接在《五脏所司五行所属》之后，即为《动功六字延寿诀》，曰：‘春嘘明目本持肝，夏至呵心火自闲，秋呬定知金肺润，冬吹惟要坎中安，三焦嘻却除烦热，四季长呼脾化餐。切忌出声闻口耳，其功尤甚保神丹。’尽管一篇‘五气’，一篇‘六气’，但其

原理却是一致的。”（一九九六，大展出版公司）

他的推断甚为正确。太极拳家采医学之脏腑理论，亦不止此一例，陈长兴《太极拳十大要论·五脏第五》也说：

> 人得五脏以成形，即由五脏而生气。五脏实为性命之源、生气之本，而名为心、肝、脾、肺、肾也。心属火，而有炎上之象；肝属木，而有曲直之形；脾属土，而有敦厚之势；肺属金，而有从革之能；肾属水，而有润下之功。此乃五脏之义，而犹准之于气，皆有所配合焉。凡世之讲拳术者，要不能离乎斯也。

“凡世之讲拳术者，要不能离乎斯也”，表明了拳术与脏腑理论结合的程度甚深，已经成为武学之基本内涵了。

医·武·道

医学、武学与道学，在历史上密切相关，现在亦仍有不少医、武、道相结合之团体，或以此为标榜。但谈三者关系如何密切者多，说明它们之间其实颇有差别者少。本文准备就此提纲挈领地说说。

先说医道关系。

晋·皇甫谧《针灸甲乙经》卷四《三部九候第三》曾载:“黄帝问曰:‘何谓三部？’岐伯对曰:‘上部中部下部，其部各有三候。三候者，有天有地有人。上部天，两耳之动脉；上部地，两颊之动脉；上部人，耳前之动脉。中部天，手太阴；中部地，手阳明；中部人，手少阴。下部天，足厥阴；下部地，足少阴；下部人，足太阴。’……此三部者，三而成天，三而成地，三而成人。三而三之，合为九,九分为九野。”

这是个老说法，源于《内经·三部九候论》，把人体分成上中下三部，配天地人，再分而为九。《内经》倡之,《针灸甲乙经》继之，体系于焉大备。

此说对武术有何影响呢？武术中一大堆以“三才”为名的拳套、刀械，其实正取义于此。过去练武的人不晓得个中渊源，以为三才是指天地人，不知用剑使拳与天地何干，此乃人身之天地人，非自然界之天地人也。三才相互配合，讲的正是使拳用剑时上中下三盘须相协调、相与配合。形意拳的“三体式”，也取义于此。

在道学方面，《针灸甲乙经》完成于太康三年（公元二八二年），又强调三部九候的讲法，且以天地人相比配。它影响到或启发了上清道祖师魏华存等人对《黄庭经》的理解，因而出现上中下三丹田说。如第十八章说：“三关之中精气深，九微之内幽且阴。口为天关精神机，足为地关生命靡，手为人关把盛衰。”三关九微，并以天地人为说，脱胎于皇甫谧的痕迹甚为明显。

《黄庭经》不但是上清道的根本经典，更是讲服气炼养一类道法之源。《黄庭经》既然在形成期与医术关系密切，后世论医学者，遂亦不免援引《黄庭》，视为一家眷属。例如《难经》在宋代有王惟的集注本，收辑了吕广、丁德川、杨玄操、虞庶、杨康侯五家注（其中两杨氏之注混殽莫辨，不知究为何人之说），即屡有引《黄庭》以诠释《难经》之例。

但修道人之宗旨毕竟不同于医生，故对身体之理解亦有与医生不同之处。以一个最简单的例子来说：医学上固然也讲气，但是，“营气之道，纳谷为宝。谷入于胃，气传之肺，流溢于中，布散于外”（《针灸甲乙经·营气论》），基本上是要吃饭的。人吃了饭，才能生出血气来。可是道士修炼，却是要辟谷，以呼吸元气来行导本身的血气。这是完全不同的想法，以致对于胃和三

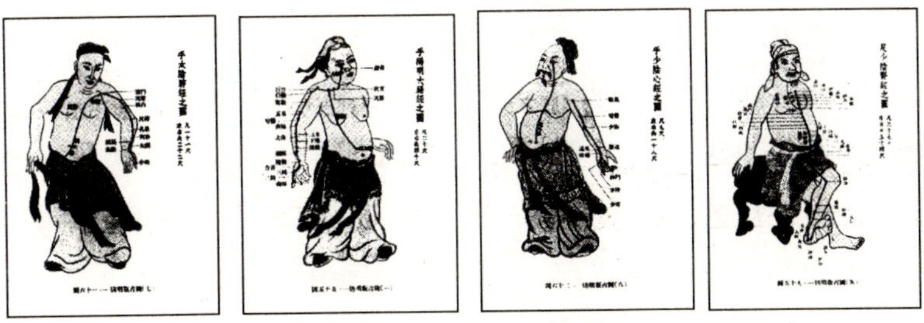

十二经脉中的手太阴、手阳明、手少阴、足少阴四经

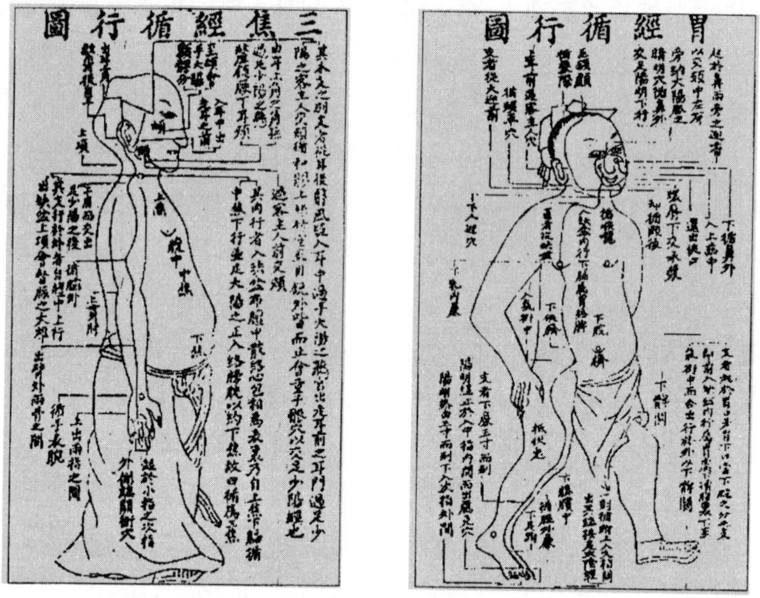

清代陈惠畴《经脉图考》中的手少阳三焦经与足阳明胃经

焦，就可能会有迥然异趣的解说。

在《针灸甲乙经》中，谓上焦出于胃口，中焦也并于胃口，“出上焦之后，此所以受气、泌糟粕、蒸津液、化其精微，上注于肺，乃化而为血，以奉生身”，形成精气，称为营气。下焦，则别于回肠，注于膀胱。所以说“上焦如雾、中焦如沤、下焦如渎”。气清者为营、气浊者为卫，周流循环不已。如此论营卫血气之流动，颇接近现代医学所说血液在动脉静脉间的循环，只是加上了胃与气相关联的说明（见其《营卫三焦论》）。

据此说，胃乃水谷之海，膻中则为气海。《难经》论三焦，基本上也是如此。因此说：“三焦者，水谷之道路，气之所终始也。上焦在心下，下膈，在胃上口，主纳而不出，其治在膻中。……中焦者，在胃中腕，不上不下，主腐蒸水谷。……下焦者，主分别清浊，主出而不纳，以传导也，其治在脐下一寸。”（《第三十难》）三焦都有明确的位置，也都与胃之消化水谷有关。

其理论皆本诸《素问》，所以说："人受气于谷，谷入于胃，乃传五脏六腑。"

《黄庭内景经》刚好相反。它主张不食水谷，因此完全用不着胃肠的消化功能。所以论五脏仅及心肝脾肺肾，论腑亦仅言胆，不谈胃。胃的功能则被脾所取代。第十三章"脾部之宫属戊己，中有明童黄裳里，消谷散气摄牙齿……主调五谷百味香"，十五章"脾长一尺掩太仓……治人百病消谷粮"都可证明这一点。

对胃既不重视，它论三焦就未必仍要扣住胃来谈。经文提到三焦的，包括"肺之为气三焦起"(《外》廿一)、"肝之为气条且长，罗列五脏生三光，上合三焦下玉浆，我神魂魄在中央"(《外》廿)等，注家往往不依医学上的三焦说来解释。如：

> 梁丘子云：说三焦者多未明其实，例以为三脏之上系管为三焦。焦者，热也，言心肝肺头热之义矣。……三焦者，三关元也。
>
> 乩笔《黄庭内景经》引卧龙真人云：三焦者，太元太和太清之气也。
>
> 涵虚子云：三焦为真元一气，真元上升，肺乃受之。故从三焦起也。视听幽阙者，中下二焦皆治在脐，返观内察，以候脐下之气。……三焦者，气冲也。上焦在胃口上，治在膻中；中焦在胃管，治在脐旁；下焦在脐下，膀胱上口，亦治在脐。其实乃真元一气也。有藏无府。故古歌云：三焦无状空有名，寄在胸中隔相应。

梁丘子批评别人论三焦不对，正是想为三焦另做说明，所以用三关元或"热"来解释。其后卧龙真人和紫霞涵虚都说三焦是气，且没有固定的位置与形状。

但从医学上看，三焦原来是十分明确的。《黄帝内经·金匮真言论》:“肝心脾肺肾五脏皆为阴，胆胃大肠小肠膀胱三焦六腑皆为阳。”《灵枢经·经脉》则谓肺手太阴之脉，起自中焦，下络大肠；三焦手少阳之脉，起自小指次指之端；心主手厥阴心包络之脉，起自胸中，出属心包络，下膈，历络三焦。又《营卫生会第十八》更明说上焦出于胃口上，中焦在胃口后，与《针灸甲乙经》所述相同。怎么能说三焦只是气呢？

三焦既关联着经脉，又有明确的位置，其功能在《难经》中也讲得很明白，乃是“水谷之道路，气之所终始也”。是因其“腐熟水谷”“以传导也”，所以才能生血气，它本身却绝对不是气。

不只是对脾、胃、三焦的理解，医家与道家迥异；从整体上看，《黄庭经》援用医学上的理论后，它本身的理论构造却与医家之说大相径庭。最明显的地方，便是它不再建立在经络的基础上。

经络，是就人体自然的生理的血气流动现象而发展出来的一种理论说明，以十二经，配五脏、六腑、十二时、阴阳。《黄庭经》只局部采用了它的经穴部位说，并参考了它对穴位及功能的讲法，而完全不谈经络血气等问题。所要谈的，乃是呼吸天气，并以意念导引它在身体中运行。

此所谓天经也，即《内景》第八章所说:“皆在心内运天经，尽夜存之自长生。”岂仍是人体原来由饮食水谷而生血气运行的十二经呢？杨继洲《针灸大全》卷七《任脉经穴主治》条，不达此理，乃云:

人身之有任督，犹天地之有子午也。……但在僧道，不明此脉，各执所尚，禁食、禁足、禁语、断臂、燃指、烧身，枯坐而亡，良可悲夫！间有存中黄一事，而待神气凝聚者；有运三华五气之精，而洗骨伐毛者；有搬运周天火候

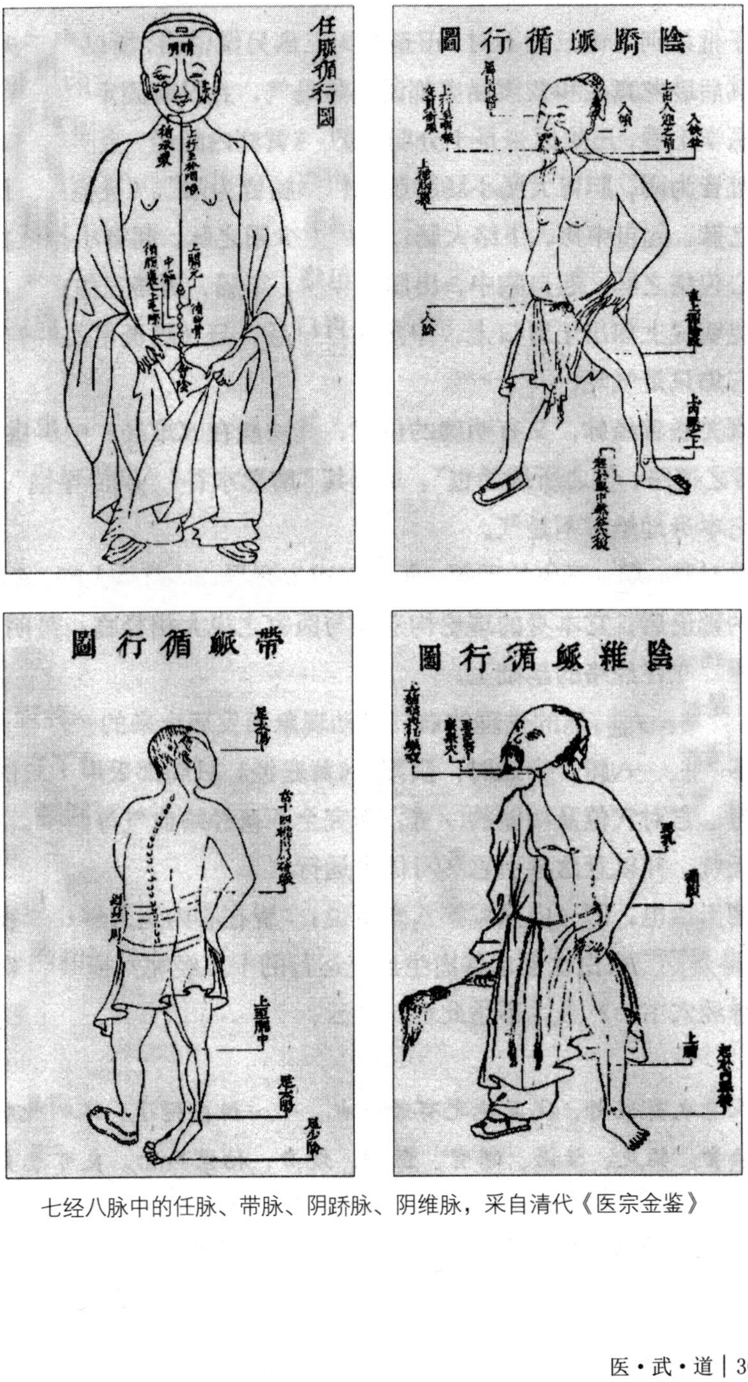

七经八脉中的任脉、带脉、阴跻脉、阴维脉，采自清代《医宗金鉴》

者；有日运脐、夜运泥丸炼体者；有呼九灵、注三精而归灵府者；有倒斗柄而运化机者；有默朝上帝者；有服气吞霞者；有闭息存神者；有采炼日精月华者；有吐纳导引者；有单运气行火候者；有投胎夺舍者；有旁门九品渐法三乘者……种种不同，岂离任督？……是以上人哲士，先依前注导引各经，调养纯熟，即仙家之能筑基是也。然后扫除妄念，以静定为基本，而收视返听，含光默默，调息绵绵，握固内守，注意玄关，顷刻水中火发、雪里花开，两肾如汤煎，膀胱似火热，任督犹车轮，四肢若山石，一饮之间，天机自动，于是轻轻然运、默默然举，微以意定，则金水自然混融，水火自然升降，如桔槔之呼水、稻花之凝露，忽然一粒大如黍米，落于黄庭之中。

其所说存中黄，以及炼金丹如黍米落于黄庭等，均涉及黄庭道法，且认为所有修道法门皆不离任督两脉。这是受了宋朝以降南北内丹家影响后才形成的看法。就《黄庭经》来说，则它根本与经脉无关，更与任督两脉无关。

也就是说，早期的修道方法，只讲“天经”，不重人体经络；后期修内丹的人，只讲任督二脉，搬运水火、调和心肾、交媾龙虎，还是一样不重视十二经络。在奇经八脉中，除任督两脉以外，冲脉、带脉、阴跻脉、阳跻脉、阴维脉、阳维脉也都不受重视。

医与道之分，大要如此，医与武之关系又如何？

医道广大，武术与之相关者仅是其中一小部分，主要是跌打损伤、活血化瘀、强筋健骨及对穴位的了解。妇科、小儿科、肿瘤、风瘫等皆罕索取资。

而跌打损伤等相关医药知识及技能，又只是对武术的辅助或补救，例如打伤了需敷药疗伤，想练挨打须吃强筋健骨的药之类。除了靠药功练一些铁砂掌、毒砂手、朱砂掌那样的武功外，医药对武技并无直接影响，很少因医学上或药学上什么观念而形成了什么特殊的武技。仅有的一些例子，另详本书《武学与医药学》一文；其中因对经脉和穴位之认识形成之功夫，又详《筋经门的武学》一文。那两篇着重讲医武之合，此处着重说其分。

近来论武术的朋友，喜欢强调练拳有助于调血气、理经络、熨脏腑，具医疗养生效果，尤其练太极等所谓内家拳内功拳者更是如此。我对此殊不以为然。原因是：

（一）武术也者，无论解释成“止戈为武”或“持戈去打仗”，都是要搏击的。丧失了搏击功能的拳套，就只是体操或另一类健身舞蹈。多做体操，自然有助于健康，但它是否仍属于武术，不无疑问。

（二）传统武术，在练习时强调精气神合一，也有种种锻炼意志、活络血气、促进身体协调机能之技法，但这些技法或观念都是为了搏击服务的。不掌握这种主从关系，只一味强调健身保健功能，不唯舍本从末，抑且根本不能达到健康的作用。

例如太极拳，它的松、沉、不用力，乃是与其发劲、借力打力等相结合的，是认为唯有如此才能达到发劲伤人的作用。不懂发劲，光是松垮垮软绵绵地抱大球、摸鱼儿，有何功能？

（三）刻意强调拳术的保健功能，会使拳术静态化，大家越来越不重视拳，越来越讲究导引型的桩功、坐功、动功若干式。太极拳，目前就已出现“太极导引”了，其他各派桩法或若干动功的式子，也不过古代八段锦十二段锦之类，属于导引而非武技。

（四）强调练拳可以养生长寿，固然可以举出许多实例来，但反例同样不难举证。苌乃周那样的大师，不过五十九岁。近世传太极拳最广的杨澄甫，更只有五十四岁。郝派太极的郝月如也只五十九岁。稍长寿些的，如李亦畬六十一，武禹襄六十九，郝为真、孙禄堂七十二岁，吴鉴泉七十三岁，以近人年岁而言，均不能算是高寿，故知诸君所长，固不在养生也。以养生求诸武术，虽不好说是买椟还珠，亦可说是歧路亡羊。

（五）武术在现代社会，功用不大，因为真正搏击的机会不多。为求发展，乃退而讲其养生保健，乃至可以治疗若干病症的功能上，是可以理解的。现在恐怕也必须如此讲。但大部分武术其实都属剧烈运动，剧烈运动对身体绝对不好，因此才需用药物或以导引、按摩来辅助或治疗，以免受内外伤，这就是医学对传统武术的作用所在。现在把它讲成是武术对医疗活动有帮助，恰好是颠倒了。

武术之所以逐渐转向医疗保健功能的一个重要转折，是武术的道学化。陈微明《孙禄堂》一文，说孙氏十分重要："在孙先生以前，无论是在张三丰、俞大猷、戚继光等人的论述中，还是在《苌氏武技》和诸多太极拳论中，都把武术仅作为一种健身或技击的技能来研究，从来未有人研究如何使武术成为一种完善自我身心的方法。因此在孙先生以前，武术在其漫长的历史长河中始终是作为一种技艺和健身的技能在流传、繁衍。孙先生通过体悟自身的武学经验，提出拳与道合的武学思想……并根据《易》之原理，参以儒道释之学，创立了以修为内劲为核心的孙氏武学理论及技术体系。"（《中华传统武医》，二〇〇八，第一期）此文是在推崇孙先生，但由其所述，我们便可知道太极形意八卦在孙氏以前并没有谁讲得那么玄，也并未把拳跟易学、修道结合起来讲。孙氏以后，此风大炽，都把练拳和身心调适、完善自我相结合，此即为武学的道学化。

可是道学化不只如此，更要由身心调适、完善自我，再提升到修道长生的层次，如古代道教徒那样。如果坐养内丹为静功，那么打拳就是动功，而且动静要能合一，拳之气、劲、形、意，均要与内部的精、气、神结合。如此，练拳就成为修道之一环了。这方面，陈微明未曾谈及，或为见闻所囿，仅见武术界之情况，而不知宗教界在此实繁有徒也。

举例来说，我知道有个道派，号昆仑仙宗，乃山东人刘培中所创，自称出于三清玉虚门下，但又说五教合一。在台北办有三清道苑及社会行为科学研究社。门徒众多。这个道派，除了教理之外，最主要的修炼方法就是拳与剑。

刘培中本人拳剑俱擅，以此授徒，亦以此行化。马英九之尊翁马鹤凌先生即曾拜他为师，我曾请教过他有关刘氏的事迹，据他说刘氏道行甚深，虽剧烈运动亦仍如唐荆州描述的峨眉道人那般："鼻息无声神气守。"刘氏卒后，弟子还常在入定或睡梦中见到他，并受到刘的指点。这当然是宗教界的讲法，与从前明清时期许多道派人士说自己见到了吕洞宾没啥不同。

不过无论如何，此派修炼之法即是拳剑。其拳称为道功拳，大体与太极拳相仿。练拳的作用，则是由身心调适，渐入于道，达到过去古代修真者那样的境界。

由昆仑仙宗之例，我们不难看到：武术在宗教人士手上，会依其需求而做调整，降低其技击功能，强化它在修真成仙上的作用，此即宗教界对武术的道学化。

这种转化，不始于刘培中先生。在宗教界，据我所知，这种例子是很普遍的。这些转化，比武术界的道学化要早得多，清代迄今的会道门，大多是这种路子。练气、习武、修心、行善，并兼治病。现在流行的各派气功功法，其背后几乎皆有这些会道门的渊源，只是一般人不知道而已。后来这一路与武术界的道学化逐渐结合起来，才变成今天这个样子。

武状元

我们看戏，戏中常会演谁谁谁是武举人、武状元。看传记，也会有谁谁谁在前清曾考中武举的记载。这武举人、武状元是怎么回事？

科举制度始于隋代，但仅考文章经术。考武艺，始于武则天时。《新唐书·选举制》："武举，盖其起于武后之时，长安二年，始置武举。"《资治通鉴》卷二〇七："则天后长安二年春正月乙酉，初设武举。"均可证。武则天不但姓武，与武艺还有这段渊源哩！《唐会要》录其敕曰："天下诸州，宜教武艺，每年准明经、进士贡举例送。"

自此以后，武艺就也有科举了，情况跟文事方面的进士科明经科一样。

但武举之制，宋朝就已与唐朝不同，原因是宋代又设了武学。什么叫武学？我国的科举，本质上是政府的人事选拔制度。但人才要能成才，让政府有所选擢，须待教育，因此科举又与教育制度相衔接。政府在中央与地方各设学校以教士。隋唐皆如此。但武举是新增的项目，在唐代就还没有相与衔接的这种教育体系，须迟到宋代才建立。

武学成立于宋仁宗庆历三年（一〇四三）。然只维持了一小

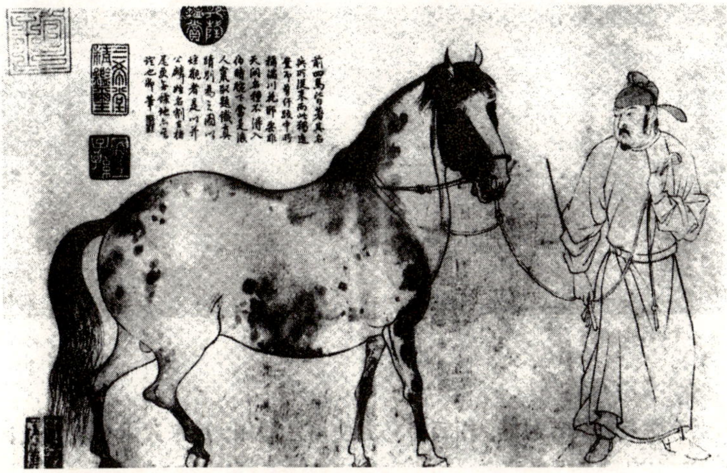

北宋李公麟《五马图》（部分）

段时间，宋神宗熙宁五年才又采王安石建议，设武学于武成王庙。武成王是殷纣王的元帅黄飞虎，纣王无道，乃从周武王征殷，后世供为武神，故以其庙为学宫。在此设武学，犹如设国学于文庙也。

这是中央官学的武学。地方武学则要到宋徽宗崇宁年间，地方诸州才设武学，但政和年间又废。南宋高宗绍兴十六年再恢复。

武人亦须有学，这种武学的制度即显示了宋代对于武举人的要求已不同于唐代。

唐代武举考试，主要是两部分：一、骑射及兵器运用，包括骑射、马枪等；二是步射，负重、才貌、言语等，属于身体条件和基本文化素质。其中面貌长相和言语，大抵类似文科举礼部试时所谓“言、身、书、判”的“身”与“言”，并无具体内容，只是看考生是否能基本应对。宋代就不然，除考武艺外，还须考兵书策议，跟考文科没太大不同。

《续资治通鉴长编》载宋治平元年贾黯奏：“请如明经之制，于《太公韬略》，孙、吴、司马诸兵法及经史言兵事者，设为问

南宋佚名《中兴四将图》

目。以能用己意或前人注解、辞明理畅，及因所问自陈方略可施行者为通。”事实上，宋代殿试时的武举策问，考的也大抵是这类兵学理论及典籍知识。

看这样的考试，我们就可知道：

（一）像电影中描写之武状元苏乞儿这样的叫花子，在唐代是考不上的。

（二）光会武艺的武夫，到宋代也考不上了。武举要举拔的，是国家在军事国防上能起作用的将领，因此除了对兵书理论娴熟之外，还要能自陈方略。允文允武，简直比文科还难，或至少不容易。

（三）因武举要考许多经典，所以才须进入武学去学习。

（四）在武艺方面，最重要的武艺是弓马，即射箭和马上的武器使用。与后来武术偏于手搏及短兵者迥异。相较于马上使用之器械，后来武术界视为长兵器的枪、棍，其实都已是短兵器了（如张飞的丈八蛇矛，约长三公尺半，现在武术界用的枪棍一般长不逾二公尺）。

此等武举制度，在金朝也同时举行着，可是元朝没延续；明朝初年，文科举虽仍实施，武举也一样未开办。直到天顺八年，才“令天下文武官举通晓兵法、谋勇出众者，各省抚、按、三司、直隶巡按御使考试”（《明史·选举制》）。不过，它不像文科那样稳定，有时考有时不考。弘治六年规定六年考一次，十七年又规定三年一试。

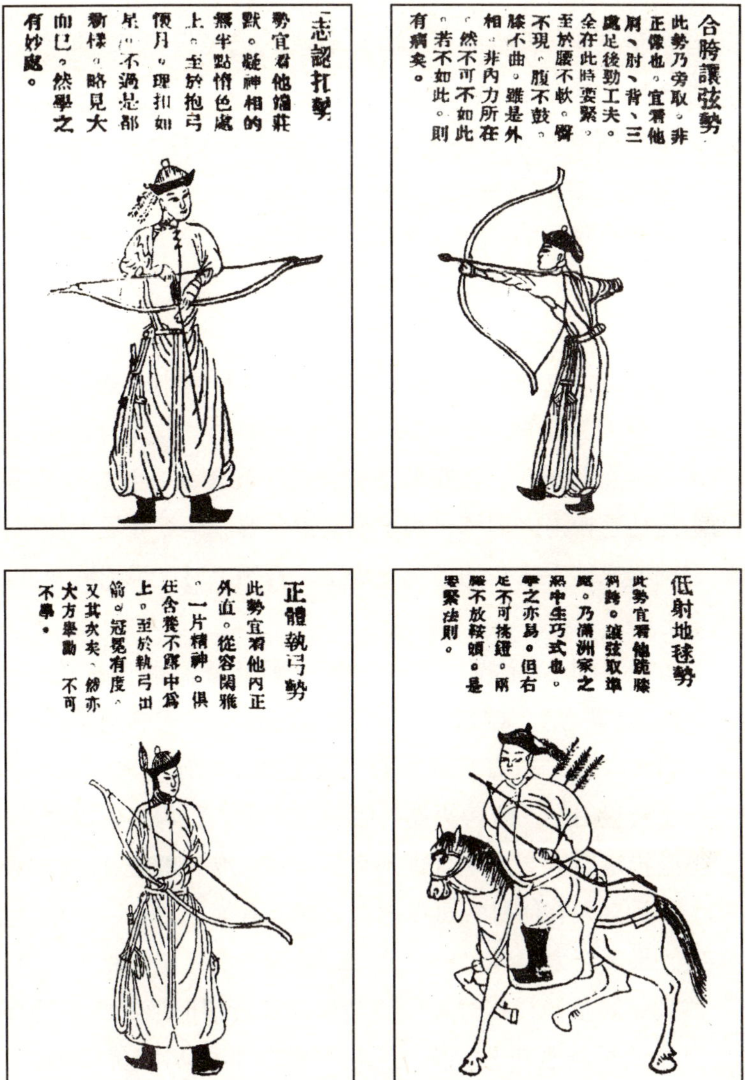

刘奇《科场射法指南车》唐豪武学丛书本部分书影

虽然如此，武举也还是不如文科，因为基本上只有乡试、会试两级，而没有殿试。没殿试，自然也就没有状元。有武状元是崇祯四年以后的事，《明会要》卷四七：“崇祯四年，武会试，时帝锐意重武，举子运百斤大刀者，只王来聘及徐彦琦二人。……武榜有状元，自来聘始也。”这时，距明亡已经只有十几年了。

那么，武举都考些什么呢？

正德年间颁布了一份《武乡试条格》，载明三场考试，一、二场考射箭，第三场笔试。第一场试马上箭，以三十五步为准；第二场试步下箭，以八十步为准。第三场试策一通，“或问古兵法，或问时务”。看来十分简明，武艺唯取弓射一项，马上器械也省了。

如此考试，也很实际。因为古代作战，弓射本来就是最具杀伤力，也最难防备的，八十步以外，一箭射去，效果与现在用枪差不多。现在的士兵，最重要的武技，不就是练习射击打靶吗？刺刀术或徒手搏击之训练，均不如射击重要。毕竟战场上能用得上刺刀肉搏或徒手格斗的情况太少了。真用上时，恐怕胜负亦已差不多定啦！

但如此取士，途径似乎又太窄，因此武举制度还有些变通。《续文献通考》卷四七：“穆宗隆庆二年……武举仍遵照旧规外……自今年始，但有智通兵机，或力胜二百斤以上，或善射，或善枪，或善刀弩，或善火器等各项艺能之人，每年通以春季为期，不必拘定名数，许令自投到官。州县官取具里老甘结，严加考校。要见某人有何机智可以出奇、某人有何勇力足以任重，某人善射，果否巧力俱优。……选中，量授衣巾，充为武生，免其杂泛差役。候至开科年分……除精通论策者照旧随武举入场外，其余俱候武举场事毕日，御史公开考试，将智勇俱优者列为一等、精通一艺者定为二等，各照武举优待。”

这种办法，乃是对武举的调节或补充。因为武举考试，只以射箭为主，擅长射箭以外的才艺，可能根本无法晋身，故此法把善刀枪火器乃至有气力的都纳了进来。

其次，武举考试真正的关键，其实不在武艺而在文才。考试虽分三场，但“以策论定去取、以弓马定高下”（郑纪《东园文集》卷四《奏设武举以培养将才疏》），策论不好，弓马再精也无用。而一般武人，抡枪使棒不是问题，叫他拈起一管小小的毛笔来刺绣出锦缎文章，却往往要窘杀他也！上述办法，就是一种变通，让不精文墨的武人也有上进的机会。

此等人，先是经选拔充为武生；再是陪同武举考试，进行试后赛。考好了，便可获得比照武举的待遇。这好比文科举也有一种“视同进士出身”的制度。如左宗棠即是这种出身。国家用人之际，不拘一格见人才，既有文才武略，自不妨都视同一例。但“进士”与“同进士”毕竟还不是同一回事，比照武举优待者，地位自然也还低于武举。

而武举之地位则又低于文举。与文举相比，武举中式后，没有文举那般正规的观政进士制度、国子监历事制度、庶吉士制度等职前培训办法。而且武举乡试后并不授官；即使会试中第而授官了，大概也只能获授低级武官，品级不高，多数是到地方军队去当参谋一类闲职，与文科进士大大不相同。因而民间对武举也不热衷、不艳羡。

郎士宁《阿玉锡持矛荡寇图》，台北“故宫博物院”藏

武举人在明代文学中也很少出现，不过到清代就多了，是现代小说戏曲或电影电视之先声。

可是，在清人笔记中，武举人常扮演较负面的角色，看来并不太吃得开。如《萤窗异草·姜千里》说姜氏是闽之武孝廉，亦即武举人，本来在乡里颇为宵小所忌惮，但后被人设局陷害，群斗受伤，逃到一处草堂，逢一少女。少女看他受了伤，又问知为武举人，“大笑曰：以武科而不克弭盗，其如搦管者何？”孝廉大惭。该女乃替他出面，摆平了盗贼。据后文之叙述看，女子乃剑仙之流。与剑仙相比，武举人的武艺当然就显得稀松平常了。

《凉棚夜话》载一事与之略同。谓武举人纪某，善技击，慷慨任侠，喜接四方宾客。门客中有一少年，看不出有什么本领。后来一客来访，“于衣底出剑二口，盘旋霍跃，初如雪滚花翻，闪倏不定，以后但觉白光周身，旋转如月”，直击少年。少年也出二剑相迎。原来两人竟是师兄弟，屡次较量。看了两人这种剑侠手段，武举人任侠之心自然也就冷了。

这是武举吃瘪故事的一种类型，另一种是武举遇盗。如宋永岳《亦复如是》“响马盗”条：“昔有武举上京会试者，结伴五之人，各以膂力自矜，谓遇盗可必胜。”结果当然是很惨。《翼驷稗编》“女盗认年伯”条，也是如此。云湖州孝廉沈金彪，善骑射、精拳勇。入都会试时，逢一少年打劫，与之斗。少年不敌，走后找了妹妹来，把他的刀子与铁鞭都打折了。抢走行李后，发现两家有旧，才又把行李送回。

武举遇盗跟武举遇仙一样，都是在说人外有人、天外有天，武举不可自恃武勇，否则就不免吃亏。正面讲这个道理的是《虞初支志》的《书毛大相公》。本文说长沙武生杨先和武术精湛，但“与人交，恂恂若儒生，口不齿及拳勇。或求与角，非迫不已，不肯登场，故终其身无少挫”。把他写成一位正面的典范，要说的，无非是这类道理。

武生武举之技到底如何呢？俞蛟《梦庵杂著·颜鸣皋传》云："武场故事，先试马、步射及刀、石，为外场。艺、力出众者为双好，次则单好。单好入选而难于中式。不与双单之列者，并不得入内场。"内场是考策对的。先考外场，考中了再考内场。外场看艺与力，力主要表现为举石，艺就是弓马与刀术。弓马仍是最主要的。

小说中描写武举之艺，也常以弓为重点。如《客窗闲话》"难女"条说，"有武举能开十四石弓者，以拳霸一方，纵淫，无敢与较"，后逢一绳伎，才受到教训。《淞隐漫录》"女侠"条则说有一位武进士，因与营员不睦，罢官居家，其妹"生四五岁，即喜操弓矢、弄弹丸，于百步外悬物为的，每发必中"。这类故事，无论武人之角色为正面或负面，都显示了武举武进士之才艺主要表现在弓上，或射箭或弹丸。清代小说叙武术事，也以丸箭为最多，远多于手搏。可惜如今弓道仅存于日本，弹丸之技亦绝迹于中土。

武举或武进士武状元有弓马刀石之勇，在官场上未必得意，未来的出路，大抵还是保镖，否则就如《淞隐漫录》所说那位武进士那样去隐居。保镖之例，须方岳《聊摄丛谈》所载窦小姑事最为典型。窦小姑之父是武举，开镖局为客商保镖，以红三角旗为记，三子一女皆传家业。武举考试中隽不易，而出路仅如此，实堪浩叹！

此武举之大略也，它跟我们现在的武术传统没啥关系，是显而易见的。

宗教与武艺

宗教的社会功能，是个极大极大的题目，涉及的层面极广极广。目前我们学界一般谈这个问题，都只就慈善、救济、医疗、纾难、施棺、赈灾、托婴、养老、办学、防疫、丧葬、超度等属于社会福利、社会工作这些方面去发挥。宗教在这些领域中所发挥的功能，当然是毋庸置疑的。但是宗教的社会功能并不只如此，其功能非常复杂，武术即为其中之一。

二十世纪八十年代首度整理的普及本

少林寺就是最足以表现此一关系的寺庙。

少林寺，因有达摩面壁的故事，故被称为禅宗之祖庭。但是，达摩在少林面壁之说，本出附会。北宋辑《景德传灯录》以前，无此传说。据《景德传灯录》云，达摩于后魏明帝太和十年居洛阳，后入少林寺，“面壁而坐，终日默然”，至太和十九年逝世。这是最早讲达摩在少林面壁九年的资料。可是，太和十年，嵩山并无少林

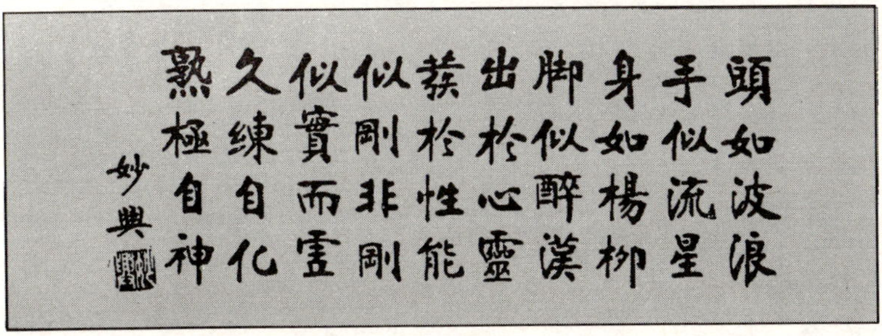

一九二三年少林寺住持妙兴大师题写的人祖门少林派性功罗汉拳诀

寺。少林建寺，在太和十九年。其次，太和非孝明帝年号，而是孝文帝的。三则所有唐代文献均不曾谈及达摩面壁和少林武术与达摩的关系。因此，少林为禅宗祖庭之地位，吾尚存疑。

可是不管如何，就算达摩真曾在少林寺面壁并传衣钵于弟子慧可，整个少林寺在社会上，到底是因此而获受敬重，抑或为少林武术呢？非常明显，少林在禅宗之教理教义发展、禅法修为、高僧懿行各方面，其可述者皆远不如其武术之多。

就社会的影响面来看，明末程冲斗《少林阐宗》虽然有云：“海内无武僧，唯少林称者，重护教也。少林形胜，有文武二山夹峙。故棍法与禅宗并传不替。是以四方之士，往往慕其风尚。”但实质上，社会慕其风尚的，恐怕是其武术而非禅学。现今少林电影风行海内外，少林寺附近武术学校百余家，少林宗派遍天下，皆为其崇武之效。对社会的影响，莫与伦比。光是我佛光大学收存的少林武术书刊便有五十余种，可见其盛况。对中国人人格及心态，更是影响深远。

少林的武术，在明代以棍著名，其次则为拳术。到了明末，才出现了“内家拳”，以少林为外家拳之代表，而且认为内家胜于外家。少林遭此挑战，乃发展出讲“内壮”的《易筋经》，依托于达摩。其内容主要是以守中积气，转弱为强，辅之以药洗、捶打，并用八段锦来锻炼。理论上援道入佛，一时大为风行。咸丰四年，王祖源入少林，得其《内功图》，基本上也就是这一类东西，此为武术中“内功”这个观念的滥觞。

拳术方面，乾隆四十九年曹焕斗整理出的《拳经拳法备要》，也是由少林传出的。其谱中有《少林寺玄机和尚传授身法图》等，渊源可见。而且此书还宣称天下“拳法之由来，本于少林”，把宋太祖长拳、温家七十二行拳、三十六合锁、二十四弃探马、八闪番、十二短、李半天之腿、鹰爪王之拿、张伯敬之打，统统溯源于少林。一时之间，少林遂为天下武学的总源了（另详本书《达摩易筋经论考》一文）。

少林在明末清初，既为天下拳术重镇，四方之士，多从之习技，当然流辈日杂。乃因此渐发展出拳教结合的形态，影响到后来各类民间宗教及秘密结社。

1975年张彻电影《少林五祖》的海报，张彻在上世纪七十年代后期所拍摄的一系列“少林”电影，均以少林五祖和洪熙官、方世玉故事以及洪拳、咏春拳、蔡李佛拳等武术为题材

乾隆四年，河南巡抚雅汝图上奏云：“大河以南……山居百姓，本有随身刀械，少壮又习悍俗，如少林寺僧专以学习拳棒为名，聚集无赖。邪教之人，专意煽惑此等人入伙。”（《清高宗实录》卷一〇七）又，《清宣宗实录》载：“南川县滋事匪犯……罗声甫……在云南开化府拜从民人陶月三学得符咒，用清水一碗，燃烧檀香，画符念咒，吃水之人，即有神附体，自能舞弄拳棒，名为少林神打。”由这些文献可见少林传授拳棒，流辈甚杂，

日后不少人被“邪教”——也就是白莲、黄天、龙华、收圆、八卦、金钟罩等各式教团所吸收，少林武技及其门徒遂遍及天下。后来各类拳教结合的团体，往往都与少林有关。所谓“少林神打”，竟流行至云南，即可见其一斑。

所谓神打，就是拜神吃符水后，神明附体，自然会舞拳弄棒的术法。清初许多拳教团体，都利用此种术法，乾隆年间就有浙江鄞县吴家山的神拳、山东泗水朱红灯的神拳、河南商丘的神拳会，及山东临清的王伦清水教等，食符念咒之后，号称刀枪不入。后来的义和团，也是如此。其影响之大，可以概见。

少林有这样的影响，当然就会形成它与朝廷的紧张关系。早期少林寺因救驾秦王（唐太宗）有功，是政府所嘉奖旌扬的对象；到明末清初，却反过来，成为天下盗匪邪教极重要的渊薮。因此，便开始有火烧少林寺的传说，说少林僧人皆被朝廷诛杀殆尽。清汪价《中州杂俎》甚至说崇祯年间即已发生此事。后世武术界所传“少林五祖”故事亦即由此衍出，再加上洪门之推波助澜，一时大为流行。故事当然是假的，但颇可以看出少林寺与政府的关系已甚紧张。而少林亦遂成为反乱团体心目中的反清圣地了。

后来，少林又分化出南北。北方是嵩山少林，南方传说在福建莆田附近另有南少林。有火烧少林寺，洪熙官等人逃出，创“洪拳”报仇，而被称为少林五祖的故事。流行于闽粤的所谓南拳，均自谓出于这个系统。许多小说、戏剧、电影，以及拳术门派由此衍出。

因此，论武术，没有比少林寺更显赫的了。但细细思之，便知此非一偶然之特例，如峨眉、武当，不也以武术著称吗？僧道而与武术有关，非常值得注意。底下让我再以峨眉和日本禅宗来做些说明。

明中叶后，拳称峨眉，棍推少林，刀则以日本为法。据唐顺之《峨眉道人拳歌》云：

浮屠善幻多技能，少林拳法世希有。道人更自出新奇，乃是深山白猿授。是日茅堂秋气高，霜薄风微静枯柳。忽然竖发一顿足，崖石迸裂惊沙走。走来星女掷灵梭，天骄天魔翻翠袖。翑毯含沙鬼戏人，髽髺磨牙赞捕兽。形人自诧我无形，或将跟绖示之肘。险中呈巧众尽惊，拙里藏机人莫究。汉京寻撞未赶捷，海国眩人空抖擞。翻身直指日车停，缩首斜钻针眼透。百折连腰尽无骨，一撒通身都是手。犹言技痒试贾勇，低蹲更作狮子吼。兴阑顾影却自惜，肯使天机俱泄漏。余奇未竟已收场，鼻息无声神气守。道人变化固不测，跳上蒲团如木偶。(《荆川集》卷二)

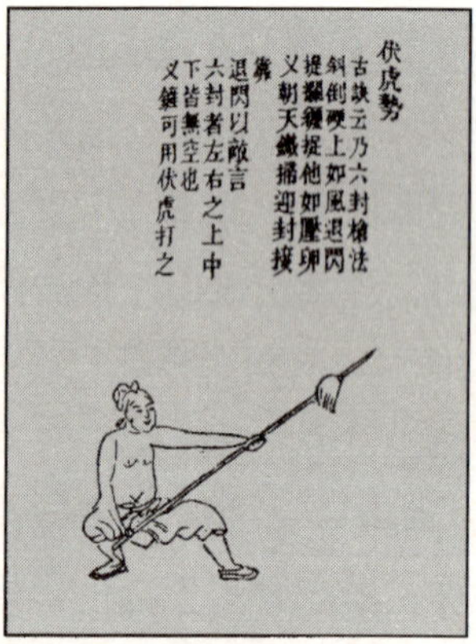

因古代称道人时可指道亦可指僧，故不知此究竟是僧是道。不过这里可有两点可说：

一、少林本以棍名，但到明朝中叶已开始积极发展拳法。程冲斗于万历末年作《少林阐宗》时，尚

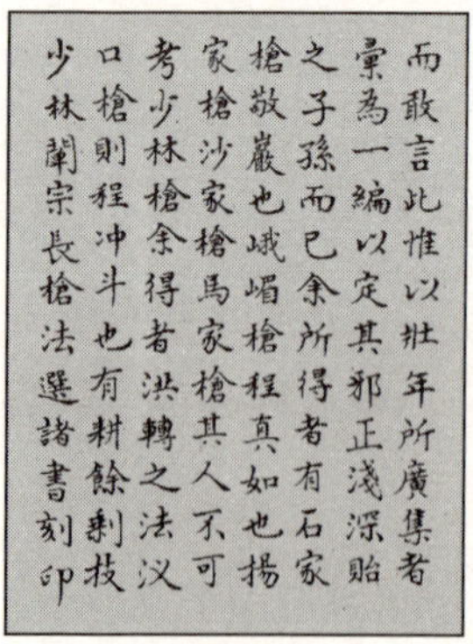

而敢言此惟以壯年所廣集者彙為一編以定其邪正淺深貽之子孫而已余所得者有石家槍敬巖也峨嵋槍程真如也揚家槍沙家槍馬家槍其人不可考少林槍余得者洪轉之法汉口槍則程冲斗也有耕餘剩技少林闡宗長槍法選諸書刻印

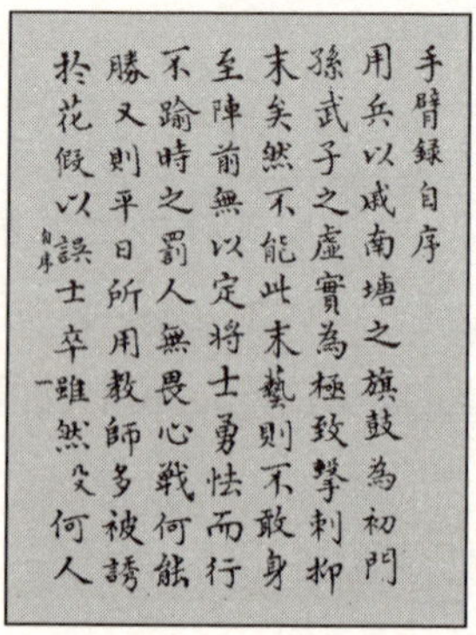

手臂録自序

用兵以戚南塘之旗鼓為初門孫武子之虛實為極致拏刺抑末矣然不能此末藝則不敢身至陣前無以定將士勇怯而行不踰時之罰人無畏心戰何能勝又則平日所用教師多被誘於花假以誤士卒雖然殳何人

吴殳《手臂录》自序与枪法图谱

不论其拳法，仅于卷末《问答篇》中载："或问曰：'棍宗少林。今寺僧多攻拳而不攻棍，何也？'余曰：'少林棍名夜叉，乃紧那罗王之圣传，至今称为无上菩提矣，而拳犹未盛行于海内。今专攻于拳者，欲使与棍同登彼岸也。'"据程氏说，当时铁拳有太祖、温家，短打有绵张、任家之类。不过，唐顺之此诗已极推许少林拳法，则其时少林拳术应该是已非泛泛。

二、峨眉武术，古无声名，因此唐顺之说它乃是新创。然开宗立派以后，发展似甚可观。清初吴殳《手臂录》就亟称峨眉枪。《序》云："少林素不知枪，竟以棍为枪。……总而论之，峨眉之法，既精既极。"《石沙杨马少林冲斗六家枪法说》又云："少林之八母，鱼龙平列，已失枪家正眼。其广布诸势，全落棍法。……少林自擅棍家绝业，意不能已于枪，而又自矜其名，不肯外学。乃移其棍法中之似枪者，益扩充之以为枪，终朱紫之相乱。"（卷二）不满于少林而推尊峨眉，可见峨眉一脉之枪法亦大有发展。

这是有关拳枪棍的部分。刀则唐顺之甚称日本刀，其《日本刀歌》说：

> 有客赠我日本刀，鱼须做鞘青绿绠。重重碧海浮渡来，身上龙文杂藻荇。怅然提刀起四顾，白日高高天炯炯，毛发凛冽生鸡皮，坐失炎蒸日方永。闻到倭夷初铸成，几岁埋藏掷深井，日淘月炼火气尽，一片凝冰斗清冷。持此月中斫桂树，顾兔应知避光景。倭夷涂刀用人血，至今斑点谁能整？精灵长与刀相随，清宵恍见夷鬼影。迩来鞑靼颇骄黠，昨夜三关又闻警。谁能将此向龙沙，奔腾一斩单于颈？古来神物用有时，且向囊中试韬颖。（卷二）

这是赞美刀而非其刀术，与宋朝欧阳修《日本刀歌》等相同。日本制刀技术，自宋朝以来即超越我国，故获得日本刀者均以此为

“神物”，形诸歌咏。技击家所重当然又不只是刀，更是日本的刀术。

程冲斗《单刀法选·单刀说》：“单刀……又名倭刀，其技擅自倭奴。明季入寇，锋锐莫当。……其用法左右跳跃，奇诈诡秘，人莫能测，故长技每败于刀。余访求其法，有浙师刘云峰者得倭之真传。不吝于余，授之颇尽阃奥。”可证他所传授的这路刀法，其实就是日本刀术。后来《单刀法选》被人辑入《少林刀枪棍法阐宗》，世或以为此即少林之法，不知皆本于倭刀也。

吴殳《手臂录》卷三《单刀图说自序》也说：“唐有陌刀，战阵称猛，其法不传。今倭国单刀，中华间有得其法者，而终不及倭人之精。”推崇倭法，与程冲斗相同。至于他自己所传授的十八式刀法，自称：“余本得之渔阳老人之剑术。单刀未有言者，移之为刀，实自余始，安得良倭一亲炙之？”似乎是别出心裁，从中华剑法中转化出刀法。可是，他在《单刀手法说》中又称：“此十八式，习之精熟，虽未能真合于倭法，而中国之花法皆退三舍矣。”显然仍以倭法为高标准，所以说纵使自己这套刀法不尽合于倭法，也要比中土一般的“花刀绣腿”好些。

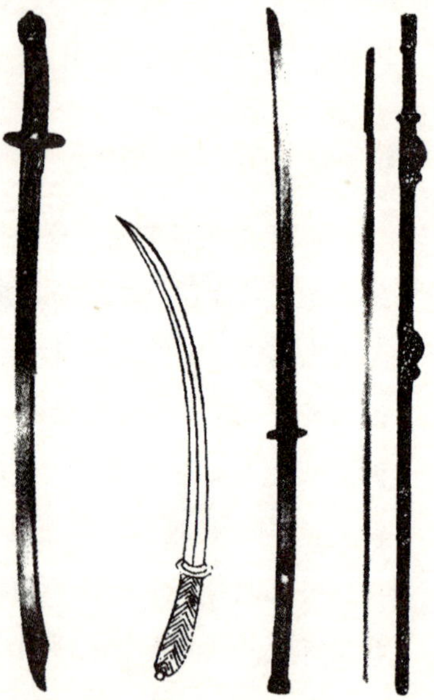
明朝中叶流行的雁翎刀、柳叶刀与倭刀，以及日本太刀所取法的中国唐代直刀

事实上，明朝中叶，倭寇肆虐，我国兵士与之对阵吃尽了苦头。后来俞大猷、戚继光等名将之所以能克敌制胜，秘诀就在“师夷长技以制夷”，采用倭人刀术，以其人之道还

治其人之身。程冲斗、吴殳这些名家之取径亦复如此。

为什么倭刀的评价如此之高呢?

首先当然是器精。刀的制作技术，中国不如日本。所以同样是用刀，日本刀“锋锐莫当”，是不足为奇的。其次便是术良。日本刀术当时确实胜于中国。

据日本享保元年的《本朝武艺小传》(一七一六年)所述，当时武艺分成九类：兵法、诸礼(礼仪作法)射术、马术、刀术、枪术、炮术、小具足(逮捕术)、柔术。刀术在日本与剑术混称，不像中国分刀剑为两路。其术早在室町幕府中期，足利将军第四代时便发展出了流派。最早的神道流，创始人为饭筱长威斋(一三九四~一四二七)，其后则有判官流、鞍马流、鬼一法眼流等等。战国末期，江户初期，剑客辈出，流派更盛，柳生新阴流尤为著名。

柳生新阴流开宗祖师为柳生石舟斋宗严。他与德川家康相善，晚年曾著《石舟斋兵法百首》，写于一六〇一年。一六〇六年逝世。其子柳生但马守宗矩一方面继承家学，一方面吸收来自佛教的影响(见下文)，著有《兵法家传书》，声望更隆，号称集柳生家武术哲学之大成。

此书与宗严之书均自称其术为“兵法”，但若用宫本武藏的术语来说，当时所谓兵法有两种：一是“大分之兵法”，指多人作战，也就是战场上用的；一是“小分之兵法”，是一对一的搏斗。宗严和宗矩所讲的，其实都是指后者，是指用“太刀”攻防的技艺。但技术而称为“兵法”“兵略”，便意谓其术不只是术，其中有道存焉。

以《兵法家传书》为例。其间广泛使用阴阳、动静、内外、心体、筋气、无念、无着为说，讲平常心是道，教用刀者修持以治病气，求放心，强调机内用外。这些都是“技进于道”的说法，用刀之巧不在技能姿势，而在治心养气等内在修养。比方他会说:

僧、古徳ニ問フ、如何カ是レ道ト、古徳答テ曰ク、平常心是レ道ト。

右の話、諸道に通じたる道理也。道とは何たる事を雲うぞとと へば、常の心を道と雲也、とこたへられたり。実に至極の事也。常の心に成て、病と交じりて、病なき位也。世法の上に引合ていはば、弓射る時に、弓射とおもふ心あらば、弓前みだれて差まるべからず。太刀つかふ時、太刀つかふ心あらば、太刀先定まるべかばらず。物を書時、物かく心あらば筆定るべからず。琴を引とも、琴をひく心あらば、曲亂べし、弓射る人は、弓射る心をわすれて、何事もせざる時の、常の心にて弓を射ば、弓定べし。太刀つかふも馬にのるも、太刀つかはず、馬のらず、物かかず、琴ひかず、一切やめて、何もなす事なき常の心にて、よろづをする時、よろの事難なくするするとゆく也。

道とて、何にても一筋是ぞとて胸にをかば、道にあらず。胸に何事もなき人が道者也。胸には何事もなくして、又何事成共、なせばやすやすと成也。鏡の常にすんで、何のかたちもなき故に、むかふ物のかたち何にても明なるがごとし。道者の胸の内は、鏡のごとくにして、何もなくして明なる故に、無心にして、一切の事一もかく事なし、是只平常心也。此平常心をもつて一切の事をなす人、是を名人と雲也(「ふだんの心」で萬事にあたれ)。

《绘本太平记》中的“天龙寺供养”版画

使刀、用弓、乘马、抚琴，均是艺。但为之者均须去除心病，无心，才能有所成就。所谓“道人心中水镜清”，功夫不在外而在内。这是他论刀法的基本路数。与此相比，我们在明末清初才出现的一些刀谱，如程冲斗、吴殳之书，虽然技是学自或启发自日本这些刀术，但均只停留在技术姿势的层次，格局意境实在远不能与之并驾齐驱。

柳生一族，在日本武道史上声望甚隆，这种论刀术的路向对后世的影响也很大。现在我们看日本剑道，仍非常强调剑士对“道”的体会，即可看出它的影响。但若问它为何如此，则要追溯它与佛教的渊源。

柳生但马守宗矩对泽庵禅师非常倾倒，他心技两面合一的刀论，就是把禅宗观念导入武技的结果，追求的是“剑禅一致”。其书中言禅之处甚多，如：

一、中峰和尚雲、放心の心を具せよ

右之語の付て、初重後重あり。心を放かけてやれば、行さきにとどまる程に、心をとどめぬ様に、あとへちやくとかへし、かへせと教ゆるは、初重の修行也。一太刀うつて、うつた所に心のとどまるを、わが身へもと

《一遍上人绘词传》中所绘的僧兵，东京国立博物馆藏

めかへせと教る也。

後重には心を放かけて、行度様にやれと也。はなしかけて、やりてもとまらぬ心になして、心を放すなり。放心の心を具せよ、心に放心をもて、心に綱を付て常に引て居ては、不自由なり。放しかけてやりても、とまらぬ心を放心と雲。此放心心を具すれば、自由がはたらかるる也。綱をとらへて居ては不自由也。犬猫もはなしがひこそよけれ。つなぎ猫、つなぎ犬は、かはれぬ物也（放かけても留まらぬ心を持つ）。

二、儒書をよむ人、敬の字にとどまりて、是を向上とおもふて、一生を敬の字にてすます程に、心をつなぎ猫のようにする也。仏法にも敬の字なきにあらず。経に一心不亂と説給ふ。是即敬の字にあたるべし。心を一事にをきて、余方へは亂さざる也。勿論、敬白夫仏者と唱る所あり。敬禮とて仏像にむかひ、一心敬禮と雲、皆敬の字の意趣たがはず。然共是は一切に付て心のみたるるを治める方便也。よく治まりたる心は、治むる方便を用ひざる也。口に大聖不動と唱へ、身をただしくして、合掌して表に不動のすがたを観ず。此時身、口、意の三業平等にして、一心みだれず、是を三密平等と雲。即敬の字の意趣に同じ、敬者即本心の德にかなふ也。しかれども行ふ間の心なり。合掌をはなち、仏名をとなへやみぬれば、心の仏像ものきぬ。更に又もとの散亂の心也。始終治りたる心にはあらず。

心をよく一度おさめ得たる人は、身、口、意の三業を淨めず、塵にまじはりて、けがれず、終日ろごけどもろごかず、千波萬波したがひろごけども、そこの月のろごく事なきがごとく也。是仏法の至極せる人の境界也。法の師の示をけて爰に記者也（治まつた心に方便は無用）。

三、摩拏羅尊者の偈た雲く「心は萬境に隨ひて転ず、転ずる処実に能く幽なり」

右の偈は参學に秘する事也。兵法に此意簡要なる故に、引合て爰に記す。参學せざる人は、とくと心得がたかるべし。萬境とは、兵法ならば、敵の數__のはたらき也。其一つ一つのはたらきに、心がてんずる也。たとへば敵が太刀をふりあぐれば、其太刀に心がてんじ、右へまはせば右へ心がてんじ、左へまはせば左へてんずる。是を「萬境に隨ひて転ず」と雲也。「転ずる処実に能く幽也」と雲所が兵法の眼也。其所に、心があとを殘さずして、はこび行舟の、あとのしら波と雲ごとく、あとはきへて、さきへ転じ、そつともとまらぬ処を「転ずる処実に能く幽なり」と心得べし。幽なりとは、かすかにて、見へぬ事也。心をそこにとどめぬと雲儀也。心が一所にとどまりたらば、兵法にまくべき也。転ずる所に残たらば散__也。心は色もかたちもなければ、目に元より見へぬ物なれ、着してとどまれば、心がそのまま見ゆる者也。たとへば、しらぎぬのごとく也。紅をろつしとむれば憾になり、紫をろつせばむらさきの色に成也。人の心も物にろつれば、あらはれ見ゆる也。ちご若衆に心をろつせば、やがて人が見しる也。おもひろちにあれば色外にあらはるる也（心のろちを知らせぬ修行）。

四、兵法の仏法にかなひ、禅に通ずる事多。中に殊更着をきらひ、物ごとにとどまる事をきらふ。尤是親切の所也。とどまらぬ所を簡要とする也。江口の遊女の西行法師の歌にこたへし歌。

家を出る人としきけばかりの宿に心とむなとおもふばかりぞ

兵法に此歌の下の句を、ふかく吟味して、しからんか。如何様の秘伝を得て、手をつかふとも、其手に心がとどまらば兵法は負べし。敵のはたらきにも、我手前にも、きつても、つひても、其所__にとどまらぬ心の稽古専用也（劍禅一致の心境）。

以上四则，第一则讲“放心”，意思是要让心自由。第二则说敬，与第一则相辅相成，因为敬就是一心不乱。他巧妙地把宋明儒家所云之“主敬”跟佛教所说的“一心敬礼”结合起来，谓敬即本心之德。第三则论心随境转、处境成色。第四则云兵法与佛法相通、剑禅一致。其他引禅语，论剑禅合一者甚多，我不能都引，但理脉大抵如此。

柳生但马守宗矩这些讲法，均与泽庵禅师有关。像上文所引第一则“中峰和尚云云”，泽庵的《不动智神妙录》就同样引述了这段话予以阐说。

泽庵禅师名泽庵宗彭（一五七三～一六四五），修净土与禅，为临济宗大德寺派。宽永十五年（一六三八年）为东海寺开山第一代住持。他深受三代将军府敬重，又曾与柳生但马守宗矩论剑，宗矩《兵法家传书》中甚至有“法师开示，小子记之”之语，可见时人推重之一斑。其论刀，以“事理双轮”为说，谓本心如水，妄心如冰，须应无所住而生于心，不可执着。对一刀流

柳生但马守之父石舟斋所撰的剑术秘笈《新阴流兵法目录事》中所录的“睫径”型

的小野次郎右卫门忠明、二刀一流的宫本武藏等都很有影响。

泽庵禅师在他所著《不动智神妙录》中曾举了一个故事，说南宋末年时，一位中国和尚无学禅师，遭元兵追捕；他手持长刀，作偈大喝一声“电光影里春风斩”，元兵即仓皇遁去。原文是这样的：

鎌倉の無學禪師、大唐の亂に捕へられて切らる時に、電光影裏斬春風といふ偈を作りたれば、太刀をば捨て走りたるとなり。無學の心は太刀をひらりと振り上げたるは、稲光の如く電光のぴかりとずる間、何の心も何の念もないぞ、打つ刀も心は無し、切る人も心はなし、切らる我も心はなし。切る人も空、太刀も空、打たる我も空なれば、打つ人も人にあらず、打つ太刀も太刀にあらず。打たる我も稲妻のぴかりとする内に、春の空を吹く風を切る如くなり、一切止まらぬ心なり。風を切ったのは太刀に覺えもあるまいぞ。

かやうに心を忘れ切つて萬の事をするが上手の位なり。舞を舞へば手に扇を取り足を踏む、其手足を能くせむ舞を能く舞はむと思ひて、忘れきらぬば上手とは申されず候。未だ手足に心止まらば業は皆面白かるまじ。悉皆心と捨てきらずしてする所作は皆惡敷候。

这位无学禅师后来东渡日本，为圆觉寺开宗祖师。泽庵禅师认为他这句话是讲刀空、法空、我空，持刀切入，应如春风拂人一般，“初不用意为”。此乃佛家空义之发挥。嗣后宫本武藏著《五轮书》，分地、水、火、风、空五卷，就是以空卷讲剑法的究极精神。其言曰：

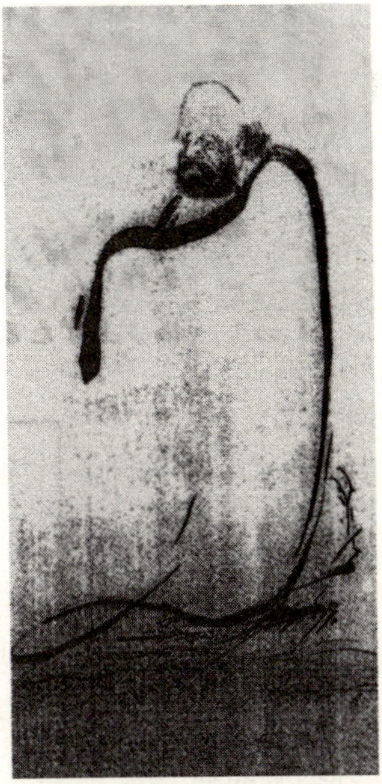

宫本武藏所作的禅宗水墨画《芦叶达摩图》

二刀一流の兵法の道、空の巻として書顕す事。空と雲心は、物毎のなき所、しれざる事を空と見たつる也。

勿論空はなきなり。ある所をしりてなき所をしる。是則空也。

世のなかにおるて、あしく見れば、物をわきまへざる所を空と見る所､実の空にはあらず。皆まよふ心なり。

此兵法の道におるても、武士として道をおこなふに、士の法をしらざる所、空にはあらずして、色いろまよひありて、せんかたなき所を空と雲なれども、是実の空にはあらざる也。武士は兵法の道を慥に覚へ､其外武藝を能くつとめ、武士のおこなふ道、少もくらからず、心のまよふ所なく、朝朝時時におこたらず､心意二つの心をみがき､観見ニツの眼をとぎ、少もくもりなく、まよひの雲の晴たる所こそ実の空としるべき也。

実の道をしらざる間は､仏法によらず､世法によらず､おのれくは慥なる道とおもひ、よき事とおもへども、心の直道よりして、世の大かねにあわせて見る時は、其身の心のひいき、其目のひずみによつて、実の道にはそむく物也。其心をしつて、直なる所を本とし、実の心を道として、兵法を広くおこなひ、たしく明らかに、大きなる所をおもひとつて、空を道とし、道を空と見る所也。

空有善無悪、智は有也。利は有也。道は有也。心は空也（迷いの雲の晴れたるところ）。

武士的精神修炼就在知万物法空心亦空，克除一切迷妄，见空性。所以说要不迷晴云。这完全是佛教的讲法。泽庵乃至无学禅师的影响显然是不可磨灭的。

宫本武藏以后，类似这样的议论仍然非常盛行，关府藩士丹羽十郎左卫门忠明（一六五九～一七四一）所著《天狗艺术论》即以高僧和剑客模拟，认为两者的精神状态、人格修为都是一样的：

問ふ、禪僧の生死を超脱したる者は劍術の自在をなすべき歟。

曰く、修行の主意異なり、彼は輪廻を厭い寂滅を期して、初より心を死地に投じて生死を脱却したる者なり。故に多勢の敵の中にあつて、此形は微塵になるとも、念を動ぜざることは善くすべし、生の用はなすべからず。唯死を厭はざるのみ（名僧は劍術においても名人か？）。

禅师修行的目的是要了生死，剑客则是为了达到剑术上的自由自在，两者立意不同，但其求解脱是一致的，在达到解脱自在时的修持方法也一样。他们也都须要不动心，知万法唯心所造，故能不为外物所颠动，不为生死之爱所扰：

問ふ、古來劍術者の禪僧に逢て其極則を悟りたる者あるは何ぞや。

曰く、禪僧の劍術の極則を伝へたるにはあらず。只心にものよきときはよく物に応ず。生を愛惜するゆへにかへつて生を困しめ、三界窠窟のご

日本四大剑圣中的上泉伊势守（左）与宫本武藏的画像

とく一心顛動するときは、この生をあやまることをしめすのみ。彼、多年この藝術に志し、深く寢席を安んぜず、気を練り事を盡し、勝負の間において心猶いまだ開けず。憤懑して年月を送る所へ、禪僧に逢いて生死の理を自得し、萬法唯心の所変なる所を聞て、心たちまちにひらけ神さだまり、たのむ所をはなれて此自在をなすものなり。これ多年気を修し事にこころみて、其うつはをなしたるものなり。一旦にして得るにはあらず。禪の祖師の一棒の下に開悟したるといふも此に同じ。倉卒の事にあらず。藝術未熟の者、名僧知識に逢たりとて達悟すべきにあらず(未熟の者が名僧に會っても無意味)。

剑禅合一，是在功夫意义底下达成的合一。但这种最高境界，非寻常人所能骤晓，故忠明说技艺未精熟者，仓促访僧对答，亦未必能在言下开悟。功夫毕竟是须自证于心的。

凡此等等，俱可见“剑禅一致”为日本剑道之主流思想，无学禅师和泽庵禅师等开启宗风，沾溉无穷，影响之大，可以概见。于今论者但知日本茶道与禅宗的关系，却不知日本剑道与禅宗的关系，是知其一不知其二也。

金庸小说与武术

一

论金庸，而讨论他会不会武术，或他书中的武术是不是真有其事，其实是个熟题目，许多人都极感兴趣。《金庸与北大学子趣谈中国文化》就记载，北大学生问："您的小说中，有许多的武术门派，您是怎么想象出来的？比如九阴真经、降龙十八掌。你会武术吗？可以比试一下吗？"金庸回答："有些武术门派本来就有，像少林、武当……当然，一些武术门派是我想象出来的，像降龙十八掌就是我从《易经》中想象出来的。"（二〇〇七年六月十九日，王庆环，《光明日报》）

这样的回答，显然仍不能满足读者的好奇，因此就有不少人为之钩奇索隐。如陈墨《金庸小说之武学》多达二十万字，潘国森《武论金庸》亦厚达三百余页，网上的讨论则更多。

当然，有些练家子对这样的讨论是嗤之以鼻的。因为从武术的角度看，小说中多是武术文艺化的写法，且颇多矛盾和错误，因此："拿一个矛盾（我可不敢用'错误'这个词）百出的著作，来印证我们自己认为的对错（您有您的想象，我有我的猜测），

那无异是在缘木求鱼！”（金庸小说城，讨论区，二〇〇五年七月十五日）

此说虽有一定道理，但毕竟不是主流，主流意见仍是要对之仔细探究一番的。探讨所得，也不乏有趣的见解，如风中叶《金庸小说中的武术》就认为，查老在书中所用的太极拳招式，皆为杨或吴家所用的名字，如“揽雀尾”“抱虎归山”等等。又说：

> 查老在《飞狐外传》中记，赵半山为南宗高手，而北宗是广平府的太极门。北宗的吕希贤因拒交出太极拳的奥秘给满人，而给叛徒陈禹害死。这一段记载，大抵是根据杨班侯祖师的一段传闻写而成。据说“广平”与“北京”两派，都是班侯祖师所传授的，而“广平派”中的陈秀峰，曾侍班侯祖师入京，见“北京”与“广平”的风格迥然不同，于是便问其师：“何故同出师授，而广平派有刚有柔，北京派一味纯柔？”班侯祖师初笑而不答，后才说道：“京中多贵人，习拳出于好奇玩票，彼旗人体质本与汉人不同，且旗人非汉，你不知道吗？”闻说现今永年县，还传有班侯拳架，和我们一般所见的杨式太极拳截然不同。

网上的讨论，大抵皆如此类，虽然有趣，也有许多有价值的部分，但胡说处也不少。金庸小说里讲的太极拳，采用的只是杨家的招式名，不是吴氏的。而金庸讲的太极拳两宗，乃是温州与直隶广平。此处则扯上广平与北京。班侯拳架，也只是比杨澄甫所传稍紧凑而已，哪说得上就“截然不同”？杨家班侯、少侯、澄甫三种式子没啥不同，具详澄甫高足董英杰所著《太极拳释义》。可惜论者一知半解，故所谈动辄出错。

二

武侠小说，顾名思义，系由“武”与“侠”两个元素构成。这两个元素原本就是独立的，侠是侠，武是武，未必相干。《史记》把《游侠列传》和《刺客列传》分开来叙述，最能表现这个意义。《游侠列传》所记录的大侠，如战国四豪：春申君、孟尝君、信陵君、平原君，固然都不以武技见称，闾里之侠原宪等亦未闻其善武，就是汉代大侠朱家郭解也不娴武术。娴武技的，乃是侠之门客中一部分具击刺能力者。此即为刺客。

古之侠者如此，降及宋元明，依然没什么太大改变。像《水浒传》中担任水泊领袖的宋江，虽不能说他没有武艺，可是他武艺稀松，能成为领袖的条件不在其武而在其侠，也就是所谓的“及时雨”，能急人之急、纾人之难。

《飞狐外传》插图

清朝侠义公案小说，多写绿林故事，侠与其敌对势力才都拥有武艺，彼此以武争衡，如《三侠五义》之侠，即无不能武者。《三侠》或称《七侠五义》，其后又有《七剑十三侠》之类。但不管是三侠、七侠或十三侠，也都是具武艺的，这就形成了一个新的传统。

再加上剑侠小说一

派，至晚清而大盛，由《仙侠五花剑》下衍至后来还珠楼主的《蜀山剑侠传》等等，侠既皆是剑侠，焉能不长于武艺？于是侠与武又更为紧密地结合了。

民国期间，新开一派写江湖的，为从前写绿林故事之嗣响。由平江不肖生《江湖奇侠传》以下，愈写愈具体，遂出现许多江湖门派，如少林、武当。渐渐且形成五大、六大、八大、九大门派的名号，为古来小说所未有。

又由写江湖绿林之争斗搏杀，而要具体描述这些江湖豪士的武技，于是又衍生了一种技击小说，平江不肖生开其端，郑证因、朱贞木、白羽继其后，如《鹰爪王》《十二金钱镖》《偷拳》等均属此等。《鹰爪王》故事假托于凤尾帮十二连环坞，实际上以当时的鹰爪翻子门等各派武术为蓝本。《偷拳》则是径以杨露禅去陈家沟佣身为仆，偷学太极拳的故事为内容，此类写法均对后人有极大的启发。

武侠小说之真正成形，即在这个时期，凡侠皆武，无武不侠。武术成为小说中极主要的部分；练功、比武、争霸、复仇，成为它的基本内容。

《鹿鼎记》插图

这种小说类型吸引了许多作者投入参与写作。但不是每个人都熟悉武术门派或技击方法，因此写法上各有巧妙。有真懂武术或对帮派社会有了解有接触的，倾向实写。不懂的，就虚写。或利用剑侠小说，把侠客写得飞天遁地、出入三界，其武术神乎其神。反正非凡人所能知能见，故可肆其想象。或练剑成丸，飞出白光，杀人于千里之外；或驭剑飞行，上穷碧落下黄泉。要不则开发心理、气势、斗智的写法，一击必杀，迅雷不及掩耳，根本就不必再一招一式地去搏斗。

二十世纪五十年代以后港台新派武侠作家中，实写者少、虚写者多。原因一是藏拙，二是讨巧。如梁羽生、司马翎、古龙、诸葛青云、卧龙生等人对技击其实都不内行，对江湖帮会也很少具体参与经验。勉强去写武术、谈帮派掌故，既缚手脚又易出错，不如舍去，以想象挥洒之，或避而就搏击之气氛、心理状态去发挥，反而易见精彩，并为武侠写作开一新路。

因此，藏拙之同时也讨了巧。毕竟读者看武侠小说也未必想由其中获得武术技巧或真实的武术史帮会史知识，小说的故事、人物的恩怨情仇，才是主要吸引他们的部分。故武术部分写得简略，甚或离奇，读者常不以为意。读者中真懂武术者也毕竟是少数，所以小说就是写错了，大抵也没啥关系，很少人会留意到。

不过，武侠小说作为一种文学类型，武术终究是它类型元素之一，或者是它极重要的部分。武侠小说若无武，或武得不精彩，就如同它里面丧失了侠一样，还能称为武侠小说吗？犹如侦探小说若不具体写探案，读者能承认它叫侦探小说吗？一名好侦探，探案的技术必然要甚好；一名大侠，武功也必然要高明，乃是这个文类之基本规定。因此对武术的描写，乃是武侠小说作者绕不开的领域，差别只在于作者如何去写而已。

例如梁羽生的写法就是半真半假，或把动作的名称诗意化，诸如“燕子穿林”“丹凤朝阳”等等，予人以充分的想象。这无疑是一条捷径。但读者也是糊弄不得的，据说梁羽生就曾弄得很尴尬。因为刚开始写武侠小说时，对武术不大懂但又要吸引读者，只好“知难而上”。有两段写太极剑和判官笔，他根据前辈作家宫白羽的作品，稍稍改动了几字，抄用过来。谁知给人看出，让懂武术的读者讥议了一番。

司马翎、古龙则是朝搏击之气氛、心理状态去发挥，重在心理、气势、斗智的描写。古龙尤其发展那种一击必杀、快刀斩乱麻的写法。

相较于上述梁羽生、司马翎、古龙等人，金庸的写法可谓虚实相生，最具特色。

一般人读金庸小说，较会注意到而且印象深刻的，如九阴真经、九阳真经、降龙十八掌、打狗棒法、独孤九剑、吸星大法、乾坤大挪移、一阳指、六脉神剑等，其实都是虚写。世上无此武功，全凭幻设而生。但他又不像古龙那样，全然蹈虚，只用刀光一闪，或诡异绝伦之身法手法云云带过，仍是写得煞有介事的。有伦有脊、有招有式、有功有法，有时还编了歌诀或心法，达到一种“仿真”的效果。此可谓以虚作实。

金庸另一种写法，则是实写。这，一般人虽较少注意，却也有不少论者对之特别欣赏。如倪匡论金庸，即曾说：“说《鹿鼎记》不是武侠小说，但却又是武侠小说。试看洪教主夫人的‘美人三招’的详细描述，有哪一部武侠小说有这样好的有关‘武术’的情节？”指的就是他的实写。

三

实写，一部分仍是靠想象得来，只是写来一招一式，仿佛实战一般。另一种则是确有所本的。例如《书剑恩仇录》中陈家洛与周仲英比武一段，周仲英使的“闯少林”，又称甘凤池所传少林拳。金庸就完全是拿着拳谱来照着写，所述招式，均是拳谱上的，此即所谓实写。

《书剑恩仇录》中实写的还有八卦掌。小说中描述王维扬的游身八卦掌及八卦刀法，基本上也依着相关拳谱来：

> 王维扬……掌不离肘，肘不离胸，一掌护身，一掌应敌，右掌往左臂一贴，脚下按着先天八卦图式，绕着张召重疾奔，正是他平生绝技“游身八卦掌”。

此类描写，尤为具体的是《飞狐外传》。此书为金庸作品中最质实者，涉及门派既多，拳法及兵器亦大部分皆有来历，如查拳、潭腿、华拳、燕青拳、地趟拳、韦陀门、八仙剑、太极拳等。如第一章描述：

> 徐铮……摆个“对拳”，双足并拢，双手握拳相对……何思豪见他这姿势是查拳门人和人动手的起手式……原来“潭、查、华、洪”，向称北拳四大家，指潭腿、查拳、华拳、洪门四派拳术而言，在北方流传极广，任何练拳之人都略知一二，算得是拳术中的入门功夫。何思豪见对手拳法平常……一招“上步野马分鬃”，向徐铮打了过去，他使的是太极拳。……徐铮不敢怠慢，左脚向后踏出，上身转成坐盘式，右手按、左手撩，一招“后垫步撩掌”出手极是快捷。

这是讲太极拳跟查拳。接着讲商宝震：

> 当下拉开架子，在场中打起拳来，但见他“头趟绳挂一条鞭，二趟十字绕三尖”，使的是十二路潭腿。

接着写醉拳：

一套燕青拳奈何不了对方，忽然拳法又变，使出一套“鲁智深醉跌”，但见他如疯如癫，似醉似狂，忽而卧倒，忽而跃起，“罗汉斜卧”“仙人渴盹”，这路拳法似乎是乱打乱踢一般，其实是精彩之极。

(六)第四節練時愈久愈妙，至兩腿發痠為止。每日漸將所學
數目增加，能長氣力。惟呼吸應聽其自然。不可緊閉胸中。
(九)拳術器械名目
燕青拳
立正切掌。上步雙撞拳。懷中抱月。二郎擔山。拉弓式。封手花探
上步進肘攔身拳。翻劈正軋打踢順腿打順拳。摟肘上半步。撑
滑腿挑上步。上步打。挑上步對面掌快打三拳。挑上步打。挑上
步打。脫靴轉身。掌探打。剗打剗打抽扯拳。封手花探。上步進肘
攔耳拳。翻劈正軋扳打順拳。挑上步對面掌快打三拳。反身栽
錘。左右跨打。翻劈正軋打。打順拳。抱拳(左右)拷打。挑上步對面
掌快手三拳。隨意站立。上步軋拳。上步軋拳。上步挑打。腿踢陰
十字拳。摟肘踢凖腿立起。擬叟護步跨虎勢。退步收拾。
二郎拳
五十六

六合拳
立正切掌。上步雙撞拳。騎馬式劈軋拳。高頭探馬。踹窩心。脚探
打掌。珍珠倒捲簾。磕膝腿。白鶴掠翅。古樹盤根。攔腰掌。托天掌。
走三步。打八式。攔腰掌。托天掌。走三步。打八式。攔腰掌。珍珠倒
捲簾。磕膝腿。白鶴掠翅。古樹盤根。撲腿勢。打跳八式。左右掌。連
環掌。古樹盤根。跌連環腿。走登三步。外擺腿。磕膝腿。珠珍倒捲
簾。磕膝腿。白鶴掠翅。古樹盤根。打秋風脚。刁手上步打拳。刁手
上步打拳。珍珠倒捲簾。磕膝腿。白鶴掠翅。古樹盤根。冲天地踩
子脚。陰踹腿。捕虎勢。白虎洗臉。磕膝腿。珍珠倒捲簾。白鶴掠翅。
古樹盤根。烏雲遮月。坐盤遮。跌剗腿。跌點交。攔面拳。擬叟護步
跨虎勢。退步收式。
克齋刀
拔刀式。上步刺刀。將藤刀。護身刀。力舉千斤。從掃蹚剗腕刀。攔
五十九

翼德槍
置槍式。舞花掌。跺手脚。扣槍通大樸大蓋樸。鵪鶉(一二三)抽槍
式。踢陰腿。舞花槍。轉身扣槍通。擡槍勢扣槍通跳貼步坐盤槍
捍把掃蹚分筋槍。臨槍通扶攥拌風吹倒大輪。扣槍通抽槍式。
踢陰腿舞花槍。扣槍通雲頂槍。打把踢。打把踢。坐盤槍。扣槍通
走登山槍。回馬槍面背槍。上步打拌寬槍。倒掉把寬槍。上步分
筋。退步分筋腿手拌退步劈軋拌退步寬槍。扣槍通抽槍(換把)
攔喉槍。背槍。寬槍。上步掉把攔步寬槍。轉臨槍。扣槍通抽槍收式
古傳潭腿
頭趟繩掛一條鞭　用時撩陰踢崩腿
二趟十字繞三尖　打十字撻踹踩子脚
三趟劈扎倒夜犁　專用穿花陰膽腿
四趟撑花人難當　內藏白鶴亮翅平地翻
六十三

節舞花槍。追風趕月。跑八步轉身走登山槍。回馬槍。大舞花四
門槍。大舞花八步趕腰攔口槍。照手換羅成轉身攔腰拌。舞花
挑擋中平槍。帶退急步坐盤槍。雙虬貫日托槍式。隨挑帶退坐
盤槍。慧星襲月直射去。轉身抽回背槍式。左右分開。急用拌。敗
中取勝。坐盤槍。巧女紉針。拓槍去反身槍式。用挑槍抽槍。立起
收式。
魯智深醉跌
上步二龍吐鬚。丹鳳朝陽。金雞獨立。鷂子翻身。打槍背轉身。蛟
龍起空。雲頂帝槍。背隨身起。仙鶴獨立。伸頸踩子脚。飛身起空。
反身羅漢卧睡。仙女睡醒。伸頸立起。鈎掛連環腿。反身飛蹤落
地。仙人渴睡。錯腿立起。大轉身。二起腿翻身。後跌起身。鷂雀蹬
枝。大槍背。英雄獨立。羅身坐望。童子拜佛。攪線腿。跑步單閣盤
立起。急風止浪。二起腿。旋風脚。槍背立起。燕子穿海。反身蛤蟆
七十

民国时期中央技击学会主编的《国术大全》中收录的部分拳谱

继而又写八卦掌：

商宝震的“游身八卦掌”一施出，再不停留，脚下每一步都按着先天八卦的图式，转折如意，四梢归一，绕着对方身子急速奔跑，一掌一掌越打越快。那大汉……脚下却也按着先天八卦的图式，方位丝毫不乱。

然后再说太极拳：

陈禹……一招“玉女穿梭”，猛向他肩头拍去。赵半山……当下身躯微蹲，一招“云手”，带住他的手腕向右一引。陈禹立足不定，登时全身受制。

另第六章写六合拳：

刘鹤真右足踏上一步，右拳劈面向袁紫衣打去，正是六合拳“三环套月”中的第一式。袁紫衣见对方拳到，自食指以至小指，四指握得参差不齐，生出三片棱角，知道这三角拳法用以击打人身穴道……当下左足斜退一步，还了一招六合拳中的“栽锤”，右手握的也是三角拳。刘鹤真……踏上左步，击出一招“反躬自省”。……袁紫衣无此修为，于是避难趋易，还了一招“摔手穿掌”，右手出的是摔碑手，左手出的是柳叶掌，那也是六合拳中的正宗功夫。

第十五章写华拳：

“华拳四十八，艺成行天涯。”……右腿半蹲，左腿前伸，右手横掌，左手反钩，正是华拳中出手第一招“出势跨虎西岳传”。张复龙提膝回环亮掌，应以一招“商羊登枝脚独悬”。

后来大概觉得用比武的写法太麻烦或太老套，乃改用直接练套路的写法，根据拳谱一一写来：

姬晓峰朗声道：“蔡师伯既要考较我天字派的功夫，弟子便代程师哥练一套，请蔡师伯指点。”……双腿一并，使出晓星当头即走拳，跟着出势跨虎西岳传、金鹏展翅庭中站、韦陀献抱在胸前、把臂拦门横铁闩、魁鬼仰斗撩绿栏，一招招地练了起来。但见他上肢是拳、掌、钩、爪回旋变化，冲、推、栽、切、劈、挑、顶、架、撑、撩、穿、摇十二般手法伸屈回环，下肢自弓箭步、马步、仆步、虚步、丁步五项步根变出行步、倒步、迈步、偷步、踏步、击步、跃步七般步法，沉稳处似象止虎踞，迅捷时如鹰搏兔脱……只见他一直练到凤凰旋窝回身转、腿登九天冲铁拳、英雄打虎收招式，最后是拳罢庭前五更天……待得姬晓峰使一招旋风脚，跃起半空横踢而出，门外突然有人喝彩道：“好一招风卷霹雳上九天！”

《鹿鼎记》插图

以上这些都是实写，有具体的招式、动作、攻防状态，读者甚至可以具体还原，两个人依着演练一番，形成一种身临其境的感觉。对于有小说写作经验的人来说，看这类写法，更可悟到如何将拳谱化用到小说里去的技巧，获益匪浅。

这样实写，效果不言可喻，既增强了小说中武打场面的真实感，也令人对作者之武术叙述更加信任，达成了小说更大的仿拟功能。

不过，金庸写这些武术时，我们都可发现它大抵仅具有过场性质。打出这些拳的人，多不是主角；叙述这些武技，也多不在主要场合，属于过场、陪衬。就小说而言，可谓以实衬虚。

真正着力描写，把正式拳法当成主要武功来写的，大概只有《倚天屠龙记》里的太极拳。把真实武术太极拳写得功效威力大如虚构的乾坤大挪移，诚可谓以实作虚矣：

> 张无忌目不转睛地凝神观看，……看到第七招“手挥琵琶”之时，只见他左掌阳、右掌阴，目光凝视左手手臂，双掌慢慢合拢，竟是凝重如山，却又轻灵似羽。张无忌突然之间省悟：“这是以慢打快、以静制动的上乘武学，想不到世间竟会有如此高明的功夫。”……张三丰使到上步高探马，上步揽雀尾，单鞭而合太极，神定气闲地站在当地。……双手抱了个太极式的圆圈，说道：“这套拳术的诀窍是‘虚灵顶劲、含胸拔背、松腰垂臀、沉肩坠肘’十六个字，纯以意行，最忌用力。”

凡此等等，虚写、实写、以虚作实、以实作虚、以实衬虚、虚实相生，善悟者当可于此体会小说之写法，着实大堪玩索。

四

金庸写兵器，写法也同于写拳脚。

例如刀法，他先介绍："少林韦陀门拳、刀、枪三绝，全守六合之法。所谓六合，精、气、神为内三合，手、眼、身为外三合，其用为眼与心合，心与气合，气与身合，身与手合，手与脚合，脚与胯合。全身内外，浑然一体。"然后说其刀法：

> 杨宾……当下立个门户，右手持刀横置左肩，左手成钩，劲坐右腿，左脚虚出，乃是六合刀法的起手"护肩刀"。……孙伏虎刀藏右侧，左手成掌，自怀里翻出，使一招"滚手刺扎"，说道："师弟请！"与胡斐同桌的那中年武师卖弄内行，向身旁后生道："单刀看的是手，双刀看的是走。使单刀的右手有刀，刀有刀法，左手无物，那便安顿为难。因此看一人的刀上功夫，只要瞧他左手出掌是否厉害，便知高低。……这二人刀法，用的都是'展、抹、钩、剁、砍、劈'六字诀……刃口向外叫作展，向内为抹，曲刃为钩，过顶为砍，双手举刀下斩叫作劈，平手下斩称为剁。"

《笑傲江湖》插图

这是刀。接着写枪法：

那女郎……提枪向前一送，使的是一招“四夷宾服”。这一招是六合枪中最精妙的招数，称为二十四式之首，其中妙变无穷，乃是中平枪法。……歌诀道：“中平枪，枪中王，高低远近都不妨；去如箭，来如线……”……那女郎双手一捺，枪尖向下，已将杨宾的枪头压住，正是六合枪法中的“灵猫捕鼠”。这一招称为“无中生有枪”，乃是从虚式之中，变出极厉害的家数。

《书剑恩仇录》第三回中另写蒋四根的奇门兵器铁桨，而实为杖法：

兵器是铁桨，使的却是“鲁智深疯魔杖”的招术，他是将铁桨当作禅杖使，这一记“秦王鞭石”，铁桨从自己背后甩过右肩，猛向周仲英砸来，呼的一声，猛恶异常。

《碧血剑》插图

其他写兵器处，大抵类此，不赘述。基本上是就着刀经枪谱做演绎。但也有出奇之处，那就是以兵器之法运拳：

袁紫衣眼见不敌，左手突然间自掌变指，倏地向前刺出，竟是六合枪法中的“四夷宾服”。刘鹤真吃了一惊，不及思索，急忙侧身避过，岂知袁紫衣右手横斩，出招是六合刀法中的一招“钩挂进步连环刀”。刘鹤真想不到她拳法竟会一变而成刀法，微一慌乱，肩头已被斩中。……还击一拳。袁紫衣左手“白猿献桃”自下而上削出，那是双手都使刀法……刘鹤真再难避过，砰的一响，胁下中掌，身子一晃，跌下碗来。

这一类变招，当为金庸心血来潮的神来之笔。但暗与理合。武术中，拳法本来就常由兵器击刺之法中变来，如形意拳脱胎于枪法，八卦掌取法于刀术。金庸未必知此，然观其所写，自可以悟拳理。

唯其中亦有可商者，如《雪山飞狐》中写剑法：

阮士中……见右僮长剑径刺自己前胸，当下应以一招“腾蛟起凤”。这是一招洗势。剑诀有云：高来洗、低来击、里来掩、外来抹、中来刺。这洗、击、掩、抹、刺五字，是各家剑术共通的要诀。阮士中见敌剑高刺，以洗字诀相应。

这恐怕是从“高来洗”一语而生的误解。洗是指挥剑做较大幅度的运动过程。如撩，撩的过程就叫洗。故《武当剑术》说：“洗者，乃剑锋往来摩荡也。”洗法也有平洗、斜洗、上洗、下洗等，并不只有高洗。犹如刺也有上刺、下刺、平刺、斜刺等等。敌剑刺胸，也不能称为高刺，乃是平刺。

五

金庸写的查拳、潭腿、华拳、闯少林、疯魔杖、六合刀、鲁智深醉拳、太极拳、八卦掌等，我小时候恰好都练过，因此看来格外亲切。旧时摩挲于图谱者，今又可玩味于小说，感受自与一般人不同。一般读者或许更津津乐道降龙十八掌之类虚构的武功，我则对这部分较感兴趣。

但是，我对武术的理解与金庸有些不同，觉得他的描写可能有点问题。

（一）

第一是练法与打法不分。

如《飞狐外传》第一回徐铮打查拳，从起手式写起，一式式打去；商宝震练潭腿给徐铮看，也从第一路第二路，一一练去；就是胡斐打华拳，亦仍是从第一招打起。这在演练时固然没问题，交手时却绝不可能用这样的套路式打法。

武术向分练法和打法，练法是练套路、练式子，以长功力、熟悉身法步法拳法为主。打法则不然。像金庸写王剑英兄弟与胡斐对打时，那就纯是练法而非打法。《飞狐外传》第三章：

> 王剑杰自幼在父亲监督之下，每日清晨急奔三次，每次绝不停留地奔绕五百一十二个圈子，临睡之时又是急奔三次。这功夫从不间断，每天大圈子、中圈子、小圈子一共要绕三千余转，二十余年练将下来，脚步全已成自然，只需顾到手上发招便行。……那凳子有五尺来长，王剑杰若再绕着转动，转的圈子太大，跟他二十多年来所练的圈子大小不同，这是熟练了的功夫，临时改变不来……王维扬教子习艺之时，规定极为严厉，不得有分毫差失，偏生这大儿子又是天性固执，临敌时脚下定须踏正方位，才肯出招。

八卦拳如果应敌时如此大跑圈子，非被揍惨了不可。金庸以此写王氏兄弟食古不化，甚是！可惜写张无忌、胡斐、周仲英等人时却未注意到这一点。像周仲英跟陈家洛对战，高手过招，而竟依着拳谱所载套路一式式打下来：

> 周仲英按着少林礼数，左手抱拳，一个“请手”。……一招“左穿花手”，右拳护腰，左掌呼的一声，向陈家洛当面劈去。……陈家洛一个“寒鸡步”，右手上撩，架开来掌，左手画一大圆弧，弯击对方腰肋，竟是少林拳的“丹凤朝阳”。……周仲英“咦”了一声，甚感诧异，手上丝毫不缓，“黄莺落架”“怀中抱月”，连环进击……第一路“闯少林”三十七势未使得一半，陈家洛已处下风。

看得出作者是就着拳本子在编故事，练武人其实无这般对打法。《倚天屠龙记》中张无忌也是这个毛病：

> 张无忌……招招都使张三丰所创太极拳的拳招，单鞭、提手上势、白鹤亮翅、搂膝拗步，待使到一招“手挥琵琶”时，右捺左收，霎时间悟到了太极拳旨中的精微奥妙之处。

许多人都不知道拳法有练法与打法的分别。练时有定式，打时无定型。因此打架时绝不可能如张无忌这般照着杨式太极的式子一式一式打下去。

再者，就是散用各式，也与练时不同。如练时，太极拳的白鹤亮翅是左搂、右挪、向上挑打的，设想敌人以左掌右腿攻我而我防御之。在打时，这一招因时因机，却可能变为左手提臂上挑，架起对方右腿，右手由挪变为向右侧猛采，以使对方倾跌。也可以变成：对方以右冲拳击我时，我左手采拿其腕，右手则以腕背迅击其下颏。又，若对方抽身退避，我可上右弓步入其裆，右手仰掌以大拇指及食指扣其咽喉。此式前脚为虚步，但对敌时也可以变为提膝，撞击对方的裆或腹部。一式化为五招。

凡此皆打法之应用，一般练拳的人皆只知依着式子比画，不知打法，故其拳皆不能实战。金庸也不知这打法与练法之别，以致写打而竟只是照着拳谱练套路。

（二）

第二个问题，是拳理与拳派不合。

作者依拳本子做小说，本身又未必真谙技击，因此所叙拳理，时有可商。如赵半山论阴阳诀：

> “万物都分阴阳。拳法中的阴阳包含正反、软硬、刚柔、伸屈、上下、左右、前后等等。伸是阳，屈是阴；上是阳，下是阴。散手以吞法为先，用刚劲进击，如蛇吸食；合手以吐法为先，用柔劲陷入，似牛吐草。均须冷、急、快、脆。至于正，那是四个正面，隅是四角。临敌之际，务须以我之正冲敌之隅。倘若正对正，那便冲撞，便是以硬力拼硬力。若是年幼力弱，功力不及对手，定然吃亏。……若是以角冲角，拳法上叫作‘轻对轻，全落空’。必须以我之重，击敌之轻；以我之轻，避敌之重。再说到‘闪进’二字，当闪避敌方进击之

《碧血剑》插图

时，也须同时反攻，这是守中有攻；而自己攻击之时，也须同时闪避敌方进招，这是攻中有守，此所谓‘逢闪必进，逢进必闪’。拳诀中言道：‘何谓打？何谓顾？打即顾，顾即打，发手便是。何谓闪？何谓进？进即闪，闪即进，不必远求。’若是攻守有别，那便不是上乘的武功。”这番话只将胡斐听得犹似大梦初醒。……赵半山又道：“武功中的劲力千变万化，但大别只有三般劲，即轻、重、空。用重不如用轻，用轻不如用空。拳诀言道：‘双重行不通，单重倒成功。’双重是力与力争，我欲去，你欲来，结果是大力制小力。单重却是以我小力，击敌无力之处，那便能一发成功。要使得敌人的大力处处落空，我内力虽小，却能胜敌，这才算是武学高手。”

“乱环诀”和“阴阳诀”，是金庸掰的。金庸本来就对太极拳情有独钟，《金庸谈太极》曾说：“太极拳的基本构想在世界任何拳术、武功、搏击方法中是独一无二的。我相信这是老庄哲学在拳术中的体现。用在政治上，那是清静无为的黄老之术，用在拳术上，便是以柔制刚的太极拳。……基本要点是保持自己的重心，设法破坏对手的平衡。……所以太极拳讲究以静制动、四两拨千斤、后发制人。……保盈持泰，谦受益、满招损，那正是中国人政治哲学、人生哲学中的要点。”（《天地报》第4期）

其实老庄皆不讲太极，讲太极的是《易经》。故说太极拳创自张三丰、体现了老庄哲学，都是没根据的。

而且，作者忽略了：太极拳的道理，在拳术中确实是个例外。当年王宗岳论拳时，既是深有感于一般搏击均是以快打慢、以力大胜力小、以强打弱，故别创一种以柔克刚、舍己从人之法。此法之用力用劲、观念及技法便与其他拳术不同，所以不能拿来当作武术之一般原理或通则。强调用劲须“空”，更是不能用到其他一般拳法上去的原则。

依金庸书中所述，胡斐的胡家刀法，乃至袁紫衣、苗人凤之武功，也仍是以快打慢、以力胜弱的，与太极之法实相枘凿。只因太极拳家对其拳理阐述较详，便于采择，少林等外家拳术较少谈玄理，故小说家径以太极之法来讲论，而不知此间大有门庭之异。

查拳、潭腿、华拳都要求挺胸、展肩、收腹、塌腰，太极则要求含胸、拔背、收胯、敛臀、身形截然不同。动作方面，查拳、潭腿、华拳闪展腾挪、兔起鹘落、节奏强烈，也绝不讲松、空。发力的方式亦不一样。太极拳曲蓄有余，查拳等则发力直尽。故以太极之理去打其他拳，乃是不通的。所谓“各拳各理，各门各法，各庙各菩萨”，绝不如外行人所以为可以一通百通，或有放诸四海而皆准的原理与方法。就是太极拳，陈、杨、吴、武、孙各派，用劲用力，身形步法乃至拳理拳意亦皆迥异。如无这些差异，也就不会分化成这么多派别。

又，《飞狐外传》描写燕青拳：

> 马行空号称“百胜神拳”，少林派各路拳术，全部烂熟于胸，眼见查拳奈何不得对方，招数一变，突然快打快踢，拳势如风……使的是一路燕青拳。那燕青是宋朝梁山泊上好汉，当年相扑之技，天下无对。这一路拳法传将下来，讲究纵跃起伏、盘拗挑打，全是进手招数。

依他此处所述，燕青拳乃是风格不同于查拳的一种快拳，强调纵跃起伏。其实燕青拳跟查拳风格近似，均为长拳体系。故由查拳转为燕青拳，根本谈不上“招数一变”。若要细分，则快打快踢，拳势如风，讲究纵跃起伏、盘拗挑打，全是进手招数的反而是查拳。燕青拳较为轻灵敏捷，身法以藏、闪、拧、抖为主，步法以踪、跳、偷、提为主。金庸讲错了。

（三）

另一个问题是对拳理与其应用未尽深知。例如：

> 张无忌自听张三丰演说“太极拳”之后，一个多时辰中，始终在默想这套拳术的拳理，眼见阿三左拳击到，当即使出太极拳中一招“揽雀尾”，右脚实，左脚虚，运起“挤”字诀，粘连粘随，右掌已搭住他左腕，横劲发出。阿三身不由主地向前一冲，跨出两步，方始站定。

揽雀尾包含了掤、捋、挤、按四个攻击动作，称为四正手，不会直接就挤。四个动作都是弓步，右脚虽实，左却不虚。力由脚起，如左脚虚了，挤就只能靠左手掌拍击右手臂内侧的力，根本不能发挥效果。同时，挤不是横劲，是爆发的穿透劲，受者既不会前冲，也不会后倒。且挤不粘连，也不搭敌之手。

再看陈禹以进步搬拦捶进攻时，赵半山以半招白鹤亮翅避开，并以揽雀尾还击，也都不合理。练过太极的，稍演练便知其误：

> 运劲右臂，奋起全身之力，一招“进步搬拦捶”，往赵半山背心击去。陈禹这一拳……拳去如风，势若迅雷。就在这电光石火的一瞬之间，赵半山身子一弓，正是太极拳中“白鹤亮翅”的前半招，陈禹这一拳的劲力登时落空。赵半山腰间一扭，使出“揽雀尾”的前半招，转过身来，双掌缓缓推出，用的是太极拳中的“按”劲。他以半招化解敌势，第二个半招已立即反攻。

搬拦捶，乃连消带打之招。搬、拦为格挡，捶才是进攻。是假设敌方以右直拳击我胸口，我翻右前臂转盖压敌手，谓之搬。

对方再以左拳攻我上身，我上步踩其脚，同时以左掌拍按其手，称为拦。最后弓步前进，以右拳自腰际击出，才是捶。陈禹既是偷袭，就绝不会用搬拦捶。应直接用捶，才能快，且当时亦不须格挡。至于白鹤亮翅，身子根本不弓，乃是右实左虚，稍下坐而已。亦无前半招。而那揽雀的前半招，亦恰好不是按。按是此招最后一个动作。

《倚天屠龙记》插图

太极拳拳理，在《飞狐外传》中金庸又特别讲了“阴阳诀”和“乱环诀”，尤以乱环诀画圆之法为要。金庸对太极拳之理解亦以此为主，故《倚天屠龙记》中讲张三丰创拳、张无忌习拳，基本上也是忘掉了招式而只记得画圈圈的道理。

> 这一下变招，果然体会了太师傅所教“圆转不断”四字的精义，随即左圈右圈，一个圆圈跟着一个圆圈，大圈、小圈、平圈、立圈、正圈、斜圈，一个个太极圆圈发出，登时便套得阿三跌跌撞撞……张无忌……一个圆圈未完，第二个圆圈已生，又是喀喇一响，阿三的左臂亦断，跟着喀喀喀几声，他左腿右腿也被一一绞断。

《飞狐外传》中讲太极拳乱环诀，与此相同，亦是画圈圈：

赵半山道："本门太极功夫，出手招招成环。所谓乱环，便是说拳招虽有定型，变化却存乎其人。手法虽均成环，却有高低、进退、出入、攻守之别。圈有大圈、小圈、平圈、立圈、斜圈、正圈、有形圈及无形圈之分。临敌之际，须得以大克小、以斜克正、以无形克有形，每一招发出，均须暗蓄环劲。"

其实太极画圆，只是一般人最初步的印象，可是所有太极拳经典都不这么说。试看王宗岳拳论，它讲的十三势，指的就是四正方、四斜角、五行。《十三势行功总势歌》也只讲到尾闾中正。《十三势行功心解》则说："蓄劲如开功，发劲如放箭，曲中求直，蓄而后发。"杨澄甫传《太极平准腰顶解》也强调要立如平准，上下一条线。都无任何一字提到圆的问题。

太极拳实际使出时，亦不尽是圆理圆劲，如单鞭、进步搬拦捶、十字腿、蹬腿，就都是直势直劲的。步法尤其方而不圆。云手，更不可能如张无忌般绞断敌人双脚。

金庸对太极最熟也最爱好，而所论尚有这些问题，谈起其他拳种当然更不免会有些错落，如他论华拳：

胡斐……右腿半蹲，左腿前伸，右手横掌，左手反钩，正是华拳中出手第一招"出势跨虎西岳传"。那人转身提膝伸掌，应以一招"白猿偷桃拜天庭"，这一招守多于攻，全是自保之意。胡斐扑步劈掌，出一招"吴王试剑劈玉砖"。那人仍是不敢硬接，使一招"撤身倒步一溜烟"。胡斐不愿跟他多耗，便使"斜身拦门插铁闩"，这是一招拗势弓步冲拳，左掌变拳，伸直了猛击下去，右拳跟着冲击而出。

华拳起手式其实只是亮相，或可用于防守，但并无攻击作用，可是金庸两度描述它用于攻击，而对方也都用提脚方式还击，这均是昧于拳势的。

关于查拳，《飞狐外传》中是这样说的：

> 只见商宝震抬手踢腿，正在练一招“查拳”中的“弓步劈打”，正是徐铮适才用以击中何思豪那一手。……右足踏出，右拳劈打，左手心向上托住右臂。……这一招有两句口诀，叫作“陆海迎门三不顾，劈拳挑打不容宽”。

查拳中劈打甚多，查拳第三路就名为劈打。但此处讲的劈打，一说抬手踢腿，一说右足踏出，并不一致。前者类似四路查拳里的右蹬脚接右劈打，后者就只是劈打。因前文有说徐铮“眼见迎面一刀砍来，他身子略闪，飞脚向敌人手腕上踢去”，可知应是前者，金庸的叙述不免有误。底下接着说：

> 阎基……忽地猱身直上，左拳猛出，向马行空击去。马行空待他拳头离胸半尺，一个“白鹤亮翅”，身子已向左转成弓箭步，两臂同后成钩手，呼的一声轻响，倒挥出来，平举反击。

查拳的白鹤亮翅，确是“身子已向左转成弓箭步”。但底下动作似乎不是像金庸讲的，而是在左转成弓箭步时两手交错于胸前，再猛然右旋，重心移至右脚，成为右弓步，两手右上左下一齐打开。若两臂倒挥，同后成钩手，焉能称为白鹤亮翅？又怎能挡住敌人向前胸的攻击？

凡此皆是实写之困难处。虚写难于征验，实写便容易稽考，即使高明如金庸，于武术亦不免有这些失检处。

（四）

金庸另一失检处是对武术门派的描述。如少林、武当、青城、峨眉、崆峒、昆仑，所述多不符史载，大抵皆是自我作古、构造其门派来历及武术功法。

在这一部分，小说与历史不可避免会形成紧张关系。小说家会觉得以历史材料作为小说叙述之素材，本来就不必完全符合历史。史家或武术门派则觉得小说会令读者产生误解，真以为有一位张三丰创了武当派，崆峒派真有七伤拳，峨眉派乃是女人所创、派中亦多为女子，等等。

但两者也不完全是对立的，像武当山过去以拜真武大帝为主，现则大谈张三丰，并坐实张三丰创太极拳之说，不承认太极拳是由陈家沟的陈家拳衍来。武当山上练武之盛，亦已不下于南北少林寺。这都是受武侠小说影响的。

我在一本武术专业杂志上，还看到一则广告。说四川唐门之药功、暗器天下闻名，历代用药高手皆出自唐门，该武馆就传授这种功夫，而且还能教人一击必杀术、通天雷、霸王鞭等，保证两小时之内就能让人学会用头臂开碑碎石、腹压千斤、睡钉床而上压巨石等绝技。

四川唐门？那不是古龙小说中杜撰的门派吗？怎么现在居然真有一个四川唐门，且“历代用毒高手皆出自其门下”？

金庸小说也一样有此效果。《天龙八部》里不是说有个逍遥派吗？我在河北邢台就发现已真有这样一个门派了。据称可以隔山打牛、隔空削砖、百步之外击人。其纯阳内功，修习百日，便可开碑裂石，一头撞倒墙。再练更可踏雪无痕。

《笑傲江湖》里的华山派，现在居然也出现了。有华山九剑，还有“密传华山紫霞功”。紫霞功发出紫霞掌时，双手也会出现紫色，可以切碑断石。

这时，小说与历史就不是紧张关系，而是“互文”关系了。所谓互文，是指在小说中，历史插入成为小说的一部分；在历史中，小说又形构为历史之一部分，彼此互相指涉、互相说明，各自成为对方的一部分，于是真中有假，假中有真，驯致真伪糅杂，不可析辨。武侠小说迷人的魅力，或许也正在于此。

南拳北腿

南拳北腿，久成通称。但这种通称有无道理呢？那就还得考上一考。

先说南北。

南北看来最不成问题，南方北方之分，在我国早有成例，如禅宗即分南宗北宗，画家在明末亦分南宗北宗，书法则有北碑南帖之说。近代国学大师刘师培曾著《南北文化不同论》《南北文学不同论》，详细介绍了南北在学术文化及文艺上的这些差异。中国地域辽阔，南北会形成此类区隔，一点也不意外。犹如论行则南樯北马、论食则南茶北酪，南人北人之性行体气也多有不同。这种差异，表现在武术上，自然也就形成了南拳北腿不同之风格。

可是，南北虽然可分，南北究竟指什么，各个朝代却并不一样。

秦汉以前，所谓“南风不竞”的南，讲的是荆楚；而荆楚所包涉的地区，就北及山东河南的南部。南北朝时期，南北之分，则指的是中原地区和江淮流域。故所谓南北，乃相对之词，古代岭南尚未开发，江淮一带便可称为南陲。不似现今讲到南拳北腿，我们脑子中想到的南拳典型都是闽粤拳术那样。

民国十八年（一九二九）徐震《国技论略》一书谈到南北，

南仍指的是长江流域，谓：“今世通语，谓长江一带拳术，架式小而势紧促者为南拳，亦曰南派。以豫鲁一带拳术架式大而势宏敞者为北拳，亦曰北派。”可见当时论南北，仍以江淮为南。

为什么会如此呢？这时岭南不是早已开发了吗？

原因是现在岭南练拳的人恐怕不爱听的，因为当时岭南武术在全国并没什么声望。

闽粤武术当然源远流长、门派众多，技艺亦各有其特点，但当时并无特别的代表人物，尤其是全国性的知名武师。精武体育会和中央国术馆两大系统中均没什么闽粤武术教练即为明证。这也大大限制了闽粤武术的推广，使其终究只能局限于一地。

我看《精武》月刊二〇〇八年二月号，有《黄达生答记者问》一文，记者问：“洪拳今日有些门前冷落车马稀，是否与上世纪二十年代万籁声、傅振嵩、顾汝章、万籁鸣、李先五等著名的北派拳师联袂南下广东传拳有关？”这个问题问得未必恰当，因为洪拳“今日”未必门庭冷落，但在二十世纪二三十年代，岭南武术确实在声望上不如北方。

北方这些武师，如顾汝章、万籁声等均具有全国性声望。他们能南下，而南方拳师无力北上，即显示着这样的声望差距，其拳术是不会有人拿来与北方武术相提并论的。反而是北方武术在南方大力拓展，颇有成果。像我少习螳螂拳时，主要参考资料就是黄汉勋先生在香港所编的螳螂拳一系列丛刊。黄氏乃广东青年，裁成甚众。此南人而濡染北风者也。北人而习广闽拳术，却几乎找不到这样的例子。

现在一讲南拳，就说洪拳、咏春、黄飞鸿。实则洪拳为全国性拳种，并不只流传于闽粤；黄飞鸿在广东固然是大人物，今日经媒体渲染，尤其声名显赫，无与伦比，但当时则历数风云人物时却几乎名不见经传。因此徐震才会说：“今世通语，谓长江一带拳术为南拳。”

当时长江一带拳术之特征为何？此或可于民国十二年（一九二三年）振民编辑社出版《少林宗法图说》见之。

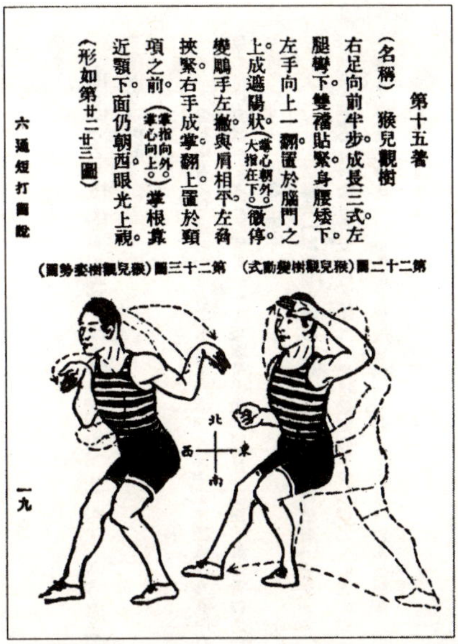

民国初期大东书局印行的《六通短打图说》

此书大部分篇章与《少林拳术秘诀》相同，后来国术统一月刊也予重刊。其内容据徐震所考，乃是“兼采南北各派，实以湘派武术为本”。因为“湘中既为红帮盛行之地，其拳家则几乎皆称少林派。红帮起源本与明室遗老有关，此派少林拳史事之传说，当由武术家之在帮者所演成也。又红帮以湘、黔、蜀、陕、鄂等省为盛，此书所述拳派，常及此数省”。可见当时所谓南派少林也以洪拳为主，但基本上是以湘中武术为代表，兼及黔、蜀、鄂和江西。徐震说“书中所述，湘派而外，于江西关中二派所取较多”，即指此。不过，因该书也兼采关中之法，可知其术本不限于所谓南派，唯于此可见当时长江一带流行的洪拳概况罢了。

另外，徐震说当时在江南一带有专学短打的四家：“许氏，即许云南，祖长手，有上飞、无下杀，用开足直立八字步，操手为操对打。谭氏，谭国泰，祖中手，下杀为主，上飞为附，其屈膝水平八字步，单踵举起丁字步，皆上下相应，其操手有携还、携打、还打之名。杨氏，未详，祖短手，手面上不过眉，下不过膝，脚步视水平为尤低，世称为短手之圣手。曹氏，曹凯，祖中手，手腕多扬手，脚步操手，与谭氏略同。此皆江南各家短打之

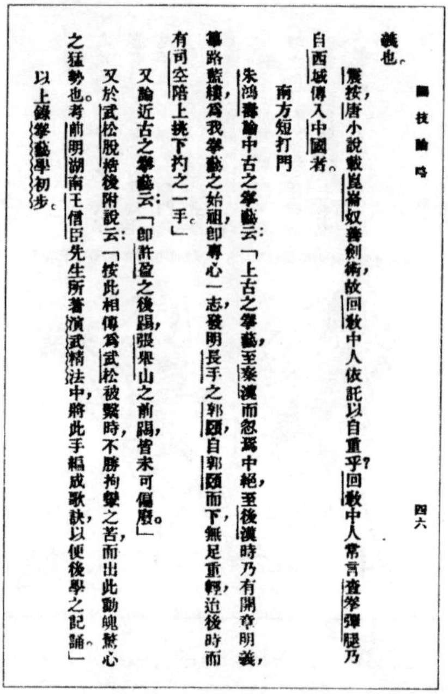

國技論略　四六

義也。

震按，唐小說載崑崙奴善劍術，故回教中人依託以自重乎？回教中人常言查拳彈腿乃自西域傳入中國者。

南方短打門

朱鴻壽論中古之拳藝云：「上古之拳藝，至秦漢而忽焉中絕，至後漢時乃有開章明義，篳路藍縷，爲我拳藝之始祖，即專心一志，發明長手之郭頤，自郭頤而下，無足重輕，迨後時而有司空陪上挑下抝之一手。」

又論近古之拳藝云：「即許盈之後踢，張舉山之前踢，皆未可偏廢。」

又於武松脫梏後附說云：「按此相傳爲武松被繫時，不勝拘攣之苦，而出此勳魄驚心之猛勢也。考前明湖南王信臣先生所著演武精法中，將此手編成歌訣，以便後學之記誦。」

以上錄拳藝學初步。

一九一九年刊行的徐震著作《国技论略》书影

家法也。近世有朱庆余，从南通张氏、湖南李氏习南方短打，传至其孙鸿寿，著有《拳艺初步》及《拳艺指南》。”

这些江南的短手，用八字步，操手对打，拳不上眉不下膝，略似现今南方咏春一类打法。但终究仍是江南之拳，非岭南之技。而且若据此以说“南拳”也不恰当，因为北方如弹腿就也有六路短打。

以上是就地域说南北，并解释早期所谓南多指江淮流域，与现今以闽粤拳术为南拳之代表者不同。

其次要讲的是南北还不只是指地域，也可能是指内外家。此说之主要代表人即前面提到的徐震。

徐氏《国技论略》大倡此说，谓：“南派之名，系专指太极八卦等尚柔一派者。北派则通指长拳短打各家而言，凡尚刚猛者，皆北派也。”徐氏不赞成内家外家之分，认为太极拳等只能称为内功拳，因它们与古代的导引术关系较密切，而又跟黄宗羲父子所记载的内家拳内容不同（见其《太极拳考信录》诸书）。因此，为了避免仍用内家外家名词产生混淆，乃改以南派来称呼太极八卦等较偏于柔和、炼养之拳，而以北派来称呼一般搏击之拳。

为何把太极八卦形意称为南派呢？他一是说此派源于武当之张三丰，二是说黄宗羲父子曾传王征南之拳法六路，又为十段锦歌诀作注，故太极为南方之学。

但此说与他自己的考证是相矛盾的。前面讲了，他认为王征南所说之内家拳跟今传太极拳本不相干。他又对太极出于张三丰的传说花了许多气力去驳斥。孰料为了建立南派的统绪，他竟然重回张三丰创拳的老路，说太极拳创自武当丹士张三丰，传王宗岳、张松溪等，一直传到王征南、黄宗羲。这样自乱其说，诚可谓心有蓬塞，故不自知其妄谬也。

另外，前面已提过的另一本书：尊我斋主人的《少林拳术秘诀》则称武当张三丰为北派，说："张全一，名君宝，号三丰。……于少林师法，练习最精，后遍游于川蜀荆襄沔汉之间，其技更进，……着力于气功神化之学，晚更发明七十二穴点按术，为北派中之神功巨子。"

为何张三丰竟是北派呢？他说因张氏本是北方人的缘故。然既以张为北派，南派又是谁？他说："有李东山者，与张同时，亦以技术显，为南派中之巨子，且精风角奇门六壬推步之学，《明史》未有传。"

这李东山也名不见经传，以之为南派巨子，纯是尊我斋主人瞎编出来的。尊我斋主人这本书东拉西扯，编凑而成，徐震、唐豪都有辨正，而其说南说北也一样妄诞不经。

陆师通《北拳汇编》则又以少林为北拳，云："少林派亦称外家，赵匡胤其开山始祖也。……其法以硬攻直进为上乘。"以少林为外家，早见于《王征南墓志铭》，但说少林源于赵太祖，乃是因闽中号称少林拳的多是太祖拳之故。以此为北派，亦令人不知所云。

于此即可见南派北派，一旦深考起来，便多不可究诘。至于南是否以拳胜，北是否以腿击见长，那就更不好说了。

前面讲过，徐震以外家为北派，而北派之中他就又分为长拳、短打、地趟三种。长拳包括太祖、二郎、迷踪、八极、番子、劈挂、查拳、红拳、弹腿、掇脚、少林等门。短打包括绵张短打、弹腿门之六路短打、江南之天罡手、对打之红操等，“其架子紧而手法密。粤地通行之拳术，亦属此类”。此外，“今长江一带流行之拳术，其跌扑之法，虑无不出自猴拳、醉八仙，而又与短打相混合者”。

这是把长拳短打一并归入北派，故与俗称“南拳北腿”完全不符。唯其中论及广东拳术，认为属于短打，似乎可说明闽广重短手而不重腿击之特点正在于此。早期广东洪拳拳架步较高，以短桥手为主，动作幅度较小。这种短桥窄马的风格，确为短打特征。现在练洪拳的朋友，长桥大马，倒不好说它是不是仍属于短打了。

徐震又说：“粤中之少林拳术，传自蔡九仪。……蔡遁匿于少林中，受技于一贯禅师，最长于超举术，且精腿法，能飞跃寻丈以外，疾如鹰隼，人不易防。其及门弟子以莫氏麦氏为最，二人皆顺德人，不知其名……为粤东技击之泰斗。”讲蔡家拳之渊源，大抵采诸传说；对麦氏莫氏之名也不太了解，可见徐氏囿于见闻，对粤中武术颇有隔阂。此或当时粤中武术尚少流传于北方之故。因此说到蔡氏精于腿击，便拿北方的轻功超距、飞跃寻丈去想象，其实蔡莫之法并不如是。

麦氏为麦绳武，馆于肇庆。莫氏为东莞莫清娇。二君之技皆源于高要蔡九仪。但广东蔡家拳也不仅蔡九仪这一支，广州泮塘还有蔡伯达一系，鼠步蛇形，与蔡九仪不同。蔡九仪、麦绳武、莫清娇一系擅腿法，但主要是下盘腿。唯莫氏一派直蹴为多，麦氏一派横扫为长，为其差别，但都不是飞纵跳跃型的武术。徐震于此，殆为失考。

蔡氏莫氏以外，刘家拳纯用短手，高不过眉；李家拳亦为短手功夫。洪拳如“虎鹤双形”之狭桥短马亦极典型，腿法都不甚多。所谓黄飞鸿无影脚，实不过是洪拳中的后撑腿。以在手搏时忽然出此腿法，不易防范，故名“无影脚”。早期广东拍黄飞鸿戏剧，对此尚不离矩矱。刘家良担任武术指导或演出的一些戏，于此也不离谱（刘氏之父刘湛曾拜林世荣弟子吴少泉为师）。另外，黄飞鸿夫人莫桂兰女士直到上世纪八十年代才过世，并在香港开办武馆，网上还可以找到她演练洪拳的资料，再结合林世荣编写的一些拳谱图录，均可证明上述说法。可惜近年由练长拳套路的李连杰、赵文卓演黄飞鸿，而令黄飞鸿从一地方型武师变成了全世界华人家喻户晓之人物，但拳路根本不同，以吊钢丝悬空连续踢击为无影脚，尤为无稽，造成了不少误解。南拳之腿法既如此，北拳又如何？

《精武》月刊二二八期有篇文章访问八极拳家韩起，记者问：“八极拳为何不起高腿？”韩氏答：“不光是八极拳，近百年来，影响力大的拳种多数都有排斥高腿的倾向。即使是不拒绝高腿的戳脚，高腿在其所有腿法中占的比例也不大。踢低腿，甚至根本就放弃踢腿，成为武林的主流。”不踢高腿是否为主流，姑且不谈，我这里选择八极拳的名家意见来谈，就是表示北方拳种其实

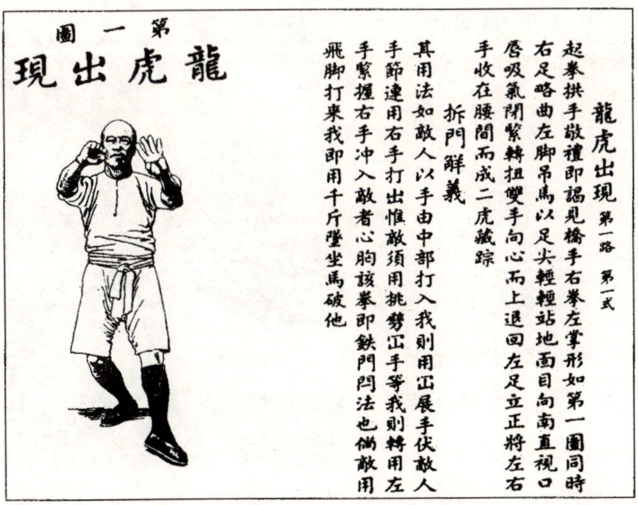
第一圖
龍虎出現

龍虎出現 第一路 第一式

起拳拱手敬禮即謁見橋手右拳左掌形如第一圖同時右足略曲左脚吊馬以足尖輕輕站地面目向南直視口唇吸氣閉緊轉扭雙手向心而上退回左足立正將左右手收在腰間而成二虎藏踪

拆門鮮義

其用法如敵人以手由中部打入我則用𠚕展手伏敵人手節連用右手打出惟敵須用挑劈𠚕手等我則轉用左手緊握右手冲入敵者心胸該拳即鉄門閂法也倘敵用飛脚打來我即用千斤墜坐馬破他

洪拳拳谱

林世荣的题字

并不如一般人所认为的那样踢来踢去。

以徐震所说的长拳门类来看，太祖、二郎、迷踪、八极、劈挂、翻子、鹰爪，踢腿都是极少的。弹腿以腿法为名，可是最主要的是弹射而出的寸踢，以踢脚胫骨为目的。稍高一点踢膝，再高则踢心窝。高腿、二起脚（所谓鸳鸯脚、连环腿），不过一二路。有时连这一二路也不练，只以低中段踢击为主。徐震说：“弹腿之姿势，余所见者甚多。大别可分两种。一种为十二路，其腿蹴出，离地不过三四寸；一为教门弹腿，乃回教中所盛行，只有十路，其发腿须与膝齐。此弹腿中之两大派也。”我不敢说他讲得不对，但所述与我所曾练习者不同。似乎当时踢得更低，连踢心窝都没有，遑论高脚、二起脚！

李连杰版的《黄飞鸿》电影海报

出高腿者，太极拳中有摆莲、华拳中有旋风腿，但也就这一两式，在整套拳中不成比例。至于形意、八卦，几乎只有步法而无腿法。孙禄堂《八卦拳学》凡例曾说：“游身八卦连环掌，内藏十八蹚罗汉拳，兼有七十二截腿、七十二暗脚。”这些截腿、暗脚即是八卦的所谓腿法了。但既名为截腿、暗脚，其不明显可知，其不起高腿亦可知。

其他地趟拳、通背拳，腿击如现今我们看跆拳道那样，也是没有的。故所谓腿，在北方流行拳种之中其实也非特色所在，与它在南拳中并无根本差别。

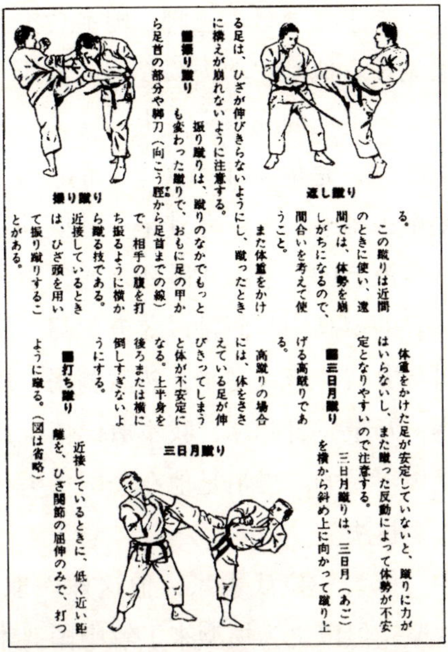

日本宗道臣《少林寺拳法入门》中的腿法

考之古代，《纪效新书》载当时拳术，如温家七十二行拳、三十六合锁、二十四弃探马、八闪番、十二短、吕红八下、绵张短打、李半天曹聋子之腿、王鹰爪唐养吾之拿、张伯敬之肘、千跌张之跌，各有其长。其中唯李半天之腿以腿击见长，且既名为李半天，可揣想应是善于飞踢高踢。除此之外，俱不以踢击著称。可见大部分的拳种或武术并不太用此类技法，原不是现在才成为主流的。

这里就可以接着谈两个问题。一是现在中国武术中出腿的比例，甚至出高腿者，其实已远较从前多了。电影电视中表演武打场面时固然如此，武术界也踢得厉害。常见各门派在武术表演时，老拳师虽大半仍守旧范，青年们就满场飞，又踢又跳，无论少林武当、南拳北派，大抵皆是这样。风气之成，我想一是这样才花哨好看，易博看场子的外行人喝彩，二是受李小龙影片的影响。

李小龙绰号李三脚，腿上功夫了得，电影中演示的，亦以腿法见长。他是“功夫”一词的发明人，也是振兴现代武术的大功臣。可是他的武术真是中国功夫吗？他的双节棍，就不是我国传统器械，是他从菲律宾学来的。手上的技术，除了咏春拳之外，受拳击影响极大。尤其是头部摆动以配合出拳及趋避的方法，是咏春没有的。拳击式跳跃之法，更与咏春截然异趣。他也不采用咏春的窄马步，而是以北方弹腿、螳螂、查拳等常用的那种侧面对敌方式，跨大马步，然后侧踢、后旋踢出腿。那种侧踢、后旋踢，乃至飞身侧踢，我不敢说传统武术中一定没有，但即使有也是极罕见的。恐怕是他在美国参考日本空手道、韩国合气道而学来之技法。

作为一位武术家，他这样博取众长，汲精用宏，当然很可钦佩，但以之为模型来了解中国武术，可能就大堪商榷了。现代练武的人，看惯了李小龙踢，再看李连杰在银幕上也这样踢来踢去，又看到跆拳道、泰拳那样踢，于是踢技大昌，远多于古，自

李小龙英文著作《基本中国拳法》书影

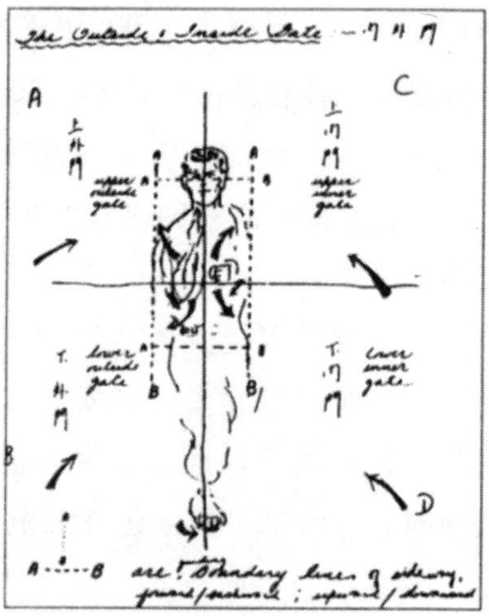

李小龙手绘“四门分区”

然也不一定就是坏事。可是对于传统武术是否应如此改造，或许也还可以讨论。

另一个问题是：南拳北腿云云，不只是对南北拳派拳种太简单的概括，更是对拳术不恰当的简括。

拳术如舞蹈。世界上的舞，有专门表现头发的，如台湾阿美族祭礼中甩发为舞；有专门表现头部的；也有以动颈子为特征的，如新疆维吾尔人之舞；又有抖肩的，如蒙古一些舞；还有扭腰的，如阿拉伯之肚皮舞；有摆臀的，如夏威夷之草裙舞；更有动脚而上肢不甚动者，如欧洲宫廷若干舞种；另有专借脚尖表现者，如芭蕾舞；有专门在脚底板下功夫的，如踢踏舞；又有身腿都不太动而主要以手指表现者，如泰国舞。不同的舞蹈，开发着身体不同的美感；善于利用身体某一个部分，也就形成各个不同的舞种。

舞蹈如此，武术何独不然？舞以求美，武以尽力。要穷极身体所能表现的力量，达到搏击的目的，其能开发身体每一个部位，原理是一样的。翻子之长为练手，劈挂之长为练拳，查拳之长为练行，弹腿之长为练腿，乃至张伯敬之肘、千跌张之跌，头、肩、臂、拳、掌、指、肘、膝、腿、胫、脚，无不可以也应该予以发展运用。各人秉性不同，所利用者也就不一样，哪里是“拳”“腿”两个字所能概括的呢？

中庸之道

国人论拳，好持高论，每多浑囵之语。法且未得，辄云活法；要破法去执，存乎一心。于是学者茫然，不知津筏何在，只学会了一大堆“极高明”的口头禅，人人讲得天花乱坠，而不晓得真正的本领，应该在“道中庸”上。

以车毅斋《论形意拳练法》为例。劈头就说：“形意拳之理谓中正，至易至简，不偏不倚，和而不流，包罗万象，体物不遗。放之则弥六合，卷之则退藏于密，其味无穷，皆实学也。”这话当然出诸心得体会，话也说得漂亮。但多是古代经典中的套语，说了亦等于没说，因为学者根本不能由此理解形意拳的拳理到底是怎么一回事。把这些话用到别的拳上，好像也没什么不可以，谁家的拳不自认为理谛中

韩伯言（一九〇七～一九九六）晚年表演的尚氏形意拳中的狸猫上树落式

正、至简至易呢?

中正，是个好道理，刘奇兰《拳论》也说“形意之道，中和而已”。可是若只从中正来理解形意拳，却是会偏颇的。

从技击来看。形意拳若用以对敌，身形就绝不中正，而是看正似斜、看斜似正，采四十五度转向，重心偏于右腿的锐角三角形姿态。垂肩、沉肘、圆裆，手、鼻、前脚尖三尖相对。因此所谓中正，不在形上。形一定不正。中正指全身的重心维持在中央，进攻时主要也采中门直进之法，如锥子向前推。

之所以如此，是因形意拳取法于枪术。其劈、崩、钻、炮、横五拳，即是由枪法化出。直线出击的崩，中平枪也。由下往上的钻拳，上刺枪也。从上往下的劈，下击枪也。左右用力之横拳，枪之横格也。格防后再击，则为炮，枪法之格刺也。原理如此，故形意之攻击上不过眉、下不过脐，很少下盘的打法。其所谓劈、崩，其实也不太能从字面上去认识，而是要跟枪法的“点扎崩拨、开合劈缠、带撩滑截圈”合起来了解。所以崩拳并不是山崩下来似的，而是如箭之发、如枪之刺。

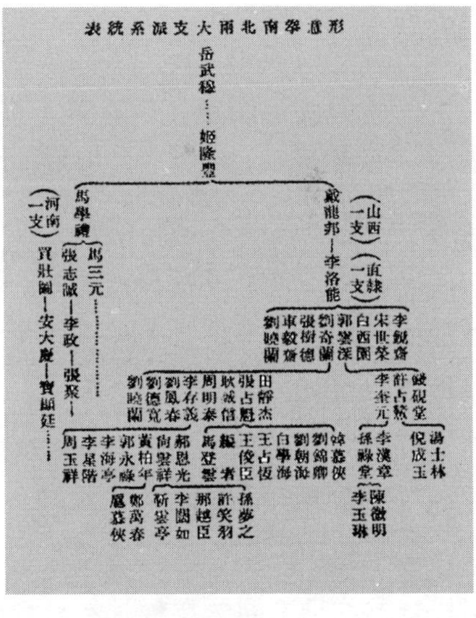

姜容樵在《形意母拳》书中刊出的形意拳派系承传表

相对于形意，八卦就是取法于刀术，单换掌是单刀、双换掌是双刀。对敌时的身形则绝不同于形意。形意以拳，八卦以掌，也是这个区分使然。步法尤其不采直线前进之式。

形意八卦，从这个角度去看，岂不简单明了?无奈教形意拳的人都不如此说，偏要用金木水火土

来比附，让人去体会为啥这个拳像金、那个拳像土。再加上五行生克，这个生那个，那个克这个，令人头昏眼花，不明所以。其实生克皆是虚说，别人打水拳，我就打土拳去克他；别人打金拳，我又打火拳去克他，只能是笑话，跟说象形拳里某形能克某形一样，均属无稽之谈。说拳而取象于五行生克，并非好办法，何况其他的拳，像八卦拳就也有五行，也说五行生克。故以五行说形意，是绝对讲不清楚的。

一九二〇年刘殿琛《形意拳术抉微》中的“蛇形”与“鹞形”演练图

但说形意者不自以为如此云云并不能讲清楚，反而觉得应再往深处讲。所以车毅斋又说：“练拳者自虚无而还也，到此时，无论形意、八卦、太极，诸形皆无，万象皆空，混混沌沌，一气浑然，有何形意？有何八卦？有何太极？所以，练拳不在形式，只在神气圆满无亏而已。”

练拳到达浑化之境，当然不妨如此说，可是形意、八卦、太极毕竟是三种不同的拳种，不只身形手法不同，用气用意也不一样，焉能如此浑囵说之？

何谓用气用意不同？太极之特点，在于王宗岳所说“舍己从人”，所以有“四两拨千斤”之法，论劲则有黏有走。形意之用气用意用劲，绝不同于此。

从前王阳明曾说：“为学不可无宗旨，而不可有门户之见。”门户之见当然不应有，但各个学派各有不同之宗旨，这个宗旨是不能混淆的。车氏上述说法，跟许多兼练太极形意八卦的名家一样，常把各家宗旨混为一谈（如孙禄堂论形意、八卦，都有点太极化；姜容樵论迷踪拳、徐哲东论苌家拳，也尽往太极拳去靠）。其实这都是不对的。

车氏在这段话上，本来还有一段说：“起初所学，先要学一派，一派之中亦得专一形而学之。学而时习之，习之已熟，然后再学他形。”为何要先学一派乃至一形？原因不就是一派有一派之宗旨、一形有一形之作用，不容相紊吗？奈何既知此理，忽又侈谈混混沌沌、一气浑然，徒令学者矜慕于高明？

车氏接着又说：“拳经云：尚德不尚力，意在蓄神耳。用神意合丹田先天真阳之气，运化于周身，无微不至，以至于应用时无处不有，无处不然。”

拳家好说气，是清朝以来的流行；讲气而附会道教内丹学，亦由来已久。但拳家的古文化素养一般说来并不甚高，讲气虽多体会语，然表述出来却往往成问题。

如车氏此处说要用神意与丹田先天真阳之气相合，很好，那么，请教：神与意是一是二？“意在蓄神”，是指以意蓄神，还是说尚德不尚力一语之意是指练拳的人应蓄神？不论两者何者为是，都不能说意就是神意。

而丹田先天真阳之气又是什么？气分先天后天，正如卦分先天后天，本出于丹士之杜撰，秦汉以前并无此说。此说既出，又复聚讼纷纭。例如人既出生，后天血肉之躯，如何能有先天之气？先天之气如何能由后天之人意揣度而知？先天之气又要如何提调，才能运于全身？一般丹家运转大小周天，不过运丹田之气上走督脉而已。能如此即已不易，更遑论运化全身。所以这类话头，不唯理论上充满疑难，真要练拳的人做起来也十分困难，只是漂亮的废话。

论气之外，内家拳又喜欢说劲，曾见山西太谷形意拳文化中心程素仁《简释形意拳劲法》一文，简释形意之劲，居然多达六十九种劲，真不知若不简释时要多到什么程度。（见《武当》，一九九九年九、十期）

其实这样做纯是故弄玄虚。首先，说劲不说力，即是一种故弄玄虚之法。仿佛劲与力不同，力徒凭血气，劲才含着内气。

实则劲就是力。程氏在分快劲、慢劲时曾引拳谱云“快以取力，慢以取势”，岂不说明了所谓快劲即是用快动作以取得的力量效果？慢以取势之势，势字本来也就指明了它是靠力量才能形成势。

可是讲内家拳的人老是要表示他们是用意不用力的，即使他们用力时，那个力也不叫力，叫作劲，所以又有内劲、外劲之分。说外劲是由骨骼肌肉所发出，内劲是由内五行所发。但外劲既是由骨骼肌肉所发，它与力便无不同。内劲由“内五行”，亦即心肝脾肺肾之气所发，看来好像与外劲不同。但是，心肝脾肺肾要如何发出劲来？讲劲的人谁能表演一下？内气要发，不是仍须通过骨骼肌肉才能表现出来吗？因此讲来仿佛有什么内气内劲，其实仍旧只是外劲。

至于吞、吐、抖、颤、掤、挫、冲、束、缠丝、螺旋等这个劲那个劲，不外乎外劲之各种表现。是因身法、手法及进退速度而形成的不同力量。但把这些力讲成劲，就让人觉得莫测高深了。据此而说“听劲”“懂劲”，能弄明白的，更是罕见！

再说，就算是用劲而非用力，把劲分成六七十种，不也是故弄玄虚吗？外劲一词，岂不就包括了靠、踏、挤、崩、领、挑、捋、送、抖、颤诸劲？内劲一词，岂不又包括了暗劲、化劲？程氏说暗劲是“内三合之劲，是由内气达于骨骼肌肉后发出的劲”；说化劲是“由精神感觉发出的劲”；又说还有一种气劲是“用气打出的劲”。这些，难道真有什么差别吗？整个区分，更是既琐碎又无体系层次感。

近代形意拳大师尚云祥（一八六四～一九三七）

以上均是形意拳论中常见的问题。拳家还有一个毛病，就是夸大前辈之功夫，以示斯技神妙，人所难测。有的讲得离了谱，连本派人都看不下去。如李仲轩口述的《逝去的武林》一书，就对某拳师门下夸张描述某君如何把尚云祥震飞到屋顶上、又把薛颠跌摔在地，表示不满。实则形意门中此类夸饰语曷可胜数？例如一开口就说郭云深“以半步崩拳打天下”。打天下，不是夸张是什么？郭云深的阅历，不过就走过那么些地方罢了，天下之大，高手何尝都会过？何况只用半步崩拳？而半步崩拳又怎么就能打遍天下了？崩拳是左手一圈、右手崩出，若只打半步，有何攻击力？此等妄语，说来煞有介事，无非故神其说罢了。

以上讲的都是形意拳的例子。并非与形意特别过不去，只是为了举例方便。我很抱歉举它为例，其实其他拳种的问题也是一样的。过去教拳的老师傅，以此谋衣食；传徒弟，又为了令从学者生起矜重敬慎之心，有时还怕徒弟打师傅，需要留一手，所以教拳时常故神其说，或讲得隐隐晦晦、曲曲折折。又是口诀又是诗句，拉杂拼凑五行、八卦、太极、无极、四象、六合、三才、七星、内丹、阴阳等词汇，讲得云山雾罩。有些拳，长期流传于秘密宗教中，如形意拳，过去练的就有许多是白莲教徒，更因此而迷离惝恍其说。可是今天时代不同了，论拳不应该仍是这样！平平实实地讲些庸德庸行，也许更要好些！

清人笔记中的少林武术

清人笔记中载侠客事甚多，往往与武术相关。如陆长春《香饮楼宾谈》云：“四川峨眉山有盗薮，其人皆能飞檐走壁，捷若鸟隼。”并说其盗有能缩骨换形者：“我辈幼服缩骨丹，八尺之躯，可缩至怀抱中物。而又习换形法，妍丑老少，皆可变易，非幻术也。”看起来比后世武侠小说常写的易容术更神奇。此虽不属武术，但由此即可知峨眉绿林侠家一脉其来有自了。

也有谈到武当山的，如长白浩歌子《萤窗异草》云武生童之杰蓄一利剑，自云能斩鬼狐。后遇异人，谓此乃道家荡魔剑，但他还不能尽其妙用，故授他口诀，再用符水把剑煮过，令他下山降魔，相约年后晤于武当山。童后遂为道士终。这种道家斩妖剑，虽不是武术，但它与剑侠故事关系很深。而由此记载，也可令我们明白武当山在当时道家练剑者心中已颇具地位了。

清人麟庆所著《鸿雪因缘图起》中的“少林校拳”图，版画

然各山似乎都不能跟少林相比。由笔记小说看，少林几乎成了拳勇的代名词，少林拳也最广行。《聊斋志异》武技条已载山东人李超逢一僧，僧曰："吾少林出也，有薄技，请以相授。"李学成后，在济南逢一尼姑，才一交手，尼便呵止，说："此少林宗派也。"原来竟是同门。写《聊斋》的蒲松龄是康熙时人，此时少林武技显然已声名大噪，故有此等故事。把少林称为"宗派"，在各武术门派中亦最早，而且少林还有女弟子。

蒲松龄稍前，黄宗羲《王征南墓志铭》已提到了少林拳勇之盛，把少林视为"外家"的代表，而以王征南为"内家"。用王能打败少林僧来说明王氏技艺十分高超。这种叙述模式，后来被笔记小说广泛运用，少林僧常扮演吃瘪的角色。

可是这并不表示少林差劲，而是因少林早成品牌，所以要借着压低少林来彰显它所要写的主人公有多么了不得。

可是，倒过来，就也有人要把王征南拉归少林宗派。如袁枚《子不语》载湖州勇士董金瓯中途遇盗，盗打他不过，问拳法为何人所授，答："僧耳。"盗乃回去找妹妹来再与他斗。打来打去，女曰："汝拳法非僧耳所授，当别有人。"董以实告，曰："我初学于僧耳，后学于僧耳之师王征南。"如此，则王征南竟有僧人徒弟矣！

上述故事同时也表明了僧人常以授拳为业。如徐承业《听雨轩笔记》载："嘉兴万永昌者，素多力，后学艺于少林僧孤云，遂以拳勇著名江浙间，自号万人雄。从而习艺者以百计。"万氏是亲从少林僧人受业的，另外还有些是私淑者，如曾衍东《小豆棚》记"韩昌，汶上人。幼佣于路氏。路氏子弟喜讲少林拳之技。韩从旁剽窃，颇有所得。曾一腿仆倒败墙，人遂呼为铁腿韩昌"即是。江湖上辗转传习，或私相剽袭如韩昌者，殆不计其数。

当然，入少林习艺者，谅亦甚多。夏荃《退庵笔记》云："夏老鼠，康熙时人，以拳勇闻，少尝学技于少林寺。寺僧出巨球

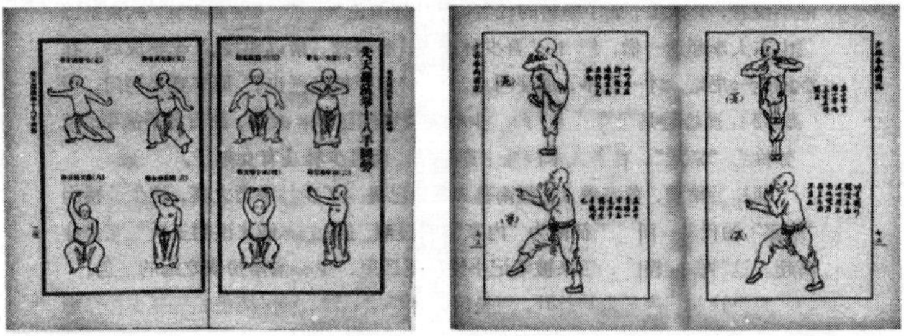
《罗汉十八手》与《少林拳术图说》中的少林拳谱

一，编麻为之，千万结，坚硬如铁石。嘱曰：‘第解此！’老鼠穷力解之，十指尽肿。阅三年，昼夜爬剔，球始解而技成。”此君伎俩主要在十根指头上，另练有铁布衫法，可以运气到身上各处，包括两耳轮，令人击打无碍。但练铁布衫之法未予说明，练指之法则如此。这可显示当时民间流传的少林练功方法。

描述少林习艺状况的还有许多，如潘纶恩《道听涂说》“钟和尚”条云有和尚去募化时常携一大口钟，放在店家铺案上，索钱。人称钟和尚。有人去钟和尚道场学技，“有悍鸷少年寄此习少林业者，亦数十人。……诸少年皆身轻捷，每跃起，迅如飞鸟。寺前银杏十数株，围可三四尺。有数少年每晓起向树上疾飞一腿，迅即退立树外，叶上露零如雨，无涓滴沾衣者。或立百步外，以丸弹杨枝。第认定何枝，弹丸风发，顷刻繁叶乱坠，无一存者，他枝不误损一叶。或立瓦一片，骈二指削之，则一角落，而瓦立如故。或囊沙悬于四侧，人立其中，四面击之，囊无着身者。又有以手挟数十斤沙囊，耸身中堂，以指掏屋梁而挂其上，半晌乃下。如此之类，不可殚述。人各一技，晨夕演习不倦”。这一条，是清朝笔记中记录少林习业状况最明晰的。钟和尚门下练拳的处所，固然不是嵩山少林寺，但诸君所学为少林艺业，其练习状况于兹便可一窥大要。

采荇子《虫鸣漫录》另载少林习艺事云：“有书生欲复仇，学拳于少林寺。……僧先令于空屋对墙自习。墙故遍画僧作各路拳法形，久而习熟。又引至一处，墙开圆洞，令蛇行跃而出入，久始便捷。”这又是练技之法，一是看图练拳，二是像上面说踢树退行避开露珠一般，练习身法之迅捷。

这段记载又提到艺成后如何出寺的情况，说：“寺规，凡来学者，由别门入，出则须由大门。大门有四僧守之，须斗胜方出。二门则四马猿，持兵、亦能斗。二门内有巷，列木人十八，地设伏机。步入其中，机发而木人持械乱击。”这就是所谓的少林木人巷、少林十八铜人故事之张本。后来衍生出了无数小说情节或电影电视桥段。可是没什么人提到那四只大马猴。

猴子本来就是我国武术中常见的高手。相传越女斗袁公，故白猿之术夙为剑术之代名词，各式拳种中不但常有猴拳，也有单招取象于猴子的，如白猿献寿、叶底偷桃之类，不胜枚举。明代王士性入少林寺，亦曾见僧人舞猴拳，神态宛然一猴。可是这终究只是传说或取象，真要训练大猿猴跟人搏斗，恐怕甚难，何况相与格斗者还是艺成准备下山的高手！因此这大约只是小说家杜撰之谈。

可是，为什么少林寺竟要以猴子把关呢？小说云僧人虽出了家，其实仍免不了人情世故，为了杜绝讲人情而私下放水，才要用猴儿把关以防弊。这个讲法也很有趣，可见时人对少林寺之想象。

在当时人的认知中，少林僧人并未断绝世俗人情或情欲。该书生入少林，便曾逢一女，为僧之甥女，也学了艺，二人“颇相爱悦，私订嫁娶”。女子住在少林寺学艺，并与同去习艺者谈恋爱，稀奇吗？若以为稀奇，请看下一个故事。

昭梿《啸亭杂录》“马僧”条，云年羹尧的二位幕客在旅邸中逢二僧，看来都是狷黠少年，他们不免多看了几眼，不料其中一僧不太高兴，说：“谁无眷属？看何为？”原来这位是尼姑，而

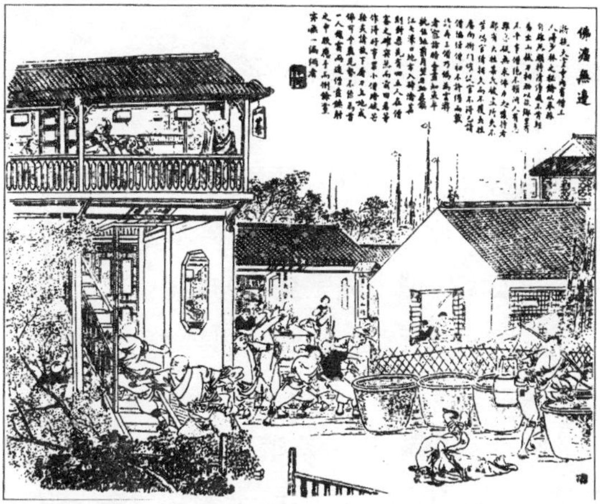

晚清吴友如《风俗志图说》中的少林僧故事

且尼姑自承是僧之眷属。谈起来，才晓得僧人“幼时习少林寺手搏法”，后来辗转江湖，昵妓女金环。因乏资，遂与金环削发回少林。三十年后，二客之一的孙子过河南登封，“遇少林僧论拳法，曰：‘雍正中异僧来传，技尤精。然无姓名，好养马，因称马和尚。后总督田文镜严禁，僧转授永泰寺环师。今环师亦亡。其徒惠来者，能传其术。’”马僧就是那位和尚，环师则是妓女金环。马僧之技，本学自少林。后来浪迹江湖，技艺当更有进步，再回少林传技，应该对少林之艺有所提高，故寺僧云有异僧来传，技尤精。此僧娶妓，又令此妓学艺回传少林，确实颇“异”。

不过此僧也非唯一异数，王韬《遁窟谰言》记一保定人卫文庄精拳棒，一日，忽有少林僧人来访，道：“西安有一奇女，曰仇慕娘，国色也。精晓各技，秦中无与敌者。特标于门曰：‘有角艺而胜者，愿奉箕帚。’小僧颇欲得之，恐不能胜，愿与君偕行，不胜则君继之，未知姻缘簿为谁如意珠也。”原来是仇慕娘要比武招亲，和尚准备去试试，来找帮手呢！

比武招亲，在清人笔记中常见，如宣鼎《夜雨秋灯录·谷慧儿》、徐珂《清稗类钞·金飞惩徒》均有记载，本不稀奇。奇的是僧人竟也来参加，且远赴河北保定邀帮手，意在必得。

笔记所描写之少林僧人，多是此等有拳勇而少戒行的。除狎妓妻尼，或觊觎国色，准备去比武招亲外，少林僧人也常挟技索金。如许仲元《三异笔谈·斗智斗力》载："有少林僧人来募，指名蔡氏索三百金。挟一蒲团坐石桥上，云：有能拉我过桥者，我即飘然。否则且借宝店结冬矣。"其他拿巨钵、拿大石臼、拿大钟放在人家店铺上强索金钱的还很多。

另外就是恃强斗狠，四处找人比武。故吴炽昌《客窗闲话·某驾长》云："拳勇之技，旧推少林寺，今则散见诸方丛林中，往往有能者。然其道甚狭，稍有逾己者，必求胜而后已。"具体的例子，如《虫鸣漫录》载"白下甘风池，精技击，善运气，近地无敢敌者。有僧自少林来，闻而访焉"即是。

僧人尚且如是，学少林拳的俗家人士自然更不乏恃拳勇寻衅挑衅的了。王韬《淞滨琐话·邱小娟》云有绳伎甚美，"轻薄子习少林术者，涎其美，入以游戏语，欲与之扑。稍近身，跌出丈许外"。这种少林门徒，就是丑角形象了。

当然，少林门徒遍天下，什么品类都有，也不会只有如此不堪的。《荟蕞编》收了汪缙《莆田僧》一篇，就说一莆田僧人常受里中恶少欺侮，不能保护寺产，后来去了少林，三年后才回来惩戒无赖。这位僧人就有正面的形象，因为他说："吾入少林，学拳勇，将以御暴也。"御暴之后，亦不挟技骄人，平时绝口不道拳武之事，看来武德甚佳。

《淞隐漫录》另载一秦雨杉，陕西人，"幼习拳勇，得少林家法。……一时大江南北，殆无敌手。然生韬晦殊甚，不轻示人以所长"（倩云），也是如此。又黄轩祖《游梁琐记》记朱大祺事，亦复如是，朱娴技击，能旋风舞，手马刀，腾飞城堞。徒步至嵩山东岳庙，谒北摩禅师，居一年，尽得少林真宗，归家授徒。后来大惩贪官，颇令人称快。此皆少林之善徒也。

唯嵩山无东岳庙，疑此乃中岳庙之讹。五岳并尊，嵩山亦祀

少林实用散手“少林破壁”的部分图谱

天之所，无在中岳反祠东岳之理。中岳庙即在少林寺旁，故朱氏习技，可能在斯。从前拍《少林寺》电影时，方丈自焚诸场景也是借中岳庙拍的。庙地宏阔，固胜少林，而亦可见当时嵩山上并不只少林寺一处在教少林武功，跟现在满山都是少林武校，恐怕也差不多。

不过，齐学裘《见闻续笔·少林僧》一条却颇蹊跷。文说嘉兴某人居某乡设米肆，夜就少林寺宿。寺僧导他入一室。结果居然是间石室，门户格栅也是铁的。他把窗棂毁坏后逃出，又潜入伺僧人进来时操刀伏击，迭毙数人。返乡后，一僧忽寻至，拿一大石磨放柜上索钱，他以帚扫出，僧即退。又年余，另有僧人来，合十指胸。他早有防备，已预藏镜于胸，并口含着饭。僧人合十时，掌力涌出，震碎了他胸前之镜；他把饭喷出，也粒粒嵌入僧人头上。于是他诈死。另一僧人又来，知他死了才罢手云云。故事很精彩，但把少林形容成一座黑店式的寺院，少林僧人则睚眦必报，在少林相关记载中是很特别的。故事发生在上海

梁楷画中的高僧

嘉兴一带，这位仁兄是否会长途跋涉跑到少林寺去投宿，以致被扃，不能无疑。因此也有可能这是另一座名为少林的寺院，否则就是因少林拳勇之名太盛，令社会上某些人产生此种想象。

少林拳名气大、流传广，自然又有些人要强调自己才是真传，与世上一般传授者不同，如前述说朱大祺“得少林真宗”就是。《淞隐漫录》亦载一琴川人从僧习艺，僧云：“欲受我法，必先学蒲团上功夫。能于一昼夜间一念不起，乃可教也。”其人从教。僧复“启箧出《易筋经》一卷畀之，曰：此经不与世上所传者相同，勿轻视之，演习一月，自有妙境”（《女侠》）。这即是强调秘传的。它另一则《倩云》也说秦雨杉“幼习拳勇，得少林家法。继获《易筋经》秘本”。似乎《易筋经》真是别有传承，与无名氏所辑《静庵奇异志》所录“闵先生”条云，闵氏“任侠好武，得达摩《易筋经》秘奥”类似。另外，《游梁琐记·裕州刀匪》载汪静轩请一少年试拳，少年“演罗汉拳。初尚易破，后至蜈蚣跳、山鸡斗诸法，则迷离扑朔，目眩几不能辨”。罗汉拳乃少林基本拳法，传习甚广，此处叙述，也是在说此拳其实另有奥秘，非世俗流传者可比。

这种记叙，乃是对少林技艺的神化，表示少林功夫并不只像一般人所见到的那样。神化的极致，就是把它跟剑侠传说结合起来。

所谓剑侠传说，并不是指一般用剑搏击的人。剑侠是有道术的，能练剑成丸，或练剑入口鼻。使用时，剑化为一道白光或气，千里之外取人首级。其人又擅长药法、符法，乃至可以隐身化形，飞行绝迹，所以又称剑仙。此类传说，起于唐代，后世踵事增华，传述不绝，至清遂衍为大规模的剑侠章回小说，对民国时期的《蜀山剑侠传》《青城十九侠》等有直接影响。清人笔记中，我找到的也有三几十条。这类剑侠，本有僧道渊源，例如唐代著名女剑侠聂隐娘（汤用中《翼驷稗编》"隐娘尚在"条甚至说她在清朝时还活着，且仍授人剑术）的师傅就是一位尼姑。对少林技艺要肆其想象，让人觉得它很神奇时，当然也就会有人想到可以把它跟剑侠结合起来。

上文曾提到嘉兴某人与少林僧角技的事。少林派来追杀他的三位僧人，第一位徒恃勇力，拿大石磨来。第二位就有内功了，合十时，掌力涌出，直袭对方心口。第三位更厉害，在某君诈死的棺材前绕了一圈，脚下即砖石尽裂；对着灵堂吹三口气，棺材亦如竹子破裂了一般。这种运气伤敌破物之法，就是剑侠手段。《遁窟谰言》"老僧"条，载少林僧去比武招亲，结果中了女子的暗算，那女子在靴子里藏着匕首，故一脚把僧人腿骨折伤了。后来僧人找了老和尚同来报仇，"老僧碧眼方瞳，眉长寸许，手爪如麻姑。……瞥吐双丸，直射慕娘。慕娘凛然寒噤，但觉周身冷若冰雪。……迨夜卸妆，则鬓发尽落，若刀剃然。乃解罗襦，则红抹胸划然中断，方知老僧剑侠高手也"。这还是老僧手下留情，因慕娘的师傅恰好与老僧同门，否则双丸既出，人头就要落地。

以上大略勾辑了清人笔记所载少林诸事，可以看出少林拳在当时流传的状况及社会观感。这些记载，一部分可供武术史研究者参考，一部分也涉及武技内容，例如练指力、练闪避腾挪之法、练铁布衫、运气之法、静坐不起杂念以修行之法等均是。汪缙所记莆田僧论棍法，说用棍"圆而不方，濯而无毛"，其技便俗。如何才能不俗呢？僧云："圆者方之，濯者毛之，进乎技矣！"这是什么意思？棍子是圆的，但用起来要让它仿佛有棱角，是所谓圆者方之；棍身是光滑的，犹如秃子脑袋"童山濯濯"，可是用起来又要让它有涩劲，像长了毛似的，能缠得住对方的棍，此即所谓濯者毛之。少林本以棍名，此说虽出于小说家的体会，未必即为少林之法，但对练棍的人来说，不无参考价值。

寻找南少林

凡中国人无不知有少林寺。但我们所知道的可能是另一座少林寺，而非处于嵩山少室峰的那一座。

例如我们习武的朋友，练洪拳，看电影演方世玉、洪熙官、少林五祖，都说与少林寺有关，谓清朝派兵火烧过少林。这些，可就都不是嵩山少林寺，而是指南少林。

南少林这类传说，有两个来源，一是天地会流传的故事及抄本资料，二是小说《万年青》。

在天地会故事中，少林寺只是明代王室的象征，火焚少林，代表明代灭亡。少林五祖也者，抗清的福王由崧、鲁王以海、唐王聿键与聿粤、桂王由榔也。萧一山《近代秘密社会史料》卷四载英伦敦不列颠博物馆藏《洪门总图一》说长房在福建、二房在广东、三房在云南、四房在湖广、五房在浙江，正指以上五王的根据地。少林寺既然只是象征，自然无法实指它到底在何处，所以有时说它在山东，有时说在福建，有时说在广东。天地会洪门中闽人最多，徐震《洪门传说索隐》又考证天地会出于台湾，因此少林寺在闽的说法最占势力，但也有说在广东或山东的。其实历史上只有北少林而无南少林，北少林在北京近郊的蓟县盘山上，相对于北少林，嵩山少林应该就是南少林了。可是嵩山少林也从未以南少林自居。

南少林故事所说的福建少林，地址不一，或云在福州府九莲山，或云在福州国龙县、福田县、莆田县、盘龙县等等。但除了这些传说或小说之外，并无更进一步的资料足供考论。上述地名，大抵也都属附会或讹误。根本无此地名，更不用说有什么遗迹史料可考了。故而史学界向来认为并无南少林，小说以及由之衍生出来的种种戏剧电影电视，乃至拳派均不足据。

但福建人可不死心，他们拿着这样一个好题目，舍不得丢掉，故而到处在寻找南少林的遗址。

上穷碧落下黄泉，久而久之也不可能毫无所获。泉州等地已经有了好几座新建或重修的寺院，都叫南少林；也有好多武校称为南少林。莆田、闽侯、罗源、长乐等地更都有人宣称他们证明了南少林原先就在他们家乡。福清市尤为积极。

福清就在莆田旁边，一九九三年该市侨办所编刊物《金融乡音》刊了刘佩铸《福清也有少林寺》一文，引起该市各界之寻找少林热。接着陆续找到一些宋明方志材料上提及古代是有一座少林寺，于是寻到有一个少林村的地方，开始进行“考古”。逐步发现刻有“少林院沙门”等字样的桥板、石础、石盂等，再来便成立少林风景区、少林寺研究会，重建少林寺、制定少林村迁村方案等等，态度积极，行动迅速。同时出版《福清少林寺》以为宣传。

我在北大参加金庸小说研讨会时，金庸老家浙江海宁对金庸的热情程度，令我印象深刻，因此我也很能理解福清人“发现南少林”的热情劲。

但是，在少林村发现从前那儿曾有一座少林院，有什么好大惊小怪的呢？且不说少林院是否就是少林寺，建在少林村的寺院名为少林，岂不也是极为寻常的事吗？披经籍、考遗址，发现此处千余年前曾有一寺，当然也不坏。可是这座少林院或少林寺就是南少林吗？它与清初的那座南少林又有什么关系？

迄今为止，所有发现了的所谓南少林遗址，我都不能不存疑，而且我认为考古气力用错了地方。为什么呢？天下同名之寺院庵堂极多，不能因同名而牵合，一也。南少林之说，清朝以前，不见经传，二也。小说讲述故事，是否必为实事，大可斟酌，三也。寻找南少林，工程诚然浩大，但或许也会像上海北京南京各地都在进行的寻找大观园工作一样。除在《红楼梦》里以外，哪里还有一座大观园呢？

技击文化学

中国传统武术，现在已经从武侠小说神奇魅异的情节中，逐渐“除魅”，被视同健身运动、体操或搏击技术，展开了整理与研究。大陆在这方面，做得尤其勤快。

但我以为，中国传统武术，与健身运动、体操，乃至其他各种搏击技术，如跆拳道、拳击、泰国拳、摔跤、相扑等，并不是一样的。这些搏击技术，是真正的“武术”，只为了达到利用肢体力量攻击敌人的目的而设计出来。讲究的是如何利用我们四肢的功能，不断练习。是以体力为主、辅以技巧的技术。固然在进行搏斗时，也能培养人的意志，但除了日本的柔道、武士道、空手道、合气道之外，其他如拳击、摔跤，是连这个“道”的要求也不太讲求的。

中国武术则不如此。中国武术门派甚杂，其中有许多是依流行地域、创拳宗师为名的，如华拳、查拳、洪拳、蔡李佛拳、咏春拳之类。许多拳种也标明了它的技击特色，如太祖长拳、岳家散手、教门潭腿等等。这种标明技击特点的拳，其意义一如拳击、摔跤一样，都指出了作为一搏击技术，它应有的性格。

然而，中国另有一大批拳种，不以此类方法命名，而将拳法称为螳螂拳、猴拳、鹤拳、蛇形、龙形、虎形、鸡拳、鸭拳等等。搏击贵在以力服人，取象物类，本无必要；纵使说是效法动物界之搏杀活动，亦应取象于龙虎狮象之类，学鸡学鸭学猴学鹤，是何道理？

这是中国武术的特色，为他邦技击所罕见者。要懂得中国武术，这是第一个关键。

因为事实上不只是这些专以物类拟象所构成的拳，具有象形的特色；即使那些未标明为象形拳者，其中套式招数，仍然部分是象形的。如洪拳中的工字伏虎拳、虎鹤双形或十形拳；功力拳中的霸王举鼎、黄莺舒翼、双龙入海、二郎挑山、武松脱铐；六通短打中的金鸡独立、白鹤展翅；通臂拳中的鸽子串林、黄龙探爪、白猿献桃、紫雁抄水、白蛇吐信……简直不胜枚举。这种强调拳套以及大量采用譬况象形的情况，在拳击中不会有，在摔跤中不会有，在泰国拳中也不会有，只有中国，以及受中国影响的日本拳术才有。

可是，就连日本，也只保留了对套式的重视（他们称为“型”，如空手道），并不太采用象形之法。以日本所流传的少林拳来看，他们只说手刀切、拳背击、顺踢、逆踢，不像我们把兜胸一拳称为“黑虎偷心”，把背后一踹称为“虎尾脚”或“乌龙摆尾”。所以说，象形拳之多，以及以象形构成我国拳法的基本理则，是只有中国武术才有的特质。

此即显示我国武术非一纯粹搏击技术，而具有强烈的观念性。如果我们对于中国文字之“依类象形”仍有点概念的话，我们就了解象形在中国文化中的意义。中国的诗歌、书法艺术，均大量采用过拟象批评。唐人之诗格诗律，其中即有“猛虎跳涧”“毒龙摆尾”等名目。作诗论格律，与打拳讲套数，意义是一样的。其套数招式的名称，则不约而同地采用了拟肖物象之法。

唯有顺着这样的思路，我们才能深入了解中国武术，且将武术作为理解中国文化的一个据点，辨明它与其他纯粹搏击技术及体能运动之不同。

中国武术强烈的观念性，以及它所含之文化意涵，更显示在中国特有的思想拳种中。所谓思想拳，是说这些拳不以其技击特色立名，如拳击、跆拳、相扑之类，而是用这套拳含蕴的思想内容来称呼的。如苌家拳、太极拳、形意拳、无极拳、八卦拳、自然门拳法、两仪剑、三才剑、四象拳、五行拳、六合刀、七星剑、八卦掌等。此类拳法器械，既是根据一套思想观念而构成；又企图透过这些拳脚刀剑，来表达此一思想。饶具意味，引人深思。

以太极拳为例。王宗岳《要论》云“太极者，无极而生，动静之机，阴阳之母也。动之则分，静之则合，无过不及，随曲就伸”云云，显见哲理亦即是拳理。而这层道理的体会及拳术的发明，正来自反对一般以体力为主的自然搏击之术，所以说：“斯技旁门甚多，虽势有区别，概不外乎壮欺弱、慢让快耳。有力打无力，手慢让手快，是皆先天自然之能，非关学力而有为也。”

太极拳就是要反对此种依自然体能而建立的技击术，采取一种反技击的方式来发展其拳技，指出“欲避此病，须知阴阳”，讲究“黏即是走，走即是黏，阴不离阳，阳不离阴，阴阳相齐”。

这种拳，完全奠基于中国哲学，所有动作，均为观念的外化显形而已。故武禹襄《拳谱》说：太极十三势之中，“掤捋挤按，即乾坤坎离四正方也。采挒肘靠，即巽震兑艮四隅也。进退顾盼定，即金木水火土也”。这样的学问，只以一般搏击来看待，当然是不对的；将之视同健身体操，也不免买椟还珠，未得其要领。

我的意思是说：

一、现今体育学界研究整理中国传统武术的办法，可能大堪商榷。国术教材的编写已有体操化的趋势。国术教学又走向两个极端：一为将传统武术变成健身或表演体操；二为追求搏击场上的实战技击效果，一味模拟空手道、拳击等技击之形态。凡此，皆系中国传统武术的扭曲，是完全不懂中国武术之特质的办法。此类弊病，海峡两岸皆然，而大陆尤为严重。

二、武术，应视为一种重要的文化表现方式，对其进行文化学的研究。目前此类研究，并未展开。盖以一般文人学士、鸿儒硕学皆不娴武术；而擅武艺者又多属武夫、为体育界人士，徒能演其技艺，不太明白其义理，更无力进行文化研究。但事实上，通过武术，颇可以观察一民族的文化特征，犹如我们研究一个民族的艺术、语文那样。

三、反过来看，不单要通过武术，去探讨一个民族的文化内涵，也应倒过来，将武术视为哲学思想的一种体现。特别是中国的武术，乃儒佛道三教哲学的另一表达方式，与《易经》的关系亦极密切，研究哲学之学者，于此尚未取资，岂不遗憾?

拳喻

我初入大学教书，教的便是“读书指导”“治学方法”之类课程。当时一些师长大概是觉得我还算会读书，且平时又好谈方法，故差我去讲这些课。岁月悠悠，至于今亦数十年矣。数十年来，我总在谈这些与那些研治中国学问的方法。口讲指画之不足，辄亦发表文章。用力不可谓不劳。

但总的成绩如何呢？说来惭愧，不仅没教会别人什么治学之法门，自己也愈来愈糊涂了。

当然我不否认我不太会教书。学生在我这儿，只会学到困惑和挫折。同侪偶或谈起，总劝我不可悬格太高、立言太峻，须矜勉恳诚，循循善诱。这固然不错。然而，问题实不只在于此。

教书犹如教拳，教生徒练一套拳，并不太难。反复教习，纠正姿势，自能熟练各种招数套路。随套式演练比画一番，亦可以有模有样，煞有介事。一般所谓教与学，不过如此。此何难之有哉？

但谈到治学方法，却不是这个层次的问题。比如习拳，谁会去追问这一招那一式，为何是这样？这一套拳又是怎么创出来？照着拳套，一式式演下去，当然不难，但若猝然应敌，何时宜用“黑虎偷心”，何处须使“白鹤亮翅”，便费斟酌了。

这才是治学方法之难以言传处。现在一般谈治学方法者，不过是拿着语意、逻辑、版本、校勘、归纳、分析、比较、量化等，讲些套式罢了。这算什么治学方法呢？学生学了这些，不过如练拳的人学了几个套子，表演表演还可以；一旦应敌，弓也不弓、马也不马，手忙脚乱，哪想得起什么“高探马”“揽雀尾”？如果更问他演绎法与归纳法是怎么来的，他为什么相信归纳法及史料考证在文史研究上是必须而且有效的，则大半瞠目结舌，未曾想过。勉强要答，也只能说是书上如此说、老师如此教、大家流行这么做而已。

但治学方法不是只去教人学一些套式。乃是要教人创拳之法；乃是要人去思索太极拳为何不同于八卦掌，它们依据何种原理而被创造成如此两种拳。更重要的，对我来说，它们提供了什么，使我能发展出属于我自己的这一套。

如不嫌我拟喻不伦，这样的譬况不妨再继续下去。

事实上，一般所谓学者，都是拿自己的生命去就那一个个套子。所以，你入了大圣劈挂门，就得学猴拳，而且只知道猴拳，以为所谓拳术就是大圣劈挂，大圣劈挂门的武术可以应付一切攻击。大家似乎并没有想到，自己这样的身材、性向，对武术的看法，是否合适去学猴拳。而如果猴拳可以对付一切攻击，那为啥又有其他各种拳？

这就是说，当初创立这套拳的人，是依着他对自己身材、能力的衡量，以及他所特别关切的一些问题设计，才建立的一组答案。学拳的人，不是呆呆地机械式地去演练一套拳，而是要由掌握其拳理拳意中，发现搏击的道理，并依自己的需要，发展出自己的拳式来。

这个道理，说来简单。然学界中人至死不悟者，岂不正在于此乎？学界亦有学派，每派也都有他们的套子。讲结构功能理论的社会学家，分析什么东西，都是那一套。依赖理论来了，乍见新鲜，定睛看去，仍是套套。我们的学者，根本不考虑自己的文化背景、社会状况，各人出国去拜在各派拳师门下，学那一套拳，学了回来便大演特练，自鸣得意，批评别人的拳根本不叫拳，因为不符合他自己这一派人对拳术的基本认定与特殊关怀。

此“舍己徇人”之为学途径也。滔滔学坛，莫非此风。吾独期期以为不可。但连我自己的学生都几乎听不懂我在说什么了，我还能再固执地认为我才是对的吗？我越来越为此感到糊涂，岂不宜哉！

金钟罩

佛教本来是不吃素的。因是托钵乞食，人家给什么就只能吃什么，且佛陀认为禁欲苦行并不符合中道，因此至今南传、藏传、东传日本之佛教均不强调素食。唯有传进中国以后，才发生变化。

变化之机，一因皇帝提倡（如梁武帝下令断酒肉、唐代下令断屠），二因外道竞争。一些民间宗教，不杀不荤，比佛教还严格，佛教想跟它们抢信徒，遂只好努力朝斋素的方向走。不走也不行，因为这些宗教也都奉佛，它们都吃斋了，你佛教能不吃吗？

这些吃斋的宗教，在明清间可谓品类众多，族繁不及备载。如明武宗时期创立的罗教，雍正间传入浙江，名老官斋教。素食斋戒，相信弥勒转世，流行于福建漳州泉州等处。地方官为了禁它，还曾上疏皇帝，要求严禁天下人阖家吃斋。台湾的移民大多来自漳泉，许多斋堂即是斋教的底子，只不过因他们是拜佛的，一般人也就以为他们是佛教徒了。

老官斋教以外，吃斋的还有创于云南大理的大成教，又名大乘教；创于苏州一带的燃灯教，又名灯郎教；创于安徽的糍粑教，燃大蜡烛，用麻糬供佛，又名三乘会，入会称吃水，背叛叫放水；创于河北的弘阳教，讲丙午丁未有红羊之劫，又名三阳教，后分出青阳、红阳、白阳、混元、收元等教，或以茶叶供佛；以及在华北一带流传的八卦教等等，多不胜数。

它们的仪式十分近似，大抵就是吃斋、诵经、作会，教义也往往相通。像八卦教，看起来应是道门，可是不开斋，不食大五荤，忌吃生葱生蒜，以戒杀、戒盗、戒淫、戒毁、戒欺为五戒。拜无生老母，且把孔子说成是弥勒转世。均与罗教相近。

黄天道亦是如此。其教法本是修内丹以求长生的，但一样奉无生老母，讲燃灯古佛、释迦佛、弥勒佛那一套。教会即斋堂，由斋公斋娘主持。

即使是狐仙传法的闻香教，后来也发展成为清茶门教，吃斋念佛，不食葱蒜。入教者要在眼耳口鼻等处用筷子点了，再将筷子插进瓶内供奉，作为死后到阴司去吃斋的凭证。

此中最重要的，乃是前文提及的罗教。许多民间宗教均与罗教有千丝万缕的关系，包括现在台湾的一贯道、慈惠堂等。该教乃三教合一式的佛教，强调佛旨禅味，重视《金刚经》《圆觉经》《心经》，反对净土宗。说人要回归真空家乡，而非超度到西方极乐世界去。

这个教，在明清间发展迅速，影响深远，有个关键的原因：它把漕运水手都牵引入了教。

所谓漕运，是指对京城的粮钱供给。因唐代以后北方贫困，故京师补给，均须仰赖于南方。主要是靠大运河。漕运水手，多为穷人苦力，收入既微，又受各地官吏之剥削督责，偶或病残，生计更成问题；水上生涯，又不免有许多危险。故精神既需慰藉，生活也需要保障。罗教便在此发生了功能。在沿河漕运所在地建了许多庵堂，水手们可以在那里祭拜、诵经、打坐，也可以住宿，甚或老病时安养，具有互助会的作用，庵堂还提供医药与盘缠。因此很类似水手同业公会的性质，漕运水手也很自然地就变成一种以罗教信仰绾合而成的行帮。船上都供着罗祖像，定期礼拜，做道场念经，众人摊钱。行帮内部也有严格的契约关系，教首对教众则有帮规处罚之权。

这个罗教水手帮，后来逐渐发展成了青帮，与洪门并称中国两大帮会。可是洪门之势力其实主要在闽广及海外，只一小部分在长江流域。青帮则是兼跨长江、黄河、大运河的大帮，其势甚或更在洪门之上。蒋介石，便曾是青帮中人。

青帮鼎盛，故事甚多。特别是道咸以后，政府改革漕运，改东南河运为海运，水手数十万被资遣，导致青帮向旱码头发展，其势更盛。

这个势，有时会被视为恶势力。因为饥民游惰与失业水手所形成的团体，文化水准不高，自不免萃聚亡命，藐法殃民。

但对于这些社会底层的苦命江湖人来说，帮规和宗教何尝没有约束和慰藉之功能？当时官府的奏折曾说："粮船上素来供奉罗祖，护庇风涛。其奉罗组之船名为老堂船。设有木棍一条，名为神棍，奉人名为老官。不许人酗酒滋事，违者，老官取木棍责处，不服者送官责逐。"显然对于水手心理及风纪均有安定整饬之作用，清政府常将它视为稳定社会之力量，说它是"安清帮"，便着眼于此。

可是帮会也是讲勇力的地方。水手们血气方刚，不免好勇斗狠，帮内奇人异士，又多挟有秘技，因此帮中武风甚炽，整个青帮，几乎成了个武术团体。

这是各教会的通例，不只罗教如此。像上文说过的八卦教，便以运气练功、演习拳棒著称。其中一个分支叫离卦教，教徒见面时暗号就是把食指中指并放着，压在无名指上，名曰剑诀。另一支，叫一炷香离卦教，创教者名董计升，字四海。还有一支，名金丹八卦教，传者为董太。

这些，我颇疑心与八卦拳的传承有关，因现在拳术中的八卦掌，据说即创自清代的董海川。董海川生平事迹不尽可考，只知他的拳曾受道门之启发，到底是哪个道门却说不清楚。恐怕这其中就很有些跟教会的关系在。

嘉庆十三年七月戊寅上谕："近日多有无赖棍徒，拽刀聚众，设立顺刀会、虎尾鞭、义和拳、八卦教等名目，横行乡曲。"把八卦教跟顺刀会虎尾鞭合在一起讲，即是因为它们都是修道、练气、教拳的团体。一八九九年，美国驻山东庞庄传教部的博特（H.D.Porter）致函该部秘书说这些会社"颇似德国之体操家"，也是这个缘故。

出身于八卦教兑卦的清水教王伦，据李世瑜《义和团源流试探》一文考证，精于梅花拳，为梅花拳第三代传人。教内分文弟子、武弟子，文弟子练气，武弟子练拳。其义女乌三娘，俞蛟《梦庵杂录·临清寇略》记载她"有臂力，工技击"，即为其中一例。

其他此类例子，不可胜数。如理教，又称白帮，创教者为康熙间的山东人杨来如，以十诫授徒，其中就有尚武、任侠两诫。乾隆间捕获之白莲教徒"朱培卿能知铁布杉法术"，又，天理教之林清党徒藏有金钟罩拳符咒，而金钟罩教后来则衍为大刀会。

金钟罩、铁布衫，现在人只知其为武术而颇有神秘色彩者，却不知它们跟许多武术竟还有这么些曲折的身世史吧！

葵花宝典

金庸武侠小说中最邪门的武功应该就是《辟邪剑谱》了。名为辟邪，其实最邪。亦因其最为邪门，故足以辟邪。正如欲辟鬼物作祟者，辄悬鬼王之图像也。民间驱邪时演傩戏，都戴上狰狞厉恶之面具，意思也就是以暴制暴。

《辟邪剑谱》与《葵花宝典》两本秘笈所载武功，系出同源，功法之原理也一样，均是邪之邪者。练它的技法，要“欲练神功，引刀自宫”，方能达致武学高峰，成为不败的高手。

自来练武功的人，好像没有人真会干此傻事。故读小说者视为奇谈、倚为笑柄而已，并没有谁把它当真。

可是天下之奇，无奇不有。理之所无者，安知非事所必有？《葵花宝典》，吾未之见也，然其事相类者，正自不鲜，聊举一二，以为谈助：

金庸小说《笑傲江湖》作于一九六七年，在此之前，台湾最重要的武侠小说作家司马翎《纤手驭龙》中已提到一位高手朴日升练了“五行神拿”这种绝户奇功：“练成这等盖世武功之后，便至死禁绝色欲，绝不能破戒，否则便会丧命。既是不能生儿育女，所以称为绝门功夫。”（五六章）金庸的讲法，无疑夺胎于此。但五行神拿是练过以后绝户，葵花宝典是要练之前断根，二者略有不同而已。

武术方面。我讲过，明清间，宗教界多同时练气习武。其中，明末清初，山东地区，有位董吉升，字四海，创立一种宗教，叫一炷香教。本于道教内丹法，讲存神养气、性命双修，有病则跪求一炷香，往往而愈。这个教，也讲武功及坐功运气。

据《拳时北京教友致命》卷八说它“以敬佛为宗旨，不杀生，不害命，吃长斋，焚香，日日坐功运气，其终向，望死后脱下皮囊，往西天成佛做祖，为乐境也”。董氏嫡传弟子徐名扬、再传曲星斗，就都采“净身修行”之法，据说皆得成正果。后来该教道友纷纷效法，以避免欲根不净、元阳走泄。

清中叶后，此教部分与八卦教汇合，不断起事，成为官方认定的邪教。正人端士，若见其净身修行之法，盖亦将视彼为邪教矣。

然而，净身以求至道，其实在宗教中并不罕见。凡以出家禁欲为修行功夫之教派，皆有此类事迹。如佛教《四十二章经》《法句譬喻经》中都载有人患淫不止，欲自断根之事。《高僧传》卷三十也说有人“淫恼缠对，恐漏初篇，割从阉隶”。实际采此办法者，又可见诸《太平广记》卷九四引《纪闻》所载的释仪光、卷九七引《朝野佥载》中所说的释空如。

基督宗教中也有这类事例，《新约全书》即说“有人为登天而自宫”。教中也有“阉者灵魂升举，上帝必亲启天门以纳之”之语。欲成神人，引刀自宫者，看来颇不乏人哩！

引刀自宫，其实需要绝大的勇气。有些想断欲根而不能引刀成一快者，便只好避人避世，逃离女人，眼不见为净。此类修真之士，与引刀自宫者，追求的效果是一样的。

由是观之，邪者似乎又不邪了。无奈的，恐怕是人为什么要有淫情欲求呢？这才真是邪门呢！

武林玄学

我在一本武术专业杂志上，看到一则广告。说四川唐门之药功、暗器天下闻名，历代用药高手皆出自唐门，该武馆就传授这种功夫，而且还能教人一击必杀术、通天雷、霸王鞭等，保证两小时之内就能让人学会用头臂开碑碎石、腹压千斤、睡钉床而上压巨石等绝技。

四川唐门？那不是古龙小说中杜撰的门派吗？我曾访问过古龙，他也很得意那是他的创造。怎么现在居然真有一个四川唐门，且“历代用毒高手皆出自其门下”？

速成的功法更是神奇。开碑碎石等硬功不足为奇，奇的是两个小时就能练成。我自己练过铁砂掌，对于如何用药行气以助练功，并不陌生，于此道中亦会过不少高手。可就不晓得竟然还有此速成之法，颇感慨昔年枉费了不少时日。

但是速成好像也并不是这家武馆的专利。我又看到有一家某某山太极功夫馆，开办太极拳速成班，说太极是种能量运动，所以唯有进这个速成班，才能让生命到达十三势的状态。它把“十三势”解释为生命能量。太极十三势能这样解释，实在超出我这文学博士、教授之理解范围。而太极拳可以如此速成，我就更不能理解了。

不只太极拳。某意拳武术馆亦郑重承诺：十天训练就能全面了解中国实战武术。但意拳，顾名思义，着重于意，而意气之动并非短期可以臻效。何况就算掌握了意拳，即能全面了解中国实战武术乎？又何况只有十天？

我这些疑问，在这些武术“大师”“传人”“宗师”“不世出的奇人”眼中看来，一定觉得是大惊小怪。因为还有人说他们传授的某某山龙门绝技，一个月就可以飞身上房，并可在水面行走呢！

这家武馆也教一种速通小周天法，又有闪电内气外放、隔空击物法，七天便可轻松击灭五米外的蜡烛。

所谓龙门，指道教全真龙门派，也就是丘处机那一派。这一派的道经，我无有不熟的，可就还真不知有此功法，殊感惭愧。

然而，劈空拳的吉尼斯世界纪录，我知道是青城派刘绥滨兄保持的，他也不过能在一米开外击灭火烛而已。这家武馆所教弟子却只要速成小周天就能闪电放气，那看来刘掌门也不用再练了。

但这家武馆好像也未必就称得上是独门绝技，因为另一家也表示他们的五行秘宗神功，可以三天得气丹圆、十五天运行大小周天，然后便可单掌隔空削砖。若不隔空，则可劈断十块耐火砖，全身具金钟罩铁布衫功夫，不怕任何重击；内劲一抖，便可将人击出丈外。此外，他们还传授幻影夜行术、草上飞行术、踏雪无痕等轻功。如此神技，岂不令人叹服？

然另一山之太乙丹道内功第某代嫡系传人可能就不服。因为他就教一种太乙金龙功，七到十五天，人人均可速成内家金丹，七天就能聚气成丹。再采用一种以每人生辰八字全信息的加持灵药，即可获得上述诸家所说之各项神技。

另一家则说他们可以教人五马分身、白纸站人、走荷叶、踩气球、掌断钢板、意念点火、五指出烟、沾衣飞人三丈外。

别家又说，飞人三丈算什么？我的九宫神力，四十九天即能内气外放隔空击物，五十米外击灭蜡烛，击起水浪。神力所到，风起叶落，中掌者如树叶飘出。甚至可以伸手从活牛身上取骨，扬手撒出，骨碎纷飞。

又一家说其白玉蟾密传大法，可让人九天就学会隐身术，一次隐身二十分钟，连影子都没有。继续修炼，则凡接触到的东西都能化气隐形。

还有一家据说是“千古道、武、医之泰斗”的无极天罡超感应武道，更可以金针度穴、灵符组场布气、梦中传功，直收宇宙高能。短期便可修得无上剑罡，七天通灵，具超感应反击绝杀风格。功力深的，尚可以意念杀人，全身无处不太极。

全身无处不太极，在另一些朋友那里，称为“全身无处不丹田”。我看到这样的说法，也觉得很惭愧。我一九八九年就在台湾与中华道教协会诸长老创办了中华道教学院，为海内外道教教育之鼻祖，可是我完全不知丹田居然可以全身都有；也不晓得若全身皆是丹田，那还需要丹田做什么？

不只讲道讲气的如此如此这般，练少林拳的武馆也一样。开碑裂石、口咬钢条、吞舔火铲、喷水断砖、豆腐上行走，金钟罩铁布衫不说，还教大成拳、李小龙截拳道，完全搞不清楚什么跟什么。

还有“千年不传之密”的大公开、大放送，只要函附若干元即可获得。隔山打牛、隔山点穴、三步倒、杀手棍、沾衣闭穴，什么都行。例如让你在八小时内即能手指上放青烟，名曰阴阳指；能让人的身体任何一点闪光，并治疗疾病，名曰霹雳掌。又还有五部通灵法、弃壳升仙法、焚身化骨法等等。有一家还教弹指神功和施放血滴子。

看到这些，当然令我不禁再次感叹，过去何必花那么多时间精力去读丹经拳谱、去苦练功夫。如此速成，岂不正符合这个快餐时代之需？犹如大力水手，一瓶菠菜吃下去，即可神力无穷，还练什么练？

可是看官莫要搞错了！唐门是古龙杜撰的，弹指神功也是。血滴子更是清代侠义小说的杜撰，从来没这东西。金钟罩、铁布衫当然有，但出于清代义和团、金钟罩教等秘密社会，后来也被证实了并不太罩得住。草上飞、踏雪无痕、水上漂，也不用骗人，这样的功夫，王度庐写的小说中都还没出现哩！点穴之法，王征南首创，时在明末，但其技不传。王度庐等人始移用于武侠小说中，但仅限于一二绝顶高手才能施为，哪来什么千年之秘？又岂是人人随便就能学得？至于炼精化气、炼气化虚、九转丹成，宋金以前无此说；宋金以来，诸祖穷毕生之力，亦未必即能功行圆满，焉得如此随意便能成就？

因此看来，这里面颇多没常识的人在哄另一些也没常识的。把天罡、太乙、灵光、周天、信息、能量、磁场、超感应、金丹等词汇套来套去。术法内容也差不多，开碑裂石、腹压千斤、隔山打牛等等抄来抄去。广告词都讲得信誓旦旦，称为独门之秘法神功，可是对比着看，又老疑心其为仿制品。

我不反对武术界的朋友如此煞费苦心地做生意。毕竟这个年头想生存也不容易，武馆之经营维持不能不靠广告招徕。而上述广告就算夸张点，比起化妆品、药品、黑心食品其实还是小巫见大巫。赚那一点儿函授钱面授费，说来亦是可矜怜的。

但这类广告太多，必然会令我们对医、道、武术的认识愈来愈混乱。武术界凭空出现一大堆掌门人、传人、宗师、大师，这个派、那个门，什么什么嫡传、什么什么千古绝学、什么什么神功。

其实中华武术虽然博大精深，可也没那么神。所谓硬气功，不过道具、药物加上巧劲，从前江湖上称为彩法、药法和手法，而且大部分与武术技击也无关。腹能压千斤巨石、可以汽车过身、可以在上面敲石板，未必能让人打一拳、戳一指。因为那些表演都是平面击打，力量是分散的；一拳一指，尖锥透力，力量是集中的。故这些过去只有江湖上卖膏药的人才会演练，真正的武术家并不作兴表演此等杂艺。

杂艺之中，又颇用药法、彩法。如掌断钢板钢筋，是事先用98%的盐酸，加水、发软剂，混合涂于钢上，以减弱其硬度。舌舔火铲、烧红铁链挂身，是先用高浓度硼砂调水以浸洗。开碑裂石，是把石头先断开，用胡葱汁、地榆汁共煎成糊状，涂在裂缝上黏合了。轻功上房，是用茯苓、桂心各150克，研末，蜜炼成丸如指大，先吃上五天。暴打不痛，是用乳香、没药、木鳖子、地龙骨、白蜡等共研末，蜜炼成丸，事先吃下，即全身失去痛感，怎么打也不痛。凡此等等，事涉江湖道上朋友们的衣食，我不好讲太多，但它们与武术无关，其实是很清楚的。

而内功练气，大半也同样与武技无关。古代服气练养之学，本不与武功合起来讲。讲武术而重气论，事在清初，如今愈演愈烈，当然颇有度越前人之处。可是内功练气是极难的，非真积力久不能成功。练气而要能用于武技上，更是难上加难。例如内气外放，真有多少人能练成？就算练到内气可以外放，替人补气调理还勉强，要以之击人，哈，前文不是说了吗？劈空拳，目前也不过能打灭一米开外的蜡烛而已，隔山打牛、凌空点穴、五十米以外叶落浪起，不是说笑话吗？

要谈武论艺，还是该提倡一点朴实的学风才好。